城殤

晚清民國　十六城記

張泉 — 著

JPC HK

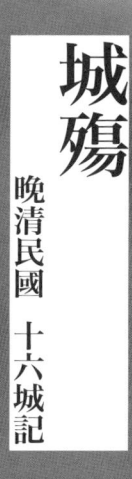

讀史早知今日事，看花猶是去年人。

——陳寅恪《吳氏園海棠》

序一

寓思於史

文｜【美】舒衡哲（Vera Schwarcz）　譯｜孫敏

歷史的真實　被面具遮蔽
如果　一個人　試圖打碎這些面具
他會發現什麼

——卡爾．休斯克《世紀末的維也納》（一九八〇）

在這本書中，張泉懷着熱情與洞見駕馭了一個極為宏大的題材，對於一個年輕的作者而言，就算再有天賦，也是十分難得的。誠然，他已經通過在那本擁有驚人之美的雜誌《生活月刊》上所發表的一系列才華橫溢的報導而產生影響，如今，他又為自己的思想和藝術化的寫作找到了一幅更大的畫布——從晚清到二十世紀中期的中國，這段被遺忘抑或被忽略的城市化的歷史。這些不僅僅是尋常的城市史，而是像歐洲著名的知識份子史研究者卡爾．休斯克（Carl Schorske）在其著作《世紀末的維也納》（*Fin-De-Siecle Vienna: Politics and Culture*）中所宣稱的那樣，這些努力意在揭開現代人類的面具，超越那些城市化進程的辯護之聲，真實地為活生生的生活提供一種可供選擇的新視角。這無疑更有創意，也更具意義。

《城殤》在很多方面獨樹一幟。近年來研究中國城市個案的歷史書籍很多，相較之下，張泉更加有野心，他探討更多的主題，對中國現代化進程中的一些城市的秘密敏銳地提出了新的問題和見解。他有意從上海的霓虹燈中轉過臉去，轉而聚焦曾國藩、李鴻章、袁世凱等改良者的思想和經歷，其目的是幫助我們回溯和還原曾一度被遺忘的道路，它們關乎歷史的回聲，關乎革新的途徑。有多少人還記得作為水利專家的張謇？他的改革家形象深入人心，但他也曾致力於解決困擾南通乃至中國千年已久的水利問題。現在中西方城市的天際線都是被高樓大廈分割的，而張泉通過他的研究才能和栩栩如生的寫作，使當代讀者能夠重新思考那些業已消失的風景。有多少人還記得那些富有遠見卓識又極具爭議性的軍人？譬如孔繁錦，在甘肅天水的種種舉措；譬如劉文輝，曾以富有創意的措施解決西康的宗教問題……他們打下的基礎，無人能出其右。

這些人物和歷史細節，嚴謹地呈現在這本書中，就像重新追憶一場失落的夢境。這正是休斯克倡導的「帶着歷史思考」，在這種思考方式中，「過去」的素材常常有助於適應和組織「現在」與「將來」。同時，這不僅僅是利用過去為現在服務，張泉像前輩學者休斯克一樣，讓我們接受挑戰——重新思考一切城市發展的敘事範式。

劉易斯．芒福德（Lewis Mumford）曾在《城市發展史》（*The City in History*）中探討現代西方和古希臘、古羅馬的城市，通過科學勘探，佐以詩意的語言，芒福德認為，「城市的主要功能是將權力轉換成形式，將能量轉換成文化，將無趣的事轉換成鮮活的藝術符號，將生物繁殖轉換成社會創造」。如今，一個年輕的中國作者已向這一高度發出挑戰。

張泉的目的和芒福德一樣大膽：當歷史健忘症的瓦礫已經覆蓋了朱啟鈐、張靜江和盧作孚等城市化先鋒之際，張泉也在尋找機會，試圖從這些瓦礫堆中挖掘文化和社會創造力的希望。他意識到，革命的颶風曾一再清掃中國的城市，於是，他用書寫創造出一個空間，來安放當下對於歷史與未來的回聲。事實上，這已是罕見的成就。

二〇一一年三月，於耶路撒冷

舒衡哲（Vera Schwarcz）

著名漢學家，生於羅馬尼亞，猶太裔美國學者，主要從事中國現代史研究。現任美國威斯理安大學（Wesleyan University）歷史系及東亞系教授，獲弗里曼教授席位（Freeman Professor）並擔任東亞研究中心主任。一九七九至八〇年曾作為首批美國留學生在北京大學中文系學習。除了歷史研究之外，她還寫作詩歌和短篇小說。著作主要包括《中國啟蒙運動：知識份子與五四遺產》、《張申府訪談錄》、《鳴鶴園》，*Bridge Across Broken Time: Chinese and Jewish Cultural Memory*，*Long Road Home: A China Journal*，以及詩集 *Chisel of Remembrance*，*A Scoop of Light* 等。

序二

被淹沒的雄心

文｜許知遠

「你想成為什麼樣的人？」

大約五年前，我問張泉。他剛剛大學畢業，成為《生活》的一名記者。他安靜、羞澀，頭髮亂蓬蓬。

他說他仰慕雨果那樣的人，能影響一個時代的氣質。這個回答出乎意料，這是二十一世紀初的上海，而不是一八三〇年代的巴黎，英雄主義已夠不合時宜，他竟還想成為一名文化英雄，靠文字來塑造時代。

在日漸熟悉的日子裡，張泉向我展現了一個多姿多彩的內心世界。他談論《後漢書》，感慨倘若漢代使節甘英跨過了伊斯坦布爾的海峽，中國與世界的歷史就會從此不同；他說起戰後一代法國知識份子的紛爭，加繆（Albert Camus）如何比薩特（Jean-Paul Sartre）更有道德立場；他還猜想，被擄掠到依蘭的兩位北宋皇帝的心境。

當然，他最喜歡提及的還是清末到民國的幾代知識份子——他們面對一個舊秩序崩潰的時代，既茫然、焦灼，又釋放出巨大的創造激情。

這本《城殤》是這種熱情與好奇的延伸。他談論了天津、上海、香港、哈爾濱、長沙、康定、南通等諸多城市。它們是現代中國演變的縮影，更與一小群傑出人物的努力相關。張泉沉醉於這些燦爛卻往往短命的英雄和他們的理念。這些故事也映射出他這些年的努力方向——如何重新恢復記憶。現代中國飽受失憶之痛，每一代人似乎都在一片廢墟上重新生長，它既容易令人陷入無根之痛，缺乏足夠的精神與智力資源；又可能引發盲目的驕傲，以為自己的成就是獨一無二的。

這本書當然也有缺陷。有時，他太屈從於自己浪漫化的情緒，一些詞句太過悲情。有時，他放棄了自己更直覺的觀察與判斷，被資料牽引着，倘若他能在歷史敘述中加入更多此刻的感受與思考，行文無疑會更引人遐想。

不過，這仍是一本值得閱讀的好書。這些被淹沒與遺忘的雄心與掙扎是人類生活中最燦爛的一刻。

二〇一一年六月，於北京

許知遠

畢業於北京大學微電子專業，曾任《經濟觀察報》主筆，現任《Bloomberg 商業週刊》（中文版）主編，《亞洲週刊》與《英國金融時報》中文網專欄作家，他也是單向街圖書館的創辦人之一。著作主要包括《那些憂傷的年輕人》、《中國紀事》、《醒來》、《祖國的陌生人》、《我要成為世界的一部分》、《轉折年代》、《這一代人的中國意識》、《納斯達克的一代》、《昨日與明日》、《思想的冒險》、《新聞業的懷鄉病》等。

目錄

第一章 將軍令

31

在安慶，自稱天主次子的洪秀全，沒能像摩西那樣用權杖劈開突圍之路；石達開、陳玉成和李秀成們，也沒能統率士兵們找到被許諾的天堂。

太平天國最後的賭注葬送在安慶，曾國藩復興帝國的希望也錯失在安慶。軍械所的創辦終究未能觸及這座城市的內核。在城市世紀的門檻前，先行一步的安慶，註定曲高和寡，成為現代城市理想的殉道者。現代化之夢，終如曇花凋零，颶風過境。

馬尾造船廠的興衰，並不是理解近代中國的鑰匙，而是一把鎖。有太多的疑點需要開啟，關於權力如何瓦解了理想、陸地如何吞噬了海洋。

面對重新開放的漫長海岸線，中國人被迫在亂局中重拾失落的海洋夢想。長達四百年的殘酷遺忘，令這場復蘇的海洋夢顯得沉重而笨拙，它未經重新消化便被囫圇嚥下。馬尾的悲劇，不過是中國急功近利的現代化想像孕育的又一個意外的早產兒。

接管一座生靈塗炭的城市，或者重建它，固然任重道遠。與此相比，更加艱難的是接管一座生機勃勃的城市，甚至，它的發展勢頭比從前還要兇猛，它從未如此風華絕代。

此刻的天津衛，已不是從前那個在北京面前恭順謙卑的孩童，它已經學會奔跑，怎能繼續跟隨衰老的帝都一道步履蹣跚？面對已經嘗到現代化甜頭的天津的紳商與黎民，袁世凱要怎樣努力，才能化解他們對帝國業已疏離的敬畏之心？

第二章 水月・鏡花

香港——劫墨重生

金融業是現代世界送給香港的見面禮，就像普羅米修斯盜取的天火——它能賜人間以光明與溫暖，卻也能將一切化為灰燼。

金融業也是香港送給中國內陸的見面禮，就像赫菲斯托斯送給母親赫拉的金座椅——抗拒註定是徒勞的，越是抗拒越被它牢牢綑住，不過，這綑縛也讓她痛定思痛，開始反思，嘗試改變。

經由香港洶湧而至的現代文明，不僅瓦解了中國的金融秩序，也顛覆了中國人的精神世界。

從荒島到香港，從「劫墨」到「諾言」，從傳統中國到現代中國，金融業成就了香港，也遮蔽了香港；成全了中國，也摧毀了「中國」。

澳門——上帝與誰同在

在中國，很少有哪座城市的教堂和廟宇的密度能超過澳門。耶穌、聖母、關公、孔子、佛祖、媽祖，甚至魯班、哪吒……有時候人們會感到迷惑，這座方寸的小島，怎能容納得下這麼多位神靈，這麼多種語言，這麼多罪惡與蒼涼？但欲望總是具有最強大的塑造力，從不亞於最虔誠的信仰。

哈爾濱——永夜的極光

傅家店的農民們百思不得其解，只得停止了思考，用舌尖攪動一下口中清冽的「田家燒鍋」，讓這股火一樣的燒酒沿着喉管緩緩淌下。他們不知道，自己很快就會開始懷念這股味道。田家燒鍋坊馬上就會被俄國人徵用，充當中東鐵路建設的指揮中心。不過，他們也會立刻找到新的替代品，用不了多久，各種名目的啤酒廠將會出現。啤酒的味道遠沒有「田家燒鍋」濃烈，但是黏稠醇厚，甚至有些甜蜜的回甘。哈爾濱人嘗到的第一口現代化的味道，就是這樣馥郁而簡單。

第三章 風暴之眼

151

長沙——歲在庚戌

一九一〇年的長沙，人潮很快也會散去，街市依然繁華，似乎沒有什麼能真正撼動這座城市，更無損於既有的制度。它曾蓄積起來的駭人能量，正在迅速冷卻，回歸平靜。那些曾掀起滔天狂瀾的人們，要麼斷頭，要麼蟄伏，要麼離開，如同四散在荒野中的星火，轉瞬便可能被黑夜吞噬。大廈將傾，棋局未定，沒有人知道，誰還能在這個凋敝的時代再度出手，力挽狂瀾。

只有學堂裡那些寂寂無名的年輕教師們，還會偶爾向學生們講起過往十餘年的風雲往事。那時坐在台下聽講的，有十幾歲的匡互生、蕭子升、蔡和森和毛澤東。雲集於長沙的下一代人，將用怎樣的方式紀念戊戌年以來的流血故事？這關係着這座城市和這個國家未來的命運。

156

上海——暗戰四馬路

人們在彷徨與期待中送走了一九一二年二月十二日，清帝退位那一天；而開學的日子，也迫在眉睫。

市面上真正「合法」的教材，只有《中華教科書》。它的內頁裡印着「愛國旗，愛中華」，它毫不掩飾地歌頌孫中山，說他「為共和奔走二十餘年」，「為中國第一偉人」。

最令人無法抗拒的是，大清帝國的黃龍旗已經消失得無影無蹤，《中華教科書》的封面上，那面象徵「五族共和」的五色旗熠熠放光。

這家名叫中華書局的出版社，簡直是為中華民國而生的。

172

北京——遊園・驚夢

民國開元後，北京依舊如同一塊頑石，時代的刻刀似乎無從在它身上留下任何琢痕。革命擊潰了一些固有的習俗和儀式，而人們渴慕的新式的生活方式，卻遲遲未能建立起來。沉沉暮氣之中，公園計劃再度被寄予厚望。

一九一四年十月十日，中華民國國慶日，改造後的社稷壇以中央公園之名開放。北京民眾蜂擁而至。在舊日的皇家園林中興奮得幾乎迷路的人們，已經無暇談論內務總長朱啟鈐玩物喪志這樣嚴肅的話題。

190

第四章

專家治國

209

南通——千里涉江

張謇的命運，早在他穿梭在京城鱗次櫛比的屋簷下被暴雨濕透的時候，就已經被提早寫定。

他的時代姍姍來遲，但終究還是來了，駕馭着風雷，裹挾着雨霧，一場數十年不遇的暴雨和水患，與這個清廷數十年不遇的專業狀元之間，建立起微妙而神秘的關聯。與日後眾所周知的實業家身份相比，其實張謇畢生與治水糾纏——因治水而改變命運，因治水而披肝瀝膽，為治水而生，又終究因治水而死。

218

杭州——破繭之城

西湖博覽會開幕定在一九二九年六月六日，閉幕則初定於十月十日中華民國國慶節。

為什麼選定六月六日，如今已經找不到任何線索。如果過度闡釋其中的因緣巧合，那麼，這一天是芒種之日，按照《月令七十二候集解》的解釋，芒種為「五月節，謂有芒之種穀可稼種矣」。而中國人也一直習慣在這一天舉行祭餞花神之會。

播種與餞花，一為開始，一為結束。許多年後人們會發現，西湖博覽會之於杭州乃至整個中國的意義，正是為未來播種，並向過去告別。

238

漢口——民主的邊緣

如果一個旅行者選擇了一些並不恰當的時機抵達漢口，他很可能會被報紙惹得精神錯亂。

他在前一天夜裡睡下時，還躺在一座叫漢口的城市裡，次日早晨當他被街頭報童的叫賣聲吵醒，他們手裡揮舞的新聞裡，這個城市的名字已經變成武漢。又或者，當他深夜在客棧獨酌時，他所在的位置已經從漢口特別市變成了湖北省的一座普通市。

在民國的地圖上，漢口一直在原來的位置，只是環繞它的曲線卻像火燒雲一樣變幻莫測。

漢口的民主化之路，也像這座城市不斷變化的名字一樣，始終沒能擺脫權力的怒視。

252

第五章

槍炮與矩尺

271

北碚——「賽先生」的救贖

一九四三年，李約瑟（Joseph Needham）驚訝地發現，中國「最大的科學中心」竟在小鎮北碚。中國知識份子在篳路藍縷中追尋科學的熱忱，讓李約瑟大感欣慰，也加劇了他的迷惑。歷史證明中國人如此聰明，現實又證明了中國人對科學的鍾愛，為什麼中國的近代科學依然如此落後？「李約瑟難題」與中國科學家的孜孜不倦形成鮮明對照，並因中國人對光明的嚮往，而變得更加晦澀。

278

天水——死水微瀾

被稱為「罪惡軍閥」的孔繁錦，和伏羲一道開創了天水的兩個時代。伏羲讓天水甚至整個中國從蒙昧走向文明，而孔繁錦則伴隨着沸騰的民怨，像那頭牽引着汽車的耕牛一樣，將這座邊城引入現代世界。

294

南寧——夢斷德鄰路

一九三四年元月，德鄰路落成。李宗仁和這條以他的名字命名的街道一起，接受着南寧官員、社會名流的膜拜與期待。德鄰路因此被賦予多重象徵意義，也從誕生伊始就註定要直面冷箭與明槍。

310

康定——孔子與佛陀

劉文輝不斷地試圖在這片幾乎寸草不生的土地中播種下更多的希望。有一天他帶着全家人郊遊，站在跑馬山上，滿懷憧憬地告訴大兒子，爸爸以後要在這裡建一所大學，一座醫院。

有那麼一瞬間，他誤以為自己真的看到了未來。

332

哈爾濱
松花江
北京
天津
黃河
天水
南通
淮河
安慶
上海
康定
漢口
杭州
北碚
長江
長沙
湘江
馬尾
南寧
香港
珠江
澳門

前言

城市想像與現代中國

從天下到城市

「不管中國人擁有什麼樣的才能，也肯定與建造城市無關。」美國傳教士麥高溫（John Macgowan）在一八六〇年來到中國，並在這裡生活了長達五十年。他發現，這個古老的東方國度，既缺少建造城市的熱忱，更匱乏規劃城市的方法。多年以後，漢學家牟複禮（Frederick W. Mote）表達了同樣的困惑：「中國人從沒有感到要創建一座能表達和體現他們的城市理想的大城市的衝動。」

他們的判斷，既深刻，又偏頗。

千年以降，中國人始終在坐談「國家」、「天下」，與這些宏大空洞的命題相比，「城市」這個概念過於精細，以致到晚清民國時，當中國人試圖在城市的拱樑上建構國家復興的理想，真如同讓一個習慣於塑造巨型紀念碑的建築師到米粒上雕刻宮殿，一時竟無從措手。

但是，中國歷史上其實不乏規模龐大、形制兼備的城市，甚至在宋朝和明朝也一度出現過西方意義上的現代城市的萌芽。只不過，中西方的理念頗有差異。中國的城市，並不是圍繞教堂或者廣場為圓心輻射出來的，這個國家對神靈態度曖昧，更拒斥廣場式的民意，因此，佔據城市重心的，並不是神靈的「道場」，而是權力的殿堂，而西方城市在文藝復興之後出現的公共空間的增長，也始終沒能在古代中國發生。與西方相比，中國變本加厲地迷戀城牆——無論是為一座城市選址，還是分割其內部的格局，首要考慮的往往不是宜居，而是如何凸顯統治的權威，對外可以應對軍事衝擊，對內便於社會管理。這種境遇，即便是有「天堂」之譽的蘇杭也未能幸免。城牆將風景與生活截然分開，城外是中國人嚮往的桃花源，城內則是被各種複雜「關係」綑縛的禮教世界。

問題在於，從晚清到民國，天下已不復當日的天下，城市也不復從前的城市。

無論中國人怎樣抗拒，他們所認定的世界中心都已經發生位移。「天下」已經從九州、五湖、四海，變成了張之洞的「亞歐」、袁世凱的「東西兩洋，歐亞兩洲」、梁啟超的「環球」、胡適的「繞太陽的地球」。[1] 中央帝國一夕之間淪為海中孤嶼，面對四伏的危機，無從招架。

如果按照傳統邏輯，當人們在現世找不到出路，往往會尋求上古的案例，以啟迪當下的行動。晚清以降，這一邏輯卻遭到無情的顛覆。從前都是異國的使節們競相模仿中國的步法，現在這個偌大而衰老的帝國卻要開始重新蹣跚學步，淪為一個虔誠而笨拙的模仿者。

從向過去尋找答案，到向外界尋找答案；從反求諸己，到問道於人——自閉的文化觀念最終走向末路，到容閎的時代，中國人開始相信，「借西方文明之學術，以改良東方之文化，必可使此老大帝國一變而為少年新中國」。[2]

鍛造「少年新中國」，不僅需要萃取西方之火，熔鑄東方之刃，更需要一座合適的熔爐，來安放復興的理想。然而，國家積弱不堪，歷朝秉行的自上而下的改革，雖然仍在艱難地開展，卻常常顯得力不從心。與此同時，封疆大吏、軍人和士紳們卻發現，城市可以成為寄託現代化理想的絕佳容器，城市的物質基礎、文化密度，以及多元化的思想觀念，都更有助於現代化進程的提速。於是，變革的星火從局部萌動，在城市中，中國人開始了構造「少年新中國」的努力。

這些努力帶來了顛覆性的結果，費正清（John King Fairbank）在《觀察中國》（*China Watch*）中寫道：「受現代變革壓迫的中國文化比起歷史上別的文化是最獨特、鮮明和古老的，也是最自給自足、平衡和龐大的。因此，中國在過去一百五十年中間斷發生的周期性革命，是歷史所需的最深刻和最大規模的社會變革。」[3] 這場「最深刻和最大規模的社會變革」，得益於城市的助力，也轉而深深地影響着城市的風貌和日常的生活。

由長安、洛陽、汴梁、杭州、金陵、北京歷經千年架構起來的城市參照體系，最終土崩瓦解；由班固、張衡、左思和張擇端、仇英、徐揚們為中國的傳奇都會編織起來的綿密意象，同樣敵不過西方城市的當頭一擊。[4] 從前，當中國人試圖稱讚一座城市，會稱它為「小南京」、「小蘇州」、「小西京」；後來，無數以「東方的」為前綴的新興城市卻在這片黃土地上不斷湧現，「東方的巴黎」、「東方的倫敦」、「東方的莫斯科」、「東方的芝加哥」、「東方的威尼斯」、「東方的蒙地卡羅」……從中心滑向邊緣的過程，最終毀滅了帝國，卻締造了城市。

再見理想國

從晚清到民國，一個世紀。

一個世紀足以代謝四代中國人。

在城市的囂塵上，四代人面向新世界開始了冒險的歷程。他們是一群仍然穿着長袍、工整地繫着襟扣的傳統知識份子，他們是一群說着流利的外語卻甘赴國難的新派留學生，他們是一群拭去手上的鮮血、努力試圖建造一個好國家的軍人，他們是一群剛剛剪斷辮子、在失去頭部的重量之後滿懷憧憬又忐忑不安的普通中國人……他們輪番地衝擊、拚殺、搏命、以身相殉，只是希望這個時代能更好些。

中國人對理想國的想像，從未如此迫切。

無論是出於地方主義的激情，還是出於民族主義的本能，獨守桃源南山的夢想已註定支離破碎。以城市為基點，個人的命運與國家的前景將難以抗拒地被綑綁在一起，沒有人能置身事外。整個國家因理想主義而沸騰，也因理想主義而焦灼。人們別無選擇，只有用自己一瞬的生命，去填充這個國家失控的將來。於是，各地不斷出現的城市散點，在亂世的荒漠裡，在古老中國皸裂的版圖上，結出璀璨的星河——直到今天，我們仍生活在他們締造的歷史之中。

事實上，在那一個世紀裡，冷靜的思考、甄別與建造，一直與毫無節制的激情、偏見與破壞欲，共同構成中國現代化的雙行道。布萊克（Cyril Edwin Black）在《現代化的動力》（*The Dynamics of Modernization*）中寫道：「許多歷史學家執迷於各種革命，妨礙了他們更多地注意帝王、君主和官僚所從事的初級階段的現代化改革。」[5] 早期的變革，固然有其幼稚、衝動乃至偏頗、殘酷的一面，但我們不能因此便否定它的想像力、使命感、苦心經營與不凡成就。當年的種種舉措，足以令今人驚歎，並給今日以啟迪。

然而，那些拓荒者的身影，大多已被夜空吞噬。

我們只知有現在，卻不知現在從何而來。

悲劇性的伏筆

這本書是從安慶開始的。不是因為它的開端意義，而是它失敗的價值。在曾國藩以軍械所為基點經營安慶時，帝國仍在現代化的黎明前徹夜踟躕。國人無法理解現代城市的含義，就像誤以為堅船利炮就是西方文明的全部菁華一樣。安慶的曇花一現，暗示着中國傳統的城市理念與西方現代城市邏輯之間難以彌合的裂隙。在城市世紀的門檻邊，先行者安慶沒能邁出的決定性一步，同樣在未來誘惑並考驗着它的後來者。這個悲劇性的伏筆，敦告着中國人該如何善待他人的歷史，甄選自己的道路。

我仍然記得一些誇張的畫面。大約在二十年前，我在一本學生雜誌裡第一次見到曾國藩的名字。短文旁邊配着一幅簡筆畫，說的是曾國藩又被太平軍逼得走投無路，又一次假惺惺地揚言要跳河自盡，兩個幕僚死命拖住他肥胖的身軀。這個被篡改過的故事，把「桐城派」最後的宗師塑造成一個無知又怯懦的小丑。那時已是一九九〇年代，曾國藩卻仍被視為封建衛道士，慘無人道地鎮壓正義的農民起義，階級鬥爭的觀念仍然根深蒂固，連學生讀物也未能幸免。當然，也沒有人像魯迅那樣喊一聲「救救孩子」。它們就那麼輕易地塗抹了一代人的歷史觀。

許多年後，我在圖書館氾濫着霉味的空氣中尋找曾國藩的名字，色彩晦暗的《曾文正公家書》和《曾文正公著述八種》早被藏之深閣，各種光鮮華美甚至燙金的曾國藩新解，則佔滿了書架，一排排望不到邊際。曾經被侮辱與損害的曾文正公，已經被奉為管理學巨匠，他的那些遭到斷章取義的家書，被視作企業家必讀寶典。經過商業化和娛樂化兩輪衝擊，我們時代的歷史觀終於從一個極端滑到另一個極端。我們對歷史的無知，源於惰怠，源於媚俗，源於恐懼，源於傲慢。

一百多年前，曾國藩的遺像曾遠渡重洋，掛到美國哈特福德的中國留學事務所裡。那些拖着辮子試圖救亡圖存的中國留學生們，每次見到這位在牆上沉默冥思的老人，都會在心中反芻一遍：是誰給了自己這個開眼看世界的機會。6 那時的曾國藩，是作為一個引路人、而不是作為一個笨拙的統帥或者圓滑的官僚而被銘記與感懷的。通過這本書，我也希望尋找那些業已消匿的蹤跡——是誰在黑暗裡提燈夜行，將迷失中的帝國引到現代世界虛掩的大門前。

城市之光

由於歷史斷層的存在，許多人在一座城市中出生、成年、度過一生，對自己的城市和它的歷史或許依然一無所知。那些被淡忘的歷史，就像是一條曾經從城中蜿蜒而過的河，現在可能已經乾涸，甚至被樓宇的地基掩埋，但它曾生動地流過，並將繼續流下去——只要我們願意在夜深時重新傾聽這些來自歷史深處的暗湧。

我選擇了十六座城市作為切片，分別從市政建設、民主探索、金融秩序、實業振與、軍事化轉向、公共空間的營造、文化轉型、宗教改革，甚至博覽會的影響等角度，去尋找它們在歷史中的基因突變，以及現代中國的成形。

這個計劃持續了四年多。除了一些常見的近現代中國史研究資料，主要使用的是地方志、地方文史資料、對地方知識份子的採訪記錄等原始文本。我希望對這些相對零散平實的素材，進行大歷史背景下的重新觀察與整合，通過對這些個案的探索，勾勒出時代的整體風貌。

第一章集中於中國內部對城市化的早期探索。安慶的軍械所和馬尾的造船廠、船政學堂，是洋務派給這兩座小城帶來的一線生機。然而，在曾國藩和左宗棠的時代，中國傳統的城市觀念依然根深蒂固，西方的城市邏輯更被視為無物，先行者安慶與馬尾沒能完成的使命，最終留給天津。經過李鴻章的苦心經營，八國聯軍的改造，以及袁世凱的力挽狂瀾，這座曾經的衛城從帝國的版圖中脫穎而出，在警務、教育、民生等領域頗多建樹，與袁世凱的個人神話相互應和，成為晚清城市化的一塊活化石。這三座城市的興衰浮沉，暗示着十九世紀末的中國人正如何艱難地跨越東西方城市理念之間的鴻溝，尋找革新的道路。

十九世紀中葉以來，西方的城市理念在中國留下深刻的投影，第二章所描述的三座城市——香港、澳門與哈爾濱，就是三種不同的烙印。這三座城市迥異的命運背後，站立着英國、葡萄牙和俄國三個巨人。英國的重商主義理念建立起香港的城市品牌，不僅顛覆了整個中國的金融秩序，更締造了嶄新的城市想像；澳門的相形見絀則是葡萄牙時代落幕後的又一次慘烈回聲，大航海時代的殖民邏輯已經徹底失效，葡萄牙人的急功近利與無所作為，最終造成了澳門的畸形格局和詭異的城市夢想；俄國則代表着另一種保守的力量，他們仍然熱衷於征服土地，大規模移民，依靠信仰系統和商業手段，進行「去中國化」的嘗試，並由此開拓了邊城哈爾濱，只不過，半個多世紀後，這座信仰的天堂，最終還是功虧一簣。這三個案例都可以成為中國人認知西方城市理想的鏡子，也影響着中國人對城市夢的選擇。

第三章聚焦於時代交錯的那些瞬間。辛亥革命前後的幾年，三座位居「風眼」的城市，都在平靜中暗藏玄機。在長沙，人們建立起一組此起彼伏的烏托邦的共同體，維新、君主立憲、暴力革命、新民主主義、馬克思主義……各種溶液在城市的試管中混雜、融合、排斥、爆炸。這座城市被不斷地填充，不斷地賦予新的意義，長沙令時代側目，也影響着新生的一代和未來的中國；在上海，中華書局選擇與民國政府在同一天成立，通過教科書改革和出版業的自由競爭，佔據了文化的高地；而在北京，公園經歷了符號化的不斷嬗變，最初與西方文明嫁接，後來變成權力的象徵，最終卻又成為民主的容器，北京公園的命運，暗示着中國向現代文明過渡過程中的諸多峰迴路轉。

而在第四章，我希望探討的是專家治國在晚清民國的成效及其困境。在南通，張謇解決了困擾國家幾千年的水利問題，他不僅是最負盛名的實業家、狀元，更是一位水利專家，因水而生，為水而死，這一點往往被人忽略；在杭州，被孫中山視為財政第一人的張靜江，通過博覽會的形式來改造這座傳統都市，最終促成了它的現代化嬗變；而在漢口，市政改革曾讓這座城市瀕臨民主的邊緣，卻終究還是與之擦肩而過。專家與權力之間的相持，地方與中央之間的牴牾，加劇了民國的悲劇。

黃仁宇在《萬曆十五年》裡對明朝的文官制度有過精彩的分析，而他自己生活的民國時代，其實正提供了一種反向的案例——軍國理想蠱惑中國人長達半個多世紀，軍人成為統治者，用各種匪夷所思的思路治理國家，改造城市，收穫了許多意想不到的果實，也帶來了經久不散的陰霾；與此同時，士紳階層的個體探索，交織着濃厚的使命感與霸道的家長意識，同樣塑造出不少城市傳奇。這兩種統治模式在民國都氤氳出新的氣象，也引發了新的危機。第五章記錄的主角們都曾進行過諸多有益的實踐——孔繁錦在天水發展實業，盧作孚在北碚振興西部科學，李宗仁和白崇禧以斯巴達式的軍國理想營建南寧，劉文輝通過儒家與佛教的合力來調和西康的民族問題……只不過造化弄人，萬曆十五年的糾葛仍將在軍人與士紳的心理板結中繼續衍生。

現在，這些城市往事大多已經化成灰燼，但它們並未消失。它們只是在帝國的深秋裡，隨着蕭蕭墜落的楓葉一道匯入大地，與這個國家的骨骼血肉融為一體。因此，當我試圖尋找這些被湮沒的城市往事時，不可避免地需要撬動整個國家和整個時代。費孝通的《江村經濟》出版半個世紀後，仍遭到他的同學埃德蒙特．利奇（Edmund Leach）的質疑，「在中國這樣廣大的國家，個別社區的微型研究能否概括中國國情」。7 事實上，沒有一本書或一套書可以承擔這樣的功能。我無法做到費孝通先生那樣長久而深入的實地調查與研究，也無法（更無意）上升到純學理的高度。我試圖做的是勾勒出那個時代模糊的天際線，找回那些在鴻蒙中墾荒的身影、那些已經被我們的時代淡忘或篡改過的面孔。但我希望尋找的角度是相對完善的，能夠分別從政治、經濟、文化、思想、信仰、歷史地理學、城市理論、水利學、移民史等視角進行不同的觀察和反思，從這十六座城市中尋求一些規律性的啟示。事實上，許多當下的問題，也都能夠從中找到答案。我相信這些來自歷史深處的轉瞬即逝的光亮散點，依然能夠幫助我們照亮現實的迷惘。

重回歷史現場

當代的歷史敘事，無論是學院派的研究，或者暢銷作者的戲說、演義，都曾標榜「重回歷史現場」。

我認為，「重回歷史現場」不僅僅是回歸史實的真實。絕對的真實或許並不存在，歷史本身就是一個「羅生門」式的記憶陷阱，我們只能盡可能地尋找材料並運用材料，盡可能地考證、斟酌、比較而已。

我更為看重的是對歷史「在場感」的探索，我希望喚醒我們時代對歷史的感官體驗，從視覺、嗅覺、聽覺乃至情感、心境上，重回歷史現場。台灣「中央研究院」的李孝悌先生在《士大夫的逸樂：王士禛在揚州》中曾如是描述歷史敘事面臨的問題：「我們看到的常常是一個嚴肅森然或冰冷乏味的上層文化。缺少了城市、園林、山水，缺少了狂亂的宗教想像和詩酒流連，我們對明清士大夫文化的建構，勢必喪失了原有的血脈精髓和聲音色彩。」這種「血脈精髓和聲音色彩」的缺失，在晚清民國的歷史敘事中，同樣有待復活。我希望這本書可以做出這樣的嘗試，在嚴肅的學術研究和散漫的「話說」體之外，走這一條新路。

在從前的閱讀中，我曾經從劉易斯·芒福德、簡·雅各布斯（Jane Jacobs）、凱文·林奇（Kevin A. Lynch）對城市史的探討中獲得過啟示，也從列文森（Joseph R. Levenson）、史景遷（Jonathan D. Spence）、黃仁宇和孔飛力（Philip A. Kuhn）的敘事中找到過精神的共鳴。在這本書裡，我也嘗試重新發現一些各地的文史資料中潛藏的素材，希望把這些零碎雜亂的線索串聯起來，從細處摸索大歷史的地礦脈絡。

周作人在閱讀梁啟超的《飲冰自由書》和《中國魂》後，接連在日記中寫下「美不勝收」四個字。[8] 在梁啟超的時代，思想與歷史之中仍蘊涵着美，它們超越了技術層面的編年史序列，也迥異於乏味的理論堆砌，它們令人感動，讓人嚮往。我希望喚醒歷史寫作之中沉睡的美——無論是敲碎時代堅硬的果殼還是用徒勞的祭文為往事招魂，無論是發現真理還是再現傳奇，是在希望中重述，抑或在絕望中反思，是從殘缺中感知故去的美好，或者在迷障中觸摸真相的力量。這是我書寫的直接目的，我或許永遠都無法抵達，卻一直在試圖靠近。

我想，現在我也可以回答許知遠的質疑。

這本書確實以歷史為重心，但從未迴避現實，所有的歷史敘事正是建立在反思現實的基礎之上。克羅齊（Benedetto Croce）說：「一切歷史都是當代史」，我也不過是借古人的酒杯，澆胸中塊壘。

陳寅恪晚年作詩多用曲筆，用曲筆不是因為恐懼，更不是炫技，而是他希望這些文字可以曲折地活下去。因為只有活下去，它們才會在某一天被翻開，才會喚起一些記憶，震醒一些靈魂。

這是我對《城殤》的期望。

註釋

1. 張之洞為黃鶴樓題聯：「昔賢整頓乾坤，締造先從江漢起；今日交通文軌，登臨不覺亞歐遙。」袁世凱：「東西兩洋，歐亞兩洲，只手擎之不為重。吾將舉天下之士，席捲囊括於座下，而不毛者，猶將深入。堯舜假仁，湯武假義，此心薄之而不為；吾將強天下之人，拜手稽首於闕下，有不從者，殺之無赦。」梁啟超《二十世紀太平洋歌》：「爾來環球九萬里，一砂一草皆有主。」胡適《旋》：「念我笑你繞太陽的地球，一日夜只打得一個回旋。」
2. 容閎著：《西學東漸記》，湖南人民出版社，一九八一年，第八十八頁。
3. 東漢班固有《兩都賦》、東漢張衡有《二京賦》、西晉左思有《三都賦》，都是中國古代書寫城市的名作；北宋張擇端有《清明上河圖》、明朝仇英有《南都繁會圖卷》（署名仇英，是否為仇英所作，有爭議）、清朝徐揚有《姑蘇繁華圖》，都是中國古代描繪城市風貌的長卷畫作。
4. 【美】費正清著，傅光明譯：《觀察中國》，世界知識出版社，二〇〇八年，第三十頁。
5. 【美】C．E．布萊克著，段小光譯：《現代化的動力》，四川人民出版社，一九八八年，第九十頁。
6. 「得受文明教育，當知是文正之遺澤，勿忘所自來矣。」根據楊國強著：《義理與事功之間的徘徊：曾國藩、李鴻章及其時代》，三聯書店，二〇〇八年，第五十一頁。
7. 費孝通著：《費孝通選集》，海峽出版社，一九九六年，第三六八頁。
8. 張菊香、張鐵榮編：《周作人年譜》，天津人民出版社，二〇〇〇年，第四十六、四十七、五十二頁。

第一章

將軍令

打狗港像一朵張開巨蕊的花瓣，把鐵軌和火車次第吞進深海。氾濫着腥味的洋流旋即重歸平靜，一如既往的幽暗、冷漠、心事重重。

這些生銹的機車，瘢痕纍纍的鐵軌，都來自海峽彼岸。從上海到高雄，千里迢迢的跨海之路，持續數年的外交風波、權力傾軋，終於塵埃落定。只不過，旅程的終點是沉沒，而不是重生。

這是可以預期的結局。

風波起自光緒二年（一八七六年），英國怡和洋行強行修建的淞滬鐵路通車，在上海引起轟動。鐵軌兩邊的中國民眾「立如堵牆」，但他們最初的好奇心很快就被恐懼與憤怒淹沒。南洋大臣沈葆楨和上海道台馮焌光認為此舉侵犯了中國主權，馮焌光甚至威脅英國人，如果火車繼續開下去，將不惜臥軌自殺。[1]

不久，馮焌光的預言就兑現了。一名中國士兵被飛馳的火車軋死，這起命案很快升級為外交事件。遠在直隸的李鴻章被迫介入。

談判桌上，兩國外交官還在進行着漫無邊際的交涉，危機已經伴隨着謠言，疾速升溫、失控。

停開的淞滬鐵路邊，開始不斷出現一些形跡詭秘的中國人，他們頻繁地沿着鐵軌遊走，壓低了帽簷，目光機敏卻又變幻莫測。後來，有人信誓旦旦地說，這些便衣的士兵離開後，鐵路兩側就開始出現大批中國駐軍。

租界裡的傳言則更加悚動，英國僑民們漸漸相信，很快就會有中國人前來尋釁鬧事，並可能燒毀洋行。

事實上，感受到壓力的不僅是西方的僑民。在租界之外，不安的情緒同樣在大肆蔓延，據說有兩艘英國兵船已從大連港起航，正星夜兼程趕赴上海。

一場因鐵路事故而起的戰爭，似乎將一觸即發。

然而，李鴻章知道，帝國已經不堪一戰。

談判馬上加速進行，中國決定出資二十八萬五千両白銀，將淞滬鐵路購回自辦。李鴻章所希望的，不僅是化解這場外交風波，他更試圖妥善接管並經營這條鐵路，將其經驗向全國推廣。

不料，沈葆楨已經率先下令，將鐵路全部拆毀。無論李鴻章和遠在歐洲的駐英法公使郭嵩燾怎樣動之以情，曉之以理，沈葆楨仍決定一意孤行。

問題在於，無論是沈葆楨還是馮焌光，其實都不算是守舊的大臣，甚至，他們還是洋務派的中堅力量。馬尾造船廠和福州船政學堂，都是在沈葆楨的主持下興辦起來的，而馮焌光則擔任過江南製造局總辦。他們對西方科技的態度一向是開明的，不料，這次的舉動卻異常的武斷強硬。是時代變了，還是他們變了？

沈葆楨的自陳道出了其中的端倪——「鐵路一事，雖為時勢所必趨，然斷不使後之人謂中國之有此，乃由江督沈葆楨而起。」他並非不理解鐵路的重要性，他也深知興建鐵路是大勢所趨，但他不願在這個保守的帝國裡背負激進的惡名。沈葆楨的顧慮，正是綑縛這一代人的精神枷鎖。

此外，令沈葆楨耿耿於懷的，是李鴻章過於積極地介入此事。儘管這件事屬於外交範疇，也在李鴻章的職權範圍之內，但它畢竟發生在沈葆楨的轄區。北洋大臣干預南洋之事，有越權之嫌，這讓沈葆楨難以接受。

李鴻章、郭嵩燾與沈葆楨、馮焌光，其實並沒有本質的分歧。只不過，對聲名的計較、對權力的重視，以及極端的民族主義情緒，最終綁架了理性的判斷，由此引發的，則是對現代化的仇恨。

沉入海底的淞滬鐵路，就像一則魔咒，不斷地警告着後來者，並暗示着帝國復興的艱難時局。連位居西化前沿的上海都如此保守、偏激，其他城市更是可想而知。

淞滬鐵路拆除後，丁日昌要求把材料運到台灣，以助建造台灣鐵路。但是此後，由於籌款無方，台灣鐵路計劃最終不了了之，這些遠道而來的鐵軌和機車，也只能淪為廢物。這遲來的結局又一次激起李鴻章的憤恨，他寫信給郭嵩燾抱怨說：「人才風氣之固結不解，積重難返，鄙論由於崇尚時文小楷誤之，世重科目時文小楷即其根本，來示萬事皆無其本，即傾國考求西法，亦無裨益，洵破的之論。……幼丹（沈葆楨）識見不廣，又甚偏愎，吳淞鐵路拆送台灣，已成廢物，不受諫阻，徒邀取時俗稱譽。」2

事實上，「徒邀取時俗稱譽」的事情，李鴻章在十多年以前也做過。一八六五年，同樣是在上海，當時的李鴻章擔任江蘇巡撫。為了通商便利，英國駐上海領事巴夏禮（Harry Smith Parkes）提出，要在上海到吳淞之間設置電報線。李鴻章不便明令拒絕，卻暗中授意上海縣令，鼓動鄉民把英商剛剛樹立起來的電線桿連夜拔除。

只不過，世易時移，現在的李鴻章卻主動在總督衙門和天津機器局之間架設了電報線，[3] 他還躊躇滿志地試圖繼續興辦鐵路，繼續打造西式艦隊。他宣稱：「我朝處數千年未有之奇局，自應建數千年未有之奇功」，在他看來，國家此刻凋敝的時局，未嘗不是一個痛定思痛的好機會。李鴻章的強國夢想，自然也摻雜着公德與私心，但是，今日的李鴻章，畢竟已不是昨日的吳下阿蒙。他所看到的世界，已經比他的同代人更遠，也更加深入。

曾國藩臨終前總結洋務運動的實績時，將李鴻章、左宗棠與自己並列：「竊思鐵廠之開，創於少荃（李鴻章）；輪船之造，始於季臯（左宗棠）；滬局造船，則由國藩推而行之。非不知需費之巨，成事之難；特以中國欲圖自強，不得不於船隻炮械，練兵演陣入手，初非漫然一試也。」儘管曾國藩半生致力於洋務，他卻從未改變過自己的初衷，所謂「經世之道不出故紙之中」。[4] 他始終相信，所有的現實問題，都能在中國漫長而神聖的傳統中找到答案。

在曾國藩的家鄉湖南，另一位國學大師王闓運的理解則更富戲劇性。同治八年（一八六九年），在點校《漢書》時，王闓運意外地發現了火車的起源，他在日記中興奮地寫道：「點《漢書》半卷。梁孝王欲得容車之道，自梁屬長樂宮，以朝太后，此英吉利火輪車道始見於史傳者也。」[5] 王闓運甚至認為，《聖經》中引領眾人出埃及的摩西，其實是西方人對「墨子」的誤讀。王闓運論證說，墨子當年離開中國，一路向西而去，他的名字被西方人讀成了「摩西」，而摩西手中的十字架，其實是墨子隨身攜帶的矩尺。[6]

王闓運所做的這些牽強附會的臆想，代表了中國的精英階層對現代化的誤解，以及對傳統文化偏執的狂熱；而在民間，這種情緒則更加複雜。直到一九一〇年，依然有人相信「修築鐵路，必須多數人靈魂鎮壓，鐵軌始得安穩」。[7] 人們甚至認定，朝廷調查戶口，其實也別有用心，就是為了把這些寫有民眾姓名的調查冊放進鐵軌枕木中，用百姓的靈魂來維持鐵軌的穩定。於是，人們不僅對鐵路深懷恐懼，甚至滿腹仇恨。流言總是比真相走得更快更遠，盛世末世都不例外。一句謠言就足以摧枯拉朽，讓帝國長達數年的努力付諸東流。

中國的現代化之路，就這樣一直在反覆的類比與猜度、傲慢與偏見之間徘徊，這種觀念也深深地影響着中國城市的形態。帝國晚期的改革往往執泥於器物的層面，而無力也無意深入城市內部。城市變革往往淺嘗輒止，社會結構並沒有進行相應的自我調節，城市的真正蛻變也就無從實現。

所以，儘管在晚清被洋務運動和新政青睞過的城市有安慶、金陵、天津、上海、馬尾、開平、旅順、威海……它們中的大多數都只是曇花一現，只有天津成為幾乎唯一殘留下來的活化石。正如史華慈（Benjamin Isadore Schwartz）總結的那樣，洋務派的態度其實只是「抽象地讚賞西方」，[8] 城市因此也根本來不及發育完善。現代化要在中國生根，需要面對重重的困難——國家的沉淪，縱橫捭闔的權力鬥爭，以及文化的傲慢與精神的自卑……它們將這個國家一次次逼入險境，也將中國人的城市夢想一再推向邊緣。中國的現代化之路，就這樣在起始階段就自相矛盾，並且危機四伏。天津的僥幸勝利，並不能解開帝國的心結，更無法療救現實的沉痾。

註釋

1. 根據李鴻章手劄：「鐵路已成，火車試行，竹儒（馮焌光）設法阻擾，謂將臥鐵轍中聽其軋死，威（妥瑪）、梅（輝立）等目為瘋人。」轉引自夏東元著：《洋務運動史》，華東師範大學出版社，一九九二年，第三六三—三六四頁。
2. 李鴻章著：《李鴻章全集》，海南出版社，一九九七年，第二七三〇頁。
3. 羅澍偉編著：《引領近代文明：百年中國看天津》，天津人民出版社，二〇〇九年，第一二二頁。
4. 曾國藩著：《曾文正公全集·書劄》卷一，《答雷鶴皋》。
5. 王闓運著：《湘綺樓日記》（第一卷），嶽麓書社，一九九七年，第二頁。
6. 陳志讓著：《軍紳政權——近代中國的軍閥時期》，廣西師範大學出版社，二〇〇八年，第一六二頁。
7. 《東方雜誌》一九一〇年七月第八期，《記事》。
8. 【美】本傑明·史華茲著，葉鳳美譯：《尋求富強：嚴復與西方》，江蘇人民出版社，二〇一〇年，第十七頁。該書將作者譯為史華茲，本書暫取較常見的稱呼——史華慈。

安慶

曇花摧城

發酵的預言

長達十五個世紀，安慶人一直被一則預言深深地刺痛。

東晉時，遊仙詩人郭璞在長江邊的群山裡，發現了一片風水寶地。「此地宜城」，他面向一片荒蕪驚喜地宣稱。郭璞不僅是詩人，還被公認為風水大師，然而，千年以降，安慶人始終沒能分享到郭璞的祝福，卻一再面對傾城喪家的命運。一直到清朝道光年間，人們書寫縣志時，仍然迷惑不解，他們的故鄉「地介吳楚，襟江流而蔽淮服，天下無事則已，有事輒先受兵」。[1] 沒有人知道，「宜城」，究竟是一則失誤的預言，還是一句善意的反諷。

生死博弈的故事，如同在江水中浮沉的巨石，每隔一段時日就會出現。安慶人對戰爭習以為常，終於平靜地接受了命運的安排。到咸豐年間曾國藩在安慶城下厲兵秣馬之時，安慶人儘管憂心忡忡，卻也依然從容不迫。

為了爭奪這座長江邊的重鎮，清兵、湘軍與太平軍對峙長達八年。數以萬計的人馬從全國各地不斷地湧向安慶，年輕人的屍體很快就會填滿異鄉的山坳，然後，過不了多久，又會有新的營盤沿着山麓密密麻麻地鋪展開來，就像盛夏溢滿池塘的浮萍。

從安慶城外眺望，它的周遭像被層層鎧甲覆蓋，泛着冷峻而神秘的微光。遍佈全城的防禦工事、瞭望塔以及不斷加固的城牆，都會令初來乍到的湘軍新兵們瞠目結舌。對於這座陌生的城市，他們既恐懼，又嚮往。

這座城市曾被太平天國的「翼王」石達開周密地營建過。石達開不僅加強了防禦工事，還在城中部署過一系列安民措施，「按田畝徵糧」，發放「良民證」，甚至規定，商人們只要正常交納稅收，不但不限制自由貿易，還給予種種優待。開放的商業氛圍令這座被上萬張彎弓瞄準的城市，依然生機勃勃。儘管石達開早已離開安慶，他留下的政令還是被堅定地奉行着，安慶城既恃天險，又維持着內部的穩定，這使得它比任何一座單純的軍事要塞都更令對手敬畏。

在營帳中輾轉反側的曾國藩也不知道，為了這座城市，他還要消耗多少時間，葬送多少兵馬。他和他的士兵們、他的敵人們一道，被帳外靜默的月色洗濯着，和那些枕戈待旦的士兵們一樣，他同樣不知道，自己不小心一覺睡去，還能否看到翌日的黎明。

戰局每天都發生着戲劇性的變化。曾國藩原本採納胡林翼的計劃，火速合圍安慶，進而可以以逸待勞，吸引太平軍的各路援軍，各個擊破。因此，他在安慶周邊佈下的天羅地網，甚至遠遠多於圍城的兵力。不料，這次合圍並沒有帶來預期中的勝利，前來安慶救援的太平軍幾番急攻不下，最終決定圍魏救趙，陳玉成率軍越過胡林翼合攏時留下的縫隙，直搗湘軍大後方。湖北危急，一度令湘軍的將領們頗感驚慌，曾國藩也曾動搖，打算放棄安慶，移師回救。但他和他的將佐們又何嘗不知道太平軍的用意，他已將重兵盡數囤在安徽，大軍一旦開拔，不僅前功盡棄，還可能首尾難顧。思忖再三，曾國藩還是沉住氣，專注於安慶的拉鋸戰。

為了攻下安慶，曾國藩甚至兩次抗旨不遵。朝廷先是要求他派兵北上勤王，到京城迎戰英法聯軍；後又希望他援助潰敗的江南大營，保衛帝國的重鎮蘇州和常州。對於朝廷的調令，曾國藩卻陽奉陰違，一面假意調兵遣將，提出一些看似宏大實則難以實施的計劃來搪塞，一面又在奏摺中據理力爭，直陳攻打安慶更為緊迫，意義重大：「自古平江南之策，必踞上游之勢，建瓴而下，乃能成功」，所以，「欲復金陵，北岸則需先克安慶、和州」。在他看來，於「理」，自己當然應該不惜靖難，為朝廷分憂；於「勢」，卻不得不集中全力攻克安慶。2

即便曾國藩和他的戰士們全力以赴，危機依然接連發生。有一段時間，太平軍甚至反撲到曾國藩的祁門大營附近，最近時只有十餘里。那段時間，曾國藩給四弟的信都寫得心有餘悸，「自十月來，奇險萬狀，風波迭起，文報不通者五日，餉道不通者二十餘日。」他甚至早早地備好了遺書，作出赴死的打算。

這場比拚耐心與運氣的較量，最後以曾國藩的勝出告終。咸豐十一年（一八六一年）八月初一，曾國藩等來了捷報。湘軍引爆了大量炸藥，終於炸開安慶城牆，全軍入城。

經過長達八年的對峙、鏖戰，前仆後繼的死難，疲憊而興奮的士兵們擁入安慶，結果可想而知。跟隨湘軍入城的趙烈文寫道：「婦女萬餘俱為兵掠出」，「凡可取之物，掃地而盡，不可取者皆毀之」。3 趙烈文只是安慶悲劇的又一個目擊者。「宜城」的預言，經過帝國末日的發酵，被釀得越發濃烈苦澀。

封喉分疆

郭璞的「宜城」預言，當然不是失誤。

安慶是一座生來就註定毀滅的城市，安慶的悲劇，源於中國人的城市理念。

千年以降，中國人營造城市，往往不是從生活的層面進行考察，而是先從權力和軍事的角度做出判斷——是否依山傍水，是否易守難攻，是否「王氣」瀰漫……這些首要的指標，體現為城市如何更好地傳達權力的威嚴，如何為權力提供強有力的保障。

從這個角度來看，郭璞的「宜城」預言確實非常合理。安慶扼守着長江下游，前據武漢，後攘金陵，號稱「萬里長江此封喉，吳楚分疆第一州」，戰略地位優越，易守難攻。

只是，郭璞死去九百年後，這座長江的「封喉」之城才被黃榦發現。宋嘉定十年

（一二一七年），朱熹的女婿黃榦上書朝廷，應在桐城的盛唐灣宜城渡以北建造一座新城，作為府治，以便迎擊剛剛攻佔光州準備大舉南下的金兵。黃榦的經營完成了郭璞的夙願，軍事防禦的功能塑造出安慶的基本雛形，也為它引來接踵而至的硝煙，「風帆上下，干戈日尋」。半個世紀後，安慶開始了遲緩的轉型，宋景定元年（一二六〇年），沿江制置大使馬光祖繼續營建安慶，全城周長九餘里，城高近七米，底寬兩米多，頂寬一米多，設五個城門。馬光祖如此大肆經營安慶，除了軍事上的考慮，還在於他要把這座城市改造成安慶府治和懷寧縣治的所在地，安慶終於從軍事要塞兼具了政治城市的功能。清康熙六年（一六六七年），朝廷將江南省劃分為江蘇與安徽兩省，前者取江寧和蘇州的前綴，後者則拼合了安慶和徽州的名字。九十三年後，安慶迎來了又一次歷史轉折，一躍升級為安徽省會，一時車馬喧騰，人流會聚，大量潛在的物質需求促成了商業的井噴之勢，在皖河與長江交匯處的西門外，在城南的沿江碼頭，以及城中的三牌樓和四牌樓區域，徽商雲集，形成了繁華的商業中心，操着各地方言的移民在城中輾轉流動，塑造出這座城市新的活力，日常生活終於從這座森嚴的城市底層噴薄而出，開始自行改造城市的風貌。

可是，這些斷斷續續萌動的城市功能，仍然被軍事化的定位一再掩蓋，「天下無事則已，有事輒先受兵」，安慶人的憂患感始終未能稍減。元朝至正十六年（一三五六年），守帥余闕將安慶的城牆高度提升到九米，並在環城的西、北兩面挖掘護城壕溝，引江水灌入。明朝洪武年間，壕溝繼續加深至三米。到康熙年間再次編修《安慶府志》時，修志人已經開始用一些駭人的字句來描述這座年輕的城市，「濱江重地也。上控洞庭、彭蠡，下扼石城、京口。分疆則鎖鑰南北，坐鎮則呼吸東西，中流天塹，萬里長城」。

十五個世紀以前，郭璞只留下一句浮光掠

影的預言。千年以降，將領、官吏、史官們陸續來到他的預言面前，試圖解開這座城市的隱秘。黃榦、馬光祖、石達開……他們面對着同樣的困惑：如何在廢墟上重建這座舉足輕重的城市，如何讓它更加固若金湯，如何在冰冷的防禦工事上進行日常的生活，以及，如何完成城市的轉型與改造。這些永恆的命題被一代代傳遞下去。

又一輪傾城的悲劇結束之後，曾國藩端坐在依然瀰漫着硝煙的府衙大堂上，面向所有遠逝的背影，開始繼續解答他的敵人石達開留下的困惑。

新世界的開端

安慶之戰不僅令太平天國奄奄一息，它還漸漸勾勒出帝國未來數十年的政治軍事格局：一面是垂垂老矣的僧格林沁、已難堪大用的八旗子弟和蒙古騎兵；一面則是漢族地方軍隊的崛起。曾國藩和那些在戰場上僥幸活下來的湘軍將領們，將迅速成為各地的重臣和封疆大吏，他們中的一些人以「桐城派」的後裔自居，讀經史子集長大，秉承着經世致用的傳統，現在也開始正視來自西方世界的現代化力量。那些縱橫海上的小火輪、各種式樣的洋槍洋炮，都令他們既惶恐又着迷。他們正在闖進一個新的世界。

安慶是這個新世界的開端。

安慶位居武漢與金陵之間，向西可以控制湖南、湖北，向東可以牽制江蘇、浙江，進退自如。於是，曾國藩一面派李鴻章率淮軍馳援上海，一面令左宗棠攻打浙江，自己則把統治中心轉移到安慶。

復興安慶，成為當務之急。曾國藩立即上《豁免皖省錢漕摺》：「安徽用兵十餘年，通省淪陷，殺戮之重，焚掠之慘，殆難言喻，實為非常之奇禍，不同偶遇之偏災。縱有城池克服一兩年者，田地荒蕪，耕種無人，徒有招徠之方，殊乏來歸之戶。」經過長年混戰，安徽全省元氣大傷，安慶更是首當其衝，據統計和估算，戰爭使安慶損失了過半的人口。4 經過曾國藩奏請，朝廷在安徽境內設置善後招墾局，「如有外來客民，請願領田耕種，取具得保，由總局察驗實係安分農民，一體借與牛力紫種，准其開墾，其續價收租，較土著之民一律辦理」。此舉吸引了大量的外來人口和勞動力，戰後，各地的商人、工匠、農民們，開始重新構造城市內在的肌理與結構。

僅僅依靠招墾，顯然不足以解決安慶的根本困境，何況，在安慶之外，戰爭仍在繼續，太平軍一息尚存，列強又四面埋伏，虎視眈眈，曾國藩躊躇再三，決定賦予安慶新的使命。三個月後，曾國藩創辦了安慶內軍械所，用以生產子彈、火藥、山炮，並計劃試製洋炮、輪船。

在安慶創辦軍械所，並非曾國藩突發奇想。他也是在解決困擾帝國多年的難題。

咸豐十年（一八六〇年），朝廷設立「總理各國事務衙門」時，首席總理大臣奕訢就提出：「探源之策，在於自強，自強之術，必先練兵。」隨即，在京城的演武場上，剛剛重建的神機營的士兵們第一次摸到了新式槍炮，這些殺傷力驚人的沉重器械令拿慣了刀槍的八旗子弟手足無措，而朝廷已經迫不及待地想要推而廣之，重整旗鼓。外國軍官尚未把這些懵懂的年輕人訓練成熟，朝廷要求各地操練新式軍隊的詔令已經被迅速傳達下去。

作為手握重兵的封疆大吏，練兵的詔令並沒有讓曾國藩高興起來，反而加劇了他的憂慮。帝國對新式武器的需求日益高漲，卻一直缺乏真正能勝任的軍工廠。早在總理衙門成立之初，曾國藩就曾上奏應和奕訢：「將來師夷智以造炮製船，尤可期永遠之利」。徐珂在《清稗類鈔》中如是分析曾國藩的心態，「文正嘗憤西人專攬製機之利，謀所以抵制之，遂檄雪村（徐壽）創建機器局於安慶」。清廷從西方採購武器和艦船，不僅失去了軍事上的主動權，更造成白銀的大量外流。曾國藩希望從根本上解決這些問題，自主研發製造新式武器，以圖強國之道，甚至可以藉此機會通過軍事盤活經濟。

以安慶作為原點，曾國藩和他的同僚們開始了復興帝國的努力。他們試圖用這些船來的「粉妝」，來掩蓋帝國蒼老皺皺的軀體，在這個歌舞昇平的末世黃昏，支撐它再舞一曲「霓裳羽衣」，不料他們等來的，卻是「陽關三疊」。

黃鵠之飛

曾國藩面對的是一個屢遭重創、越來越失去自信的帝國。安慶軍械所因此不得不被賦予更多難以負荷的意義，不僅要研發蒸汽機，更要為帝國安裝上精神的蒸汽機，拖動起這艘擱淺的古船。

為了說服帝國的統治者，並喚醒國人久違的信心，曾國藩用了許多近乎天真的詞彙，來描繪安慶軍械所和帝國的未來，「智者盡力，勞者盡心，無不能製之器，無不能演之技」。他建議先向西方購買火輪，再召集中國的有識之士進行研究仿造，一定可以成功，他樂觀地估計，「購成之後，訪募覃思之士，智巧之匠，始而演習，繼而試造，不過一二年，火輪船必為中外官民通行之物。可以剿髮逆，可以勤遠略」。曾國藩不僅向朝廷論證只需「一二年」就能成功的可能性，他自己也急不可耐地立刻付諸實踐。

為了響應曾國藩的號令，江蘇巡撫薛煥親自將徐壽和華蘅芳送到湘軍營中。然而，製造火輪卻讓這兩位帝國最負盛名的科學家一籌莫展。雖然他們都擁有豐富的數學和物理學知識，卻從未真正製造過機械，對於輪船更是幾乎一無所知，只是從英國人合信（Benjamin Hobson）所寫的《博物新編》中見過輪船的插圖。後來，他們終於有機會登上外國的輪船進行實地考察，儘管他們很快就宣稱「心中已得梗概」，但是，要憑藉記憶與想像來製造一艘結構複雜的火輪，簡直無異於瞎子摸象。

不過，根據書中有限的提示，他們還是開始了火輪的研發。華蘅芳負責「推求動理，測算汽機」，徐壽負責「造器置機」。幾個月後，他們先解決了動力問題，製造出中華帝國歷史上第一台實用的蒸汽機，其結構與當時處於世界先進水平的「往復式蒸汽機」相仿。為此，曾國藩在日記裡興奮地寫道：「竊喜洋人之智巧我中國人亦能為之，彼不能傲我以其所不知矣。」

造船卻讓徐壽、華蘅芳、吳嘉廉和龔雲棠等一眾科學家們不知所措，「日夜凝思，苦無法程」，儘管徐壽之子徐建寅「累出奇思以佐之」，然而，單單製造輪船模型，就耗費了他們四個月時間。又經過數月努力，他們才造出一艘長約二丈八九尺的木殼小火輪。這個小小的成就並不能讓他們滿意，因為製造蒸汽機時他們還「甚為得法」，而這艘火輪卻「行駛遲鈍，不甚得法」。不過，試航已經足以令曾國藩大喜過望，在當天的日記中，曾國藩寫道：「約計一個時辰，可行二十五六里，試造此船，將以此放大，續造多矣。」他為這艘具有劃時代意義的小火輪賜名「黃鵠」，希望它能像《商君書・畫策》中所說的那樣，「黃鵠之飛，一舉千里」。

據說，曾國藩之所以這樣急迫地建造艦船，不僅是為了兑現對朝廷的承諾。當時，奕訢正與赫德（Robert Hart）籌措為帝國購買「阿斯本艦隊」，英國人卻節外生枝，要求由他們來任命這支大清艦隊的最高統帥。曾國藩對此極為憤慨，他一度不肯借助洋人的兵力來剿滅帝國四起的叛亂，提出「中華之難，中華當之」，現在，他則開始公開反對這些來自西洋的嗟來之食。幾乎在負氣的情緒下，曾國藩決定拋開西方的一切支持，完全依靠中國人的力量來試製小火輪。曾國藩的急迫、盲目的自信，以及這艘僥幸完成的孱弱的木殼火輪，為帝國後來屢次浮現的器物之夢，埋下了悲劇性的伏筆。

自從中國被倉促地扯進現代世界之後，中國人就陷入了兩難的境地。西方炮艦駛入中國的江面，打破的不僅是大清帝國長達數百年的繁榮與穩定，中華文明傳承數千年的牢固傳統也隨之傾覆。所有過去引以為傲的器物與思想，都被證實與新世界格格不入，甚至成為負累，然而，那些顯赫的往事卻又分明在暗處一再地誘惑着人們。人們一面大聲咒罵來自傳統的負擔，一面又對帝國的偉大傳統戀戀不捨，這種姿態最終演化為強烈的民族主義的衝動。精神的偏執，開始深刻地影響着曾國藩之後的中國人，他們放棄了謙和、冷靜、溫文爾雅的表情，往往尚未仔細傾聽就急於發言，對許多事物動輒採取狂熱追捧或者徹底決裂的極端態度。中國人自古承襲的內心的平衡，被時代無情地瓦解，最終引發了持續的精神動盪。許多年後，在康有為、梁啟超身上，在孫中山、黃興身上，在曾國藩的崇拜者毛澤東身上，都能找到曾國藩的影子。對現代化的想像，最終被簡化為對器物的迷戀，並被民族主義情感不斷洗刷。這些極端的態度，形塑了這個國家後來的性格，也成為一場場悲劇的根源。

流散的火種

容閎抵達安慶時，正是這座城市最好的時代，野心勃勃，蒸蒸日上。容閎為安慶軍械所設想了更具戰略性的未來，他告訴曾國藩：「中國今日欲建設機器廠，必以先立普通基礎為主，不宜專以供特別之應用。所謂立普通基礎者，無他，即由此廠可造出種種分廠，更由分廠以專造各種特別之機械。簡言之，即此廠當有製造機器之機器，以立一切製造廠之基礎也。」[5]

對於執迷於「特別之應用」的曾國藩，容閎的這番話無異於醍醐灌頂。曾國藩立刻撥款六萬八千兩，委託容閎到美國購買機器設備，希望真的能在未來將安慶打造成「立一切製造廠之基礎」。

可惜造化弄人，兩年後，當這些機器終於漂洋過海抵達中國口岸時，軍械所早已搬離安慶。

軍械所的搬遷與太平天國的覆滅有關。同治三年（一八六四年），金陵被湘軍攻克，叱咤風雲長達十四年的太平天國壽終正寢。那些曾經宣稱永遠效忠於洪秀全與上帝的流民們，急切地開始用刀刃剜下刻在臉上的「太平天國」的刺字。[6]人們急於和一個逝去的時代撇清關係，而安慶的時代，也在這場庶民的躁動中走向終結。

湘軍的決定性勝利，令安慶的軍事優勢瞬間瓦解。太平天國不復存在，帝國的軍事戰略重心再度移回沿海與邊陲，以便繼續應對那些來自國外的入侵者。地處內陸的安慶，不再是遏制湖北的要塞，金陵也不再需要它來拱衛。它的意義已經告一段落。

榮升兩江總督的曾國藩，法定的辦公地是金陵。金陵擁有安慶所不具備的更多優勢：金陵不僅有六朝古都的城市基礎，富庶繁華的江南腹地，還扼守着長江口，毗鄰上海，能夠更便捷地發展商貿，引進新科技。曾國藩毫不猶豫地把公署遷往金陵，他為安慶創辦的軍械所，也很快被連根拔起，沿江直下，更名為金陵製造局。

容閎從美國採購回來的機器，最終都留在上海，搬進剛剛合併落成的江南製造總局。不久，一艘長達十八丈的木殼輪船在上海誕生。試航當天，曾國藩再次站上船頭，滿懷躊躇地構想着中國的將來，「將來漸推漸精，即二十餘丈之大艦，可伸可縮之煙筒，可高可低之輪軸，或亦可苦思而得之」。歡呼雀躍的人潮大多並不知道，這片在上海燎原的火焰，最初採擷的，其實是安慶的火種。

颶風過境

軍械所搬離安慶之後，人們才發現，這座已經創辦四年的軍工廠，居然沒能與這座城市產生多少實際的關聯。關於軍械所的一切人與事都是舶來的——引進的是西方科技和新式艦船；經費主要來自湘軍軍費；僱用的近百名工人，基本都是湘軍士兵或者從湖南招募來的工匠；而安慶軍械所的技術人員，徐壽、徐建寅父子、華蘅芳都是無錫人，吳嘉廉是江西南豐人，主持小火輪製造的負責人蔡國祥則是湘軍的水軍統領。他們都與安慶無關，隨着軍械所的遷移，他們也很快離開這裡。他們沒來得及為安慶留下些什麼，沒有將它變成一座呈現出現代風貌和規模的城市，也沒有來得及為它培養一批本地的人才。現代化之夢像龍捲風一般席捲過安慶蒼涼的土地，甩在身後的，仍是一片寂寥的荒蕪。

事實上，安慶的過客們並非沒有長遠的計劃，只是在安慶時他們並沒有這樣的機會。到上海江南機器製造總局以後，徐壽才來得及施展他的全部才華：「一為譯書，二為採煤煉鐵，三為自造槍炮，四為操練輪船水師。」他的這些周詳的計劃在安慶根本無暇實施，造船已經消耗了他的全部精力。何況，安慶也存在先天的問題：這裡畢竟地處內陸，信息不暢，專業人才稀少。在安慶，徐壽連一些基本的文字資料都找不齊，能從朋友們那裡得到的幫助更是極為有限。畢竟，安慶只是一座百廢待興的內陸城市，剛剛從硝煙中醒轉，依然氣喘吁吁，自顧不暇，哪裡容納得下他的那些恢弘的理想。對於這一點，馮桂芬看得更清楚，曾國藩也曾力邀馮桂芬到安慶，卻被他明智地以路途遙遠為由婉拒了。後來，直到軍工廠搬到上海，馮桂芬才終於接受了曾國藩的邀請。

主持製造火輪的總負責人蔡國祥面對過同樣的疑惑。在攻克安慶的戰役中，湘軍修築大壩，引內湖將安慶東門變成澤國，蔡國祥率領水軍攻城，立下過赫赫戰功。奕訢執意購買「阿斯本艦隊」時，蔡國祥還被曾國藩提名為統帥。但是，在安慶，蔡國祥看不到多少希望。世界戰爭早已進入海洋時代，他和他的艦船還是只能在江面上顛簸。他的理想要擱置到十年之後，福建馬尾造船廠造出中國第一艘巡洋艦「揚武」，那時，沈葆楨將以它為旗艦，訓練海軍編隊作戰，業已老去的湘軍名將蔡國祥才會被再度想起，直到那時，他才真正獲得舞台，才有機會直面海洋。而這個舞台，是安慶永遠都無法提供的。

安慶無疑為它的過客們孕育過希望，只是燦爛而又短暫。它很快就失去了對帝國最後的吸引力。所有軍事化城市的先天不足，都在安慶顯露無遺。

戰事所迫，軍事化城市必須快速營建，並且全面為戰爭服務，城市的其他功能則會被有意無意地忽略。但是戰爭一旦結束，或者出現轉機，日常生活的內在需求就會溢出城市，當城市不能成為生活的庇護所，則勢必難以持久。

大量資金撥款的快速湧入，也是軍事化城市的致命傷。巨額資金確實能極快地堆砌起城市的氣象，但這種氣象不是按照城市的內在邏輯自然生長出來的。它總是容易被賦予過多不切實際的幻想，形成揠苗助長式的地域風貌，它在戰時越強大，在戰後就可能越脆弱。軍事化城市終有復歸日常城市的一天，如果在轉型過程中缺乏周詳的規劃，那些泡沫般的繁華，很快就會凋零隕落。

當然，軍事化的城市並非一定不能持久，只是需要面對殘酷的轉型，發掘出新的增長點。帝都北京就將軍事化與城市實用功能結合得極為熨貼，軍事立國的滿清王朝，通過八旗制度來分隔城市，從外圍守衛京城。這種充斥着軍事思維的城市營建方式，並沒有與北京固有的傳統坊市格局產生衝突，生活的需求也沒有遭到軍事邏輯的過度干擾。北京因此得以維繫內在的平衡。畢竟，城市不是一片聯營，更不是演武場，歸根結底是為生活而造。只不過，與北京相比，安慶確實更像一個要塞城堡，當時代發生位移，它也會在轉瞬之間失去意義。

而安慶軍械所的故事，也註定要在中國的許多城市一再上演。

城市世紀的門檻

安慶剛剛重新蓄積起來的力量，因為這次遷徙而被掏空。安慶的營建，尚未來得及深入城市生活的層面，就戛然而止。軍事工業的創辦，商業的復興，曾給這座傳統的軍事重鎮注入過新的能量，得益於現代化的助力，安慶原本可以完成史無前例的城市轉型。然而，一旦這些現代化的骨髓被殘酷地抽離，失落感足以擊潰城市剛剛建立起來的脆弱自信。

安慶後來也興建過一些小型軍事工業，如火藥局、修理製造局、軍械局，但它們的影響力僅限於地方。

即便作為長江沿岸的通商口岸，安慶也幾乎無所作為。光緒二十八年（一九〇二年），《中英續議通商行船條約》將安慶開放為通商口岸，城中迅速擠滿了各國的洋行、公司，商業化進程卻仍然出人意料地遲緩，日本東亞同文會在《支那省別全志》中點明了安慶的尷尬處境，「雖已與英國締約作開港之預備，然卒未實行。商業不振，實為主因」。沿海城市的地理優勢決定了它們能更加快速有效地消化來自西方世界的誘惑與啟迪，安慶則隨着所有內陸城市一道，在這一輪洗牌中被倉促地遺棄，就像大潰敗時那些被拋棄在戰場上的傷兵。

徽商的失語同樣加速了安慶的衰落。面對西方產品和新式經營觀念的衝擊，徽商最終敗下陣來，這種依靠家族關係和古老契約維繫的商業形式也隨即崩塌。儘管徽商們在家財萬貫時也不曾給予故鄉多少實際的回饋，只留下一些富麗堂皇的老屋與牌坊，但是，至少那時他們掌控着帝國的中心城市，沒有人敢於忽略安徽的存在。而當他們的身影逐漸隱遁進歷史的風塵中，安徽在帝國版圖上的塌陷已不可避免，首當其衝的安慶更加無力回天。

直到光緒三十三年（一九〇七年），安慶才開始重啟現代化進程，沈曾植在安慶督辦製造廠，創辦發電廠，不料，電廠也一波三折，因為耗資嚴重，很快就被迫改制。三年後，電廠終於引進英國製的大功率發電機及相關器材，城中開始造電線桿，改良路燈，然而，電廠依然負債纍纍，需要長年償還債務。[7] 直到民國，安慶仍然在男耕女織的迷夢中樂不思蜀，軍事工業最終沒能喚醒這座沉睡的城市，儘管它被後來的許多城市視為榜樣和標本，它自己卻終日浸泡在福爾馬林溶液中，只有依靠回憶才能防腐，才能保持住當初轉瞬即逝的笑意。

我們不妨假設，如果太平天國的餘脈能在金陵延續數年，如果安慶軍械所完成了更多的軍事實驗，進一步擴大了製造和經營的規模，這些軍工業的成果會不會最終滲透到城市的血液中，會不會對這座城市乃至整個中國產生更大的影響，進而改變今日中國的城市格局？

但歷史從不存在假設。在安慶，自稱天主次子的洪秀全，沒能像摩西那樣用權杖劈開突圍之路，石達開、陳玉成和李秀成們，也沒能統率士兵們找到被許諾的天堂，信仰的力量全然敵不過人與人之間的猜忌、懷疑和嫉妒。太平天國最後的賭注葬送在安慶，曾國藩復興帝國的希望也錯失在安慶。這座曾經不可一世的城市，最終在時代的轉折中歸於沉寂，被時光徹底消磨了思變的銳氣和決心。

在新的城市邏輯之下，「宜城」的預言也終於失效，軍事化定位已被棄置，新的遊戲規則又難以嫁接上安慶的軌道。一千多年前，人們會用三天三夜的大火來侮辱並詆毀一座城市，其實，傾城的悲劇儘管慘烈，卻未必致命，因為廢墟反而更能加劇人們重建城市的決心。對城市最具毀滅性的打擊，是對它的遺棄與漠視。沒有人相信，一座失語的城市還會有勇氣證明自己。

自然，我們也不可能奢望曾國藩會關注一座城市的命運。在曾國藩的時代，城市隨時都可以征服，隨時都可以根據自己的心意重新規劃。與天下興亡相比，一座城池的命運實在算不得什麼。何況，中國人似乎對營建城市一直缺乏熱情，儘管早在《周禮》的時代，就對城市規劃有過明確的描述，「左祖右社，面朝後市」，但那些字句也只是對紀念碑的存在形式作出界定，人們會為了帝王而大肆營建皇宮，人們也可以捐出大筆資金來修造寺廟、佛塔、園林，卻從來無心打理一座城市。吸引中國人的，是城市的局部細節——具有象徵意義的建築是否適得其所，紀念碑是否能妥貼地承載營造者的心意，人們很少移開自己專注的目光，將視線拋向更為遼闊的城市空間。在帝國的傳統意識裡，這些樣貌上大同小異的城市，不過是為了安置民眾，徵集稅收，以及維持穩定。城市對國家、對時代的力量，尚未真正顯現出來。城市的世紀，仍然遠遠沒有到來。先行一步的安慶，註定要曲高和寡，成為現代城市理想的殉道者，因為它和它的營造者們都不知道，該如何在城市世紀的門檻邊，邁出決定性的一步。中國人對現代化刻骨的熱忱與執迷，要到下一代人手中才能開始實現。

盛開的餘味

曾國藩一度天真地以為，只要把西方的器物移植到中國的土地上，它們就會像蚯蚓一樣為帝國的根系鬆土，庇佑這棵垂垂老矣的參天大樹繼續枝繁葉茂。不料，真正播植在泥土裡的，卻是蟬蛹，春風的味道將喚醒這些沉睡的幽靈，牠們將爭先恐後地爬上樹冠，將帝國的巨樹吸成一具空洞的屍骸。

曾國藩和他的幕僚們領教過現代化的威力，無論他們怎樣迴避這個新時代的牽制，還是屢次陷入它設定的圈套裡。這是一條無從抵抗的道路。當曾國藩決定踏出第一步的時候，並不知道，現代化與這個腐朽的帝國，是根本相悖的。現代化的進程越深入，人們越無法容忍面前的生活；他和他的幕僚們越是竭盡全力地試圖拯救帝國，反而越會加速帝國的覆滅。

曾國藩在同治十一年（一八七二年）去世，他合上眼睛的時候，帝國並沒有像他在安慶時期待的那樣「一舉千里」，卻也還沒有變得過於糟糕。不過，僅僅幾十年後，現代化的後遺症就會逐一顯現。

從光緒二十八年（一九〇二年）開始，留

學日本的陳獨秀每年都會潛回故鄉安慶，演講一番再被驅逐出境。第一年，他以藏書樓為據點，成立青年勵志學社，展出各種宣揚救國的報刊書籍，「安慶各學堂及機關人士，參加者日益踴躍，凡聲所播，聞者興起」。[8] 第二年，再度還鄉的陳獨秀又成立安徽愛國會，抗議沙俄霸佔東北，在他的煽動下，群情激奮的學生紛紛請假，甚至退學。第三年，陳獨秀乾脆創辦了《安徽俗話報》，宣講時政。儘管聚會屢次被當局遣散，報紙也遭查封，陳獨秀和他的朋友們還是在安慶的年輕人心中丟下了重磅炸彈。面對國家危亡，陳獨秀和曾國藩一樣，選擇了民族主義的旗幟。只不過，他的矛頭不僅指向那些意在瓜分中國的殖民者，更直接指向滿清政府。在學生和新軍中，沉睡數百年的排滿情緒終於被召喚出來。《安徽俗話報》被查禁的這一年，大批激進的年輕人進入新軍營中，畢業於安徽武備學堂的柏文蔚在新軍中創辦「同學會」，名為「同學會」，其實暗中召集同道，這些年輕人貪婪地閱讀着《警世鐘》、《猛回頭》、《革命軍》這些時興的革命文學，他們還給自己補了歷史課，許多人咬着牙，滿眶熱淚地讀完《揚州十日記》和《嘉定屠城記》，兩百多年前的屈辱史，引爆了他們的民族主義情緒。隨即，這些憤怒的年輕人被陳獨秀和柏文蔚拉進新創辦的「岳王會」，以岳飛抗金的往事相互勉勵。這些新軍和巡警學堂的畢業生，受過系統的軍事教育，有着周密的組織和戰鬥力，最終成為強大的力量。這些從曾國藩的時代開始培養的新式軍人，最終卻長成帝國的「逆子」，聯合成為弒父的力量。短短幾年間，安慶的起義浪潮風起雲湧。徐錫麟發起安慶巡警學堂起義，手刃安徽巡撫恩銘；一年後，熊成基發動馬炮營起義；武昌起義後，安慶立刻響應，新軍再度起義。不過，三次起義均告失敗，這些年輕人終究沒能給安慶找到合適的未來。此後，在民國此起彼伏的城市實驗中，安慶重新失語，這座早熟的城市似乎已經耗盡自己的青春與熱忱。一九三八年，日軍入侵，安慶淪陷，安徽的臨時省會遷往立煌縣，安慶從此把佔據了近兩個世紀的省會名分拱手相讓。抗戰勝利後，安徽省省會遷往合肥。一九四九年，毛澤東力排眾議，指定合肥繼續充當省會。毛澤東說，如果把省會安置在長江邊的安慶，隱患太大，一旦盤踞東南的國民黨反攻大陸，或者西南地區的匪徒發難，他們無論是佔領了南京還是武漢，都可以長驅直入，一日之內連下兩座省會城市。所以，地處山地中央的合肥才是最佳選擇。似乎是為了驗證毛澤東的預言，一九五四年，長江洪水橫掃安慶。從此，再也沒有人重提將陳獨秀的故鄉改回安徽省會這樣的話題。多年以後，中國的中心繼續東移，舊時的江南被長江三角洲的新定義淹沒，在這套圍繞上海重建的城市群邏輯中，安慶早已淪為局外人。

安慶正像被投入鏡湖中的一粒石子，在它落水的地方，一圈一圈地綻開過漪瀾，甚至蔓延到每一個角落，動搖了整片平靜死寂的湖面。但飛石終將沉入湖底，而動盪的湖面也終有一日要回復平靜。對一片湖水而言，相對的平靜以及由風拂起的微瀾才是常態，投石問路是太過偶然也充滿風險的事情。人們對城市生活的需求其實也是如此，微瀾是最自然的狀態，很少有人真的願意接受頻繁降臨的意外驚喜，因為驚喜背後很可能尾隨着突發的悲劇。人們因此，遺忘了安慶，儘管它曾作為震源，撼動過一個時代。

然而，我們不能因此便無視安慶的存在。安慶之路深刻地影響過中國，在安慶，近代工業噴薄而出，儘管它仍披掛着軍用工業的畫皮；產業工人也開始從軍隊中脫胎出來，儘管還沒有剪斷臍帶，可是新的職業與生活方式畢竟已經出現，曾經主導帝國商業格局的農業和紡織業，開始被這些冰冷的機器取代。安慶的時代逝去之後，李鴻章在《置辦外國鐵廠機器摺》中總結洋務運動的早期進展，並描述了一種真正有價值的未來：「惟其先華洋隔絕，雖中土技巧之士，莫由鑿空而談，逮其久風氣漸開，凡人心智慧之同，且將自發其覆。臣料數十年後，中國富農大賈，必有仿造洋機器製作以自求利益者，官法無從為之區處。」數十年後，中國真的出現了一大批李鴻章所召喚的真正的實業家，他們在振興經濟的基礎上發展各自的城市，借助現代化之力塑造新的城市風貌，中國人從「單一職業社會」[9]進入多元化的生活……那些潛伏下來的理想，那些從安慶播遷出去的蒲公英一樣的種子，在南通，在天水，在北碚，在西康，將被歷史生動地演繹。直到那時，當人們面對那些如火如荼的城市實驗時，或許才能理解，曇花一現的安慶之於整個中國的意義。

註釋

1. 道光年間《懷寧縣志》卷一零，《官署》。
2. 曾國藩著：《曾文正公全集》，《書劄》卷十三，《覆胡宮保》。
3. 趙烈文著：《能靜居士日記》，《簡輯》第三冊，第二〇〇—二〇一頁。
4. 一八五一年，安慶府人口約為六百四十萬，兩年後就下降到三百二十一萬八千，一八六五年有二百八十萬，一八八九年移往外鄉的安慶人可能達到四十萬。據曹樹基著：《中國移民史（第六卷）：清、民國時期》，福建人民出版社，一九九七年，第四六二—四六三頁。
5. 容閎著：《西學東漸記》，湖南人民出版社，一九八一年，第七十五頁。
6. 根據【美】史景遷著，朱慶葆、計秋楓、鄭安、蔣婕虹、李永剛等譯：《「天國之子」和他的世俗王朝——洪秀全與太平天國》，上海遠東出版社，二〇〇一年，第四八二頁。
7. 《安慶市電燈廠之沿革及其設備》，載《安徽建設》第十三號，一九三〇年。
8. 張湘炳、蔣元卿、張子儀編：《辛亥革命安徽資料彙編》，黃山書社，一九九〇年，第一六六頁。
9. 吉爾伯特·羅茲曼認為：「中國是一個單一職業社會。」根據【美】吉爾伯特·羅茲曼主編：《中國的現代化》，江蘇人民出版社，一九八八年，第一九五頁。

馬尾

向海而生

海國想像

同治五年（一八六六年）盛夏，福建燥熱難當。快馬星夜兼程帶走了閩浙總督左宗棠構思多年的奏摺：「輪船成，則漕政興，軍政舉，商民之困紓，海關之稅旺。一世之費，數世之利也。」

奏摺在半個多月後才抵達京城，鴉片戰爭二十六年後，帝國終於開始嚴肅地思考日益險峻的現代化問題。在過去的二十多年間，帝國習慣了偃旗息鼓，以割地賠款為代價的休養生息，慣性思維最終將一個富庶的王朝逼上絕路。這樣的故事在每一個末世都會輪番上演，只不過這次更為殘酷和複雜。相互推諉的大臣們仍在小心翼翼地拿捏着變革的尺度，面對這個異常棘手的問題，許多人已經不希望自己成為所謂的中興名臣，他們斟酌更多的是可能會因此而換來的慘烈結局。在這個敵視變革的國家，墨守成規一直被視為最大的美德。

左宗棠希望建造一座中國人自己的造船廠，不過，他也深知，年幼的帝王和年輕的太后們不可能在自身尚且立足未穩之際就貿然發動一場勞民傷財並且觸及西人利益的變革。所以，左宗棠選擇了從充實軍事裝備和振興經濟兩個角度來分析造船之利。此時的中國，黃河決堤，河道堵塞，暴動頻繁，通往京城的道路屢次受到阻隔，整個國家迫切地需要由漕運轉向海運。這一點，比起海上的一敗塗地，似乎更容易令年輕的帝王和太后們接受。

問題挑明之後，反而容易解決。朝廷立刻批覆了左宗棠的奏摺，朝中見過西方火輪的大臣並不多，但是，用鋼鐵澆鑄一個強國夢，以其人之道，還施其人之身，至少是一個在邏輯上行得通的計劃。總理衙門立刻嘉獎左宗棠

「砥柱中流，留心時事」，同時勉勵他「無論着何為難，總期志在必行，行而必成」。

此時，帝國遺忘海洋已經長達四百年。從前朝明成祖朱棣開始，直至本朝康乾盛世，斷斷續續的海禁，漫長的閉關鎖國，終於讓中國徹底離開了海洋。鄭和下西洋的壯舉史無前例，卻似乎更像一次海洋夢想的回光返照。

無從預料的是，中央帝國一夕之間已淪為海中孤嶼。從天下中心，到世界邊緣，中國人不得不適應這樣的身份位移，一面為當下窮詞辯護，一面對未來憂心忡忡。世界各國已經進入海洋世紀多年，中華帝國的防守重心，經過漫長的討價還價，卻還是始終在塞防與海防之間迂迴游離。

對於那些從海上突然出現的對手，左宗棠的理解並不比他的同僚們更多。左宗棠心情複雜地把他們稱為「島族」，他的想像中仍然不乏之漢文化承襲數千年的傲慢。而當他立意尋找與國之策時，依然希望從漫長的傳統裡尋找線索。「自道光十九年海上事起，凡唐宋以來史傳、別錄、說部及國朝志乘載記官私各書，有關海國故事者，每涉獵之。」[1]問題在於，傳統已經不能給他真正的啟迪，反倒是出入中國衙門的那些高鼻子洋人的描述，那些流傳於商埠內外的傳說和謊言，更容易讓左宗棠找到方向。

和同時代的年輕人一樣，左宗棠也曾依靠閱讀魏源的作品來理解西方世界。他把魏源的《海國圖志》譽為「發憤之作」，多年以後，回望自己的洋務功績時，左宗棠仍然毫不諱言：「此魏子所謂師其長技以制之也。」

魏源提出的「師夷之長技以制夷」的觀念，沒能改變他自己的時代，卻在陰差陽錯之間為後來的整整幾代人集體塑了形。有人從中看到堅船利炮，有人從中看到政治轉向的可能，也有人從此對陌生的西方世界心存好奇，邁出探尋的腳步。後來，梁啟超在《中國近三百年學術史》中寫道：「《海國圖志》之論，實支配百年來之人心，直至今日猶未脫離淨盡，則其在中國歷史上關係不得謂細也。」

魏源留下的這些「支配百年來之人心」的言論，經過左宗棠這一代人的實踐，得以落實，並且振聾發聵。但左宗棠這一代人所能看到的，仍然只是「技」的層面，他們無緣親眼目睹真實的現代世界，也無力搭建起更進一步的理論體系，最終變成魏源時代遺留下的精神孤兒。他們寄居在現代化的屋簷下，卻仍要固執地為過去招魂；他們滿懷熱忱地試圖創造未來，而他們想像中的未來，並不是現代世界，反而是對古老盛世的回歸。

亂世苟全

福州城外二十里的馬尾，從此成為一個歷史名詞。

馬江是閩江的支流，江中有一塊形似戰馬的巨大礁石，「礁西馬頭江，礁東馬尾江」，2 馬尾因此得名。此地地勢絕佳，「水清土實，深可十二丈，潮上倍之」，「數十年來，外國輪船夾板船，常泊海口，非土人及久住口岸之洋人引港，不能自達省城」，馬尾距離左宗棠府衙所在地福州也只有二十里，便於牽制管理。左宗棠和他的幕僚們幾乎異口同聲地選定馬尾開辦造船廠。

左宗棠邀請了法國海軍軍官日意格（Prosper Marie Giquel）和德克碑（Paul-Alexandre Neveue d'Aiguebelle）出任都監，日意格率領招募來的第一批中外工人抵達馬尾，看到的是一條「既沒有外國機器，也沒有工具的河流」，「田野中唯一的一座小屋了成了鍛造車間，屋中兩座鐵爐馬上生火，用中國的鐵錘開始了工作，第一根鐵釘就在這裡打成」。

在權力結構複雜的中國，船政顯然不能僅僅依靠鐵錘和鉚釘來打造。馬尾造船廠發展始終，權力鬥爭幾乎未曾止歇，鬥爭不僅來自京城內外保守的對手們，甚至來自陣營內的同盟之間。《北華捷報》（*North China Herald*）信誓旦旦地寫道：「左宗棠被認為是李鴻章的對手；

當福州兵工廠在他主持下興建之時，人們暗示，他得到北京的慫恿，創建這麼一個廠作為李把持下的江蘇兵工廠的對立物。」而直到同治十一年（一八七二年），《康奈爾》雜誌還聲稱，福州船政就是權力鬥爭的產物。

左宗棠身兼閩浙總督時，曾說服廣東、浙江與福建以福州為中心和試驗地，共同完成邊防海軍營建。可是，廣東和浙江付出了大筆經費，卻並未能獲得及時的回報，各省之間的關係漸漸變得微妙起來，聯省經營的理想最終破滅。馬尾造船廠喪失了聯省支援，又無法真正獲得中央財政的有力支持，在創建伊始便為日後屢次出現的經費危機埋下了糟糕的伏筆。

朝廷的一紙調令更令馬尾造船廠雪上加霜。西北叛亂長達四年依然無法平息，甚至將英俄兩國也牽扯進去，朝廷急調左宗棠前往西北平叛，閩浙總督之職由保守派官員吳棠繼任。這次看似漫不經心的職務調動，似乎已經表明了帝國對船政模稜兩可的態度，以及對時局的茫然無知。

將籌劃多年的事業託付給一個自己完全不信任的人手上，並且眼睜睜地看着它盡數毀掉，這讓左宗棠無法接受。他決定催促前任江西巡撫沈葆楨儘快出山。在左宗棠看來，沈葆楨幾乎是船政大臣唯一合適的人選。左宗棠曾是林則徐的狂熱崇拜者，早在鴉片戰爭爆發前，林則徐就已組織人員翻譯介紹西方的火輪，他和魏源都是左宗棠的精神導師，而沈葆楨是林則徐的外甥兼女婿。沈葆楨的能力和他的官場生涯同樣不容小覷，他在江西巡撫任上政績突出，又是福建本地人，此時只是堅持為母丁憂而離職在家，如果他出面主持船政，既可以方便照顧老父，繼續為母丁憂，又可以為國分憂。左宗棠覺得，沈葆楨幾乎沒有理由拒絕這一盛情邀請。

不料，左宗棠三顧茅廬，卻三次碰壁。沈葆楨深知時局艱難，反而聯合當地士紳聯名上書，要求挽留左宗棠。左宗棠只能請來詔書逼沈葆楨出山，並為他物色了一幫助手，周開錫、吳大廷、胡雪巖、葉文瀾、黃維煊、貝錦泉、徐文淵。左宗棠的安排頗有深意，他們或縱橫官場，或為富商買辦，或精通洋務，或熟悉水道練兵，甚至徐文淵還擅長製造西式大炮，他們都能給予沈葆楨實際的支持。

一切都安排妥當，後顧之憂看似已經迎刃而解。左宗棠以為，自己可以就此安心地麾軍西行，沈葆楨卻顯然不這樣認為，他當初聯合士紳挽留左宗棠時，早就看明白了船政的利害關係：「事成則萬世享其利，事廢則為四裔笑，天下寒心。」

七難

沈葆楨仍然堅持到丁憂結束後的第二天，才乘坐輪船抵達馬尾，正式就任。當日，他按例上奏。

沈葆楨的奏摺並沒有像左宗棠那樣滿懷憧憬，他歷數辦船廠的「七難」：洋人多疑，恐不服管理；輪船經費很可能引發財政問題；自己作為縉紳，與本地官員之間可能產生摩擦；身處家鄉，很可能因親故關係遭人構陷；內部的貪污問題很可能出現；中國工匠的工作態度或許會有問題；德克碑和日意格既獲厚利，又得重名，可能引人譭謗。

「七難」的預言果然貫穿了福建船政的始終，船政一直被殘酷的政治鬥爭裹挾，無論是來自外部的凌厲攻勢，還是內部暗藏的殺機，每一個個體的悲劇，最終讓整個國家一敗塗地。對於這些問題，日意格也有所覺察，他在報告中對中國的時局迷惑不解：「創辦像福州這樣的兵工廠，在歐美是很平常的事。但是在中國，它的倡導者要冒很大的風險，因為按照北京政府的制度，對任何新事業從來沒有主動性，只是對下面提出的建議進行否決或認可。左總督必須對他的計劃承擔全部責任，他在試驗中的一次失敗就會毀掉一個清朝大員所能做出的最成功的事業。」

事實上，就連帝國內部那些深諳權謀之道的重臣們也不知道，究竟是一股什麼樣的力量在牽制着這個疲敝而依然龐大的國家。對成規的墨守，對新世界的排斥，繁冗沉重的官僚體系緊緊地扼制着帝國和身處其間的每一個人，這是一座看起來環環相扣、異常穩固的大廈，可是，它又為何幾乎在頃刻間就轟然倒塌？

幾天後，沈葆楨將住所遷到馬尾，他沒有像左宗棠那樣留在二十里外的福州城中。在這片凋敝寂寥的土地上，沈葆楨決心做些什麼。他在衙門前掛起一副對聯：「以一簣為始基，自古天下無難事；致九譯之新法，於今中國有聖人。」

沈葆楨遭遇的阻力比他想像的還要大。他的頭銜是「欽差總理船政大臣」，原本可以行使欽差的權力，有事單獨向帝王上奏，朝廷卻很快下達了另一道旨意，沈葆楨必須和駐守福州的總督以及巡撫聯名上奏，這幾乎否定了他的欽差特權，他既不是欽差，也不是封疆大吏，帝國混亂的官僚體系讓沈葆楨上任伊始便左右為難。左宗棠在福建時都曾深感棘手，寫信給浙江鹽運使楊昌浚訴苦：「閩中政事別一天地，入閩以來，愁悶欲絕。回首浙中，如在天上矣。」資歷更淺、官階更低的沈葆楨，困境就更加明顯。吳棠繼任閩浙總督後，更是大張旗鼓地試圖抹去左宗棠在福建留下的一切痕跡。周開錫受到匿名攻擊被迫告假，葉文瀾遭遇舊案重提不能理事，李慶霖被免職，吳大廷被迫退休，胡雪巖也迫於時勢告假回家……接踵而至的權力鬥爭造成了嚴重的後果，沈葆楨上任三個月後，馬尾造船廠的所有重要職位幾乎都空缺，沈葆楨一怒之下破例沒有與吳棠聯名上奏，徑直向京城告發吳棠：「數月以來不置可否，其間在在陰起而為難」，「事事務與前人相反，船政特其一端耳。」經過左宗棠的干預，朝廷採取了折中的方案，將免職官員悉數調回船廠任職，但仍堅持吳棠原議，免去他們在福建的行政職位；至於吳棠，則被調離福建，前往四川出任總督。

同治十年（一八七一年），保守派再度反撲，內閣學士宋晉奏請朝廷停止造船，理由是「糜費太重」，「明為遠謀，實同虛耗」。曾國藩、李鴻章和左宗棠都出面回擊，不過，李鴻章卻在私下裡勸說沈葆楨脫離船政這個爛攤子，明哲保身。但沈葆楨還是堅決地上書：「自強之道，與好大喜功不同，不可以浮言動搖。且洋員合同不能廢，機廠經營不可棄。不特不能即時裁撤，五年期滿，亦不可停。」連續的否定句式，並不符合官場的權謀之道。但沈葆楨深知，中庸之道固然可保全自身，但身處亂世，卻比保守更容易誤國。

對於這一次規模更大的爭論，朝廷再次給出一個折中的結果，實行官輪商僱，成立輪船招商局，通過發展民間航運來減輕船政負擔。

面對帝國四伏的危機，洋務派本身也進退維谷。為了收復被俄羅斯人佔領的新疆伊犁，左宗棠選擇放慢發展海軍的腳步。多年以前，林則徐就曾密奏道光：「英吉利雖強，然不足畏。為中國患者，俄羅斯也。」林則徐當年的預言未被採納，擱置數十年後，卻把左宗棠逼上絕路。西征耗費巨大，海軍亦是無底洞，左宗棠對塞防與海防的態度，同樣曖昧不清。

左宗棠與沈葆楨之間甚至也時常發生矛盾。沈葆楨堅決要購買鐵甲艦，左宗棠對此頗多不滿，他在寫給徐理卿的信中抱怨：「幼丹之明豈不知鐵甲固無所用之耶？」一年後，他又在信中寫道：「鐵甲輪船英人本視為廢物……船塢為各國銷金之鍋，罄其財而船終無用，李（鴻章）與丁（日昌）獨無所聞，亦不可解。」[3]一代人終有一代人的局限與困境，難以逃脫。

所幸，在洋務派的勉力維繫之下，馬尾造船廠依然成就卓著，全盛時期曾有中外工人二三千人，造船速度一度是江南造船廠的兩倍，洋員撤離一年多，船政局的學生就自行設計並製造出「藝新」號兵船，後來更造出第一艘巡洋艦「開濟」號和鋼甲艦「龍威」號，代表了帝國晚期造船的巔峰水平。

這些菲薄的成就，都不足以挽救垂老的帝國，面對列強虎視眈眈，群臣不能戮力同心，帝王不能臨危決斷，王朝上下仍然糾纏於「實」與「名」、「體」與「用」之間的文字遊戲。馬尾突然變成了福建當地人鍾愛的木偶戲，遙遠帝都的無數雙手拉扯着木偶身上的提線，它不僅不由自主，而且無所適從，左宗棠和沈葆楨都曾試圖掙扎，卻不料越掙扎背負在身上的提線反而越緊。馬尾造船廠造出的艦船越多，帝國反而越加遠離海洋。

殉葬

沈葆楨離任之後，也成為封疆大吏。他一直希望製造鐵甲戰艦，臨終前仍高呼「鐵甲船」數聲，4 這個願望卻要在他去世十年後才因為一次意想不到的海上潰敗而得以實現。

美國漢學家龐百騰（David Pong）後來在《沈葆楨評傳——中國近代化的嘗試》中如此評判這位壯志未酬的中興之臣，他「有能力同過去決裂，然而沒有放棄它。但是當時中國面臨的問題是相當嚴重的，如果說他沒有能力使中國變革到他所要求的程度，但他畢竟在引導中國向晚清改革的最後階段靠攏」。5 長袍馬褂和身後的辮子，限定了沈葆楨這一代人的歸宿。

沈葆楨死後，原本和他分管南北洋水師的李鴻章獨攬大權，李鴻章治下的北洋水師成為帝國水師的絕對主力，帝國把所有賭注都押在渤海灣，為甲午戰敗後的迷失拉開了序幕。

馬尾造船廠的衰落，則早在甲午戰前就已開始。光緒十年（一八八四年），帝國遭遇了歷史上最不光彩的一個對手，法國艦隊統帥孤拔（Anatole-Amédée-Prosper Courbet）以遊歷為名率領艦隊進入馬尾，數量陸續達到十艘，噸位、功率、活力及速率都遠高於福建水師。法軍艦隊與福建水師對峙數日，不過，由於英美也有艦船停泊在港口，當地官員已經習以為常，甚至出面接待，朝廷更嚴令「無旨不得先行開炮，違者雖勝亦斬」。李鴻章也明確指示，即便交戰也不許殃及英美艦船。民間在第二次鴉片戰爭時對葉名琛的諷刺「不戰，不和，不守，不死，不降，不走」，像種蠱一樣，在中國邊防官員們身上離奇地延續着。

七月初三上午，法國駐福州領事白藻泰（Georges Gaston Servan de Bezaure）突然對各國領事發出作戰通知，而對閩浙總督下戰書卻故意推遲了兩小時，當時馬江即將退潮，法軍不但能因此佔盡先機，而且可借潮勢搶佔有利位置。等到總督何璟將法軍「本日開戰」的照會發電報到馬尾時，守將張佩綸大驚失色，根本沒有備戰時間，他派曾到法國留學的技術員魏瀚前往法艦，請求改期，明日開戰，孤拔堅決不允。魏瀚剛剛離開，法國艦隊已經開炮。[6] 孤拔的伎倆，張佩綸的玩忽職守，共同造就了這場荒誕的戰爭。福建水師未能封鎖海口，甚至未做任何準備，這場戰鬥只打了二十九分鐘，福建水師幾乎全軍覆沒。馬尾造船廠也遭到重創，建築、機器損失慘重。福州船政學堂培養出來的一批海軍精銳，也隨之死難。此後進行的閩安之戰，更令大批從東北南下駐守福建的八旗水師陣亡。琴江營盤馬家巷裡，一度流傳着這樣的民謠：「家家有寡婦，戶戶聞哭聲」，以致旁觀的外國人感歎：這不是戰爭，而是屠殺。

這是孤拔對中國作戰最大的一次勝利，他統率着排名世界第二的海軍，卻幾乎從未單獨從中國人身上討到任何便宜，只有馬尾海戰，使他成為法蘭西的民族英雄。

馬江海戰摧毀的不僅是福建水師，重創的也不僅僅是馬尾造船廠，它讓中國人懵懂的海洋夢想遭到一記響亮的耳光。馬江一役，讓帝國終於下定決心製造鐵甲艦，這一次，馬尾造船廠再度首當其衝。

然而，即便到此刻，中國人依然沒有想通或者根本無暇去想，究竟為什麼要回歸海洋，又究竟能在海上找到些什麼。帝國不由自主地被推搡進海洋的世紀，對器物的迷戀掩蓋了探險與征服的熱忱，人們越急於擺脫屈辱的命運，反而越被屈辱緊緊地勒住喉嚨。對外力的抵觸使中國人無暇反觀自身，經世致用的理念最終大獲全勝。它在拯救危亡的同時也引發了潛在的慘痛後果，人們過分追求現世而放棄了內心，人們開始習慣於用器物來充當現代化想像的介質，曾經是炮艦和飛機，後來是大煉鋼與摩天樓。吊詭的是，這一道缺口就足以令帝國死守多年的華洋之界門戶洞開，在現代化的狂瀾面前，數千年積累下來的文明的堤壩終究不堪一擊。

光緒三十三年

光緒三十三年（一九〇七年），中國人只能以局外人的身份置身局中，望着帝國不斷被放大的混亂頻繁地從彈丸之地蔓延到全國——罷工，起義，搶米風潮，許多人在這一年踏上死地，或者離奇失蹤。此時此刻，馬尾造船廠被朝廷下令停工，實在算不上什麼轟動的新聞。

這則姍姍來遲的詔令，朝廷已思忖多年。帝國一直將船政視為雞肋，不忍前功盡棄，又不願再繼續付出昂貴的成本，拋棄它只是遲早的事情。而到此時，庇護馬尾造船廠的洋務重臣們大多都已去世，因此，造船廠停工的成命，在朝廷上下並沒有產生真正的阻力。

帝國只是再度陷入僵局，迷惘日復一日地蔓延。幾代人消耗了半個世紀的努力，最終只是被證明是一條絕路，馬尾造船廠製造的四十四艘艦船救不了垂死的帝國，一場場書生喋血的變法也扭轉不了帝國失控的舵。絕望的情緒開始滋生，伴隨着從未間斷的暴力流血，人們已經不知道該繼續篤信些什麼。

晝夜不息的鍛打聲在馬尾港上空消散了，如同一顆流星的黯然熄滅。曾經的遠東第一船廠，就此隱遁於歷史，而福州船政學堂的那些碩果僅存的造船專業畢業生們，也喪失了最初收容他們夢想的地方。他們曾被視為整個帝國的希望，如今卻不得不開始考慮自己的生活。人們四散而去，工人們紛紛搬出廠房，各自回鄉尋找出路。馬尾再度荒涼下去，人們用了四十年才最終營造出這片理想之地，而它的衰落，卻僅僅只需唸完一紙詔令的時間。

儘管此後馬尾造船廠又經歷了幾次斷斷續續的復興，甚至製造出中國第一架飛機，但這座偏安於東南一隅的造船廠，再也沒能恢復當年的榮光。事實上，馬尾造船廠的黃金時代早已過去，光緒三十三年只是一次略顯滯後的謝幕。

一百多年過去了，馬尾造船廠的舊日勝景，已如遠古的神話。曾經的「沿海七省形勢最勝之區」，[7] 已經默默無聞。馬尾仍是一座小城鎮，有限的幾班公交小巴穿梭在砧板一樣炎熱的道路上，切割出兩側低矮的房屋。空氣中瀰漫着糜爛的腥味，暴烈的陽光徑直敲打在水泥地面上，沒有樹蔭，沒有風。馬尾造船廠和它的一些歷史遺跡依然存在，一排排巨大的機械臂紛紛伸展，像些從大地深處長出的章魚的觸角，在夕陽中變幻舞蹈。它早已經從創世紀的神壇上跌落，在當代中國的船廠排名中，馬尾的名字仍在不斷下滑。沈葆楨當年的那些決心與夢想，被時代所誤，最終傾瀉在他塑像腳下的泥土裡。

沿着漫長的江岸線，漁船連成一體，各家船上的狗相繼吠叫起來，終於將夕陽驅趕下山。時光日復一日地流轉，一個世紀過去了，鐵甲依然在，而馬尾船政曾經的輝煌和幾代人的理想構建，似乎從未在這片彈丸之地留下過任何痕跡。

對岸的琴江村，八旗水師的遺跡點綴着人們的日常生活，熨貼卻又刺目，近十座廟宇拱衛着村莊，在福建這片原本就信仰橫生的土地上，琴江或許尤甚，這是一座幾乎被戰爭摧毀的村莊，這些從東北調遣到福建的八旗水兵們的名字，很難像船政學堂的將領們那樣被銘記，所幸，當一座村莊失去了它的男人們，至少還有信仰可以如此長久地守衛着它。

在馬尾的江中，那塊戰馬形狀的礁石上，有一座燈塔，據說是鄭和下西洋時所建，閩江口的「太平港」是鄭和「伺風放洋」的地方，曾經有數十艘寶船載着數萬名士兵從這裡起航，當年號稱「貿易如雲」。這一切已是風雲往事，只有在無盡的黑夜裡當燈塔的光芒一寸一寸地摩挲過被鮮血沖刷的馬尾的土地，人們才會明白，中國人用漫長的四百年逃避的，究竟是怎樣的夢想怎樣的海洋。

帝國的遺產

馬尾留給帝國最後的遺產，並不是戰艦，而是下面的一代人。在帝國的亂局中，一代又一代人，像一層層老去的樹皮，愴然剝落。

在左宗棠和沈葆楨的構想中，他們要建立的不僅是造船廠，更是一支具備戰鬥力的中國海軍。在同治五年（一八六六年）的奏摺中，左宗棠就明確寫道：「夫習造輪船，非為造輪船也，欲盡其製造、駕駛之術耳。非徒衍一二人能製造、駕駛也，欲廣其傳，使中國才俊日進，製造駕駛輾轉授受，傳習無窮耳。」他給這個學堂取名「求是堂藝局」，後來改名「福州船政學堂」。

沈葆楨也將船政學堂視為船政之根本，他吸引優質生源的條件極為優厚：入學後解決食宿和醫療，每月發四兩銀子，足夠學生們贍養雙親；學生畢業後，可以擔任領班和船長，甚至可以和歐洲的同行們享有同樣標準的報酬。

首次入學考試的題目與造船沒有任何關係，題為《大孝終身慕父母論》。固然，連朝中眾臣都很難理解西方世界，沈葆楨也不可能期望這些來自民間的年輕人能懂得任何與造船有關的事宜，他仍然堅持了以道德的準則來取士，這也符合沈葆楨自己的經歷，他堅持為母親丁憂，拒絕朝廷再三要求他回江西任職的調令，也拒絕了左宗棠三顧茅廬的邀請，一直到丁憂完全結束才接受船政大臣的任命，這些事情早已天下皆知。沈葆楨親自拔擢了頭名，十二歲的嚴復，父親剛剛去世，寡母含辛茹苦，他的文章獲得了沈葆楨的共鳴。但這份頭名的殊榮並不能真正安撫嚴復，儘管他後來在船政學堂也一直名列前茅，被派往歐洲留學依然廣受青睞，但是，未能在科舉上有所作為，依然令他的整個青年時代蒙羞。但他別無選擇，父親的去世使得他喪失了家庭的收入來源，被迫放棄科舉，陰差陽錯地誤入船政學堂。但船政學堂不能證明他，嚴復後來四次參加科舉，皆鎩羽而歸，在一個已經開始崇尚務實的時代，他依然需要一張醜陋的榜單。

嚴復最終成為福州船政學堂的異類，他的同學們或者成為海軍將領，或者成為造船專家。他們中的優異者被沈葆禎派遣到英國和法國留學，學習造船和航海。這些年輕人被寄予厚望，他們都在尋找各自心目中理想的國家範本，從模仿一艘輪船到模仿一個國家。他們懷抱着同樣的疑問到達歐洲，卻帶回不同的答案。

福州船政學堂的培養模式一度令天下矚目，同治十二年（一八七三年），《申報》就撰文將福州船政學堂視為經典案例：「今國家自造輪船，民間亦各添貨船，將來日見日盛來往海中，倘不能若西人之熟悉，不亦貽笑於人乎？……試以上海所有各種而論，雖常泊海中，然尚有急事欲遠越重洋往其國其地，恐尚不能也。即司船者，或有能知西方所著海中圖志等書，然而測驗之理，終恐少有知者。吾顧此間亦效福州設立學習航海之局，令人學習焉，則後日駛行瀛嶠，安見不與西人相頡頏哉。」各地開始蜂擁着效仿，培養了一批新生力量。

帝國於是不斷迎回一群更富激情和想法的年輕人，卻拒絕給他們提供足夠寬廣開放的平台。美國漢學家史華慈後來如此描述嚴復的回歸：「他似乎認識到，任何一項事業的創建，例如現代海軍，不可能在一個未曾經歷過深刻的社會和心理變革的社會裡成功。若干年後，他回憶起與赫德爵士的一次談話，在談話中，赫德把一支海軍比作一棵樹，並說這棵樹必須有一個適宜的環境才能開花結果。嚴復對這個比喻印象頗深。」由於缺乏科舉的證明，他們不能真正進入權力中心，也沒有資格真正參與國家的營建。這些背負時代期許的年輕人，尚未到而立之年便自感老態龍鍾，他們為時代作出的犧牲遠大於歷史給予他們的回賜。史華慈將嚴復這一代人的理想歸結為「無限追求富強的浮士德式宗教」，[8] 確實，福州船政對士子們的意義，更多的只是慰藉與激勵。

殘留的果實

接踵而至的馬江海戰和甲午海戰，幾乎消耗了福州船政時代全部的航海精英。這些因為船政學堂而改變了命運和身份的年輕人，終究還是充當了政治的炮灰。

清光緒二十年（一八九四年）五月，甲午海戰中國海軍在大東溝初戰告捷，幾乎完全是福州船政學堂畢業生的連袂演出，北洋水師十二艘參戰戰艦，有十一艘的艦長出身於福州船政學堂。他們中大多數人的生命都定格於光緒二十年和二十一年之間，而那些僥幸從戰場上活下來的人，等待他們的，也是革職查辦甚至斬首。

那一戰，鄧世昌與「致遠」艦殉國，「超勇」中彈焚毀，黃建勳落水身亡，「經遠」號遭四艘日本軍艦圍剿沉沒，林永昇中炮而死。鏖戰到後來，戰場上只剩下劉步蟾統率的旗艦「定遠」號和林泰曾統率的「鎮遠」號，兩艦緊密配合，相互策應掩護，在五艘日艦圍攻之下，依然重創日軍旗艦「松島」號，此後，葉祖珪率修復的「靖遠」號重新進入戰場，代替受損嚴重的「定遠」號臨時充當旗艦，北洋水師群情振奮，最終迫使日本艦隊率先撤退。

不料，十月十七日凌晨，艦隊退回威海港時，「鎮遠」號不慎擦傷，難以再度出戰，林泰曾在羞憤中服毒自盡，他被日本軍界視為中國海軍的「寶刀」，最終所逞的卻還是匹夫之勇。

次年二月，「定遠」號在戰鬥中中魚雷，彈藥用盡，為了避免讓這艘戰艦落入日軍之手，劉步蟾下令炸毀「定遠」號，他也堅守了早年的承諾，「苟喪艦，必自裁」。在歐洲留學時，劉步蟾曾被視為這批留學生中最有實力振興中國海軍的未來統帥，他的老師曾如是評判這些年輕人：「林泰曾、林永昇、葉祖珪，辦事精細，而膽略不及劉步蟾等。大約主兵以劉步蟾為良；專守海口，佈置於平時，林泰曾等三人亦為勝。」他們都還來不及在戰場上證明自己便淪為政治悲劇的殉葬品。梁啟超在《戊戌政變記》中寫道：「喚起吾國四千年之大夢，實自甲午一役始也。」中國人全面覺醒的代價，是馬尾一代的集體隕落。

炮火隆隆之時，將在未來數十年掀起腥風血雨的袁世凱，並沒能上陣指揮廝殺，他只是被委任調撥糧餉，「大材小用」。[9] 馬尾一代的悲劇，也讓清廷不得不反思多年以來練兵與造船的利弊得失，並把操練新軍的機會留給袁世凱，帝國因此，開始了又一輪的自我更新。

許多年後，嚴復回到故鄉福州。他在歐洲留學時，他的老師曾經告訴公使郭嵩燾，按照嚴復的才能，「以之管帶一船，實為枉其才」，更適合他做的事情是外交，「交涉事務可以勝任」。但他終究沒有作為艦長死在海上，也沒能在談判桌上挽救垂死的帝國。

年老的嚴復對過去只留下悲哀的感歎，史華慈寫道：「在他的有生之年，他像卡珊德拉似的站在一邊，注視着不斷增長的混亂。在給他的門生熊純如的一封信中，他回顧了一生經歷，痛苦地感到一生努力，只為自己贏得了一個惡名，既無厚祿也無高官。」[10] 他深感自己和年輕人之間的代溝不斷加劇，在袁世凱「籌安六君子」的宣言上被動地簽名又成為他難以抹去的政治污點，許多曾經視他為精神導師的年輕人，轉而開始攻擊他。

在福州船政學堂，這個窮人家的子弟曾得以脫胎換骨，時代卻不允許他再向前跨出一步。不過，他的筆還是激盪出一些意想不到的新的浪花。他成為他這一代人中的魏源，他們的理想碎片將嵌進梁啟超、胡適、魯迅、蔡元培、毛澤東這些後世的年輕人身上，只有到數十年後，人們才能真正感受到他們殘留下的能量，究竟有多麼巨大。一代一代之間，正是這樣無情交替而又溫暖傳遞的，每個人的故事都不盡相同，所有人卻又分明都指向同一個結局。

孤獨殘留下來的是薩鎮冰。當年在歐洲留學時，郭嵩燾曾與薩鎮冰的老師討論過這個「年最輕，體氣亦瘦」的年輕人的未來，他的老師說，薩鎮冰「體瘦而精力甚強，心思亦能銳入，能比他人透過一層」。然而，因為兩次帶艦船探險而遭記過處分，薩鎮冰沒能參加黃海海戰。威海海戰中，他奉命駐守日島，面對日軍十八艘艦艇圍攻，堅守十一天，最終奉命撤離。對於甲午海戰中同學們的死難，他無能為力。半個多世紀後，中國志願軍打贏朝鮮戰爭，直搗漢城，薩鎮冰寫下一首詩：「五十七載猶如夢，舉國淪亡緣漢城，龍游淺水勿自棄，終有揚眉吐氣天。」一年後，薩鎮冰去世。由晚清入民國直至中華人民共和國，他孤獨地活了九十三年，似乎只是為了等待這一天。

註釋

1. 《左宗棠奏試造輪船先陳大概情形摺》。
2. 《閩縣鄉土志》。
3. 左宗棠著：《致徐理卿》，《左宗棠未刊書牘》，嶽麓書社，一九八九年，第一七三、一七七頁。
4. 陳道章著，福州市馬尾區政協文史資料委員會編：《馬尾文史資料：船政文化》，二〇〇三年，第一六三頁。
5. 【美】龐百騰著，陳俱譯：《沈葆楨評傳——中國近代化的嘗試》，上海古籍出版社，二〇〇〇年，第四〇七頁。
6. 鄭劍順著：《甲申中法馬江戰役》，廈門大學出版社，一九九〇年，第二十三頁。
7. 裴蔭森著：《裴光祿集．奏議．察看港口及填塞港道情形摺》。
8. 【美】本傑明．史華茲著，葉鳳美譯：《尋求富強：嚴復與西方》，江蘇人民出版社，二〇一〇年，第一六八頁。
9. 唐德剛著：《晚清七十年》第四卷，台北遠流出版社，一九九八年，第七十三頁。
10. 【美】本傑明．史華茲著，葉鳳美譯：《尋求富強：嚴復與西方》，江蘇人民出版社，二〇一〇年，第二一七頁。

天津

復興的幻象

不設防的城市

《辛丑條約》上的白紙黑字，讓袁世凱更加沉默。

李鴻章剛剛去世，袁世凱就被任命為直隸總督兼北洋大臣，官帽上扎眼的頂戴花翎，卻讓他喜憂參半。許多棘手的難題已經就此留給他：如何重建帝國的秩序，如何與各國修好而又不辱國體，如何在縱橫捭闔的權力鬥爭中全身而退……自然，其中也不乏一些看似微不足道實則舉足輕重的瑣事——例如，如何接管被八國聯軍佔領的天津衛。

《辛丑條約》裡明文規定，清廷重新接管天津以後，周圍二十里的區域內也不准駐紮中國軍隊。問題在於，天津距離帝都北京只不過三百里之遙，而它自建城伊始就被視為帝都的屏障。前朝永樂二年（一四〇四年），根據明成祖朱棣的遷都計劃，原本默默無聞的天津追隨新都北京一道崛起，開始營造工事，修建城牆——根據中國人的傳統意識，這往往被視為真正意義上的城市的開端。到清朝雍正年間，天津的城牆已達周長九點二里，城壕一六二六點六丈，[1]足以令帝都高枕無憂。如今，作為衛城的天津倘若不設一兵一卒，帝都無異於自斷一臂，列強幾乎在頃刻之間便可兵臨紫禁城下。

這份條約中其實不乏類似的匪夷所思的條款，卻都被慈禧太后逐條答應了。太后之所以如此委曲求全，固然是希望儘快結束流亡的生涯回到北京，其實也與李鴻章所做的鋪墊有關。

李鴻章奉命與八國聯軍和談前就已知道，談無可談。中國必須為發生在北京的那場鬧劇負責，「在那個炎熱、漫長的夏季，狂熱的義和團在清政府的支持下，圍攻了外國使館區內四百七十五名外國平民、四百五十名來自八個國家的軍人、大約三千名中國基督徒和一百五十匹賽馬（不久，這些馬就被吃掉了）」。[2] 那場荒誕的庶民的狂歡，與權力合謀，最終將中國逼向絕境。

八國聯軍的統帥們也毫不留情，交給李鴻章的條約極為苛刻。

為了讓慈禧太后接受這些條件，不再生波折，李鴻章擅自在寄回請示的條約中加入了更加觸目驚心的款項，例如，殺掉滿族第一重臣榮祿。李鴻章自然不是想置榮祿於死地，他只是料定，太后在震怒之後一定會平靜下來，不得不考慮丟車保帥，她會盡全力保全榮祿，而其他的懲罰，在她看來也就顯得沒那麼沉重了。

簽訂條約整整兩個月後，李鴻章去世。他已經無力再為自己操勞一生的帝國繼續收拾殘局，這位一生出將入相、知人善任的老臣，在臨終前力薦袁世凱，甚至不惜動用了一些看似誇張的詞彙，「環顧宇內人才，無出袁世凱右者」。在他看來，能夠託付帝國危局的人，只有袁世凱，別無選擇。

留給袁世凱的難題之一，就是如何接管天津而又不至於使它變成一座空城。而此時，從天津傳來的另外一些消息，也刺激着沉思中的袁世凱。

據說八國聯軍決定歸還天津時，當地的中國士紳卻紛紛趕到聯軍組建的都統衙門，集體請願，出面挽留，因為「在委員會的治理之下，天津『一年中城市取得的進步比以前五個世紀還要多』」。[3] 他們擔心，一旦將這些剛剛開始生效的現代化成果託付給毫無執行力的帝國官僚們，勢必會功虧一簣，天津又將萎縮回從前的狀態，像顆尚未發育成熟的瓜果，重新蒙上帝國沉積千年的塵埃。

都統衙門治理天津期間，城市風貌確實煥然一新。為了維持治安，都統衙門從軍隊中抽調出七百名士兵，組成巡捕隊，又在華人中招募了一千名巡捕，新型警察制度成效顯著，天津的治安改善有目共睹。城中還建立起完備的供水系統，都統衙門對供水者要求極為苛刻，取水範圍限定於流經土圍牆的大運河，過濾系統必須完備，每隔二百二十五米必須安裝一個消防龍頭，每隔四百五十米必須設置售水、取水龍頭，水價與上海老城區的一致，並嚴格規定不得超過每立方米十二分。[4]與此同時，現代的消防隊、公共圖書館也紛紛建立，一座現代城市巍然成形。

接管一座生靈塗炭的城市，或者重建它，固然任重道遠；與此相比，更加艱難的是接管一座生機勃勃的城市，甚至，它的發展勢頭比從前還要兇猛，它從未如此風華絕代。此刻的天津衛，已不是從前那個在北京面前恭順謙卑的孩童，它已經無法容忍再被衰老的帝都牽制，它已經學會了奔跑，怎能繼續跟隨帝都一道步履蹣跚？天津的士紳們出面挽留八國聯軍，當然可能是都統衙門自導自演的一場儀式，但這些儀式卻也分明提醒着袁世凱，面對已經嘗到現代化甜頭的天津的紳商與黎民，他要怎樣努力，才能化解他們對帝國業已疏離的敬畏之心？

危牆

天津曾像帝國的大多數城市一樣，對西方世界滿懷恐懼與仇恨。對侵略的憎惡、對現代科學的無知，甚至是對現實生活的不滿，都為民族主義情緒創造了機會。

揭帖上的蠱惑、街頭巷尾的謠言，可以輕易煽動起人們對西方人的怒火。幾十年前的「天津教案」依然讓人記憶深刻，當時，天津人堅信，教堂收養孤兒是為了剖心製藥，他們因此群情激憤，聚集在孔廟，商討計劃攻打教堂。最終，被打死的不僅有肇事的法國領事豐大業（Henri Victor Fontanier），還有多名修女、神父、僑民，甚至連三十多名中國信徒也未能幸免。隨後，法國領事館、望海樓天主堂、仁慈堂以及英美傳教士創辦的四座基督教堂，也全部被焚之一炬。曾國藩為此在奏摺中提出：

「惟此等謠言，不特天津有之，即昔年之湖南，江西，近年之揚州，天門及本省之大名，廣平，皆有檄文揭帖。或稱教堂拐騙丁口，或稱教堂挖眼剖心。」

而僅僅在一年多以前，天津的士紳們也還曾激烈地反對過都統衙門。因為都統衙門決定拆除天津的城牆，這讓士紳們難以接受，他們宣稱，寧死也不願住在沒有城牆的城市裡受辱。5

但城牆終究還是被拆了。各國將領們沿着城牆考察了一圈，立刻下定決心，必須用最快的速度拆除它。

他們判斷，如果在城牆上架起槍炮，可以輕而易舉地朝租界射擊，而且命中率應該極高；而在城牆下，遍佈着大片破爛的茅屋和骯髒的泥塘，極容易滋生細菌，甚至引發瘟疫。中華帝國留下的這些引以為傲的城牆，就像是恐怖冰冷的特洛伊木馬，藏着潛在的危機。

列強們也很快就學會了該如何同中國人打交道。都統衙門給予拆牆承包者以豐厚的回報，一萬元以及一萬袋大米，並且允許他可以運走拆下來的完整牆磚，只需把無用的碎磚留給都統衙門修路即可。事情交給中國人來處理，就會方便得多。拆毀城牆的行動再也沒有遭到真正意義上的阻撓，反倒進展順利。6

城牆倒塌之後，起初也曾謠言迭起，漸漸就煙消雲散了。這座城市開始變得一目瞭然，人們抬起頭來就能看見很遠的地方，卻又好像什麼都看不見。失去城牆的城市，如同失去古老傳統庇護的精神世界，面對西潮洶湧，人們不再有免疫力，反而滿懷好奇，微妙的心理變化就在不知不覺間開始了。坍塌的當然不只是實體的城牆，更是天津人心中那道精神的城牆。

西方的建築柔化了城市的外觀，西方的商業、制度與文化，又塗改着它的內核。這座充斥着軍事色彩的衛城，獰厲之氣被漸漸濾去，變得多元化。從「大江東去」到「曉風殘月」，劇變似乎只在一夜之間就發生了，並沒有經歷漫長的煎熬與掙扎。

於是，士紳們挽留八國聯軍，也就有情可原。帝國瞬息萬變的民族主義情緒，總是令人費解。人們並非不夠愛國，人們只是被現代化的亂花迷了眼睛，有生以來第一次感到無法抗拒——無論是孔子的教誨，還是帝王的威嚴，都難以與一個現代的世界、一種現代的生活方式相匹敵。

獨角戲

沒有一個人能夠想像袁世凱是怎樣出牌的。

光緒二十八年（一九〇二年），都統衙門委員會主席烏沙利文上校把一個紅色的小盒子交給袁世凱，得意地告訴他，盒子裡裝的是官方檔案，以及都統衙門苦心經營後結餘的一張十八萬五千零二十四點一五兩的支票。在烏沙利文身後，各國將軍都在盯着袁世凱的眼睛，猜測着他的反應。不料，袁世凱臉上沒有表情，沒有尷尬，沒有驚喜，他不動聲色地接過盒子，當着烏沙利文的面抬起一隻腳，不緊不慢地將小盒子塞進長靴。隨即，他從容地拍拍手，儀式繼續。

輪到各國將軍們面面相覷了。他們終於意識到，李鴻章真的遠去了，李鴻章身上的儒雅長者之風也已經蕩然無存。他們也很快就會知道，面前這個痞氣和霸氣都十足的中國官僚同樣非同凡響，他或許不擅長在盛世蟄伏，卻是天生的亂世梟雄。

交接儀式最終變成袁世凱的獨角戲。這座列強心目中的不設防的城市，被袁世凱麾下訓練有素的警察們迅速佔領。接管天津之前，袁世凱已經通過外務部與各國多次斡旋，既然不能駐軍，維持城市治安的職責，就需要交給警察。這個建議被列強接受了，但所有人都心存顧慮，中國並沒有現代警察，中國有的，只是大批屢遭詬病的舊式巡捕。

然而，當一千二百名中國巡警在天津巡捕總局總辦趙秉鈞的率領下井然有序地進入城中時，人們不得不對袁世凱刮目相看。他只用了半年，就組建起一支頗具規模的現代巡警隊伍。

被袁世凱委以重任的，是曾在淮軍中統帶巡捕三營的趙秉鈞，他在掃蕩義和團時的種種表現讓袁世凱讚賞不已，認定他「智略兼優，長於緝捕」，「奇其才，詔有宰相才」。袁世凱還為趙秉鈞配備了警務顧問——日本警視廳警官三浦喜傳，以及在上海碼頭擔任中國巡捕長的昆西（William Quincey，中文名音譯 Wang Ching-nien）。7 袁世凱還在直隸總督駐地保定，先後創辦巡警局和警務學堂，仿照天津都統衙門的方法制訂章程，集中訓練新式巡警。

接管天津後，這些新式巡警迅速就位，袁世凱也立刻開始着手創辦天津警務學堂，並於第二年將保定巡警學堂也併入天津，更名為北洋巡警學堂，此舉令各地廣為效仿。8 三浦喜傳被聘為總教習，此後，隨着大批日本教官的到來，中國警政從最初便留下深刻的日本烙印。

加強警力的同時，袁世凱也試圖採取舉措，降低犯罪率。他先創辦「教養局」，以便收養無業遊民，助其以工代賑。此後，由他派遣出國考察的天津知府凌福彭又根據國外經驗，先後創辦「罪犯習藝所」和「遊民習藝所」，使他們能有一技之長，日後自立於社會，此舉成效卓著，社會風氣為之一新。

行伍出身的袁世凱對軍隊的控制力也在日益增強。從光緒二十一年（一八九五年）在小站練兵，到光緒三十一年（一九〇五年）建成北洋六鎮，十年之間，袁世凱的軍隊像滾雪球一樣迅速膨脹。他率領着帝國最有戰鬥力的新建陸軍，將領們都對他唯命是從，他從小站練兵時就一直注意塑造自己在軍中獨一無二的地位，時常親自發放餉銀，既為防止部下貪污，也借機認識士兵，樹立威信。在小站練兵時，他不僅認識所有的將領、幕僚，甚至連大多數小頭目的名字、脾性、優缺點也都瞭如指掌。9 他會抓住一切機會為部下爭取官職和利益。當然，他也設立了不可逾越的嚴格的軍規，他對吸食鴉片深惡痛絕，一旦發現，必手刃之。經過多年經營，袁世凱與官兵們建立起介乎兄弟、父子、師生的關係，以致多年以後，「當時袁之部下者，至今猶不忘之，有呼袁為父或為師者」。[10] 在他們心中，「第知有袁宮保之字，並不知滿清君主及國家也」。[11]

這些訓練有素的巡警、軍隊，以及令人刮目相看的天津城，都令三百里外的帝都如釋重負。只不過，卸下京師防衛的負擔，卻又不得不背負起對權臣的忌憚，紫禁城中的慈禧太后，比她的臣民更加迷惘，更難自由。

李鴻章的遺產

李鴻章留給袁世凱的，顯然也不僅是荊棘與鴆酒。

天津的崛起，其實發軔於李鴻章的經營。對於李鴻章的功績，西方人早已總結過：「天津及華北在這一時期以及前後若干年間的發展歷程，有力地證實了這一格言：一個國家的歷史就是這個國家著名人物的歷史。天津屠殺發生後，清朝政府任命李鴻章為直隸總督，以代替曾國藩。新總督府從保定府遷至天津，從而開創了一個中國迄今從未經歷過的國內和國際關係的進步時代。」[12]

天津的交通、實業格局，都是由李鴻章親手奠定的。而袁世凱帳下的虎將們，許多也來自李鴻章的淮軍舊部或者出身於李鴻章創辦的天津武備學堂。

同治九年（一八七〇年），李鴻章出任直隸總督兼北洋大臣，大規模擴建天津機器局，在東局專門製造火藥。十幾年後，在外國通訊社的報導中，天津機器局東局已經被譽為「世界上最大最好的火藥廠」。[13] 中國人的描述則更加迷離：「巨棟層廬，廣場列廳，迤邐相屬，參差相望。東則帆檣沓來，水榭啟閉；西則輪車運轉，鐵轍縱橫。城堞炮台之制，井渠屋舍之觀，與天津郡城遙相對峙，隱然海疆一重鎮焉。」[14] 用這些充斥着古典情懷的詞句，來勾勒現代世界的種種意象，氤氳出的是一幅奇詭的圖景。

在李鴻章的時代，西方人同樣關注着天津的一舉一動。早在同治七年（一八六八年），英國人威廉姆遜就設想過這座城市的未來：「我不知道中國有哪一個港口能像天津，一旦興建鐵路和開採礦藏，即能獲得那樣大的利益。天津乃是富庶的山西、整個蒙古、滿洲的一部分、河南的一部分和山東的一部分的這個廣大地區的一個最大的出入口。倘有一條鐵路通到齋堂礦區，其利益便會如我所描述的那樣大。如果進一步使鐵路遠伸到山西省會，通過蘊藏有最上等煤、鐵資源的富庶的煉鐵區的中心，那麼……還有什麼不能辦到的呢？」[15] 八年後，李鴻章也將目光投向天津周邊地下埋藏的那些黑色的寶藏。他決定在天津以東的開平開採煤礦。光緒二年（一八七六年），由唐廷樞主持的開平礦務局成立，通過「官督商辦」的形式，成為中國最早的上市公司，迅速引發投資狂潮，沒過幾年，股價就飆升到股票面值的近三倍，而股息利率則高達一成以上。[16] 利潤的刺激，如同血腥誘惑着狼群，官僚、商人和平民們前赴後繼地湧入股市，各種悲喜劇開始頻繁上演，全民的狂熱映襯着天津的崛起。與此同時，李鴻章也開始以各種迂迴的方式勸說清廷試辦鐵路，經過多年營建，天津成為鐵路樞紐，周邊的礦區、城市與帝都被鐵路勾連起來；輪船招商局的創辦更為天津提供了新的可能性，招商局總部雖然設於上海，卻由李鴻章在直隸遙相牽制，天津是招商局開闢的新航線中舉足輕重的一個節點，通過直接與外商競爭，這座城市找到了新的發展契機。

天津在李鴻章的規劃下有條不紊地前行着。光緒七年（一八八一年）和光緒十一年（一八八五年），李鴻章仿照西方軍事學院的模式，先後創辦天津水師學堂和天津武備學堂，前者聘請嚴復為總教習，《天演論》中那些振聾發聵的譯文，都在此脫胎成形；後者則是帝國的第一所正規陸軍學堂，許多默默無聞的年輕人在這裡成長為日後左右帝國政局的鐵腕人物。

經過李鴻章的苦心經營，這座城市的輪廓已經卓然浮現。它不再是一座微不足道的衛城。當它在城市世紀的黎明前率先醒來，中國的絕大多數城市，仍舊鼾聲不止。

只不過陰差陽錯，李鴻章時代播下的這些脆弱的種子，一直在按部就班地生根、發芽，卻在易主之後，不可思議地瞬間抵達收割的季節。

悲劇性的道路

李鴻章的功績，早已被國人刻意地遺忘。《馬關條約》和《辛丑條約》徹底「毀掉」了李鴻章的晚節。《馬關條約》簽訂時，人們說，日本之所以「明目張膽如此之橫者，皆李鴻章與之狼狽為奸也」；《辛丑條約》簽訂後，人們則直接將李鴻章與秦檜比肩，「賣國者秦檜，誤國者李鴻章」。人們無法平靜公允地看待這位忍辱負重的中興名臣，總有人要為恥辱負責，所以，誤國者不會是狂躁地要求與日本對決的清流黨，也不會是盲目力主向十一國宣戰的剛毅和徐桐，而一定是在喪權辱國的條約上簽字畫押的李鴻章。他又一次恰到好處地被推搡到這個悲劇性時代的懸崖邊。如果說甲午戰敗，北洋水師覆沒，身為統帥的李鴻章難辭其咎，那麼，辛丑之敗李鴻章卻根本沒有直接責任，他只是從廣東被緊急召回「救火」（簽署條約），而他發起的「東南互保」其實為不堪一戰的帝國保存了最後的實力。

當個人命運與國家前途過度地糾葛在一起，其結果往往是悲劇性的——或者以死難博取一時清譽，或者因主動或被動地承擔責任而背負萬世罵名；當然，也一定會有大多數人，因推諉迴避而樂得無功無過，畢竟，國人一向看重對身後榮辱成敗的定判，更甚於生死。所以，無論七十八歲的李鴻章在簽訂《辛丑條約》的當天怎樣嘔血不止，「紫黑色，有大塊」，彌留當日穿好壽衣卻依然整整一天都不肯瞑目，「忽目張口動，欲語淚流」，無論他在口述的遺摺中怎樣情深意切，依然不足以感動國人的鐵石心腸。

「伏念臣受知最早，蒙恩最深，每念時局

艱危，不敢自稱衰病。惟冀稍延餘息，重睹中興。齎志以終，歿身難瞑。現值京師初復，鑾輅未歸，和議新成，東事尚棘，根本至計，處處可虞。竊念多難興邦，殷憂啟聖。伏讀迭次諭旨，舉行新政，力圖自強。慶親王等皆臣久經共事之人，此次復同更患難，定能一心效力，翼贊訏謨。臣在九泉，庶無遺憾。」

這個畢生都在尋求富強之道的老臣，最終以自己最不願接受的方式，背負着罵名離開人世，「多難興邦」已成僵局，李鴻章是否真的「庶無遺憾」，在他的絕命詩中其實寫得明明白白。

勞勞車馬未離鞍，臨事方知一死難。
三百年來傷國步，八千里外吊民殘。
秋風寶劍孤臣淚，落日旌旗大將壇。
海外塵氛竟未息，請君莫作等閒看。

為黎民計，生已不易；為國家計，死則更難。李鴻章在生死之間的徘徊、無助與不甘，他傾注畢生心力捍衛的帝國與臣民們，視若無睹，充耳不聞。

梁啟超在《李鴻章傳》中寫道：如果將罪責一味歸咎於李鴻章，「而我四萬萬人放棄國民之責任者，亦且不復自知其罪也」。至於沒有李鴻章的將來，更是難以想像，「後此內憂外患之風潮，將有甚於李鴻章時代數倍者，乃今也欲求一如李鴻章其人者，亦渺不可復睹焉。念中國之前途，不禁毛髮栗起，而未知其所終極也」。對於這些中肯的評價和警示，狂熱而卑微的公眾無心更無意反思。他們只會一再下意識地將復興的期待，寄託於一兩個英雄的身上，又將他們對國家的失望，同樣怪罪於一兩個失敗的英雄。他們從不憚於將期待轉化為仇恨。

這些期待，成就過李鴻章，也於最終摧毀了他；這些期待也正在成就袁世凱，而袁世凱並不知道，用不了多少年，他也將循着李鴻章的背影，重返這條悲劇性的道路。

捷報東來

接管天津的第一天，袁世凱表現得風光從容，過得卻並不輕鬆。

此時，天津的金融和經濟環境正日益惡化。袁世凱最初考慮通過嚴令鎮壓，必須使用現銀交易，以緩解風波。不料，指令剛剛下達，城中就爆發了提取存款的狂潮，許多錢舖不堪重負，紛紛倒閉，商人與黎民亂作一團，怨聲載道。

袁世凱只得放棄用軍事的手法來處理經濟的問題。他任命周學熙總辦天津銀元局，改革貨幣，鑄造銅元。同時，他也開始考慮創辦天津官銀行，成立商會性質的商務局。回保定總督府之前，他對周學熙說：「我月餘歸來，冀聞鼓鑄之成功。」這個命令下得並沒有底氣，鑄造新幣非同小可，怎麼可能在短時間內就宣告成功。

意想不到的事情還是發生了。周學熙的效率讓袁世凱震驚不已，「凡七十日而成功開鑄」，一百五十萬枚銅元被迅速推向市場流通。袁世凱對周學熙大加讚賞，「詫其神速，推為當代奇才」，「嗣後一切工業建設相委」。[17] 一年後，袁世凱委派周學熙前往日本考察，周學熙帶回的感慨，道出了袁世凱和整個帝國的困惑，「吾國言『富強』久矣。前十年喜言『兵』，近十年喜言『學』。舉傾國之財，以馳騖於東西人之議論，效未見而力已疲，是求『富強』而適得『貧弱』也。嗟夫！商業之不講，工藝之不興，利權失，漏巨卮，地產坐棄，遊閒滋多，其求『富強』而適得『貧弱』也固宜」。[18] 經過周學熙大力倡導，天津創辦實習工廠，專門培養機械科、圖畫科、皂燭科、製燧科各類專業人才，「提倡製造，培養民生，儲各項公司工匠之才」。[19] 為了培養更高級的技工，又創辦了直隸高等工業學堂。天津城中還營造了考工廠，人們可以在這裡看到大量的西洋新興物產與技術。

實習工廠蓬勃發展的這一年，經濟恐慌依然嚴峻，多達兩千餘戶商家歇業，一百多家錢舖倒閉，在嚴峻的危機中，袁世凱反覆爭取，終於打動了清廷，獲准官商合辦戶部銀行。他在奏議中寫道：「非規模宏大，不足以握利權；非條理靜密，不足以防弊患；更非得才識通敏，魄力沉毅之人，不足以創宏基而收捷效。」[20] 這道舉薦奏議使得毛慶蕃脫穎而出，而戶部銀行也自此成為帝國自辦的規模最大的銀行，並開始代理國庫。多年後的辛亥革命，讓這家銀行改了名字，它在未來一直被人們稱作中國銀行。

為了發展天津，袁世凱將直隸總督官署從保定遷到天津，從此長年留在天津。[21] 隨着他的統治重心的偏移，這座城市的地位已經不言而喻。袁世凱多年來刻意招攬的理財高手們，也終於等到了一顯身手的時機。他們聯手奠定了天津的金融、實業、市政、交通格局，天津的商業危機終於得以緩解，城市經濟走上正軌。而袁世凱自己也一直善於用有限的財政做最容易產生實效的事情，他總能以種種名義從朝廷處獲得不菲的撥款，有時他會挪用經費去辦最緊迫的事情，警政能夠順利施行，就得益於軍費、財政稅收和鐵路盈餘的支援。[22] 為了節省人力成本，提高行政效率，袁世凱裁撤冗員時更是毫不留情，幾輪剔除陋習舊例、打擊腐敗的行動都令下級官吏膽寒。正是得益於這些舉措，無論是訓練新軍、發展警務還是推進新政，幾乎從來沒有因財務問題而被迫中斷。這些問題難不住袁世凱，他需要顧忌的，是來自紫禁城深處的疑慮目光。

從天津頻繁發出的捷報，締造着袁世凱的個人神話，也映襯着帝國的無為。天津成為袁世凱極大的政治資本，他不斷地被委以重任：直隸總督兼北洋大臣，參與政務大臣，督辦山海關內外鐵路大臣，財務大臣，督辦天津至鎮江鐵路大臣，督辦商務大臣，督辦郵政大臣，會辦練兵大臣……他被授予的職責越多，權力越大，危機也就越深。朝廷對他越倚重，就會對他越警惕。狡黠如袁世凱，自然明白其中的道理。

非袁莫屬

志得意滿的袁世凱，並不是一個政治上的暴發戶。他只是在把自己積蓄多年的力量集中釋放出來而已——他苦心經營的新軍，他處心積慮搭建的人脈，他對國家復興的想像與規劃——它們已經被隱藏得太深，壓抑得太久，迫切需要一個出口。天津恰好充當了這個出口。

戊戌年間，光緒在關鍵時刻將所剩無幾的賭注押在袁世凱這步險棋上，當然不是病急亂投醫。

袁世凱的能力自然毋庸置疑。袁世凱到小站練兵，來自重臣們眾口一詞的舉薦，兩江總督劉坤一說他「膽識優長，性情忠篤，辦事皆有條理，為各方面中出色人員」，湖廣總督張之洞稱他「志氣英銳，任事果敢，於兵事最為相宜」。更吊詭的是，一些向來水火難容的死對頭，對袁世凱練兵一事，卻也空前絕後的一致。

讓光緒印象深刻的，還有甲午戰後的一件往事。當年，從朝鮮總督任上回國的袁世凱在覲見時當面請求「變法」，他的建議讓光緒頗感振奮，特別要求他將這些建議都寫進《遵奉面諭謹擬條陳事件繕摺》裡呈奏上來。而在給帝師翁同龢的說帖中，袁世凱更明確地提出，從地方開始變法，進而影響全國：「中國目前情勢，捨自強不足以圖存，捨變法不足以自強，一國變可保一國，一省變可保一省。縱不能合朝野上下，一一捨其舊而新是圖，而切要易行之端，要當及時而力求振作，似宜先遴飭二三忠誠明練督撫，姑參仿西法，試行變革，於用人、理財、練兵三大端，責其所為，不以文例相繩，不為浮言所動，期以年限，專其責成，俟有成規，再遍飭各省，循法推廣。」[23] 袁世凱比康有為更早提出變法的主張。或許，正因這些往事，讓光緒可以相信，袁世凱是維新派中人，並且有能力保護自己。

只不過，對於一個從未離開過搖籃的年輕皇帝而言，袁世凱的那些務實的建議，顯然比不上康有為恣睢澎湃的洋洋萬言。當這個年僅十六歲的任性孩子試圖反抗自己名義上的母親時，他的未更世事的人生將被書生們蠱惑，像麵團一樣被肆意扭曲，他更願意依靠直覺將周圍的人徑直分為兩種：幫助自己的，或者反對自己的，儘管他根本無從判斷兩者的初衷與高下。

因此，他和書生們都不曾全力延攬袁世凱。儘管康有為給徐致靖代筆寫奏摺時舉薦過袁世凱，稱他「精選將弁，嚴令餉額，賞罰至公，號令嚴肅」，然而，在冒進而傲慢的光緒和書生們眼中，袁世凱不過是一步閒棋，能不能成為決定勝負的底牌，他們難以判斷，也無心判斷。

值得玩味的卻是袁世凱那一份泥牛入海的方案。「用人，理財，練兵」，是袁世凱方案的核心，在這套方案中，最難實現的並不是這些瑣碎的細節，而是「不以文例相繩，不為浮言所動，期以年限」，問題在於，連慈禧太后都沒有足夠的耐心「期以年限」，何況是更加急功近利的光緒和他寵愛的書生們。光緒需要的是康有為式的承諾，「泰西講求三百年而治，日本實行三十年而強。吾中國國土之大，人民之眾，變法三年，可以自立。此後則蒸蒸日上，富強可駕萬國，以皇上之聖，圖自強在一反掌」。這些「駕萬國」的理想，「一反掌」的瞬間，顯然比袁世凱的那些瑣碎的方案更合乎一個乳臭未乾的帝王的心意。

袁世凱趕赴天津之後，卻正是依靠這簡單的六字方案，締造了一時的風尚。在他一九〇一年四月二十五日所上的《遵旨敬抒管見上備甄擇摺》中，六字方案已經演繹為十條意見：「探其本在於廣植眾材，能得人乃能行政。其餘理財講武，以此遞施，因時制宜，興利剔弊，而成效乃可得而言也」。「眾材」、「理財」、「講武」，依然不離當年的六字方案，而其核心，仍是用人。袁世凱的過人之處，也正在於此。

袁世凱用人，對其出身、脾性甚至觀念都不介意，無論是淮軍舊將、武備學堂裡年少輕狂的學生還是無業遊民，只要有堪用之才，他都不吝於親手打磨。出於「理財」和「講武」

的需求，他對留學生更是刻意招攬。[24]重用這些留學生，是創舉，也是冒險。他們大多在異國經歷過激進思想的洗禮，很難真正安於本分效忠朝廷，更不願效忠於某一個人。袁世凱卻不以為意，依然不拘一格降人才。

袁世凱的許多品質也一直令人稱道。他用人不僅相對公允，而且賞罰分明，一旦遇到麻煩，他往往會主動承擔責任，「此其所以群流歸仰，天下英雄咸樂為之盡死也」。[25]

袁世凱不僅善於招攬人才，更善於培養人才。他就任直隸總督時，專門在保定創辦課吏館，開政治、財賦、洋務、河工四科，在天津則創辦北洋法政專門學堂，培養法律專業人才。與此同時，他也與士紳們聯手創辦教育。接管天津四年後，他創辦的各類大學堂、高等學堂、醫學堂、工業學堂、農業學堂、師範學堂、中學堂、小學堂、女學堂及各類專業學堂已達數千所，如果加上武備學堂和巡警學堂，入學人數高達十萬以上。[26]

袁世凱的禮賢下士與全力經營，最終導致「各方人才奔走於其門者如過江之鯽」。[27]後來叱咤民國政壇的文官與武將們，大多出自他的麾下。從晚清到民國，「非袁莫屬」被高呼了十餘年，絕非言過其實。

倏忽的曙光

袁世凱的橫空出世，讓甫一進入二十世紀的中國突然出現了一道奇妙的景觀，「論維新者，莫不奉天津為圭臬焉」。[28]天津成為帝國的明星城市，遠方的人們通過報紙和政府批文來想像天津，它象徵着復興的希望，象徵着富足與現代，象徵着中國人久違的菲薄尊嚴。各地紛紛效仿天津模式，從警察制度到金融改革，從教育體系到實業建設，許多人開始相信，如果在全國造就無數個天津，無數支新軍，則中國的復興，指日可待。

立憲與地方自治的曙光，也曾一度照臨天津，並有機會由此發端改變中國。

日俄戰爭後，日本的勝利讓中國的士人們繼甲午之後再次陷入捫心自問的困境。光緒三十二年（一九〇六年），出洋考察五大臣回國後，上摺請「預備立憲」。變更國體事關祖宗基業，這讓晚年已經越發開明的慈禧太后極為顧慮，「我如此為難，真不如跳湖而死」。[29] 以袁世凱為主力的立憲群體，卻在步步緊逼，容不得慈禧太后遲疑權衡。據說袁世凱如此熱衷於推行立憲，部分目的也是出於私人的考慮。他擔心太后一旦去世，光緒重掌朝綱，一定會報戊戌年之仇。如果能在太后健在時就將立憲合法化，則可削弱帝王的權力，「思借立憲之名，剝奪君權盡歸內閣」，日後進能擅權，退可自保。

在天津，袁世凱也開始嘗試將改革的觸角深入制度領域。他仍然保持着謹慎的話語策略，他接連搬出「周制」、「漢之三老、嗇夫」，再對比「東西立憲諸國」，列舉「德之建國，發軔於州會。日本之維新，造端於府縣會」。[30] 他小心翼翼地反覆論證着地方自治的優勢，從古到今，從東到西，令人難以拒絕。

光緒三十二年（一九〇六年），天津啟動地方自治，成立自治局。袁世凱下令：「此次試辦地方自治為從前未有之事，凡在官紳務必和衷共濟，一秉大公，以為全省模範。」他對天津自治的時限估算得頗為樂觀，「期以三年一律告成」。天津自治參考日本，要求各縣士紳們進入天津初級師範學堂的地方自治研究所學習，再選拔其中的優勝者赴日本考察，回國後，同樣效仿日本的模式，成立天津自治期成會，對民間進行宣講，同時散發選票，選舉議員。一年後，天津議事會成立，中國首次通過真正的選舉選出議長和副議長，一切似乎進展得有條不紊。

在「預備立憲」的風潮中，繼續依靠天津這座明星城市進行實驗，對朝廷而言，未嘗不是良策。繼警察制度、金融改革、實業振興之後，天津再次被提點為時代的先行官，只不過，這一戰它卻很難全身而退。

這場運動的發起者袁世凱此時正腹背受敵。

革命黨從未放棄過暗殺甚至自殺式襲擊，袁世凱的新政辦得越成功，就越被革命黨形容為民主騙局，苟延殘喘。在袁世凱面前，有海內外無數桿氣勢洶洶的巨筆，有接踵出現的自殺者，新政之路註定危機四伏，不料他卻每每將計就計。吳樾刺殺出洋考察五大臣不遂，舉國震驚，袁世凱立即建議設立巡警部，面向全國推廣他規劃已久的新型警察制度。本在五大臣之列的徐世昌因受傷留在國內，袁世凱順勢將這位故交舉薦為巡警部尚書，並把在天津做得風生水起的趙秉鈞也推為主事，不動聲色地一次又一次加固了帝國的門閂，也鞏固了自己的權力。

面對流民與叛亂，袁世凱游刃有餘；面對他效忠的朝廷，他卻越來越力不從心。

《東方雜誌》早已注意到朝廷加強中央集權的意圖，[31] 但是，對袁世凱而言，根本沒有退路。「丁未政潮」讓當事雙方岑春煊、瞿鴻機和袁世凱兩敗俱傷，進一步加速了朝廷的大權獨攬。一系列權力鬥爭退潮之後，袁世凱被迫主動放棄兵權，辭去大多數職務，離開天津，重回天子腳下，出任軍機大臣，明升實降。天津的地方自治，隨着這位強力人物的去職而夭折。這座城市在晚清時代留給世人的那副姣好的面容，只是蒼老帝國的一張楚楚動人的畫皮。

袁世凱並非沒有謀反的機會。準備卸下帥印去北京履職時，兒子袁克文就建議他：「符尤未解，諸將多憤然不能平，且共慮一旦柄移，將有弓藏之危。何如乘士氣未衰，親率諸鎮入清君側，斬鐵良諸奸頭。今海內群謀復漢，苟太后違逆，即驅胡虜而北之，以順民命，進可成王，退將危禍，千秋大業，乞大人依然斷行之也。」[32] 袁克文試圖用革命黨炮製的口號來勸說袁世凱，這是袁世凱難以接受的。幾年後慈禧太后的去世，再次將袁世凱推向十字路口，光緒的弟弟、攝政王載灃一向對袁世凱懷恨在心，許多年輕的滿清貴族也難容他，袁世凱自知性命堪憂，據說這次他曾主動派人與黃興聯繫，商議裡應外合，驅除滿人，不過，黃興終究沒有等來袁世凱的策應。[33]即便在這個生死攸關的時刻，袁世凱還是做出了曾國藩和李鴻章也一定會做出的選擇——恪守本分，忍氣吞聲。

人生的枷鎖

慈禧太后的去世，就像當時的美國觀察家李約翰（John Gilbert Reid）判斷的那樣，帝國「失去自太平叛亂以來維持這個解體國家的一個強手」，「它的烈焰正在步步摧毀過去幾個世紀以來由滿、漢、蒙古統治者辛苦經營，但是現在正在塌下來的巨廈」。[34]以載灃為首的毫無治事經驗的滿清貴族們隨即趕走了袁世凱，這一次，連李鴻章的老對手伊藤博文也忍不住感歎：「袁世凱已去，北京政府中沒有一個性格堅強，並有知識和才能的人。」[35]此後，「皇族內閣」終於授革命黨以最大的把柄，「鐵路收歸國有」更扼殺了人們對帝國的最後一絲眷戀。武昌起義造成的多米諾骨牌效應，恰好在此時發生了。

賦閒在家的袁世凱，再度被寄予厚望。他舊日的力挽狂瀾與被驅逐的悲劇命運，加劇了人們對他不切實際的想像。這個在政壇上銷聲匿跡的人物在人們的記憶中變得幾無瑕疵，「作事謀始，奮然興舉，大僚之牽掣，群吏之非笑，一概無所於恤，而一意獨行其所是，逮行之有緒，始帖然無異詞，而四方之觀新政者，冠蓋咸集於津，亦皆嘖嘖於始事之不易」。[36]辛亥革命後，許多人依然固執地延續着這些想像，堅信袁世凱能成為新中國的造物主，無論是立憲派還是革命黨，都或真誠或違心地將最高的榮譽與期待留給他。

立憲派不願再讓國家陷入新的混亂，他們不得不依靠直覺與經驗來判斷，一個新的領袖是否有能力率領國家走出困境。對革命黨的精神領袖孫中山，老派人物大多心存懷疑，張謇的評價就很典型：「與孫中山談政策，未知涯畔。」孫中山之「破」有餘而「立」不足，令士紳們越發對袁世凱青睞有加，至少，袁世凱操練新軍、治理天津的成就，都有目共睹。

至於革命黨一方，孫中山發給袁世凱敦請南下接任大總統的電文，雖不乏外交辭令，卻也代表了主流的意見：「民國確立，維持北方各部統一，此實惟公一人是賴。」

袁世凱在晚清游刃有餘，在民國卻已疲於應付。參議院裡無休止的爭吵、書生們口中頻繁湧出的新名詞、報紙上不斷指向他的鞭撻，都讓他不勝其煩。將袁世凱逼向死地的，不僅是他自己的野心，或者幕僚們的設計鼓動。袁世凱是被信仰他的人民直接害死的。

如果沒有各階層對袁世凱的狂熱迷戀，如果沒有「非袁莫屬」的盛譽，袁世凱的命運或許都會大為不同。然而，上千年來君權神授的騙局，馴化出難以克制的奴性，沉默的大多數總會下意識地期待救世主，而放棄用自己的雙手開拓世界。

袁世凱的強力、權謀、效率，他的北洋六鎮，他的天津，都是他一時的榮耀，也讓他一世難以負荷。他的出現，滿足了國人對強力政府的渴望，但這種情況沒能改善多久。奴隸們親手締造了神像，又親手將他推倒踐踏。

曾經眾望所歸的袁世凱，在晚清民國的跌宕政局中，最終變成了「蛤蟆」——晚清時，人們就將他與多爾袞、洪承疇、吳三桂、和珅、年羹堯、曾國藩、張之洞、慈禧太后等人並稱「西山十戾」，十種動物成精，袁世凱是「十戾」中的蛤蟆。民國以後，民間的傳說越發荒誕。袁世凱就任臨時大總統時，南下窪的百姓就號稱親眼看到蛤蟆成群朝王。等到袁世凱在端午節去世，人們又用「癩蛤蟆難過端午節」這句俗語來驗證他的詭異身世。甚至有人信誓旦旦地說，袁世凱嚥氣的剎那，床下便躥出一隻癩蛤蟆。[37] 對於這種不祥的神物，人們既敬畏又不屑。

從「非袁莫屬」到「全民公敵」，從中興名臣到竊國大盜，只不過短短數年。袁克文的那句規勸「絕嶺高處多風雨，莫到瓊樓最上層」，於身處盛世的人們聽來，還有些警世的意味，在亂世反倒成為一種刺激。正因為亂世擁有無限的可能性，才讓人們不斷放低內心的底限，總是誤以為，自己所缺的，只是再前進一步的勇氣與能量。可是，以人心準則而言，永遠都不存在真正意義的最上層，凌駕感轉瞬就會變成不安全感，擔心跌落，擔心被後來者追趕。於是只有前行，於是不肯承認，跌落與被趕上其實都是命定的結局。

謹慎持重如袁世凱，也很難跳脫這道人生的枷鎖，何況，對死亡的恐懼壓倒了一切理性的判斷。袁氏家族的成員已經連續數代沒能活到六十歲，年近花甲的袁世凱正在邁向這道坎。他已經不再忌憚任何對手，除了死亡，死亡可以覆手奪走他的一切。於是，當他聽說老家祖墳裡挖出了「天命攸歸」的石頭，墳地裡長出龍狀紫藤，他已經沒有興趣再去考證這究竟是天意還是人為。袁克定正是看透了乃父的心意，才預先做好這些安排，以沖喜增壽的名義來影響父親的判斷。他固然也知道，這些陳勝吳廣時代的伎倆，大概也不足以說服父親，於是，他甚至另闢蹊徑，派袁世凱的機要秘書夏壽田偽造《順天時報》，刊登民眾擁護袁世凱登基的報導。袁世凱每天都會看這張報紙，民眾的擁戴讓他將信將疑又喜不自勝。預言與謠言的誘惑力，伴隨着對權力的渴望，壓垮了這個亂世梟雄，他終究還是沒能活過六十歲。袁世凱當然不算高尚，甚至在最後幾年越來越剛愎自用，讓袁世凱不解的是，他所做的，不就是歷朝歷代每個亂世的霸主都會做的事情嗎？只不過，時代畢竟不同了。晚清以降，民主與共和一直是最大的榮譽，也是最大的陷阱。對於袁世凱這一代處於新舊之交的梟雄們來說，這些被大義、大公、大德掩飾的陷阱，不是他們所能辨認、理解與應對的。

幼苗與標本

在國家的亂局中，一隅的天津自生自滅。它繼續輝煌，繼續曲折，平穩落寞。它已不再生活在聚光燈下，不復當日那個遺世獨立的曠谷佳人。當然，這才是城市的正常狀態。

在晚清的最後幾年，這座城市曾被奉為維新的「圭臬」，被視為唯一一匹可以負重前行的駿馬，整個帝國都堅信，只需一直踩着天津的腳印前行，就一定能走出無盡的長夜。

問題在於，天津只是駿馬，而不是奔牛，它固然能夠暫時一騎絕塵，卻缺乏耐力與韌性，不足以持久地帶領帝國走出困境。因為權力結構的變化可以輕易將這點滴的成就化為烏有。何況，天津自己也不過仍是一個拙劣的模仿者，模仿力有餘，創造力則有限。那些從未被徹底消化過的西方理念，在中國落地，卻很難迅速扎根，它需要時間，需要培育，而這個急功近利的國家，顯然更熱衷於高油爆炒的濃烈味道，容不得溫火慢慢燉出來的餘香。一個恪守着農耕溫飽、安土重遷理想長達數千年的國家，已經開始迷戀疾風驟雨，開始迷信速效。

天津的模式，也是被權力瓦解，被激進摧毀的。更致命的問題在於，從來沒有一種模式，可以被完整而妥當地複製，對城市而言更是如此。城市的價值在於多元化，而「模式」所標榜的則是一元化，以「模式」來推廣城市經驗，無異於滅頂之災。只有在一個病態的時代，人們才會如此迷戀一個模式，一種方法。因此，對帝國而言，很難說天津的出現，究竟是天賜之福還是昂貴的不幸。

在中國的城市化進程中，榜樣的力量一直不可或缺。天津、上海、香港、青島、南通，都充當過這樣的典範。在二十世紀初，天津的首創意義則顯得尤為重要，因為它的崛起不是由外來者代勞的，是帝國的官員和士紳們親手培植出這棵幼苗。不過，吊詭的是，根據帝國的權力結構，往往很難允許幼苗在一個人手中長成參天巨樹，他們寧願將它製成標本，四下推廣——標本意味着無上的榮耀，也意味着失去繼續生長的能力。城市終究還是淪為權力鬥爭的犧牲品。

吊詭的則是城市與人的命運糾葛。在那個價值扭曲的時代，這座城市曾被賦予的不切實際的想像，與人們對袁世凱超凡脫俗的期待，何其相仿。

註釋

1. 周俊旗著：《民國天津社會生活史》，天津社會科學院出版社，二〇〇四年，第二頁。
2. 【美】費正清著，傅光明譯：《觀察中國》，世界知識出版社，二〇〇八年，第八頁。
3.—7.【英】雷穆森著，許逸凡、趙地譯：《天津租界史》，天津人民出版社，二〇〇九年，第一九八、一九九、二〇一頁。
8. 此後一年，更名為北洋高等巡警學堂。到一九〇九年，共有五百餘名警官和近三千名警員從這裡畢業，全國各省前來委派附學者、電調者更是絡繹不絕。根據楚雙志著：《變革中的危機——袁世凱集團與清末新政》，九州出版社，二〇〇八年，第八十五—八十六頁。
9. 袁靜雪著：《我的父親袁世凱》，收錄於文斐編：《我所知道的袁世凱》，中國文史出版社，二〇〇四年，第八頁。
10. 【日】內藤順太郎著：《袁世凱正傳》，廣益書局，一九一四年，第六十七頁。
11. 《袁世凱逸事》，上海文藝編譯社，一九一六年，第五十一頁。
12. 【英】雷穆森著，許逸凡、趙地譯：《天津租界史》，天津人民出版社，二〇〇九年，第六十七頁。
13.、14.、16. 羅澍偉編著：《引領近代文明：百年中國看天津》，天津人民出版社，二〇〇九年，第三十、三十一、三十五頁。
15. 宓汝成編：《中國近代鐵路史資料（1863—1911）》，中華書局，一九六三年，第十四頁。
17. 周小娟編：《周學熙傳記資料彙編》，甘肅文化出版社，一九九七年，第一二五—一二六頁。
18. 周學熙著：《東遊日記》序，收錄於周小娟編：《周學熙傳記資料彙編》，甘肅文化出版社，一九九七年，第八十三頁。
19. 《實習工廠試辦章程》。
20. 《代辦戶部銀行請派道員毛慶蕃來津開辦摺》，《袁世凱奏議》（中），天津古籍出版社，一九八七年，第六七九頁。

21. 根據張華騰著：《北洋集團崛起研究（1895—1911）》，中華書局，二〇〇九年，第二四〇頁的相關考證。
22. 楚雙志著：《變革中的危機——袁世凱集團與清末新政》，九州出版社，二〇〇八年，第八十九頁。
23. 孔祥吉著：《袁世凱上翁同龢說帖述論》，載《歷史研究》一九九五年第三期。
24. 「凡新自留學東西洋歸國之學生，竭意延攬」。許指嚴著：《新華秘記》，《近代稗海》第三輯，四川人民出版社，一九八五年，第三〇六頁。
25. 「其大過人處在肩頭有力，絕不諉過於人。凡一材一藝一經甄錄，即各從其才之所堪而委。以力之所能勝，不求備於一人，亦不望人以分外。一事既成，則獎藉不遑；不成則自任其咎，不使人分謗。此其所以群流歸仰，天下英雄咸樂為之盡死也。」王錫彤著，鄭永福、呂美頤點校：《抑齋自述》，河南大學出版社，二〇〇一年，第二三七頁。
26. 《縷陳直隸歷年學務情形嗣後責成提學司續加推廣摺》，《袁世凱奏議》（下），天津古籍出版社，一九八七年，第一三三八頁。
27. 張一麐著：《心太平室集》卷八，中國社會科學院近代史所圖書館藏，第三十七頁，轉引自楚雙志著：《變革中的危機——袁世凱集團與清末新政》，九州出版社，二〇〇八年，第四十一頁。
28. 沈祖憲、吳闓生著：《容齋弟子記》卷二，來新夏著：《北洋軍閥》（五），上海人民出版社，一九九三年，第五十九頁。
29. 陳旭麓等：《辛亥革命前後——盛宣懷檔案資料選輯之一》，上海人民出版社，一九七九年，第二十八—二十九頁。
30. 《奏報天津試辦地方自治情形摺》，《袁世凱奏議》（下），天津古籍出版社，一九八七年，第一五一九—一五二〇頁。
31. 「一言以蔽之曰中央集權而已。」《論中央集權之流弊》，《東方雜誌》一九〇四年第七期。
32. 袁克文著：《洹上私乘》，見《辛丙秘苑》，上海書店出版社，二〇〇〇年，第三十一頁。
33. 湖南社會科學院編：《黃興集》，湖南人民出版社，一九八一年，第三七四頁。
34. 【美】李約翰著，孫端芹、陳澤憲譯：《清帝遜位與列強》，中華書局，一九八二年，第十五—十六頁。
35. 【美】李約翰著，孫端芹、陳澤憲譯：《清帝遜位與列強》，中華書局，一九八二年，第三八六頁。
36. 甘厚慈：《北洋公牘類纂》序。
37. 丁中江著：《北洋軍閥史話》。

第二章 水月・鏡花

發回倫敦的條約讓英國外交大臣巴麥尊（3rd Viscount Palmerston）暴跳如雷，他立刻解僱了負責與中國全權談判的公使查理．義律（Charles Elliot）。他無法接受，經過一場勞民傷財的戰爭，最終收割的居然只是六百萬銀元和一座無人問津的荒涼小島——香港。

負責與義律談判的中國大臣琦善，同樣難逃厄運。儘管他位極人臣，儘管《穿鼻草約》只是義律單方面宣佈，琦善並沒有簽字，盛怒的道光皇帝還是將琦善「革職鎖拿，查抄家產」，發配軍台。

《穿鼻草約》至此壽終正寢。一年半以後，當《南京條約》取而代之的時候，賠款金額已經躥升了三點五倍，高達二千一百萬銀元。英國人依然沒能得到夢寐以求的舟山，條款上寫着的，除了將要開放的五座通商口岸，最終的戰利品，仍然只是香港。

從馬戛爾尼（1st Earl Macartney）使團覲見乾隆皇帝開始，英國人就一直眺望着東海之濱的舟山，巴麥尊也不例外。舟山的地理位置優越，更有富庶的江南腹地，前途不可限量。而地處中國南方邊陲的香港，幾乎不具備任何可比性。

巴麥尊不會料到，在未來的一個多世紀裡，這座荒涼的小島將崛起成為東方之珠，他的同胞們將不斷地為了它輾轉反側，費盡心機。到一九三四年，他們寧願放棄一系列在中國的特權，放棄天津和廣州的租界，也要態度強硬地拒絕中國政府收回香港的要求；太平洋戰爭剛剛結束，他的同胞就立刻派出艦隊，搶在中國軍隊之前，重新佔領了香港。甚至直到一九五〇年一月，他的祖國在西方陣營中率先向中國示好，第一個承認中華人民共和國政府，卻依然強硬地守衛着幾乎已無力把守的香港。[1]

十九世紀中葉，香港是英國人的夢魘，後來卻成為他們的夢寐。

鴉片戰爭後的近一個世紀裡，中國出現了許多明星城市，上海、香港、哈爾濱、青島、廈門……它們植根於中國，卻又經歷了現代化的基因突變；它們都出自那些不速之客的手筆，西方的移民們依照自己對故鄉的記憶來改造這些中國城市，根據現代邏輯對它們進行拓荒或者修建，最終在東方的土地上，移植了他們自己的故鄉。

這些曾在中國歷史上名不見經傳的小城，開始產生灼熱的光線，蔓延整個中國，成為一面又一面嶄新的鏡子，映照着這個日漸憔悴的國家和它迷惘的臣民。

在它們中間，無疑，香港是最傑出的一個。

香港與澳門，如同風月寶鑒的兩面。

在遙遠的十六世紀，為了獲得在澳門的合法居留權，葡萄牙的探險家和傳教士們處心積慮，通過不斷的賄賂，甚至出動軍艦幫助明朝政府平定叛亂，才最終得償所願。鴉片戰爭後，香港和澳門面臨着相同的抉擇，卻走上迴異的道路。香港一度也曾是「走私者和被逐出孔教的幫會成員的避難所」，[2] 這種奇特的功能被澳門後來居上，直至完全取代。香港依靠金融改革和城市建設，最終突圍，絕塵而去；澳門則在混亂中舔舐着傷口，慌不擇路地把城市發展的賭注押在鴉片、苦力貿易、色情業和賭博上。

香港的積極改革與澳門的放任自流，香港的理性與澳門的感性，形成兩套參照系，以致後來的中國地方統治者，總會同時選擇香港和澳門這兩條路並駕齊驅：一面進行城市改革，創辦實業，建立經濟基礎；另一面又總是被機會主義蠱惑，試圖通過極端手段快速崛起，許多城市都曾公開通過種植鴉片謀利，即是一則明證。

在香港與澳門之外，哈爾濱代表了中國城市現代化的另外一種參照標準。通過大規模移民，外國人喧賓奪主，建造了這座城市，確立了它的信仰、經濟、文化和社區結構，中國人在這裡則幾乎失語。

這三座城市的路向，其實更是英國、葡萄牙和俄國這三重力量在中國的投影。重商主義的英國，依據商業邏輯建立起強大的國家，也順勢通過金融秩序的建立，幫助香港完成了歷史轉型，這座一直被中國漠視的邊陲小城，甚至醞釀起席捲全國的金融旋風，終結了舊秩序，又建立起新傳統；曾在大航海時代叱咤風雲的葡萄牙，卻在全球化的新時代慌不擇路，逐漸消磨了銳氣，喪失了進取心，他們仍在依靠傳教士的理想道德以及日趨保守的政策，來應對一個全然不同的世界，澳門的沉淪，已經在所難免；沙皇俄國秉承的依然是古典模式的征服傳統，不斷地攻城掠地、拓展疆域、大規模移民，而在十九世紀與二十世紀之交，通過鐵路的助力，俄國向中國推進的速度遠遠超過了哥薩克騎兵隊。俄國試圖通過大規模的移民來分解國內的政治負擔，並將這片地域徹底俄國化，與此同時，它也在短時間內為哈爾濱注入了強大的力量，這座城市因此迅速崛起，也因此迅速衰落。

註釋

1.【日】佐藤慎一著，劉岳兵譯：《近代中國的知識份子與文明》，江蘇人民出版社，二〇〇八年，第一六四—一六五頁。

2.【美】費正清著，傅光明譯：《觀察中國》，世界知識出版社，二〇〇八年，第二十頁。

香港

劫墨重生

兩生花

一八六四年，大英輪船公司的蘇格蘭職員蘇石蘭（Thomas Sutherland）在「馬尼拉」號的漫長旅途中，百無聊賴地信手翻起幾本散落的《布萊克伍德雜誌》（*Blackwood's Magazine*），這本雜誌賴以成名的恐怖小說和時評都沒有吸引蘇石蘭，反倒是幾篇有關銀行業務的文章，引起了這個金融外行的興趣。一個狂熱的計劃在他心中醞釀，他發覺，「如果機會合適，世界上最簡單的事情之一，就是根據蘇格蘭原則在中國開設一家銀行」。[1] 這朦朧的念頭在幾個月後卻分娩出兩條生命，當蘇石蘭把它寫進滙豐銀行計劃書時，它已經變成，「滙豐銀行將在香港和上海同時開業。而且由於它在上海的業務最為重要，因此擬在上海設立一個當地的董事會，以便更有效地進行工作」。

蘇石蘭在一八五〇年代才第一次到達香港，他見到的香港正從初建的喧囂中沉靜下來。蘇石蘭沒能看到香港的創世神話——採石場的敲打聲經夜不絕，冒着熱氣的花崗岩成車地運往碼頭集結。石頭與金屬摩擦的火藥味灼燒着這片前途不明的海岸，人們在荒蕪中鋪出道路，面朝大海自西向東豎起建築。英國商人們終於可以揚眉吐氣，他們從客居多年的船艙裡探出頭，或者伸着懶腰走出向葡萄牙人借租的澳門小房子，滿懷躊躇地擁向香港。同時流入香港的還有來自大陸的中國勞工，每個季節過去，人口都在成倍激增，就像雷爾特在《中國》中敘述的那樣：「在自由的旗幟下，一條條街道突然出現，有如巫師的魔杖所招來。」一個繁忙的自由港業已巍然成形。

在中國人看來，香港崛起的速度顯然過於

驚人了些，甚至有些不可理喻。在中國的歷史上，要建造一座舉世矚目的城市，動輒需要集合全國之力，進行長達數年的營造，需要預言家反覆的風水推敲，需要帝王頻繁而冗長的詔書，需要重臣們廢寢忘食、晝夜監督，需要招攬到天下手藝最為精湛的工匠們，濟濟一堂，夜以繼日地營建。一座城市的崛起，總是需要付出昂貴的代價。香港似乎並沒有奉行這些繁文縟節，一紙條約簽訂之後，它就橫空出世了。

自從一八四一年六月七日義律（Charles Elliot）宣佈香港為自由港以來，這座曾經默默無聞的小城便迎來人口、財富、城市的井噴。隨着不斷湧入的各國商人、洋行、商鋪、廠房，荒島上蜿蜒出最初的街道、樓宇格局。一年後，香港建成第一條柏油路，按照慣例，港英當局把這座新征服的城市的第一條道路獻給維多利亞女王，命名為Queen's Road。不料，華人師爺卻想當然地將「女王大道」譯為「皇后大道」，無論港英當局怎樣澄清，明令禁止，中國人仍然固執地維持着這個讓英國人哭笑不得的稱呼，香港人對英國的微妙態度，以這種溫吞離奇的方式流傳下去。

到一八四五年，香港已經擁有三個輪渡碼頭，次年，長達三十九公里的環島路將這座荒島史無前例地融為一體，而電燈和下水道系統，也在這幾年間完成了最初的架構。

香港的發展看起來有條不紊，英國人卻仍然沒有改變對它的偏見。從馬戛爾尼使團訪華以來，英國人就不止一次坦言，他們更感興趣的是具有絕佳戰略位置和商貿意義的舟山。與舟山相比，帝國邊緣的香港，至多只是進駐廣州的一個跳板，而荒蠻的山地，瀰漫的瘴氣，更令英國人望而生畏。直到一八四四年，香港政府會計官馬丁（M. Martin）仍然試圖勸說英國放棄香港，他的條陳被總督約翰．戴維斯（John F. Davis）拒絕，戴維斯篤信，只要經過長時間的經營，天時與地利上的一切劣勢，都可以彌補、克服。2

因為這種猶疑的心態，香港錯過了全面規劃的良機。一八四三年，英國人哥頓（Gordon）針對整個香港島的地理分佈，設計出一整套營造計劃，在他的規劃中，不僅要對行政區、商業區和住宅區進行合理的區隔，更要通過填海、修建環島公路和開鑿運河，將整個島嶼連為一體。哥頓的計劃看起來很有誘惑力，卻終究還是被迫擱淺。面對可能產生的巨額花費，港英當局下不了決心，商人們更沒有信心。他們不知道自己會在香港逗留多久，付出這樣昂貴的代價是否值得。這次遲疑導致多年以後港英當局不得不花費數倍的代價持續地對香港的城市格局修修補補。

在英國人魂牽夢縈的舟山附近，也確實有一座新城正在悄然萌芽。長江盡頭的上海，與珠江盡頭的香港不同，擁擠的九門之內根本無處安插洋人的房屋與教堂，他們只能沿着蘆葦叢搭起簡易的小屋。這個縣城依然固執而保守，被強大的傳統頑固地盤踞着。麥肯齊（C. Mackenzie）把上海稱為銀元王國（Realms of Silver），因為「上海的中國人不像香港的中國人那樣，他們對鈔票不大理會」。這座城市看起來完全不具備現代金融的土壤。不過，它的航運已經粗具規模，姑蘇的富豪宅第、湖州的魚米畫舫，都已經在它面前黯然失色，甚至，連以轉口港貿易著稱的香港，也開始感受到它的威脅。各國的商人們總是希望能距中國市場的腹地更近一些，在這一點上，香港依然無法與上海匹敵，商人的判斷與英國政府一向的態度幾乎是一致的。如果不是因為太平天國與清廷在東南沿海漫長的戰禍相對減緩了上海的貿易發展，香港的前途，或許仍未可知。

這兩座城市，於是從創生伊始就面對着彼此糾葛的命運。它們同樣從璞石中脫穎而出，被雕琢成碧玉；它們擁有相似的氣質、相似的天然環境和地理優勢，也被賦予相似的期待。

蘇石蘭選定的，正是這兩座宛如雙生的城市。按照當時以業務地區來為銀行取名的慣例，他規劃中的這家銀行被命名為「香港上海銀行」。它的中文譯名「滙豐」的來由，同樣不算高明，取「匯款豐富」之意。

夾縫中的計劃

將觸角同時伸向香港和上海，蘇石蘭算不上首創。

以鴉片起家的怡和洋行，是更為成功的始作俑者。一八四一年，怡和洋行在香港創辦總行，僅僅兩年後，它就緊跟着英國首任駐滬領事巴富爾（George Balfour）的腳步，在上海外灘建立了分行。怡和洋行後來被譽為「洋行之王」，除了依靠長達四十年的鴉片貿易攫取的巨額財富之外，其敏銳的商業嗅覺同樣不容小覷，依靠在香港與上海的雙翼齊飛，怡和洋行完成了創世神話。

蘇石蘭的「滙豐」計劃，看起來更是危機四伏。

一批老牌外資銀行已經將根系牢牢地伸進香港，東藩匯理銀行（今譯英資東方銀行）、有利銀行、呵加剌銀行、麥加利銀行（今譯渣打銀行）早已經四分天下。既欠資金又無背景的滙豐銀行，很難介入香港的金融事務。

滙豐卻有其致命的利器，四大銀行雖然氣勢洶洶，總部畢竟遠在孟買和倫敦。香港日益膨脹的貿易發展，迫切要求有一家總行設於本地的銀行，能夠更及時有效地處理國際匯兌業務，並能更快速地應對香港以及中國大陸的時局和商業變化，做出最穩妥的選擇。滙豐的出現，填補了這一空白。

蘇石蘭的計劃於是與香港外商們的意願一拍即合，迅速獲得大多數洋行的支持。洋行經理們組成滙豐臨時委員會，並促成滙豐銀行在香港和上海相繼建立，成立之初，由於資本過於薄弱，滙豐銀行的職員們不得不在香港和上海租用的大樓裡辦公。

由此，滙豐銀行在創建伊始便被賦予香港和上海的雙生命運。在自由島香港，它明確地希望，在營利的同時，能夠協助和參與殖民地政府的貨幣改革以及為公共事業提供資金。創辦第二年，滙豐銀行就依靠在法律上的出擊佔盡先機。《滙豐銀行法》被列為港英政府一八六六年第五號法令頒佈，這家襁褓中的銀行，正在積養自己的霸主氣度，儘管它的時代尚未到來，儘管這家香港銀行的野心其實在海峽彼岸的上海——用長江口扼住的廣闊大陸。

倒是籍籍無名的蘇格蘭人蘇石蘭，由此徹底步入上流社會。無論對他個人還是對這兩個城市，這都是一個近乎完美的計劃。然而，不可思議的是，在創辦滙豐之前，蘇石蘭甚至連一個屬於自己的銀行帳戶都沒有。而滙豐銀行最初的計劃資金，也只有區區五百萬港幣。無從判斷，那個時代催生的究竟是理想主義還是荒誕不經。

後來居上

新生的滙豐必須為自己的遲到付出代價，也正是這些代價，讓滙豐找到了最初的發展模式。

滙豐的經營者們發現，從香港到上海，金融市場都被兩股強大的勢力把持着。錢莊佔據着日常的找零和籌資業務，而氣勢洶洶的各大外資銀行，則壟斷着國際匯兑業務。襁褓中的滙豐無力與它們正面交鋒，它只能將目光投向一些「邊緣」業務，從「小」做起。

我們何妨假定，存在兩幕歷史場景，從而可以知曉，滙豐曾經以怎樣的方式征服過中國。

一八八一年，碼頭工人李四走進滙豐銀行上海儲蓄部。他的手裡捂着一元錢，遲疑着是否要將它塞進櫃枱。銀行職員滿足了他的要求，為他開設帳戶，並提示他，利息為百分之三點五。

一八八四年，漁民王五走出滙豐香港儲蓄銀行。他的懷裡揣着一張存款憑據，上面寫着「存款一角」的字樣。王五急着回去告訴老婆，如果能再省下九角錢，就可以在滙豐銀行開設帳戶，並且享受利息。3

這是些虛構但並非虛假的場景。滙豐一改存款需要支付高額手續費的傳統，將觸角伸進普通華人的口袋，它降低存款底線，以積少成多的方式聚斂起大量資金，更重要的是，直接介入了中國人的日常生活。

滙豐在香港取得鈔票發行權之後，同樣專注於小額鈔票的印製，它看重的是小額鈔票在普通民眾中的廣泛流通，藉此建立不菲的聲譽，印鈔量也後來居上。

從底層起步的滙豐，在羽翼漸豐之後，轉而投入中國金融市場的正面廝殺。

在香港，從一八七二年開始，滙豐銀行取代東方銀行，成為港英政府的往來銀行。十四年後，東方銀行原本有反撲的機會，卻失手錯過。當時港英政府面臨嚴峻的財政危機，不得不向銀行貸款。東方銀行還在猶豫不決，滙豐已經率先出手，十萬元貸款幫助港英政府度過了危機，滙豐也徹底獲得了政府的青睞，自此在香港建立起無與倫比的地位，所有對它的那些諸如「享有最大特權」、「違背了自由競爭的原則」的指責，都因為它當初的慷慨解囊和後來的運籌帷幄，變得無足輕重。4

在中國大陸，滙豐銀行同樣處心積慮地建立起與政府要員的關係。從一八七四年起，它就開始提供對華貸款。從左宗棠的「福建兵防借款」，到袁世凱的「善後大借款」，每次都少不了滙豐的身影。它從一個旁觀者、參與者，最終成為主導者。它由此獲得的不僅是高額利息，更逐步控制了中國的關稅、內陸稅、鹽稅，與英國政府一道，死死掐住這個蒼老國度的脈門。

滙豐最高明的一步，則是通過壟斷外匯市場，在中國建立起無可撼動的地位。滙豐買入和賣出的外匯總值經常佔上海外匯市場成交量的三分之二，而當時，整個中國的外匯市場，一直以上海的行情變化為準，滙豐銀行的標準也就成為唯一的標準。

一八八四年，滙豐董事會再次強調自身的

立場：「凡是與中國貿易沒有直接聯繫或者沒有直接聯繫的重要性的地方，不管前景多麼好，也不宜把銀行的業務伸到那裡去。」[5] 對華貿易的巨大利潤與前景，使早期的滙豐始終瞄準中國市場——儘管它的輻射力早已從香港、上海擴散開，在中國各地，以及新加坡、橫濱、孟買等地都設有分行，並且，它向日本提供的貸款數量其實遠遠高於中國——但是，滙豐始終恪守自己的出處，目標明確而冷靜。這種態度獲得的回報，就像《北華捷報》(*North China Herald*)中一篇文章說的那樣：「在中國，只要我們一說『這家銀行』或者只說『銀行』，無須進一步形容，人們立刻就會知道我們所說的是滙豐銀行。」事到如今，滙豐已沒有理由不受矚目。滙豐的崛起，映襯着香港的繁華，就像水晶鞋之於灰姑娘，令這座原本姿色平平的城市登時光彩照人，風華絕世。

時差的寵兒

一九三〇年代，當姚啟動試圖尋找促成香港崛起的秘密時，他發現，除了海港環境、自由港的定位之外，還有一個因素至關重要，「完美之金融組織，幣制安定，市面復有大量流動資本，堪以輔助工商業之經營。此外附屬事業如修理機器店及利用副業品公司之設立，為數甚多，足以輔助企業之發達」。[6]

將香港推向世界金融中心地位的決定性優勢，其實是天造地設的時差。歐洲與美洲之間，存在着一片金融真空區，地處兩者之間的香港，恰好填補了這個空白。後來，人們用一種詩意的方式來描述地球自轉時沿着經度傳遞的金融接力：「香港處在倫敦與紐約之間，紐約日落時香港已是拂曉，香港日落時倫敦又是黎明，這使香港成為國際金融市場晝夜二十四小時營業不斷的重要環節之一。」[7]

要締造金融中心，顯然不是一朝一夕之功。事實上，僅僅建立起相對完備的貨幣體制，就讓港英政府糾結了半個多世紀，一任接一任的總督相繼投入這場看起來沒有終點的拉鋸戰，一次次鎩羽而歸。

英國接手香港之前，就已經意識到，過度寬鬆的貨幣體系會對經濟和社會造成難以估量的危害。當時的香港市面上，充斥着西班牙銀洋、墨西哥鷹洋、東印度公司發行的盧布、英國的通幣乃至中國的銀錠制錢。港英政府遂決定統一貨幣，將英國銀元認定為法定貨幣。怎奈這些法令根本敵不過高漲的市場需求，很快就被消化得無影無蹤。四十二年後，港英政府再次試圖統一貨幣，並在香港創辦造幣廠以便直接鑄造英國銀元，計劃通過大量新造的銀元佔領市場。但商業自有其頑固的內在邏輯，無論是法令還是槍炮，都很難驟然令它就範，造幣廠不僅沒能改變香港的貨幣體系，反而被拖入困境，僅僅運作兩年就被迫歇業。等到一八九三年和一八九五年，港督又兩次與貨幣體制較量，這次造出的是香港銀元，卻依然無力統一市場。貨幣改革的計劃只好一再擱淺，直到一九一三年，香港的金融市場已經趨於成熟與穩定，才依據立法程序，建立起相對完善的貨幣發行制度。[8]

在香港金融系統成形的過程中，滙豐銀行的作用舉足輕重。姚啟動發現，「滙豐銀行為香港各銀行之銀行（Bank of banks），不僅管理地方政府暨各銀行之存款，且有控制全港利率之能力。故在平時，既有措置裕如之效；即逢意外，又有通盤籌劃，謀最後救濟之方」。借助滙豐之力，香港建立起相對完善成熟的金融體系，並擁有了自我調控的能力。姚啟動認為，正是因為有這一重保障，這座彈丸小島才能在頻繁爆發的全球經濟災難中獨善其身，從一九二九年美國金融危機爆發直至一九三一年英國放棄金本位，都沒有對香港造成實質性的衝擊。[9]

金融之手引導香港走出最初的鴉片集散地，走向遠東舉足輕重的海港，隨後又將它從轉口貿易港點化為金融和貿易重鎮，香港就此迎來真正意義上的黃金時代。當年依靠轉口港貿易時，香港只是聯接中國、英國和印度的一個中間點；而在金融與貿易並舉的時代，香港確立的則是世界級的地位和聲譽。

香港的出現充滿了偶然性，其實又水到渠成。

在香港所在的經度上，廣袤的中國大陸同樣不乏諸多得天獨厚而又舉足輕重的城市，卻終因國家保守而多變的政策、連年的戰亂，沒能塑造出足以與香港相匹敵的力量，即便上海也不例外。

與幸運兒香港不同，在一九三〇年代以前的近一個世紀裡，大陸所欠缺的，不僅是安定的時局，健全的金融環境，也缺乏一個像滙豐那樣既被賦予強大權力又能不受政府過度節制的中央銀行。現實的種種缺失，終將香港與中國內陸的城市群引向歧路——彈丸之地香港，依靠英國的重商主義、現代邏輯搭建起來的金融體系，擁有了足以摧枯拉朽的力量；而在中國大陸，傳統的商業都會揚州、蘇杭、南陽乃至漢口，都遭到不同程度的重創，甚至從此一蹶不振。這不僅是兩個國家之間的決鬥，更是兩個時代之間的角逐。結局在起始階段就已經註定，只是身處局中的中國人一直拒絕承認，又一直徒喚奈何。

逆旅

伴隨着香港金融業的異軍突起，中國大陸的金融秩序也遭到顛覆性的衝擊。

錢莊曾經統治着中國的金融市場，承擔着貨幣兌換、貸款乃至發行銀票的功能。然而，隨着商貿活動日趨繁榮，形式日漸複雜，傳統金融模式的弊端都暴露無遺。鴉片戰爭之後，錢莊一度通過票號為紐帶溝通華商與外商，從中牟利，也贏得了最後一場輝煌的回光返照。可惜好景不長，當外資銀行大舉進入中國，尤其是像滙豐那樣直接介入中國人的日常金融生活，錢莊的優勢終於蕩然無存。

外資銀行發動的是一場看不見的戰爭，沒有堅船利炮，沒有戰書和降表，他們動用的是最簡單的手段——控制貨幣。外資銀行屢次向錢莊放款，無形中，使錢莊對他們形成依賴。這種依賴，在交易的關鍵時刻，往往會發揮出難以估量的殺傷力。每逢茶葉、生絲上市，外資銀行就會收緊貨幣供應，錢莊隨之無錢可出，市面上便造成「貨幣恐慌」，正常的商貿交易難以維繫，華商們只能被迫降低售價。藉此，外資銀行不僅控制着錢莊，甚至把持着中國經濟的命脈。

這種局面令清醒者扼腕歎息，張謇就曾痛心疾首地指出中國實業面臨的真正困境：「一言以蔽之曰，金融關係而已。」

「金融關係」牽引出的經濟亂象，最終促成了華人銀行的誕生。

一八九六年十一月，盛宣懷上《條陳自強大計摺》：「各國與中國通商以來，華人不知辦理銀行，而英、法、德、俄、日本之銀行乃推行來華，攘我大利。」半年後，中國第一家真正的銀行在上海創辦，取名中國通商銀行。銀行雖以「中國」為名，卻無可避免地缺乏獨創性，畢竟，中國的土地上奔走着數以萬計的錢莊老闆和買辦，卻稀缺懂現代金融的人才。中國通商銀行只得全面效仿滙豐銀行的建制，「悉以滙豐為準則」，並聘請滙豐銀行天津分行經理美德倫（A. W. Maitland）擔任首任洋大班，借助這束從香港傳遞而來的微光，開始了懵懂而艱難的探索。

此後，中國人創辦的銀行經由上海沿着海岸線一路擴張。官辦的戶部銀行、交通銀行，民辦的信成銀行、浙江興業銀行、四明商業儲蓄銀行等紛紛出現，它們也開始嘗試以滙豐之道，與滙豐競爭。

經歷殘酷的新陳代謝，現代金融體系在中國萌芽。錢莊幾經浮沉，最終被歷史稀釋；而中國的銀行則在模仿之後逐漸找到自己的路，直至在民國後建立起相對完善的中央銀行和銀行體系，告別銀本位，推行法幣，蓄積與外資銀行抗衡的力量。對於時代而言，銀行入主中國已是大勢所趨；對於中國來說，打破了千年以往的重農抑商傳統，主動嘗試進入世界，這種觀念的轉向，無疑比一時的經濟利益，更加令人欣慰。

失落的商幫

新式金融秩序建立的過程中，叱咤明清時代的晉商與徽商則走向末路。一八八三年，從上海蔓延到全國的金融危機，將原本已然風雨飄搖的錢莊體系徹底擊潰。象徵錢莊業界招牌的阜康字號紛紛倒閉，胡雪巖墜下神壇，徽商與晉商相繼落敗，中國傳統金融業與商業——依靠血緣關係和地緣關係建立起來的人際網絡，依靠朝廷大員與封疆大吏的庇護，依靠儒商的仁義道德甚至族規家訓這些菲薄的字句操控的運作模式——最終在現代金融衝擊下不堪一擊。

晉商和徽商，兩大商幫各自的旗幟性人物，都曾抵達命運的巔峰，通過對權臣源源不斷的財政支持，他們為自己換回了頂戴花翎，為母親和妻子討來了一品誥命夫人的鳳冠霞帔。然而他們卻沒能獲得實際的權力，他們需要與官府保持合適的距離，既能仰人鼻息，又不致引火燒身。對他們而言，官場仍是一個過於陌生的世界。他們對世界的認知，往往是從帳簿和算盤上開始的，科舉考場上連篇累牘的聖賢之書，牢牢地劃定了身份的界限，禮貌而又冷漠地將他們拒斥在外。

金榜上的題名，因此成為畢生束縛他們的枷鎖，也成為中國商業發展的死結。當商人們的財富積累到一定程度，幾乎不約而同地將更多精力消耗在經營自己的名聲上。他們頻繁地衣錦還鄉，營建故居，樹立牌坊，同時，培養兒孫走科舉之路，或者出國留學。在商與官之間，不存在第三種選擇，而後者則永遠是終極的目標。這使得「富不過三代」的魔咒，在中國顯得更為鮮明、畸形。

何況，晉商和徽商身上，還背負着另一道魔咒。家族關係、道德觀念、祖輩秉承的禮教傳統，都讓他們欲罷不能，而這種儒商的觀念，已經難以與重商主義的西方商業理想相抗衡。在他們的那些錢莊、銀號系統被現代銀行擊潰之前，他們自己就已經率先被時代遺棄。

晚清以降，晉商和徽商被拋入一個完全陌生的世界。不斷鋪設的鐵軌，正在替代兇險而遲緩的河流；從海上風塵僕僕出現的那些巨大的蒸汽機船，讓江面上的帆船和舢舨相形見絀；從海外遊歷回來的人們，不斷地轉述着關於高樓、汽車的傳奇。晉商與徽商起初也對這個世界滿懷好奇，時而敬畏又時而懷疑，他們沒有想到，就在自己眼神遲疑的片刻裡，這股力量已然摧枯拉朽。

這已是鐵路的時代，海洋的時代，崇尚高度與速度的時代。這個世界已經加速到他們難以跟進，複雜到他們無法辨識，他們承襲的傳統商業經驗，都已經不足以應對現實的問題，他們已經很難做到像他們的祖輩那樣主動地去適應變化，更不熟悉那些連篇累牘的新式國際規則。這是一場實力懸殊的較量。世界的突然改變，讓千年以降習慣了朝升夕落的中國人頓時無所適從。無論中國人怎樣百感交集，都將不得不告別河流，告別平原，告別土地，像《百年孤獨》（*One Hundred Years of Solitude*）裡的霍·阿·布恩蒂亞（José Arcadio Buendía）那樣，滿懷憧憬與不安地走向海洋。曾被視為蠻荒之地的沿海一線，將迅速取代密佈的河流網絡，重塑這個國家的格局與品質。通過海岸線串起來的香港與上海這兩座城市的蛻變歷程，便是最好的證詞。在這場地理與精神的大遷徙中，出身內陸的晉商和徽商，終究被時代所誤，迷失於中途。他們只來得及為中國留下一些空蕩蕩的大屋，一些無人祭拜的牌坊，他們曾試圖用這些森嚴的磚石、精緻的木雕來證實自己的不朽，最終卻連同自己的事業一道煙消雲散。

每一場變革都需要代價，晉商與徽商的垮塌，便是中國金融秩序重建的代價之一。他們敗落得太過倉促，以致都未能稍許完成一點本該由他們這一代背負的使命，這些難題就被迫轉交給下一代人——張謇、熊希齡們——那些從士紳中脫胎而出的實業家，這導致他們從接手伊始就需要面對雙倍嚴峻的壓力，處處被動，孤立無援，而混亂動盪的時局又吝嗇地不肯留給他們更多的時間，經濟的復興、民族產業的重建於是終究淪為一場夢境。不過，與此同時，他們的自我意識也開始覺醒，他們要求更多的權利，不僅獨善其身，更希望兼濟天下，他們開始以半紳半商的身份，發出集體的聲音，影響國家的進程，這場「身份的革命」帶給中國的震撼，並不亞於金融變革引發的蝴蝶效應。

近觀中國

在起伏跌宕的一個世紀裡，沒有哪個國家的未來像中國一樣難於預測：從太平天國到義和團，從戊戌變法到辛亥革命，從袁世凱復辟到張勳復辟，從「九一八」到上海淪陷……每一次時局變化都牽動着大洋彼岸觀察家們的神經。

與日本人不同，重商主義的英國人始終認為，中國不宜處於長期動盪之中，因為這對侵略者而言，同樣不是件好事。他們認為，對中國而言，有政府總比無政府好，對英國人自己而言，用貸款維持並控制中國的運作，遠比讓中國處於無政府狀態更令人滿意。他們不崇尚簡單粗暴，卻也不想羞羞答答。

八國聯軍的前車之鑒，英國人記得真切。當年聯軍的統帥們攻入北京，燒殺劫掠之後，突然發現，他們找不到可以出面談判的人。他們想要的，永遠都不是一座擁有綿延宮殿和花園的空城，劫掠只能滿足暫時的欲望，他們需要的是中國的未來。統帥們不得不千方百計地找到逃難到西安的慈禧太后，有了對手，戲才能演下去。

所以，無論是在香港還是在上海，英國人

都一直很明確自己的對手，以及自己的方向。他們的對手不是其他銀行，不是掌握王朝命運的王公大臣，不是把持兵權的軍閥首腦，而是下一秒，中國會發生什麼。

這種運籌帷幄的從容感，在「二戰」時遭到徹底的挫敗。在烽煙的夾縫中，香港曾經收容過大批南下流亡的文化人，甚至一度隱隱散發出些許文化的韻味。但那只是動盪中的錯覺，難以持久。香港淪陷之後，這座城市的前途變得更加迷離晦澀。

在時代的晴雨表面前，曾經進退自如的滙豐也已經無所適從。

日本襲擊香港後，滙豐總經理祁禮賓（Vandeleur M. Grayburn）致電倫敦分行經理摩爾斯（Arthur Morse），要求他一旦香港淪陷，便宣佈滙豐銀行總行遷入倫敦，並由摩爾斯暫代總經理一職。倫敦方面則認為，危機已經一觸即發，等到香港淪陷再宣佈遷行，銀行會被暫時凍結，處於被動。於是，殖民地部直接授權摩爾斯代理滙豐總經理，並由他宣佈，滙豐總行遷入倫敦。倉促中做出的決定，保全了滙豐的最大利益。九天後，香港淪陷。滙豐在中國和東南亞等地的三十多家分行的財產頃刻間化為烏有，更致命的是，香港金庫裡尚未發行、也沒有來得及銷毀的一點一九億港元，在日本人的脅迫下，非法發行。

祁禮賓和他的替補繼位者艾文遜（David Charles Edmondston）相繼死在獄中。幸運的摩爾斯則通過在非常時期的果敢勇毅，成為滙豐銀行總經理。他仍將經營重心鎖定在中國，努力着手重建滙豐銀行在亞洲的業務。一九四三年，滙豐回到中國開設重慶分行，三年後，滙豐的總部重新遷回香港。摩爾斯決定，戰時一點一九億港元非法鈔票的損失，全部由滙豐承擔。這一決定在滙豐重回中國的時刻，為它樹立起無與倫比的信譽。

香港在廢墟上重建的時候，中國大陸的命運卻已不是遠在香港的觀察家們所能把握。摩爾斯一天天陷入迷惘，他清楚地看到，滙豐在中國的前景，註定只會越來越黯淡。摩爾斯的態度，代表了仍在香港盤桓遲疑的外商們普遍的心態。

在一九四七年的股東年會上，摩爾斯表示，「我們擔憂地注視着過去三年中那裡發生的趨勢。」兩年後的三月，他的焦慮達到頂點。「一切在中國經營對外貿易的人，都應在未來的歲月中準備面臨一個嶄新的局面，並應在沒有指導性先例的情況下調整他們的思想和行動，以適應這種局勢」。他試圖調整策略，適應中國的變局，卻發現事與願違。等到一九五〇年，摩爾斯只能無奈而抱有僥幸心理地提出：只要中國大陸還存在某種做生意的可能性，滙豐銀行就不會從中國撤銷機構。這種可能性在一九五五年被徹底中斷，滙豐銀行與中國政府達成協議，滙豐銀行在中國大陸的財產，包括在上海的大樓，全部交給中國政府，從此全線撤離中國大陸，僅在上海的角落裡租用一間小房子，從事一些小額業務，算是與這個國家的最後一點關聯。[10]

中國已經對滙豐關上大門，門外的摩爾斯們，只有在香港再度起程，轉身集中力量去激活東南亞。不過，中國大陸卻顯然沒有對香港關閉大門，一直源源不斷地為香港提供水源和糧食，這種曖昧的態度一度遭到赫魯曉夫的嘲笑，但中國樂此不疲。[11] 儘管中國態度冷漠地謝絕了摩爾斯們從門縫裡塞進來的名帖，並在未來的幾十年間，變得更加敏感、驕縱，拒絕市場，抵抗金融，但它無疑仍在遠遠地注視着彼岸的香港——儘管香港已不再被視為一個值得借鑒的參照物，只是一個被糖衣炮彈腐蝕着的故人。

時間的餘燼

在關於香港的嘈雜描述中，曾有一種特立獨行的悲愴音調，它令人百感交集，卻又終究無可言說。晚清四大詞人之一的朱孝臧，在

《夜飛鵲·香港秋眺懷公度》中寫道：「滄波放愁地，游棹輕回。風葉亂點行杯。驚秋客枕，酒醒後，登臨倦眼重開。蠻煙蕩無霽，颱天香花木，海氣樓台。冰夷漫舞，喚癡龍、直視蓬萊。

多少紅桑如拱，籌筆問何年，真割珠崖？不信秋江睡穩，掣鯨身手，終古徘徊。大旗落日，照千山、劫墨成灰。又西風鶴唳，驚笳夜引，百折濤來。」

晚清遺老用詞這種體裁來記錄香港，與這個已經時尚浮華的現代都市，何其格格不入。「大旗落日，照千山、劫墨成灰」，這樣恢弘的史詩話語，要描述的早已不是這個方寸之間的小島，也遠非亡國之恨那樣簡單。多年以後，我們會知道，詞人更像在為中國瀕臨落幕的古典主義年代執素舉哀。

儘管不時有人務必要牽強附會地給香港建立悠久的歷史傳統，然而，作為一個在近代才倉促興起的城市，香港幾乎從沒在帝王們審視地圖的視線中逗留過。而在文人們對於中國南方的描述中，也鮮有香港的蹤影。在柳宗元的時代，他步履的邊緣在柳州；到了湯顯祖的時代，海南已成為他可以丈量的天涯。荒涼無聞的邊陲香港直接跨過中國的古典年代，它成為羅大佑掌心「守着滄海桑田變幻的諾言」的東方之珠，成為黃霑筆下「同處海角天邊」的獅子山，成為「寶麗金」用流行音樂歌詞堆積出的城市夢想。朱孝臧之後，不會再有人為它寫一首像樣的長調或者僅僅是小令。

香港的崛起得益於金融業，不過毫無疑問，金融業也讓這座城市錯失了更多的可能性。中國大陸亦是如此，經由香港傳入的現代金融業，讓這個國家走向正軌，卻也在覆手之間摧毀了許多舊時的好傳統。得失之間，孰輕孰重，已難做出中肯的評判。

金融業是現代世界送給香港的見面禮，就像普羅米修斯盜取的天火——它能賜人間以光明與溫暖，卻也能將一切化為灰燼。

金融業也是香港送給中國內陸的見面禮，

就像赫菲斯托斯送給母親赫拉的金座椅——抗拒註定是徒勞的，越是抗拒越被它牢牢綑住，不過，這綑縛也讓她痛定思痛，開始反思，嘗試改變。

經由香港洶湧而至的現代文明，不僅瓦解了中國的金融秩序，也顛覆了中國人的精神世界。

從荒島到香港，從「劫墨」到「諾言」，從傳統中國到現代中國，金融業成就了香港，也遮蔽了香港；成全了中國，也摧毀了「中國」。

註釋

1. 根據蘇石蘭一九〇九年在滙豐年宴上的講話。劉詩平著：《滙豐金融帝國：140 年的中國故事》，中國方正出版社，二〇〇六年，第九頁。
2. 根據姚啟勳著：《香港金融》，一九三二年，第三頁。
3. 根據劉詩平著：《滙豐金融帝國：140 年的中國故事》，中國方正出版社，二〇〇六年，第四十五頁。
4. 根據盧受采、盧冬青著：《香港經濟史：公元前約 4000—公元 2000 年（簡化字增訂本）》，人民出版社，二〇〇四年。
5. 根據劉詩平著：《滙豐金融帝國：140 年的中國故事》，中國方正出版社，二〇〇六年，第四十九頁。
6. 根據姚啟勳著：《香港金融》，一九三二年，第六頁。
7. 舒立、吳鵬著：《香港經濟奇蹟探析：自由港之謎》，人民文學出版社，一九九七年，第十五頁。
8. 根據姚啟勳著：《香港金融》，一九三二年，第十三—十四頁。
9. 根據姚啟勳著：《香港金融》，一九三二年，第十頁。
10. 根據劉詩平著：《滙豐金融帝國：140 年的中國故事》，中國方正出版社，二〇〇六年，第一二六—一三五頁。
11. 【日】佐藤慎一著，劉岳兵譯：《近代中國的知識份子與文明》，江蘇人民出版社，二〇〇八年，第一七二頁。

澳門

上帝與誰同在

禁書

命運在最後關頭愚弄了徐薩斯（Montalto de Jesus）。

一九二六年，徐薩斯的成名作《歷史上的澳門》（*Historic Macao*）再版，被澳葡當局喝令封殺，重印版幾乎被全部收繳，公開燒毀。徐薩斯憤而向法庭起訴，結果卻可想而知，他的上訴被生硬地駁回。徐薩斯在羞憤中離開澳門，起程前往香港。此時，香港已經是東亞世界的明星城市，而澳門的沉淪，也早已是公開的秘密。

一年後，當徐薩斯的死訊穿越幾百里海霧傳回澳門的時候，人們幾乎已經淡忘了這個曾經的文化英雄。自從龍思泰（Anders Ljungstedt）在十九世紀初寫出第一部澳門史以來，長達半個多世紀都沒有人再有興趣和野心繼續寫作這座城市的歷史。然而，龍思泰去世後的半個多世紀裡澳門所發生的劇變，甚至遠遠超過了過去三百年的總和。三教九流、懷抱着各種理想的信使與暴徒，都在這座城市中粉墨登場，跌宕起伏的悲喜劇頻繁更生，卻無人記錄。這段歷史敘事的空白，直到徐薩斯在扉頁上署下名字的時候，才宣告終結。因此，《歷史上的澳門》在一九〇二年出版伊始就迅速引起轟動，那時，澳門市政廳毫不吝惜地表彰徐薩斯出版了「迄今為止有關葡萄牙在華居留地的最佳作品」。這座正在日漸黯淡的城市，在他的擦拭下，似乎又重新煥發出光澤。因此，政府和公眾對這本書二十五年後的再版充滿期待，卻沒有人料到，徐薩斯會在新的版本中增加三章。他毫不留情地嘲諷澳葡政府腐敗橫生，管理不力，一手造成了澳門的沉淪；他甚至建議，應該由國際聯盟來接管這座死氣沉沉的城市。顯然，這個建議冒犯了葡萄牙人四百年來勉力粉飾的最後一絲脆弱的自尊。

葡萄牙人始終小心翼翼地守衛着在澳門來之不易的特權，就像守衛金羊毛的毒龍，晝夜不息地圓瞪着雙眼，把任何外來者都當成威脅，連落葉的聲音都會被視為殺機的先兆。這座通過賄賂得到的小島，對葡萄牙人而言，或許不僅是一個重要的商貿中心，更意味着他們的永恆鄉愁——那個已經逝去的黃金時代，如同甜蜜而又哀傷的初戀，除了在許多大陸上留下的葡萄牙語和拉丁文，澳門是最後殘留的信物——它曾是葡萄牙傳教士和商人們的天堂。為了獲得澳門的居留權，大航海時代的葡萄牙人動用了來自探險家的全部智慧。他們不僅大肆地賄賂廣東沿海的中國官吏，為了對明朝朝廷示好，他們甚至派出艦隊協助明軍抵禦侵略，平定叛亂，鞏固邊防。葡萄牙人的誠意在嘉靖四十三年（一五六四年）得到回報，他們協助明朝守軍鎮壓了潮州拓林港海防軍兵變，明王朝終於下定決心，不僅接納他們，還給予獨一無二的貿易特權。[1]每一艘葡萄牙商船第一次交納的噸稅，只有別國商船的三分之一，並且，此後每次抵達，噸稅繼續降低，只有別國商船的九分之一。出於對葡萄牙軍艦的感激，明朝甚至豁免了葡萄牙軍艦的噸稅。沒有任何一個國家還能享有同等的優惠。[2]

吊詭的是，葡萄牙人似乎從此就厭倦了探險的樂趣，轉而開始斤斤計較那些唾手可得的利益。他們緊盯着自己在澳門的特權，更像個多情而又多疑的小婦人，決不能容忍除了自身和中國之外，任何第三國的越界。

中國政府曾多次試圖開放澳門，也曾有無數次商機光臨過這座城市，葡萄牙人卻一直擔心貿易特權會被分化，因此屢次阻止別國船隻在澳門停泊，甚至一度每年用八千磅重金賄賂廣東官吏，封鎖澳門港口。不料，此舉卻弄巧成拙。大量外國商船移師廣州黃埔港，澳門的地位迅速下滑。[3]隨即，澳門通往日本、果阿和馬尼拉的三條黃金航線都因葡萄牙人的傲慢與偏見被切斷，這座城市的航運與商貿不斷陷入絕境。每一次新的機遇降臨，葡萄牙人都在徘徊猶疑，哥倫布時代的信仰似乎早已從他們的膚色中盡數褪去，探險與拓荒的精神被保守與怯懦的情緒迅速淹沒。

外來的強敵也讓盤踞在澳門的葡萄牙人疲於應付。十七世紀，他們連續數次抵禦了荷蘭人的進攻，令「海上馬車夫」一次次無功而返；到了十九世紀的最初幾年，更強大的對手出現在海上，英國人兩度攻佔澳門，葡萄牙人不得不聯合中國政府發出嚴正抗議，重商主義的英國人在權衡商業利益之後才怏怏地撤離澳門。海面上頻繁出現的這些雜色的旗幟，令葡萄牙人產生了前所未有的焦慮感。出人意料的是，他們的對策和中國的選擇竟然如出一轍，面對強大的外敵，他們不約而同地選擇了退守，而不是出擊或者求變。從防禦工事到商貿活動直至日常生活，澳門都被反覆包裹起來，葡萄牙人加固了城牆，封閉了海港，甚至拒絕接受他國移民入駐，因為主教擔心異教徒的生活會敗壞葡萄牙人的生活方式。[4]

於是，從康乾年間開始，佔據澳門的葡萄牙人就不斷錯失城市復興的機會。保守、遲疑與游離的態度，親手造就了一個個後來居上的對手。保守與貪婪並存，即便在百廢待興的二十世紀依然沒有絲毫改觀，反而越演越烈，將澳葡當局直接導向徹底的失敗。苦力貿易、鴉片、賭博與色情業，令澳葡當局看到無限商機，它們都在極短的時間內為這座城市帶來不菲的財政收入，堆砌起它的表面繁華，卻又使它飽受詬病，經濟脆弱到無以復加。澳門的沉淪，澳葡政府固然難辭其咎，然而，徐薩斯的嘲諷，觸動的畢竟是葡萄牙人最敏感的那一處神經。他們不願承認自己的失敗，更不能容忍他者的介入，四百年來，始終如一。不合時宜的徐薩斯於是被無情地遺棄，當權者能給予卑微的臣民多少榮耀，就能在覆手之間奪去更多。只不過，是非成敗仍要靠時間來論證。焚燒《歷史上的澳門》的時候，沒有人知道，多年以後，這部禁忌之作，卻成為這座城市法定的歷史教科書。[5]

天火

澳門人對歷史的熱忱，源於摧毀聖保祿教堂的那場大火。一八三五年，聖保祿教堂第三次被大火焚毀，大批珍藏的歷史文獻資料隨之失蹤。澳門的歷史也從此變得模糊不清。許多年後，當全世界的遊客在殘留的大三巴牌坊前合影留念的時候，沒有人知道，有多少往事曾在這裡沉默着化為灰燼。

一八三五年的大火，似乎還蘊涵着更多難以言喻的啟示。

第一部澳門史的作者龍思泰也在這一年去世，天火降臨之前，薩拉伊瓦主教曾允許他翻閱過教堂中的一些文獻，龍思泰死後，只有極少數資料通過他的記錄與出版保留下來，他書寫的澳門史，成為與逝去的三百年唯一接近的真相。

這一年，澳門的人口再次逼近四萬。它的人口上一次達到這個數目，已是兩百年前。[6]在這座以商貿為重心的城市中，人口的跌宕起伏，與政治經濟形勢有着密切的關聯。已經退去兩百年的人潮，之所以選擇重返澳門，並不是因為當局放棄了保守的經濟政策，而是因為投機生意得到默許。

這種情況當然也引起了中國政府的關注。三年前，湖廣道監察御史馮贊勳就在奏章中明確指出，澳門一直充當着鴉片運輸的管道：「湖查夷船私帶煙土來粵，從前潛聚於香山縣之澳門地方。」[7]於是，幾年後，林則徐出任欽差大臣到廣州禁煙，他的警告也在第一時間被傳遞到澳門。林則徐說，如果鴉片繼續由澳門進入大陸，定將依照新法嚴懲不貸。對於這個聲色俱厲的警告，葡萄牙人立刻給予了熱情的回應，鴉片貿易在澳門也暫時進入低潮。葡萄牙人比它的所有歐洲鄰居都更懂得與中國人的相處之道。當林則徐在邊境調兵遣將，試圖對付英國時，澳門總督邊度（José Manuel Pinto）馬上要求英國人離開澳門。英國人乘船前往香港一週後，邊度就在澳門迎來了林則徐，中國民眾和葡萄牙人一起熱烈地迎接這位激進的欽差大臣。在關於中國的幻象被徹底擊潰以前，葡萄牙人和中國人、英國人一樣，無從預料一場戰爭的結果，更無從評估世界未來的走向。

更大的變局於是在此時悄然醞釀。中英兩國難免有一戰，澳葡當局曾以為可以置身事外，不料戰爭之後卻首當其衝。《南京條約》簽訂後，香港開始迅速崛起，香港的光輝越發映襯出澳門的晦暗。

大英帝國的時代到來了，而葡萄牙的世紀早已過去。這個只有九萬平方公里的國家，曾經統治着二百二十萬平方公里的海外殖民地，8 像一葉孤舟拖着巨網，飄搖在浩淼的煙波中。它曾經從容地維持着平衡，因為它鮮有對手，也從未遭遇風浪。

然而此刻，保守的政客早已取代了偏執的探險家，成為國家的主流。葡萄牙的世紀來得不可思議，去得更加匆忙。澳門此刻的沉淪，正是那個逝去時代的一段姍姍來遲的慘痛回聲。

葡萄牙的時代和中華帝國的時代，幾乎同時因這一場戰爭而徹底落幕。更具巧合的是，等到一九一一年，他們又將同時由君主制變成共和政體，面向同樣深不可測的未來。在兩個劇變的國家之間，處於夾縫中的澳門，如同在兩股颶風間戰慄的野草。

澳門卻顯然算不上一根疾風中的勁草，它的根系早已離開大地。它脫胎於兩種文明，卻又出落得與任何一種看起來都沒有血緣關係。最終，無論是中國人還是葡萄牙人，都會不約而同地感歎，女大十八變，她的歷史與她的今日，同樣面目全非。

事實上，極端悲觀的情緒，早在香港崛起之前就已經在澳門蔓延。一八四一年一月，澳門法官羅德里格斯·德·巴斯托斯（Rodrigues de Bastos）在發給葡萄牙海事及海外部部長的公函中寫道：「在距澳城咫尺之處同意香港開埠，對澳門來講，無異於致命一擊。國人、外人、華人一致認為，對葡萄牙人而言，澳門的貿易、公共收入、海關等等的結束指日可待。」[9] 預言迅速成為現實，多年後，德·波瓦（Ludovic de Beauvoir）公爵如是總結天秤之上澳門與香港的角逐：「一八四一年，英國依仗其雄厚的資金和卓越的經營活動，在把香港這塊不毛之地開闢成自由港之後，竟使海上貿易中心轉移地點！這塊英國殖民地誕生之時也正是葡屬澳門壽終正寢之時，從此，澳門只剩下幾艘從事販賣苦力的舊木船在其港口下錨。」[10] 德·波瓦公爵做最後陳詞的時候，香港已經把持着中國出口貿易總值的百分之十四和進口貿易總值的百分之二十。[11] 澳門曾將香港視為對手，但它很快就發現，香港早已不再把自己當成對手。

不過，德·波瓦公爵顯然也低估了澳門人的想像力，憑藉着「幾艘從事販賣苦力的舊木船」，這座城市居然起死回生。

假象

新任澳門總督亞馬留（João Maria Ferreira do Amaral）的桌子上擺着來自里斯本的指令：「通過開港為商人、業主、所有從業的澳門居民提供獲利的途徑，如同其他葡萄牙公民，他們必須為他們所屬的省政府分攤必要的開支，以克服因澳門國庫唯一的財源海關取消後所產生的收入停滯而出現的赤字。近來，這一收入已十分低下，況且將完全消失。這便是委任閣下使命中最艱巨、最重要的目標。」

一八六四年註定是艱難的一年，亞馬留需要面對的不僅是來自王國的期許，還有來自同僚的抱怨——澳門的公務員已經五個月沒有領到工資，而孤兒院、教堂和修道院的代表們也在頻繁地登門造訪，要求領取拖欠許久的救濟金。[12] 這座曾經日進斗金的城市，此時卻像極了一個家道中落的紈絝子弟——家族早已無力維持他紙醉金迷的生活，他卻仍然擺脫不了窮奢極侈的生活，又無力重振家業，只得每日自怨自艾。他不甘心與普通人家的少年為伍，不甘心像他們一樣從零做起，他自矜而又傲慢，可他又失去了祖輩的庇蔭。他只有彷徨、掙扎、搖擺、絕望。他曾經面對着廣袤的中國，背靠着整個浩瀚的世界，現在卻像迷失在海霧中的魯濱遜，當然，他也不會願意像魯濱遜那樣弓下脊樑，拾起斧頭。

幾次試圖改革無望之後，亞馬留為這個破落的登徒子找到了新的生財之道。一八四七年，亞馬留開始批准白鴿票賭博專營，兩年後又對番攤賭博徵稅，賭博帶來的稅收漸漸解決了澳門的財政危機，而徵稅，意味着政府在某種程度上承認了賭博的合法化。

渡海而來的人們總是熱衷於為中國的城市尋找一個與西方世界對應的名字，這一次，人們沒有按照慣例命名澳門為東方的巴黎、倫敦或者紐約，甚至不是更容易觸發葡萄牙人鄉愁的「東方的里斯本」，他們帶給澳門的，是一個陌生的名字——「東方的蒙地卡羅」。

澳門新的經濟雛形，在亞馬留的時代被勾勒出輪廓。賭博與鴉片、苦力貿易和色情業一道，迅速成為這座城市起死回生的靈藥。在澳門港口拋錨的船隻，又開始劇增。人們都知道，船上裝載的，不是成箱的鴉片，就是辮子被捆在一起的中國勞工。澳門的街市也重新熙攘起來，依靠從非法貿易中徵繳來的巨額稅收，澳葡政府的財政狀況很快就扭虧為盈。

亞馬留遇刺後，他的政策被繼任者繼續堅定地秉承下去。基瑪良士（Isidoro Francisco Guimarães）不僅在政府公報上發佈「娼妓業規範條例」，允許在指定區域內開設「妓寨」，而且開始實行賭博專營。[13] 到一八五九年，博彩業的收入已經佔據了政府財政收入的百分之四十五。

人們無所不賭，甚至連科舉考試的結果也

被設進賭局。人們在科考名單上投注，猜測誰會高中，這種被稱為「闈姓」的賭博形式，在廣東被嚴禁之後，卻在澳門得到專門保護，大為盛行。而作為對澳葡政府的回報，僅「闈姓」一項，每年上繳的稅金就高達三十萬兩白銀。[14] 而來自賭博的全部稅收，根據一八八一年八月一日的《申報》統計，「每年承繳賭稅有百數萬之多」。

苦力貿易成為另一大經濟增長點。一八七一年，《北華捷報》（*North China Herald*）上刊登了苦力貿易途經澳門轉手之後所產生的巨額利潤：「在澳門，可以買賣的商品『人』的價格大約是每名六十元，或者不超過八十元；而在卡拉歐，『人』這同一商品的價格卻自三百五十元至四百五十元不等。」[15]

人，成為可以買賣的「商品」。澳葡當局歡迎一切商品，因為一切商品都能帶來稅收。這些華工奴隸，對澳葡當局而言卻不啻於救世主，據統計，「在廢除苦力貿易之前的二十五年內，（澳門）估計輸出苦力達五十萬人」。[16] 一八六六年，澳門頒佈的《招工章程條約》，更是在形式上將苦力貿易合法化，政府每年可以從中獲利二十萬元，比此前的正常海關收入高數倍。[17]

與遍地開花的賭館一樣，販賣苦力的招工館也呈井噴之勢，數量從五家劇增到三百多家。[18] 暴利讓人們喪失了一切底線，賭館與招工館之間甚至暗中串聯，許多人在賭館裡被騙，賠得血本無歸，被迫簽下賣身契，隨即就被送往隔壁的招工館，賣到海外。

一八六八年和一八七二年，香港先後宣佈廢止苦力貿易，並嚴令禁賭。香港的退出令澳門更加如魚得水，徹底壟斷了這些被遺棄的商機。政府針對這些特殊貿易的舉措越是大膽癲狂，正常的經濟政策反而日趨保守，他們依然對來自別國的商貿競爭憂心忡忡，拒絕修建報稅貨倉，不斷增加各種賦稅，澳門的港口淤積嚴重，也最終沒有疏浚。葡萄牙人依然在不斷地重蹈覆轍，對這些特殊行業的過度依賴，使得他們再次喪失了重整經濟結構的機會。

澳門與香港之間的差距於是越來越懸殊，當香港早已建立起完善的金融秩序，形成卓越的投資環境時，澳門的保守卻絲毫沒有鬆動的跡象。直到一八九二年，一位中國商人在《澳門人報》（*O Macaense*）上描述澳門的商業環境時說：「澳門沒有銀行，亦沒有航運保險公司，甚至大輪船難以駛入港口。」[19]

畸形的經濟發展模式，給這座城市敷上濃重的油彩，氤氳出澳門繁華的假象，與此同時，也加速了它的衰老。一旦出現政策偏差，帶來的打擊往往是致命的。一八七三年，在世界輿論的譴責下，澳門被迫取締苦力貿易，這樣一紙禁令對於澳門無異於滅頂之災，直到第二年夏天，《循環日報》的報導表明，澳門依然未能從廢除苦力貿易造成的困境中緩過勁來：「澳門一隅，自嚴禁販人出洋以來，市廛冷落，貿易寥寥，失業之人幾將坐而待斃。」

失去了苦力貿易和鴉片貿易之後，賭博業開始獨大，成為主導澳門經濟格局的決定性力量。不過，澳葡政府也依然對各種潛在的利潤念念不忘。多年以後，為了牟取暴利，澳門警察廳廳長甚至還親自出面，要求「申請批准在數處設立妓院」。[20] 而各種醉生夢死的演出，也繼續在賭場上一輪輪上演，許多新型的賭博方式被不斷開發或引進，在這座城市中，人們能輕易地找到各種骰子、撲克、麻將、白鴿票，就像他們可以輕易地找到佛祖、媽祖、孔子、關公、上帝——他們所信仰的各種神靈。

飛地

在中國，很少有哪座城市的教堂和廟宇的密度能超過澳門。耶穌、聖母、關公、孔子、佛祖、媽祖，甚至魯班、哪吒……有時候人們會感到迷惑，這座方寸的小島，怎能容納得下這麼多位神靈、這麼多種語言、這麼多種罪惡與悲涼？但欲望總是具有最強大的塑造力，從不亞於最虔誠的信仰。四百年前，當范禮安（Alessandro Valignano）、羅明堅（Michele Ruggieri）和利瑪竇（Matteo Ricci）滿目風塵地踏上澳門的土地時，都曾以為自己是盜火的普羅米修斯，將上帝的光芒引渡到這片島嶼，並將用它來燎原整個中華帝國。他們都不曾料想，這座曾經滿目瘡痍的荒島，竟會擁有如此富麗堂皇卻又荒誕的未來。

這座城市彷若賭盤上迅速轉動的骰子，它不抗拒任何一種可能，也不回絕任何一場善惡不明的邀請。所有沉淪的行跡，都假以夢想之名。它在賭盤上翻來覆去的笑靨與愁容，映襯着賭桌下人世的悲歡，只不過，那些當局者往往沒有意識到這一點，或者不願承認這一點。於是，他們只會在骰子停止旋轉之前更變本加厲地加大自己的籌碼，就像一架失控的馬車，直撲向真相大白的那一刻。

同時擁入澳門的，卻也真的有大批虔誠的皈依者。在帝國晚期，大陸的天主教信徒紛紛跨海進入澳門，他們以望德堂為中心，在荒地上搭建木屋，互助聚居，形成村落。這片被稱為「進教圍」的獨特的華人宗教社區，[21]暗示着這座城市對信徒們的吸引力——從范禮安、羅明堅和利瑪竇的時代，它就一直被視為信仰的天堂，從前如此，現在依然如此——儘管與此同時，罪惡也在以同樣的速度滋長，與信仰並駕齊驅。

在鱗次櫛比的教堂尖頂下面，在繚繞的煙火與燭光之間，在整齊劃一的誦經聲裡，鴉片倉庫、賭館、招工局、妓院，如同稠密的灌木叢。在上帝、媽祖和佛祖的目光下，各種交易都在有條不紊地進展。人們依然相信神靈，依然不厭其煩地尋求庇佑，但人們不會因此就放棄追逐利益。在上帝與慾望之間，在信仰與利益之間，在生存與道德之間，其實很容易做出選擇；並且，無論是怎樣不堪的選擇，都不為過。

骰子、紙牌與煙槍，應和着城市的旋律。澳門炮製出來的財富夢想的模式，是鴉片、人口販賣、色情和賭博的混合體。所有那些難以為傳統所容忍的東西，都在澳門的活色生香之間自在地浮沉着。這塊小島成為道德的飛地，三教九流，無論貧窮或者富有，無論虔誠或者放蕩，似乎誰都能在這座方寸的小島上找到自己的容身之地。澳門自此在中國形成幾乎獨一無二的城市模式，畸形的城市之路，看似可以模仿，其實無法複製。

其實不僅是信仰或者慾望，這座城市還收容過各種迥異的思潮。晚清時，澳門孜孜不倦地吸納着大批落寞的思想者和野心家，讓他們能源源不斷地將自己的聲音傳遞到大陸，傳遞給公眾。流亡到澳門的維新派和革命黨，也一度能在這裡相互取暖，相互慰藉，而不是相互攻擊。這在後來幾乎是一件無法想像的事情。

於是，澳門藉此成為中國最具浪漫主義色彩的城市。自上而下，它秉承着許多匪夷所思的傳統。每年除夕，澳門總督要做的不是會見民眾或者公開講話，而是趕赴葡京賭場下注，以示開年大吉，與民同樂。公務員平時禁止進入賭場，春節期間卻可以破例。22

這些由政府倡導的儀式，越發推波助瀾，塑造出這座城市奇妙的性格，種種悖論能在這裡和平相處，甚至化干戈為玉帛。事實上，城市的意義恰在於其包容力，每個人都有自己的人生邏輯，也有自己的活法。無論在什麼樣的時代，無論是波瀾壯闊還是細水長流，平凡的生活總是能自發地梳理出自己的道路。在混亂之中，形成社會整體的秩序，這是澳門的秘密，也是來自澳門的啟迪。

龍爪

徐薩斯的《歷史上的澳門》被封殺的前一年，在美國，一個二十六歲的中國留學生寫下了一組詩歌《七子之歌》。他與澳門素昧平生，卻將這座城市列在組詩的第一篇。這首詩幾乎是組詩中最平庸的一首，遠遠比不上他寫香港的「我好比鳳闕階前守夜的黃豹」，或者寫威海衛的「再讓我看守着中華最古的海，這邊岸上原有聖人的丘陵在」。這位後來崇尚「戴着鐐銬跳舞」的詩人，此時還在毫無節制地複述着一些粗糙的獨白。

這個名叫聞一多的年輕人，和那個時代所有充滿憤怒與慾望的留學生一樣，被驟然拋入一個全新的世界，那個世界令他們既嚮往又仇恨。他們學會了習慣性地用傲慢來掩飾自己的怯懦，無論對惡意還是善意，通通加以拒絕。他們動輒就會怒火中燒，大哭大怒，大悲大喜，從語言的謾罵演變為肢體的暴力，甚至自殘。他們總是下意識地把自己想像成受害者，在被傷害之前先發制人。他們擁有各種堂而皇之的名義，其中被認為最高尚的，是他們的祖國。當然，更多的時候，他們願意把它稱作命運多舛的母親。

在寫作《七子之歌》以前，聞一多已經學會了用詩歌來宣洩自己過於奔放的情感。他曠了兩天半課只為寫一首長詩《長城下之哀歌》，他和清華學堂的留美同學們成立「大江學會」，宣揚國家主義（Nationalism）。他們開始意識到，澳門、香港或者威海衛，其實未嘗不是他們自己。然而，即便感同身受，聞一多依然沒能為澳門營造出一個可觀的意象，或者一行難以磨滅的句子。

聞一多的困境被一直傳遞下去。與備受詩人與流行樂手青睞的香港不同，近一個世紀以來，人們始終沒能找到一個更恰當的意象來描述澳門，直到一位風水先生給出了一個殘酷的答案。他把中國比作一條巨龍，龍頭在羅浮山，而澳門只是龍爪。過江龍們每每路經此地，都會饕餮一頓，隨即絕塵而去，再不回頭。[23]

很難說龍爪的命運究竟是澳門的幸或不幸，但有一點毋庸置疑，葡萄牙人在四百年裡都沒能造就城市的認同感。傑弗里．C．岡恩（Geoffrey C. Gunn）在他這一版本的《澳門史》（*Encountering Macau*）中寫道：「葡萄牙政府沒能構建一個清晰的澳門身份，也沒能構建一套單獨的價值體系，以定義一個這樣的澳門，使之足以抗衡佔支配地位的中國大陸的存在。」這讓我們很容易聯想起徐薩斯的嘲諷。從遙遠的十六世紀開始，基督教世界曾像海洋反覆沖刷礁石那樣，一次次試圖湧上中國黃土鋪就的灘塗，卻又一次次無功而返。他們曾試圖與孔子相互妥協，他們也曾試圖依靠先進的醫療設施和悲憫之心來換取中國人的接納，他們甚至征服了許多中國的知識份子，但他們依然未能踏進古老中國的庭院。建構價值體系的任務，連含辛茹苦的傳教士們都沒能完成，就更不能指望官吏和商人們。詩人們無法描述澳門，或許也是因為對於澳門身份的建構從來都含混不清。踞守澳門的葡萄牙人用了四百年來努力證明，自己與這座城市的相互選擇並不是一個美麗的誤會。為了論證自己的忠貞，疲於奔命，拒斥了一切可能出現的潛在的情敵，卻只是將彼此間的鴻溝挖得更寬，直到積重難返，進退維谷；既不能相濡以沫，又無法相忘於江湖。

註釋

1. 霍啟思著：《明代關於如何容納葡萄牙人及澳門模式出現的爭論：葡萄牙殖民地與早期中國的反應》，載《文化雜誌》一九九一年，轉引自【澳】傑弗里．C．岡恩著，秦傳安譯：《澳門史 1557—1999》，中央編譯出版社，二〇〇九年，第二十五頁。
2. 、4.【葡】徐薩斯著，黃鴻釗、李保平譯：《歷史上的澳門》，澳門基金會，二〇〇〇年，第三十九、九十一頁。
3. 黃啟臣、鄭煒明著：《澳門經濟四百年》，澳門基金會，一九九四年，第六十九頁。
5. 【澳】傑弗里．C．岡恩著，秦傳安譯：《澳門史 1557—1999》，中央編譯出版社，二〇〇九年，第六—七頁。
6. 根據王巧瓏著：《澳門的社會與文化》，新華出版社，一九九九年，第十一頁。
7. 查燦長著：《轉型、變項與傳播：澳門早期現代化研究（鴉片戰爭至 1945 年）》，廣東人民出版社，二〇〇六年，第一三九頁。
8. 【蘇】格．尼．科洛米耶茨著：《葡萄牙現代史概要》，江蘇人民出版社，一九七三年，第二二五—二二六頁。
9. 根據查燦長著：《轉型、變項與傳播：澳門早期現代化研究（鴉片戰爭至 1945 年）》，廣東人民出版社，二〇〇六年，第一〇七頁。
10. 龍巴著：《德．波瓦公爵在澳門》，載《文化雜誌》一九九五年第二十三期。轉引自查燦長著：《轉型、變項與傳播：澳門早期現代化研究（鴉片戰爭至 1945 年）》，廣東人民出版社，二〇〇六年，第一一五頁。
11. 根據查燦長著：《轉型、變項與傳播：澳門早期現代化研究（鴉片戰爭至 1945 年）》，廣東人民出版社，二〇〇六年，第一〇八—一〇九頁。
12. 王昭明著：《鴉片戰爭前後澳門地位的變化》，載《「澳門沿革」論文集》，第四十四頁。根據查燦長著：《轉型、變項與傳播：澳門早期現代化研究（鴉片戰爭至 1945 年）》，廣東人民出版社，二〇〇六年，第一二九頁。
13. 【葡】施白蒂著，姚京明譯：《澳門編年史．十九世紀》，澳門基金會，一九九八年，第一一二頁。
14. 查燦長著：《轉型、變項與傳播：澳門早期現代化研究（鴉片戰爭至 1945 年）》，廣東人民出版社，二〇〇六年，第一四七頁。
15. 聶寶璋編：《中國近代航運史資料》第一輯上冊，上海人民出版社，一九八三年，第一一六頁。
16. 施白蒂著：《苦力移民．澳門卷宗．1851 至 1894》，澳門東方基金會，一九九四年，第一四五頁。轉引自古萬年、戴敏麗著：《澳門及其人口演變五百年》，第二一九頁，澳門統計暨普查司中文版。另見施白蒂著，姚京明譯：《澳門編年史．十九世紀》，澳門基金會，一九九八年，第一九三頁。
17. 【葡】徐薩斯著，黃鴻釗、李保平譯：《歷史上的澳門》，澳門基金會，二〇〇〇年，第二五八頁。
18. 陳翰笙主編：《華工出國史料彙編》第一輯第一冊，第二五二頁，轉引自《澳門的社會與文化》，第十五頁。
19. 、20.【葡】施白蒂著，姚京明譯：《澳門編年史．十九世紀》，澳門基金會，一九九八年，第一二二、二六八、二四一頁。
21. 、23. 根據唐思著：《澳門風物志　第三集》，澳門基金會，二〇〇四年，第六頁、序言第 V 頁。
22. 根據王巧瓏著：《澳門的社會與文化》，新華出版社，一九九九年，第四十一頁。

哈爾濱

永夜的極光

秘密條約

李鴻章剛剛離開莫斯科，俄國人已經迫不及待地在地圖上畫下一道崎嶇的曲線。中東鐵路將從海參崴一直鋪到中國東北的滿洲里，看起來就像是斜刺進中華帝國胸口的一把「一八八一式恰西克」軍刀。

李鴻章此行是為了參加沙皇尼古拉二世（Nicholas II）的登基慶典。這場動用上億盧布舉行的慶典上，發生了慘劇，廣場上被踐踏至死者達數千人，史稱「霍登場慘案」。李鴻章和來自世界各國的貴客們一起站在高處目睹了慘案的發生，心中更是五味雜陳。與意氣風發的尼古拉二世不同，李鴻章勉力輔弼的中華帝國的年輕皇帝光緒，已經登基二十二年，卻依然沒能獲得實際的權力。

此時，這個前半生戎馬倥傯、後半世鐵血秉政的中興名臣，已經在中國的腐儒們的口舌之間身敗名裂。兩年前，他耗費重金打造的號稱亞洲第一的北洋艦隊，在中日海戰中全軍覆沒。伴隨着群臣的推諉聲，李鴻章獨自踏上東渡談判之路。談判中途，他被一個激進的日本青年開槍打傷。在馬關春帆樓上，七十二歲的李鴻章裹着繃帶，忍着槍傷，再三請求敵人降低賠款額度。作為一位戎馬一生的統帥，如此低聲下氣地乞憐，當然是莫大的恥辱，然而，與帝國的興衰相比，個人的榮辱早已微不足道。李鴻章顧慮的是，《馬關條約》的委曲求全只能維持暫時的和平，帝國將要面對的是更加深重的危機，巨額賠款將令中國難以負荷，兩國的差距也將繼續拉大。回國後，當臣民們一道唾棄李鴻章誤國、賣國的時候，他上了一道奏摺提醒慈禧和光緒，「敵焰方張，得我巨款及沿海富庶之區，如虎傅翼，後患將不可知。臣昏耄，實無能為。深盼皇上振勵於上，內外臣工齊心協力，及早變法求才，自強克敵，天下幸甚」。[1]李鴻章為帝國找到的出路，是再一次提出「變法」。他的建議自然無人理會，「清流黨」繼續變本加厲地攻擊他，那些醞釀着維新變法計劃的書生、新黨，也忙着和他劃清界限。

無論書生們如何慷慨激昂地聒噪，「自強克敵」的希望，還是只能由李鴻章自己背負在身上，這些復興國家的微薄希望，比那些嘲諷與誹謗更加沉重。在馬關，他已經邁出過屈辱性的一步；而在莫斯科，是否會再邁出一步，其實早在他獲得尼古拉二世邀請的時候，就已經身不由己。

清廷選派參加尼古拉二世登基慶典的特使，本是布政使王之春，卻被俄國人一口回絕，「可勝任者，獨李中堂耳」。[2]俄國人需要一個擁有足夠發言權的人，在慶典後進行一系列秘密談判。

清廷當然聽得出俄國人的弦外之音。對於日本的崛起，俄國同樣如坐針氈。早在《馬關條約》簽字當天，俄國就聯合德、法兩國，共同要求日本「不要永久佔領中國領土」。[3]日本正在成為中俄兩國共同的隱患。中華帝國需要設法重建國民的信心，俄國則希望制衡日本的過度發展並推進「亞洲黃俄羅斯計劃」，雙方心照不宣。因此，清廷也不再堅持，將賦閒的李鴻章任命為特使，前往聖彼得堡。

李鴻章知道俄國想要的是什麼。俄國希望修建一條鐵路，可以穿越中國東北。俄國的財政大臣維特（Sergei Witte）對中國強調，鐵路對於中俄兩國互保互救、共同制約日本具有非同尋常的意義。當然，面對沙皇尼古拉二世，維特則表明了他的真實意圖：「它使俄國能在任何時間裡，在最短的路線上，把自己的軍事力量運到符拉迪沃斯托克（海參崴）及集中於滿洲、黃海海岸及距中國首都的近距離處。相當數量的俄國軍隊在上述據點出現，一種可能性是大大增加俄國不僅在中國、而且在遠東的威信和影響，並將促進附屬於中國的部族同俄國接近。」[4]

清廷當然也理解俄國人醉翁之意不在酒，總理衙門答覆維特，鐵路的中國段可以由中國自行修建，卻被維特拒絕。維特說，到一八九八年俄國就可以把鐵路修到中國邊界，而中國段究竟什麼時候才能建好，卻未可知。兩段鐵路相連，看起來遙遙無期。日本逐日強大，中俄雙國都是等不起的。

起程之前，李鴻章帶着總理衙門眾臣的意見，請示慈禧太后。大臣們把談判底限設為允許俄國在東三省修建鐵路，以求睦鄰友好，共同對抗日本。這個方案馬上遭到光緒的強烈反對，不過，和以往一樣，除了口頭上的反對、斥責和牢騷，光緒什麼都做不了。[5]

在聖彼得堡，精於權謀的李鴻章沒有讓俄國人馬上稱心如意。維特剛剛向他提出由俄國代辦中東鐵路，就被李鴻章一口拒絕。次日，為了說服李鴻章，尼古拉二世破例親自接見，他和顏悅色地安撫李鴻章，俄國修建中東鐵路，完全是出於軍事上的考慮，如果日本侵華，俄國的軍隊可以快速趕到解圍；中國自建的部分，工期可能過長，而日本和英國又虎視眈眈，此事耽誤不起，不妨由俄國協辦。[6] 為了給李鴻章再吃一粒定心丸，他又信誓旦旦地宣稱，俄國本來就地廣人稀，怎麼可能還覬覦中國的土地？幾經討價還價，李鴻章終於不再堅持。

《中俄密約》很快擬定出來：中俄雙方在中國東北戰略互助，中國則允許俄國人在黑龍江和吉林修建並經營鐵路。不過，李鴻章卻遲遲沒有簽字，因為北京突然傳來聖諭，推翻此前的全部意見，要求李鴻章必須繼續談判，爭取鐵路自辦。

這是一場無望的爭取。談判桌從聖彼得堡一直搬到莫斯科，半個多月間，李鴻章其實並沒有多少周旋的餘地。《中俄密約》終究還是簽訂下來，李鴻章能夠為中國爭取的，是只允許修建中東鐵路，拒絕再建南滿支路。他還堅持在密約中明確地添加了一則條款：「不得藉端侵佔中國土地，亦不得有礙大清國皇帝應有權利。」[7] 當然，僅僅幾年之後，李鴻章就會發現，自己執意加上的這則條款，終究還是變成一紙空文。在一個弱肉強食的時代，規則由強者制定，也將由強者打破。

鐵軌上的城市

俄國人希望在鐵路穿過的地方，找一座城市，進行鐵路的建設和運營管理。然而，果科沙依斯基在一年前繪製的《松花江目測圖》上，松花江沿岸一片荒涼。他們沿着地圖一寸一寸搜索，始終沒能發現任何合適的目標。俄國人只能根據地利，圈定了中東鐵路與松花江交匯的一片區域。那是一片逐水而生的村落，松花江串聯着無數這樣名不見經傳的村莊。九百年前，在這片村莊附近，女真人建立了上京，但從金海陵王遷都之後，故城就幾乎被廢棄了，到明代，這裡仍被籠統地稱為「極邊苦寒之地」，實施軍事封禁，除了極少數的官兵和本地農民，盤踞在這裡的，大多是被放逐的罪犯和私自出關的流民。直到乾隆時代，一個姓傅的山西人獲准在這裡落戶，開荒捕魚，這座城市才終於有了一個明確的名字，根據這個山西人的姓氏，人們稱這座村莊為傅家店。

即便這裡已經有了名字，也仍是一片被刻意遺忘的邊地，如果不是生活所迫，很少有人願意長途跋涉到帝國的東北邊陲，即便有人下定決心實行這樣瘋狂的計劃，他們也很可能尚未到達目的地就已經凍死，或者被松花江上驟起的風浪吞噬。

繪製《松花江目測圖》的果科沙依斯基還保留着溯遊松花江的記憶，在傅家店一帶，僅有的一處清兵哨所守衛着沿江的七十三座村莊，除此之外，沿江茫無邊際的冰雪上，只有兩處網場和兩間燒鍋。果科沙依斯基的船軋着冰凌航行了很久，在寬闊的江面上卻只發現一個船口和兩個渡口。[8]不過，果科沙依斯基也敏銳地察覺，這裡確是一處難得的天然良港，松花江不僅可以便捷地運輸軍隊，還能帶來無限商機。

以傳家店為節點，俄國人的東進戰略進展得有條不紊。一八九八年，俄國又與清廷簽訂了《旅順大連灣租借條約》，李鴻章曾竭力否決的中東鐵路南滿支線，終於也出現在俄國人的戰略地圖上。南滿支線在傳家店附近縱深開來，兩條鐵路像兩道交叉的傷疤，在中華帝國的東北角灼燒出一個彎曲而醜陋的十字架。十字架的中心，將誕生一座傳奇的城市，它從前的名字叫做傳家店，它未來的名字，叫做哈爾濱。

創世紀

傳家店的清晨從此變得不再平靜。

中國人無法理解那些不斷擁來的高鼻子的白人——那些白人動輒俯身測量，大聲叫嚷，像在進行什麼荒誕的宗教儀式；那些從船上卸下來的發出駭人轟鳴聲的龐然大物，閃閃發光，像些披着鎧甲的猛獸；而那些沿着荒漠放倒在地的「梯子」，似乎同樣別有深意。

傳家店的農民們百思不得其解，只得停止了思考，用舌尖攪動一下口中清冽的「田家燒鍋」，讓這股火一樣的燒酒沿着喉管緩緩淌下。他們不知道，自己很快就會開始懷念這股味道。田家燒鍋坊馬上就會被俄國人徵用，充當中東鐵路建設的指揮中心。不過，他們也會立刻找到新的替代品，用不了多久，各種名目的啤酒廠將會出現。啤酒的味道遠沒有「田家燒鍋」濃烈，但是黏稠醇厚，甚至有些甜蜜的回甘。哈爾濱人嘗到的第一口現代化的味道，就是這樣馥郁而簡單。[9]

在傳家店農民們的張望中，俄國人按部就班地進展着他們的建造計劃。在尚未建成的鐵路邊，他們的社區首先完備起來，最初只有氣象站，漸漸地開始有了各種工廠。

上帝創造世界的第七千四百零六年，也就是耶穌降生第一千八百九十八年，俄國人開始了哈爾濱的創世紀。

沿着建設中的鐵路線，城市被一分為二：道外和道裡。哈爾濱本地人和中國移民，居住在傅家店一帶，被稱為道外；外國人則住在道裡。鐵路局制訂了詳細的《松花江新城規劃》，新城採用歐洲城市的規劃方法，道路系統結合地形，採取方格網、放射線和弧曲線相結合的形式，主幹路相交於城市制高點，形成中心廣場。一條以中國的名字命名的大街，成為道裡的主幹道，所有次要幹道都與中國大街垂直，形成眾多小街坊。新城還分割開行政區、商業區、居民區和公園綠地，住宅則是歐洲流行的庭園住宅。

這片新大陸，正像所有城市規劃者夢寐以求的璞玉。俄國人試圖將他們的故鄉移植到這片荒漠中。風靡歐洲的「新藝術運動」的理念改變着這裡的地貌，不僅住宅如此，在松花江上，俄國人甚至模仿莫斯科大橋，建造了一座鐵路大橋，這座城市便更多了些東方莫斯科的意味。

鐵路建設需要大量資金，因此，同樣在這一年，一家銀行在城中出現了。中國人不明白，這幢名叫華俄道勝銀行的建築中何以能藏匿下如此巨額的財富，但那些印着沙皇頭像的錢幣，還是漸漸為中國人所接受，成為日常流通的主要貨幣。

不久，人們又陸續發現了尼古拉教堂、鐵路中心醫院、消防隊、鐵路圖書館、郵局、巡迴法庭、學校、電影院和劇場，以及販賣各種古怪玩意兒的商店、堆滿化妝品的理髮店，琳琅滿目而又神秘，彷彿是從地底下冒出來的，又似乎是從天而降。

這片荒蕪封閉的村落被驟然拋進現代化的洪流之中。村落上空出現了教堂的穹頂和令中國農民們難以理解的十字架。伴隨着上帝的光輝一道君臨這座城市的，還有背着豎琴的流浪藝術家、終日在空曠的街道上仰望自己尚未完工的作品的建築師、依然保持着奢華生活的白俄貴族、搔首弄姿的下等妓女，以及在販賣各種古怪玩意兒的高鼻子商人們。他們從四面八方湧來，填滿了這座年輕的城市。

一九〇三年，當汽笛聲響徹這片沉寂的土地時，結伴躲在遠處看熱鬧的中國鄉民驚恐而又興奮，火車噴出的濃煙氤氳出這座城市最初的繁華，隨着兩條鐵路相繼開通，大批俄國工人南下，俄國軍隊也以護路隊的名義不斷進入哈爾濱以及中東鐵路沿線，控制了這片中國政府鞭長莫及的土地，以致俄國人一度佔據了城中總人口的百分之六十以上。

對中國而言，哈爾濱偏僻而寒冷；對中國的鄰居們而言，它的位置卻像黃金比例一樣完美。它被俄國、蒙古、朝鮮半島和日本環繞着，各國移民和財富，追隨着鐵路線的延伸洶湧而至。

廉價的江河運輸曾是中國商業發展的主要媒介，江河催生過許多曇花一現的商業都會，不過，當鐵軌開始鋪滿中國時，圍繞江河而生的商業文明迅速隕落，鐵軌邊的城市迅速取代了那些逐水而居的傳統都會，成為新時代的寵兒。在帝國廣袤的內陸，城市間的新陳代謝已經不斷發生，而遙遠的哈爾濱，也很快就能感受到來自鐵路的神奇力量。

鐵路的開通，將哈爾濱變成一座點石成金的城市。第一次商機來自日俄戰爭，這場戰爭創造了當地人聞所未聞的財富神話。一家工廠可以輕而易舉地在一年中收回成本並獲利五十倍甚至一百倍，[10]在正常情況下需要數十年的發展和積累才能賺取的財富，在哈爾濱，只需要短短一兩年就足以實現。於是，各國移民踏着槍炮的節奏前赴後繼地奔赴哈爾濱，那些決定出關碰碰運氣的中國人也不甘示弱，各種髮色、面孔的人們迅速填滿城中的街道，各種商鋪、洋行、旅館、飯莊，像松花江上的巨浪般湧起，沿着原本荒涼蕭瑟的街道滾滾而來，熙攘的聲浪攪動着城市的寧靜。

這裡真的成為所有人的天堂。人們可以輕易地在這裡找到酒精或者鴉片，財富或者慾望。人們也不必擔心因此就會迷失了自己，因為可以隨時鑽進各種佛寺、道觀、清真寺，或者基督教、天主教、東正教、猶太教的教堂，在那裡懺悔自己的罪過，熱切地面向各自的神靈，許下真誠的願望。

哈爾濱崛起的速度是驚人的。除了疾速膨脹的城市規模，還有劇增的人口。僅僅十幾年間，哈爾濱的人口就從建城之初的八萬人翻了近四倍，三十三個國家的僑民在這裡定居，十九個國家在這裡設立了領事館或代表部，[11] 哈爾濱成為中國外僑最多、所佔人口比例最大的城市，即便上海，也難以望其項背。

另一個故鄉

猶太人的來臨，越發加速了哈爾濱的現代化。

維特奉行「親猶」的立場，他向尼古拉二世進言，為實現哈爾濱的「俄國化」，可以考慮將猶太人遷往這座新興的城市。[12] 許多僑居俄國、終日提心吊膽的猶太人因此得到了沙皇的承諾，如果他們願意遷徙到「滿洲天堂」，他們就能獲得宗教信仰的自由，以及毫無限制的商業權利和自主開展教育的權利。[13] 這個承諾讓猶太人左右為難，他們又一次要被迫背井離鄉，他們不知道，自己是否會再一次遭受政治的愚弄，沙皇會不會再度出爾反爾，他們同樣不知道，那個被許諾的東方天堂會不會像西伯利亞一樣貧瘠苦寒。但他們其實又別無選擇，他們太渴望自由，太需要一座安寧的城市來安放自己的信仰，進展未來的生活。前往哈爾濱，成為許多俄國猶太人的選擇。

作為一個失去國家與土地的民族，遍佈全世界的猶太人一直依靠社區來建立關聯，相互扶持，千百年來的災難與遷徙，讓他們形成了這種獨特的生活方式，這也成為這個民族賴以生存的物質與精神紐帶。在客居異鄉的日子裡，猶太人創造了大量財富，卻缺乏政治權力，甚至時常會因反猶運動而家破人亡。社區對他們而言，就顯得尤為重要。這種社區意識，就像諾貝爾和平獎得主威塞爾（Elie Wiesel）描述的那樣：「一個猶太人永遠是由他的社團所圍繞，如果不是庇護的話，既在肉體上也在精神上。……孤身一人，那猶太個人幾個世紀前就本該消失了。但一個猶太人從不是孤身一人；猶太教是針對孤獨的藥方。」[14] 如果說猶太教是針對孤獨的藥方，那麼，哈爾濱無疑正是沖服下這粒藥方的一杯清泉，哈爾濱寬容友好的社會環境，很容易就接納了他們。「不同背景的猶太人很快就與社區融為一體，適應了新的環境……與流散到德國、波蘭及其他國家的猶太人不同，他們用了近百年時間才團結、凝聚在一起，而哈爾濱猶太社區幾乎是在一夜間就形成了。」[15]

猶太人在哈爾濱的社區，同樣以教堂為中心，配置以各級學校、慈善組織、醫院、圖書館、出版社以及墓地，構成這個移民社會的獨特景象。猶太式的民主也在哈爾濱生根發芽，哈爾濱的猶太人很早就創辦了猶太人協會，後來改名為哈爾濱猶太宗教公會，它成為溝通整個城市猶太人社區的紐帶。猶太公會每兩年選舉一次，產生由十一人組成的執行委員會，並協商產生主席、副主席、秘書長及司庫各一人。在這個社區中，亞倫·摩西·吉塞列夫（Rabbi Aaron Moshe Kiselev）和亞伯拉罕·考夫曼（Abraham Kaufman）醫生相繼擔當過精神領袖，通過他們的努力，哈爾濱的猶太社區形成了完整的社會體系並開始成為錫安主義運動的策源地之一。[16] 以色列前總理艾胡德·奧爾默特（Ehud Olmert）後來回憶：「我的父母從哈爾濱開始了他們那一代人的猶太復國之路。在哈爾濱誕生了錫安主義運動的夢想——建立以色列國，這為猶太民族提供一個共同的家園。」

作為猶太人東遷的必經之路，[17] 哈爾濱不僅是一個重要的中轉站，更成為許多猶太人心目中的故鄉。他們中的許多人都在這裡定居、成長。伊斯雷爾·愛潑斯坦（Israel Epstein）後來如是描述哈爾濱的生活：「中國人從來就沒有讓他們感受到反猶的暴力和痛苦。所以原來在哈爾濱生活過的猶太人，無論現在移居到以色列還是美國，俄國還是澳大利亞，無論他們到了地球上的哪一個角落，都自稱是哈爾濱人。」[18]

依靠社區組織，以及與中國人的相處方式，猶太人迅速在這座城市中找到了終生的認同感，安定的生活也使得他們可以心無旁騖地建造這座異國的城市，並很快在哈爾濱反客為主。

猶太人羅思坦（L. Iu. Rothstein）控制着華俄道勝銀行。哈爾濱第一借款公司和第二借款公司的創辦過程中，也活躍着猶太人的身影。他們還在哈爾濱開創了保險業，一九〇七年，金茲堡（Ginzburg）作為俄國保險公司人壽保險的代理人，出現在哈爾濱的街頭，在他擔任這份工作的八年間，他在遠東地區完成了超過十五億盧布的保單。此後，奧格列連包里斯基保險公司和挪威洋行也相繼創辦。[19] 一九〇八年，「哈爾濱交易委員會」成立，在第一屆理事會的委員和候補委員中，猶太人佔據了過半的席位。在哈爾濱的所有行業中，幾乎都能發現猶太人的名字，無論是煤礦、百貨商店、飯店、酒店，還是麵粉廠、製糖廠、糖果工廠、毛皮廠、麵包房、果汁工廠、印刷廠、藥廠等等。到一九一四年，猶太人在哈爾濱開辦的企業已達一百一十六家，在此之前，很少有人相信自己能在這片貧瘠的土地上收穫投機生意之外的財富，而猶太人的到來讓一切成為可能。

文明的交界

當旅行者抵達這座雪橇上的城市時，往往難以掩飾臉上驚愕的表情。哈爾濱迥異於中國的傳統城市北京或西安，它甚至和它的孿生姐妹們上海、天津、青島也不同。

在中國，幾乎很難再找到一座城市，擁有如此煩瑣的人口構成，如此多樣的宗教信仰。人們站在每一條街道上，都能眺望到教堂的尖頂；來自神的榮光，日夜灑在這座新興城市的上空。人們只知道，它的影子來自千里之外的莫斯科或者聖彼得堡，卻沒有人知道，它的無邊繁華，究竟只是一時的海市蜃樓，還是已經牢固地扎下根，可以從此自如地生長。

接踵而至的各國商人和移民們，頻繁地用自己國家最顯赫的國都來描述這座東方的城市，「東方的莫斯科」、「東方的巴黎」，在不同人的心目中，還有一個更加統一的名稱——東方天堂。

天堂，其實只是對居住在南崗一帶的西方人而言的。中國人住在道外，外國人居住的道裡區域的南崗，才是整個城市最繁華的地方。哈爾濱也就由此被分割為三個世界：「南崗是天堂，道裡是人間，道外是地獄。」20

對於道裡與道外，胡適有着更為直觀的解釋。

在北疆漫遊的胡適，意外地在哈爾濱發現了他尋求已久的東西方文明的交界點——道裡禁止人力車通行，道外則是人力車的天下。在胡適心目中，「把人作牛馬看待，無論如何，夠不上叫做精神文明。用人的智慧造作出機械來，減少人類的苦痛，便利人類的交通，增加人類的幸福——這種文明卻含有不少的理想主義，含有不少的精神文明的可能性」。21 象徵着「理想主義」與「精神文明」的道裡，與道外之間的距離，或者說，與現實中國之間的距離，顯然不僅是一道鐵軌。物質文明的發達程度、對生命與社會價值的不同判斷，都是兩個世界之間難以逾越的鴻溝。就在胡適從北京起程前往哈爾濱的時候，北京城內外也仍有四萬四千輛人力車，六萬名車夫，他們只能通過這種廉價的體力勞動來養活家人，因此其實有多達二十萬北京人需要依靠人力車維持生活。22 這就是人力車背後赤裸裸的現實。

從道外到道裡，從傳統中國到現代世界，要跨越這道分界線，去創造一個「理想主義」與「精神文明」的世界，中國要走的路還很長，哈爾濱也是如此。

不必建造

許多年後，哈爾濱人會意識到，道裡和道外，終究難以交匯，甚至漸行漸遠。

一九〇二年，俄國軍隊攝影師考布切夫在哈爾濱開創了以自己的名字命名的電影戲園，它的出現，與世界最早的電影院——美國洛杉磯的電氣影院，幾乎是同步的。[23] 此後，不到十年間，這座不足七萬人的城市，竟然已經擁有兩座劇場，四座電影院，還有四個俱樂部也兼放電影。

看電影迅速成為這座城市日常生活中不可或缺的一部分，《遠東報》開始頻繁地報導電影院在城市中的興起以及對城市生活的改變，「戲片頗新奇可觀，故坐客常見擁擠」，[24]「公園歇後，中國大街之電影園聚興。每當夕陽西下時，一般士女入內遊觀者絡繹不絕」。[25]

儘管哈爾濱人蜂擁着鑽進電影院，但他們對於潛藏在銀屏裡的那個西方的世界，似乎並沒有太多興趣，對於電影中的傳奇生活，他們既不艷羨，也不嚮往。已經很難有什麼真的能撩撥起哈爾濱人的好奇心。因為每天都有洋人穿梭在身邊，每天都有新式風格的建築拔地而起，隨着城中的萬國建築一起沿着街道奔湧而來。現實生活其實比電影還要精彩。

與中國的很多城市不同，哈爾濱人反而很早就對國產電影抱有更大的熱忱：「一般居民對於影戲的娛樂，都具有一種愛看的熱忱。而尤其是對於國產影戲，那更是格外的歡迎。每一套新片到哈時，一定有滿座的觀眾光臨，縱然影院的設備並不周到——如座位不舒服，招待不誠懇，以及光線不清晰等。但觀眾的熱度並不減低，這實在不能說不是國產影片在哈埠的幸運！」[26] 國產電影院也借光分了一杯羹，一九一五年，王佩萱開創了以自己的名字命名的國產電影院，從此，中國人也加入到哈爾濱的電影狂歡中。哈爾濱人對國產電影和國產電影院的熱忱，與愛國精神或者民族主義情緒似乎關聯並不大，他們的熱忱往往源於他們對祖國的好奇。因為整個中國都是它的南方——遙遠而陌生的南方。

哈爾濱人就這樣生活在銀幕上別人的世界裡，與那些虛擬人物患難與共。吊詭的是，這座由電影夢想氤氳起來的魔都，擁有深厚的電影放映市場，卻沒能像上海那樣形成電影產業，延續啟蒙的先聲。在這座由外國人締造的城市中，中國人似乎更喜歡分享，而不是建造，更願意觀看，而不是生產。

哈爾濱人對待電影的態度，與他們建造城市的態度，保持着驚人的一致。他們從一開始就像看電影一樣看着一座城市奇蹟般拔地而起，看着荒原上迅速塞滿人群和各種舶來品。這座城市沒有經歷殘酷的轉變、抉擇的劇痛，就直接在現代化的院落中登堂入室了。人們來不及繼續好奇，更來不及靜心反思，就被迅速捲入新的歷史場景，對這些從天而降的生活方式習以為常。他們此前對城市沒有概念，此後則誤以為自己已經深深地理解了城市的真意。一座從鄉村的樊籠中脫韁而出的城市，在快速城市化和現代化之後，沒有經過下一步的淘洗，沒有培養出繼續建造的人才，只能聽憑自己在現代意象搭建起的迷宮裡走投無路，茫然終老。

一九〇二年，奧地利詩人里爾克（Rainer Maria Rilke）在《秋日》（*Autumn Day*）裡寫道：「誰此時沒有房子，就不必建造；誰此時孤獨，就永遠孤獨。」里爾克在巴黎的蕭蕭落葉中把這首詩寫給自己。他寫下這首詩的時刻，也正是哈爾濱如火如荼地建設、躊躇滿志地崛起的時刻。這首在一九〇二年誕生的詩，描述的未嘗不是襁褓中的哈爾濱那尷尬的未來。

天堂的塵埃

哈爾濱並非沒有蛻變的機會。

徐世昌任東三省總督時，曾力行新政，鼓勵創辦實業，引進新式機器，以國貨佔領市場，與日俄進行商業上的競爭。他在《東三省政略》中總結，僅光緒三十四年（一九〇八年）這一年間，「江省著名瘠區，亦歲入九十餘萬」。儘管黑龍江偏遠貧瘠，其經濟仍然遠遠落後於奉天和吉林，甚至只有前者的八分之一，但是畢竟已有很大起色。[27]可惜，徐世昌的苦心經營，終究戛然而止，朝廷的內耗扼殺了黑龍江剛剛萌動的希望，「楊翠喜案」導致剛剛被任命的黑龍江巡撫段芝貴被罷免，此後，少壯派的滿族貴胄們對徐世昌更是頗多留難，根據光緒三十三年（一九〇七年）八月初七的《盛京時報》報導：「徐菊帥出京時，頗懷大志，以安撫東三省為任，及至省後諸事棘手，人才、經費皆難如願，屢有人參劾，遂萌退志，日前電辭。袁軍機等慰以勉力從公，勿負責任。」舉步維艱的東北新政，隨着一九〇九年徐世昌被調回北京而漸次偃旗息鼓。

在東北凋敝的城市群中，徐世昌只來得及締造一座奉天。哈爾濱終究與這次機會失之交臂。

八年後，中國軍隊沿着中東鐵路狂飆推進，陸續收回鐵路沿線各大城市。幾年後，他們又乘勝掃蕩了俄國軍隊，光復哈爾濱。然而，軍人們似乎忙於賞玩這件精美絕倫的戰利品，一直缺乏建造城市的欲求與努力。張作霖把這座被譽為「東方莫斯科」的城市瓜分為四份，開始了混亂無序的統治。城市的發展失去節奏，毫無章法，留在哈爾濱的外國人也漸漸失去方向。此後，接踵而至的災難、饑荒、日本侵華戰爭，最終將這座曾經風華絕代的明星城市打回原形。它擁有各種宗教信仰，被各種神靈庇佑着，卻在亂世之中，喪失了最後的防衛。

直到猶太人和俄羅斯人都相繼離開，哈爾濱人才開始仔細回味他們留下的這座美輪美奐的空城真正的含義。

這些來自世界各地的移民們幾乎從未親口向哈爾濱人描述過應當怎樣營建城市，怎樣組織社區。他們只是親手將這些西方的場景與生活方式移植到哈爾濱，就像展開一幅手繪的風情畫長卷，隨即又沉默着闔上。短短幾十年間，現代化就像一道極光，亮徹了這座極北邊城的永夜。如果沒有這些所謂的侵略者的介入，地處邊陲苦寒之地的哈爾濱人，或許仍需延遲數十年甚至更久，才能感受到來自現代化的溫度。

這次相遇是哈爾濱的幸運，亦是最大的不幸。現代化的極光喚醒了這座身處暗夜中的城市，它得以從鄉村的地縫裡徑直萌芽出來。但是，它的士紳階層十分脆弱，並沒有獲得成長的空間與時間。失去了政府的有效規劃，又失去了來自士紳階層的庇護，沒有人能繼續承擔城市下一輪建造的使命。從此，年輕人只能夜夜在電影院和妓院裡流連，消磨着自己的青春和銳氣。他們生活着的城市，曾是一塊璞玉，現在卻變成一塊磨盤，它可以輕易地磨平人們的進取心，將幾代人無情地碾為粉塵。

結局則是當初的建造者們無法想像的。

一九六六年，在「抬頭望見北斗星」的聲浪中，一群紅衛兵拖倒了尼古拉教堂的穹頂，他們把一堆經書堆在草叢中點燃，翻捲的旗幟與火光一道，映紅了他們興奮的臉。圍觀的人群在遠處默默張望，哈爾濱作家阿成身邊站着一個穿着中式服裝的俄國老人，眼中噙滿淚水，28 他是在那時仍堅持留在哈爾濱的為數極少的外國人之一，當他的祖輩在半個多世紀前遷徙到這座城市的時候，末代沙皇尼古拉二世曾經向他們許諾，在哈爾濱，他們將擁有完全的信仰和自由。半個世紀後，他卻只能沉默着與記憶對視，看着那片被許諾的天堂瞬間倒塌，化作塵土。

註釋

1.《光緒朝中日交涉史料》，卷三十八。

2. 苑書義：《李鴻章傳》，人民出版社，一九九一年，第三三三頁。

3.《德國外交文件有關中國交涉史料選擇》第一卷，第二十九頁。

4.【俄】《紅檔》雜誌，一九三二年第五十二期，第九十二—九十五頁，轉引自劉爽著：《哈爾濱猶太僑民史》，方志出版社，二〇〇七年，第十八頁。

5.、7. 沈雲龍主編：《近代中國史料叢刊》續編第七十輯七百，竇宗一著：《李鴻章年（日）譜》，第五一〇五—五一〇六頁。

6. 李鴻章著：《寄譯署》，《李鴻章全集》三，電稿三，第六四五頁。

8. 根據劉爽著：《哈爾濱猶太僑民史》，方志出版社，二〇〇七年，第三十—三十一頁。

9. 相關信息根據阿成著：《遠東背影——哈爾濱公館》，百花文藝出版社，二〇〇六年，第一—四頁。

10. 石方、劉爽、高凌著：《哈爾濱俄僑史》，黑龍江人民出版社，二〇〇三年，第四十二頁。

11. 根據《哈爾濱城市發展與規劃研究》，第四頁。

12.【美】安德魯·馬洛澤莫夫著：《俄國的遠東政策（1881—1904）》，商務印書館，一九七七年，第五十七頁。

13. 馬文·托克耶、瑪麗·斯沃茨著，龔方震、張樂天、盧海生譯：《河豚魚計劃：第二次世界大戰期間日本人與猶太人的秘密交往史》，上海三聯書店，一九九二年，第三十五頁。

14.【美】威塞爾著：《一個猶太人在今天》，作家出版社，一九九八年，第二一〇—二一一頁。

15.【以色列】西奧多（特迪）·考夫曼著：《我心中的哈爾濱猶太人》，黑龍江人民出版社，二〇〇七年，第三頁。

16、17. 根據張鐵江著：《揭開哈爾濱猶太人歷史之謎——哈爾濱猶太人社區考察研究》，二〇〇五年，第十四、十五、十三頁。

18. 伊斯雷爾·愛潑斯坦著：《猶太人在哈爾濱·序言》，載曲偉、李述笑著：《猶太人在哈爾濱》，社會科學文獻出版社，二〇〇三年。

19. 根據張鐵江著：《揭開哈爾濱猶太人歷史之謎——哈爾濱猶太人社區考察研究》，二〇〇五年，第三十四—四十一頁。

20. 據于亞濱、杜立杜主編：《哈爾濱城市發展與規劃研究》，二〇〇六年，第三—四頁。

21. 胡適著：《漫遊的感想》。

22. 李景漢著：《北京人力車夫現狀的調查》（一九二五年刊），李文海、夏明芳、黃興濤主編：《民國時期社會調查叢編》「城市（勞工）生活卷」，第一一五三—一一五六頁。

23.《哈爾濱電影志》，第一〇六頁。

24.《新影戲園之生意》，《遠東報》一九一一年五月三日，引自《哈爾濱史志叢刊》增刊，一九八三年第五輯，第六頁。

25.《電影園之發達》，《遠東報》一九一一年十月十七日，引自《哈爾濱史志叢刊》增刊，一九八三年第五輯，第六頁。

26. 映斗著：《談哈爾濱的影戲事業》，《中國無聲電影》，第一八九頁。

27. 徐世昌等著：《東三省政略》卷七，財政，吉林文史出版社，一九八九年，第一〇八七頁。

28. 根據阿成著：《遠東背影——哈爾濱老公館》，百花文藝出版社，二〇〇六年，第一〇五頁。

第三章

風暴之眼

寒暑更迭，秋風又在洹水之上捲起微漪，大片的落葉順流而下，化為蕭瑟暮山。

袁世凱每次放下釣竿，都不知道自己明天是否還能再次拿起它。他並非還在恐懼自己的生死，他只是像所有人一樣不確定，像自己這樣的一條不安分的蛟龍，還要在故鄉的河塘裡困守多久，才有放歸滄海的一天。

自從以養病為理由被遣回河南老家，袁世凱就披起斗笠，舉着魚竿，並請人拍下照片，刊登在《東方雜誌》上。照片在京城迅速流傳，先帝光緒的親弟弟、攝政王載灃明白袁世凱的意思，他想要昭告天下，自己將從此隱居，不再復出，其實也是希望朝廷不要對自己趕盡殺絕。

人們很難理解，精於權謀的袁世凱究竟是故弄玄虛還是去意已決。不過，袁世凱似乎真的很難東山再起。載灃正值壯年，幼帝溥儀也會漸漸長大，戊戌年的「叛徒」袁世凱，看起來已經失去機會。因此，當袁世凱把自己寫的詩歌從早年意氣風發的「大澤龍方蟄，中原鹿正肥」，改成「回頭多少中原事，老子掀髯一笑休」時，幾乎所有人都能感受到他的坦誠與無奈。

然而，閒居的兩年半，門前賓客依舊絡繹不絕，新朋故友談時政，問前途，老部下們依然把持着軍權、朝政，甚至連許多年輕的革命黨都對袁世凱產生了好感，「時留東學生之歸國者，必繞道謁袁……其私邸中談宴遊觀，無不座客常滿」。1 誰能相信，這個被認為是中國最強力的領袖，真的就不會捲土重來呢？

在真正的激流來臨之前，往往暗湧頻仍。沒有人知道，時代正在沉默着更生。

武昌起義爆發時，《泰晤士報》（*The Times*）駐中國首席記者莫理循（George Ernest Morrison）發回倫敦的報導，被編輯改了兩個字。編輯堅持要把「革命」改為「起義」，因為謎底尚未揭曉。畢竟，半年前的「黃花崗起義」就以失敗告終，革命黨匆匆留下七十多具屍體，黃興也再度流亡海外。儘管人們已經對帝國普遍失望，但這種表面上的穩定與繁榮，看起來又似乎牢不可破。誰能相信，武昌起義竟能一蹴而就。

武昌起義的消息傳來，袁世凱正在家中祝壽。賓客們以為那不過是又一場轉瞬即逝的騷亂，袁世凱卻嗅到了不祥的氣息。不是血腥味，而是海的味道。

袁世凱很快在眾人的呼聲中被再度起用，儘管攝政王載灃對袁世凱依然心存芥蒂，並且自認為皇族練的兵也並非不堪大用，但是天下已經大亂。

何況，載灃早已筋疲力盡。攝政王的身份，依然讓他無所適從。他十八歲時以皇弟身份出使德國賠罪，在德皇面前不卑不亢的經歷，曾讓人們對他產生過誤解，以為他尚有力挽狂瀾之力。可是，在他的兒子溥傑的記憶中，載灃只是一個在夏天的夜裡帶着孩子們觀測星座、在日食出現時將熏黑的玻璃鏡片分發給孩子們的父親。2 他缺乏行事的手段與霸氣，在角色轉換之後，他竭盡所能，卻無濟於事。他異乎尋常的勤勉，每天都要臨朝聽政，頻繁召見大臣，像雍正皇帝那樣不厭其煩地親自審閱奏章，親筆答覆，希望臣子能夠感受到他的苦心。為了提高行政效率，他甚至要求，凡是與憲政相關的奏摺，必須重點研究，五天之內務必給予答覆。3 為了維持統治的穩定，他一廂情願地清除了袁世凱和慶親王的勢力，將自己的滿族兄弟們安置到各個重要的位置上，他相信這些年輕人可以改變帝國腐敗遲鈍的面貌。問題在於，這個越來越崇尚強力、激進的國家，已經無法接受一個守成的君主，載灃的性格悲劇註定了國家的敗局，這個更喜歡觀測星空的王公，終究未能預判出國家運行的軌跡。

在武昌爆發的小小起義，引發了多米諾骨牌效應。十月三十日，攝政王下「罪己詔」，次日，皇族內閣辭職，袁世凱被任命為內閣總理大臣。帝國希望用這最後的賭注來換取王室的一線生機。而在京城之外，局勢傾覆的速度更加驚人，十四省宣佈獨立，「革命」的定位似乎已不容置疑。人們只是在繼續猜測，這場革命之後，中國究竟要學美國，成為聯邦國家；還是學習英國，建立君主立憲。

依然沒有答案。就像人們在兩年前也猜不出，袁世凱在洹水垂釣，學的究竟是姜太公，還是嚴子陵。

孫中山說：「政治裡面有兩個潮流，一個是自由底潮流，一個是秩序底潮流。」對於這場意外成功的革命而言，自由固然有餘，秩序卻未曾建立。

當君主立憲之路被迅速否定之後，秩序的模板只剩下唯一的參照，此刻的中國，也儼然有了一百多年前美國開國時的氣象——有十四省聯省自治，有後來的國民黨和進步黨兩黨競爭，最重要的，還有「中國的華盛頓」袁世凱。

許多年後，屢敗屢戰的中國人會意識到，他們需要的不僅是華盛頓，他們更需要富蘭克林和傑斐遜，需要那樣一群能為國家定出新的規則、並能堅定不移地執行下去的無私的知識精英。可惜，無論是梁啟超還是楊度，最終都沒能成為中國的富蘭克林。

民國開元，如果以亨廷頓（Samuel Phillips Huntington）的標準判斷，顯然無法與成功掛鈎——「衡量一場革命成功到什麼程度，則應看其所產生的制度的權威性和穩定性」。[4] 這個政權不僅缺乏權威性和穩定性，甚至連創造力都不足，就像張朋園先生所評判的那樣，「這是一個新紀元的開始，同時也是舊傳統的延續」。[5] 兩個時代之間並沒有決裂，而是曲折的延續，像水蝗那樣自我分娩。無論長沙此起彼伏的革命潮流如何風雲激盪，無論上海的出版業如何宣揚自由並試圖塑造新國民，無論北京怎樣努力與現代文明接軌，通過公園來開啟城市化的先聲……舊傳統將依然頑固地盤踞在人們心中，成為一塊血紅的胎記。

這塊胎記，是民國的行政專家、士紳和軍人們將要共同面對的最大挑戰。

註釋

1. 郭劍林主編：《北洋政府簡史》，天津古籍出版社，二〇〇〇年，第六十四頁。
2. 「夏天夜晚，他給孩子們指認天上的星座。每逢日食出現，他和孩子們隔着熏黑的玻璃片觀察太陽，並把日食、月食經過的情況記入日記，附上工筆繪畫的圖形。」（溥傑：《父親醇親王載灃》）。
3. 李剛著：《大清帝國最後十年：清末新政始末》，當代中國出版社，二〇〇八年，第一七九頁。
4. 【美】亨廷頓著：《變化社會中的政治秩序》，三聯書店，一九八九年，第二四三頁。
5. 張朋園著：《梁啟超與民國政治》，吉林出版集團有限責任公司，二〇〇七年，第一頁。

長沙

歲在庚戌

國士

十二年來，書生們前仆後繼的喋血犧牲，遙遠得已像前朝的傳奇。戊戌年的故事，還是不時有人講起，只不過，生活在庚戌年的長沙人聽來，它們似乎不是發生在長沙，倒像在倫敦或者巴黎。

一八九八年，三十三歲的譚嗣同橫屍京城菜市口，留下那段膾炙人口的遺言：「各國變法，無不從流血而成，今日中國未聞有因變法而流血者，此國之所以不昌也。有之，請自嗣同始。」在北京，百日維新旋即結束；在長沙，譚嗣同曾極力推進的湖南新政也戛然而止。

兩年後，譚嗣同的摯友唐才常也試圖「冒死發難，推行大改革」，在長沙組織自立軍起義，事敗被殺，同樣三十三歲。年輕人頻繁的流血犧牲，並不能喚醒一個依然沉迷於鴉片中的國家，民眾不能以天下為己任，令清醒者痛心疾首。

唐才常被殺前一個月，湖南新政的領袖、被罷官的巡撫陳寶箴已在家中被慈禧太后賜死，他的喉骨被剜下，作為呈報太后的信物。其子陳三立痛不欲生，這位曾與譚嗣同並稱「維新四公子」的改革派先鋒，已然心灰意冷，他在詩中表明心跡：「憑欄一片風雲氣，來作神州袖手人。」這句詩代表了那一代人普遍的心態。哀莫大於心死。希望轉瞬降臨，又驟然破滅。故事尚在起興之際就戛然煞筆。風雲詭譎，原來只是書生們一廂情願，原來只是一時的錯覺。

仍有人不肯善罷甘休。一九〇二年，曾與譚嗣同、唐才常一道出任時務學堂教習的楊毓麟，在日本寫下《新湖南》，面對混亂的時局，他近乎天真地規劃着長沙，「建天心閣，為獨立之廳，闢湖南巡撫衙門，為獨立之政府；開獨立之議政院，選獨立國會員，制定獨立之憲法，組織獨立之機關，擴張獨立之主權，規劃獨立之地方自治制」。事實上，「新湖南」只是人們試圖在湖南操作的又一個實驗，其真正目的是「公共之中國中，必使各分省自任一部之位置，各分省發見其獨體之親和力，使進一步求得中國的獨立」。

一九〇四年，更年輕的一批人開始主導長沙的走向。三十歲出頭的黃興糾集宋教仁、章士釗、陳天華等人，在長沙成立「華興會」，明確提出「驅除韃虜，恢復中華」。他們籌劃預先在長沙皇殿埋下炸藥，在慈禧太后七十壽辰當天，炸死參加遙拜儀式的湖南官員，趁亂發動起義，光復長沙。同時，以長沙為中心，聯絡湖北、四川、上海各方力量，以期屆時四方響應，製造聲勢，使清廷首尾不及應付。這個頗具想像力的血腥計劃未能實現，在鄰近實施前兩個月敗露，朝廷下達追緝令，眾人紛紛逃離長沙，在日本，「華興會」成員們見到孫中山，構成了日後「同盟會」的骨幹。

一九〇五年底，三十歲的陳天華在日本大森海灣蹈海自盡。他沒能在長沙起義中馬革裹屍，卻將自己遺棄在異國冰冷的空氣中。陳天華為抗議日本政府驅逐中、韓留學生而死，留下一首絕命辭，號召沉睡中的國民「去絕非行，共講愛國」。四個月後，同樣出身「華興會」、「同盟會」的姚洪業在上海黃浦江自盡，也期以一死喚醒民眾。一九〇六年五月，陳天華和姚洪業歸葬嶽麓山。長沙各界在禹之謨的倡導下，不顧官方反對，舉行萬人公葬。各校師生雲集，「適值夏日，學生皆着白色制服，自長沙城中望之，全山為之縞素」。然而，緬懷只是殺戮的前兆。三個月後，禹之謨就被捕，遭受數月酷刑後被絞殺。被捕前，他說了和譚嗣同就義前相似的話：「吾輩為國家、為社會死，義也。各國改革，孰不流血？吾當為前驅。」年底，劉道一奔走於長沙、岳陽之間，試圖策反新軍，呼應萍、瀏、醴起義，被誅殺於長沙瀏陽門外，成為「同盟會」第一位烈士。孫中山用書生們的方式紀念了這個書生，他寫了一首輓詩：「半壁東南三楚雄，劉郎死去霸圖空。尚餘遺業艱難甚，誰與斯人慷慨同！塞上秋風悲戰馬，神州落日泣哀鴻。幾時痛飲黃龍酒，横攬江流一奠公。」

沒有人能對這些犧牲無動於衷，儘管，頻繁地從峰頂跌到谷底的中國人，已經習慣了這個時代的悲喜劇。一些改變總在悄然發生，如同天空中流雲的位移，儘管沒有聲響，卻足以在人們心中烙下投影。

逆流

對年輕時的莽撞，幸存者並非沒有反思。戊戌年間，因為一場突如其來的大病，熊希齡未及奉詔進京，就收到了「六君子」喋血的消息。熊希齡幸免於難，被「革職，永不敘用」，這紙荒唐的詔令，也不啻一張生死狀，徹底截斷了他讀書出仕的理想。對「六君子」的罹難，熊希齡更加無從紓解，他總是念叨着「向非一病，當與六君子同命成七賢矣」。然而，十餘年的光陰流駛，足以磨平所有的悲憤。熊希齡已經步入中年，開始投身全新的生活，專注實業。回顧當年，熊希齡認為：「當時主筆多熱心愛國之流，憤時過激，立論過激，鄙人勸之不從，阻之不得，遂亦流於洶湧之旋，而為舊黨所藉口。戊戌之後，一切新政蕩然無存，子弟無所學，父兄引為戒，使我湖南阻礙進步者，迄五六年。以致今日，官吏尚疑於士氣之囂張，不肯為積極之提倡。欲速不達，求通反塞，此皆鄙人之罪也。」[1]

官紳之間的微妙關係，始終困擾着長沙。早在湖南新政初期，皮錫瑞應邀入南學會講學時，他就有過這樣的擔心：「中國君主國，紳權太重，必致官與紳爭權。」[2] 在士紳傳統根深蒂固的湖南，這種潛在的危機尤其嚴重，何況，湖南士紳階層本身的組成就極為複雜，有追隨曾國藩的湘軍建立軍功的士紳，有退隱的朝廷大員，還有大量掛着功名的人，以及本地的望族。官與紳相互依存又相互制衡。湖南巡撫陳寶箴以官方的權力提攜後進，推動維新，威脅到老一代士紳的利益，勢必遭到反撲。而新與士紳的權力一旦過強，又勢必引起官方警惕。矛盾如此錯綜複雜，維新派的書生們卻天真地不以為然，新政進展得越深入，矛盾則越激化。長沙的亂局，只是整個帝國政局的縮影。

所以，維新與改革，無論在長沙，還是在帝國，歸根到底與普遍的民主無關，而是新與士紳向政權、向老一代士紳要求更大的權力。譚嗣同、唐才常、熊希齡創辦南學會，借學會之名，行議會之實，其目的是培養精英的民主和戰鬥意識，通過精英帶動精英，進而再影響廣大的民眾。幾年後，黃興、宋教仁創辦華興會，同樣試圖由精英來引導政局。一九〇九年，譚延闓主導的湖南諮議局，以民眾利益為名，進行過多次令全國側目的民主抗爭，這些抗爭固然有其不容抹殺的積極意義，然而，與其說是為民請命，毋寧說是新與士紳要求政權承認其合法性，即他們已經成為政權不可或缺的一部分。

長沙的民主之路，在士紳與政權的雙簧之間進展，有人為此付出生命，有人因此坐享其成。

叩響鐵門之城

長沙城的新格局，大多是在戊戌年間形成的。在此之前，這裡一度被傳教士海思波（Marshall Broomhall）比作《聖經．創世記》裡的「鐵門之城」以東（Edom）。耶穌會的事業在湖南遭遇了前所未有的困境，剛剛豎立起來的十字架很快就會被憤怒的群眾推倒，教堂付之一炬。傳教士們不能理解何以湖南的信仰會如此滴水不漏，而即便是中國的新派人物，對湖南也存在同樣的困惑。這片地域聚集着中國最保守的勢力，牢不可摧。

台灣學者張朋園描述那時的長沙說：「自鴉片戰爭至英法聯軍之役，中國所發生的『三千年變局』，湖南人是無動於衷的。湖南人的守舊態度，有似一口古井，外在的激盪，沒有引起些許的漣漪。所以當自強運動在沿海地區進展的時候，湖南人仍在酣睡之中。三十餘年的自強運動（一八六〇——一八九四），於湖南人幾乎完全是陌生的。」[3]

甚至任何與西方有關聯的人，都可能招致長沙人的怒火。在《倫敦巴黎日記》中，清朝首任駐英使臣郭嵩燾就無奈地描述過自己衣錦還鄉時遭遇的尷尬。滿城貼滿了咒罵他勾結洋人的標語，長沙的官紳不許他坐輪船進入湘江，甚至敢於對這位從京城回來的朝廷大員「傲不為禮」。

一八九五年，甲午戰敗，舉國悲憤，當各省仍迷失在《馬關條約》的悲憤之中，新任湖南巡撫陳寶箴已經開始了大刀闊斧的改革。他痛下決心，整頓湖南吏治，剛一上任，就查辦了治下二十餘名官吏，以正視聽。隨即，他聯合當地士紳，發展實業，銳意革新，開發這塊內陸的省份。

長沙一時人才濟濟。陳寶箴之子陳三立放棄吏部主事之職，回長沙輔佐新政。回國不久的黃遵憲也趕到長沙，出任湖南按察使。本地的老一輩士紳更紛紛表態，支持興辦洋務，嶽麓書院山長王先謙身先士卒，不僅領銜奏請創辦和豐火柴公司、寶善成機器公司，興辦湖南礦務局，創辦湘輪，與辦時務學堂等多個實業和教育項目，還親自改革嶽麓書院課程，增加算學、譯書。陳寶箴隨即頻繁地向湖南籍的青年才俊發出邀請，譚嗣同、唐才常、熊希齡紛紛應邀襄助。最轟動的一次挖人事件發生在一八九七年，《時務報》兩大主筆梁啟超和李維格被譚嗣同、熊希齡軟磨硬泡，從上海請到長沙，出任時務學堂中、西文總教習。熊希齡在給《時務報》總經理汪康年的信中表明了長沙全力一搏的態度：「齡等非敢攘奪，實以湘中風氣初開，各省皆無與比……弟等久知延請卓如將為天下之所側目，然欲辦成此志此局，又非大有氣魄之人不足以舉重也。」[4]

這次從長沙發源的改革潮流，似乎佔盡天時地利人和。短短幾年間，長沙便擁有了時務學堂，名為學會、實則議會的南學會，不纏足會。《湘報》更開長沙報業先河，被稱為全國報業「巨擘」，言辭之激烈甚至遠勝《時務報》和《知新報》。鐵路的價值也被意識到，粵漢鐵路原本取道江西，在官紳的一再努力下，鐵軌最終鋪向湖南。長沙還設立了保衛局，建立了中國最早的警察制度，實現地方自治，黃遵憲親自制訂《湖南保衛局章程》，「分官權於民，培養紳民的自治能力」。[5] 湖南的實業也在此時發展起來，新長沙的格局開始成形，從一座封閉的內陸城垣，演化為具備現代特徵的新城。

長沙轉變之快令全國措手不及。上海的《申報》還在撰文批評湖南「湘中向不與外人通，讀書積古之儒，幾至恥聞洋務。西人所謂守舊之黨，莫湘若也」。不久，天津的《國聞報》就驚喜地發現，湖南「素稱守舊，而近日丕變之急，冠於行省」。

這是一群被壓抑了太久的年輕人，尤其是譚嗣同。他自幼任俠，去甘肅探望父親時，他拒絕觀賞美女歌舞，「獨出馳生馬，走山谷中，遇西北風作。沙石擊面如中弩，而嗣同不顧，臂膺彎弓，從百十健兒，大呼馳疾，爭先逐猛獸。夜則支幕沙上，椎髻箕踞，掬黃羊血，雜血而噉，撥琵琶引吭歌秦腔，歡呼達旦」。二十一歲時，這個不知天高地厚的傢伙就在政論文《治言》中頗具預言性地將歷史斷為三代，所謂「天之三變也」。第一代是「道道之世。由是二千年，至於秦而一變」，第二代是「法道之世。由是二千年，至於今而一變」，現在則是「市道之世」。[6] 儘管如此，這個躊躇滿志的年輕人，整個青年時代卻一直被科舉壓抑，儘管對考試深惡痛絕，從二十歲到三十歲，他還是懾於父威，一直輾轉水陸，在湖南、甘肅、湖北之間往復奔波，疲於應考，甚至自嘲，十年間的科考之路，足以「繞地球一周」。[7]

湖南新政給了這些年輕人難得的機會，也給了他們致命的打擊。過於激進的主張使他們開始處處碰壁，連最初熱心實業的老一代鄉紳王先謙、葉德輝最終也勃然大怒，反戈一擊。民間開始流傳開一副對聯：「四足不停，到底有何能幹？一耳偏聽，曉得什麼東西？」上聯諷熊希齡，取「熊」字足下四點，下聯諷陳寶箴，取「陳」字「耳」旁。[8] 老士紳甚至聯名要驅逐梁啟超、唐才常和熊希齡。

不久，梁啟超以生病為由離開長沙，光緒帝又先後詔令譚嗣同、唐才常、熊希齡進京，長沙新政正在謀劃新一輪洗牌，在遙遠的京都，百日維新的悲劇已經發生。隨着「六君子」被殺，大批官員被迫害、革職，湖南新政旋即土崩瓦解。

儘管只在長沙待了半年，戊戌年的幸存者梁啟超還是對這座城市充滿了異樣的情感。許多年後，梁啟超重回時務學堂故地，當年與他一道並肩作戰的年輕人已經一個個為了理想殉難，梁啟超在早逝的學生蔡鍔住過的宿舍前徘徊良久，泣不成聲。「予在時務學堂雖僅半年，所得高材生甚多，自我亡命赴日，一班四十人有十一人隨我俱去，後唐先生才常在漢口實行革命，十一人中死難八人！」

僅僅數年間，長沙就從銳意變革的中心變成漫山遍野的墳塋。

夜與晝

一九一〇年，長沙仍在沉默中悄然變化，與接踵而至的政治遊戲相比，新的希望在萌生，畢竟，誰也沒有權利因為絕望而放棄明天。

這一年，釉下五彩瓷器在「武漢勸業獎進會」和江寧（南京）「南洋勸業會」上接連奪金，湘瓷開始贏得全國聲譽。不久以後，它還將迎來新的捷報，斬獲義大利都朗博覽會和美國舊金山萬國博覽會的金牌。這些成績正是熊希齡的功勞。他創辦湖南官立瓷業學堂和湖南瓷業公司，修造窯場，進行機械製瓷，釉下五彩瓷器正是窯場小試牛刀的產品。

十幾年前新政時期發展起來的實業，戊戌事敗之後，就被擱置多年，進展緩慢。一九〇四年長沙開埠，大量洋貨在城中傾銷，終於刺激了商紳的自強之心。在這座內陸城市裡，現代化開始湧動。長沙人對於洋人的敵對態度，終於發生了些許動搖，一九〇六年，耶魯大學雅禮協會與湖南省政府聯合創辦湘雅醫院，成為中國最早的西式醫院之一。一九〇九年，陳文璋、李達璋、饒祖榮重振電燈公司，奏請「外務部轉照各國政府，所有湘省電燈，概歸本省紳商自辦。外商不得仿設」，工人們夜以繼日地發電，在全城安裝電燈。一九一〇年，長沙全城已安裝好電話，湖南工業總會成立，形成了瓷業、鐵路、礦山、航運四大實業格局。與此同時，大批回鄉的士紳和留學生也開始興辦教育，一九一〇年之前，湖南境內已經有四十七所中學，位居全國第二。

再度出山的熊希齡卻並不知道，一九一〇年不是他的歸宿，他的人生還將遭遇更多變局，他最終沒能在實業家的道路上走到底，成為湖南的張謇。一年後的辛亥革命將再度把他推向政界，他將出任民國內閣總理，組織被寄予厚望的「第一流人才內閣」。而即便在這個位置上，他依然無從實現拯救國民的理想，他將在身退後全心投身慈善，為這個多災多難的國家尋找新的出路。一九一〇年之於熊希齡，只是一次再度起程，他將用他的才華粉飾長沙的迷夢。歷史又戲劇性地過渡到一個悲喜交集的年代，似乎有許多新的希望都在爭先露出端倪，又似乎有更多的絕望在黑夜裡暗自滋長。

革命的前夜

長沙城中並不太平，一九一〇年，天災逐着人禍。湖南省財政赤字高達六百多萬，境內更是水災不斷，官紳趁機囤積糧食，糧價飛漲。湖南巡撫岑春蓂不僅不採取舉措，開倉濟民，反而勾結外國洋行和奸商，將糧食運到外地牟取暴利。四月十一日，挑水工黃貴蓀用全部工錢還換不到一升大米，一家四口投河自盡。長沙城內群情激憤，民眾擁上街頭，放火燒糧，焚燒衙門和各國洋行、教堂。岑春蓂下令軍隊掃射，更加引起公憤。

短暫的騷亂並不能影響城市的大局，士紳家中依舊夜夜笙歌。一天夜裡，巡夜者抓住一個形跡可疑的人，身藏兵器，送到官府後，葉德輝寫信保釋，那人竟是他的家班的戲子。9

搶米風潮最終還是平息下去，士紳們成了替罪羊。王先謙、葉德輝等人被革去功名。民眾們紛紛回家，故事卻才剛剛開始。新成立的湖南諮議局針對搶米風潮，召開年會，要求政府籌集資金、安頓災民，同時彈劾了幾名貪贓枉法的基層官員。議長譚延闓致電軍機處，為王先謙、葉德輝等士紳鳴不平，同時要求懲辦罪魁禍首岑春蓂。這個不情之請激怒了軍機大臣，遭到批駁後，譚延闓再次上書抗爭。長沙與北京開始積累起矛盾。隨後，新任巡撫楊文鼎為化解財政危機，上報朝廷，發行了一百二十萬地方公債。由於這個提案沒有交給諮議局審核，諮議局馬上聯名質詢，當軍機大臣為楊文鼎辯護時，諮議局竟連軍機大臣都參劾了。湖南諮議局對北京的發難，似乎隱隱又讓人看到了十二年前那個曾被屠刀血洗的長沙。

幾個月後，清廷造出「皇族內閣」的鬧劇，各省諮議局進京，譚延闓被各省推舉為大會執行主席，兩上奏摺，要求朝廷重選內閣，遭到「上諭」嚴辭斥責之後，湖南省諮議局一怒之下，聯合各省，發出《宣告全國書》，直斥「預備立憲」「名為內閣，實則軍機；名為立憲，實則專制」。還在《通告各團體書》中對「上諭」逐條駁斥，史無前例。10

這些努力只是晚清政治鬧劇中的幾段插曲，真正將在未來主宰這個國家的力量尚未成形。經歷了戊戌變法、義和團和暴力革命的接連慘敗，英雄們不得不暫時偃旗息鼓。從維新到革命，兩條路似乎都已走到盡頭，過往十數年英雄輩出，卻沒有任何一個人能夠為這個凋敝的國家開出一方良藥。人們束手無策，卻又一個個都急不可待，摩拳擦掌，他們試圖用自己的方式想像中國，他們為此決不憚於聽信任何人的蠱惑，只要那蠱惑足夠有力，足夠耐人尋味，他們都願意為此付出自己年輕的生命和未來的生活。

一九一〇年，革命的前夜，卻沒有人能預感到革命的到來。遙遠的紫禁城中，帝王依然安穩度日，帝國腹背受敵，或許一朝傾覆，或許溥儀馬上就會淪為評書裡的漢獻帝，要看董卓、曹操、曹丕們的臉色度日。或許，不久又會有新帝登基，改朝換代，四分五裂的國家將重拾舊日的榮耀。然而，即便是最負盛名的占星家，也無從預測，兩千年帝制即將終結，所有的預言都將破產。

這是一個過於偏激亢奮的年代，又是一個看起來十分沉靜的年代。生活在大時代動盪中的人們，正如陷入龍捲風中間，外面地動山搖，內部卻最為平靜，只在一場夢與另一場的交替之間，已然身處異地，物是人非。

所以，一九一〇年的長沙，人潮很快也會散去，街市依然繁華，似乎沒有什麼能真正撼動這座城市，更無損於既有的制度。它曾蓄積起來的駭人能量，正在迅速地冷卻，回歸平靜。那些曾掀起滔天狂瀾的人們，要麼斷頭，要麼蟄伏，要麼離開，如同四散在荒野中的星火，轉瞬便可能被黑夜吞噬。蔡鍔遠在廣西，出任廣西講武堂監督、廣西混成協協統。黃興則在更遙遠的南洋檳榔嶼（馬來西亞），等待着與孫中山會晤，謀劃來年廣州黃花崗的起義，兩年前，他拒絕了慈禧太后以兩湖總督為籌碼的招安，也因此不得不繼續流亡的生涯。大廈將傾，棋局未定，沒有人知道，誰還能在這個凋敝的時代再度出手，力挽狂瀾。

只有學堂裡那些激進而又寂寂無名的年輕

教師們，還會偶爾向學生們講起過往十餘年的風雲往事。那時坐在台下聽講的，有十幾歲的匡互生、蕭子升、蔡和森和毛澤東。楊毓麟的「新湖南」的構想，深深地影響着這些天真的年輕人。毛澤東甚至一度提出了建立「湖南共和國」的主張。11

雲集於長沙的下一代人，將用怎樣的方式紀念戊戌年以來的流血故事？這關係着這座城市和這個國家未來的命運。

未來尚未發生

一九一〇年，更年輕的匡互生和毛澤東還在學堂裡攻讀古文。

這一年，十九歲的匡互生考入邵陽駐省寶慶中學堂，來到長沙。這個自幼體弱多病的孩子，已經通過多年的習武變得身強力壯，他偶爾會向同學們炫耀他驚人的膂力，他能徒手把彎曲的鐵門扣掰直。只不過現在，他的時代尚未到來。一年後，他將親歷長沙的辛亥革命，追隨老師攻打巡撫衙門，駐守長沙小西門。隨後，他將在課堂命題作文《時事感言》中怒斥新任湖南督軍湯薌銘，引起全校師生的共鳴，並因此導致老師李洞天被殺，校長被判入獄十年。九年後，他將攀上曹汝霖的宅院，火燒趙家樓，點起「五四」的第一把火。他還將在未來的日子裡，創辦立達學園，影響更多迷惘中的年輕人。

至於十七歲的毛澤東，還仍是一個舊式教育浸淫的學生。他還熱衷於讀「四書五經」，章回體小說，「信神拜佛」，「很相信孔夫子」，和那個時代所有的湖南學子一樣，對同鄉曾國藩敬佩得五體投地。這一年，他剛剛離開故鄉韶山，考入湘鄉東山高等小學。不過，這個備受歧視的鄉下孩子在入學考試中初試鋒芒便技驚四座，在這首七言古詩中，毛澤東以青蛙自喻：「獨坐池塘如虎踞，綠蔭樹下養精神。春來我不先開口，哪個蟲兒敢做聲？」校長李元甫讀罷驚呼，學校招來一位建國大才。

這只是李元甫一廂情願而已，沒有人相信這個年輕人究竟能在未來掀起多少波瀾。畢竟，在過去十餘年的亂世裡，已經有無數被預言為絕世雄才的書生，出師未捷身先死。這個年輕人又能承擔多少期望的負荷，這個狂躁的時代是否有耐心等待他「先開口」？他最終能影響湖南，還是影響中國？均未可知。

在學校裡，毛澤東才開始接觸西學。他讀到鄭觀應的《盛世危言》，讀康有為、梁啟超和嚴復，他們的觀點幾乎顛覆了毛澤東過去十幾年接受的一切教育。在興奮與彷徨之中，毛澤東百無聊賴地與蕭子升進行着對詩聯句的遊戲。他在這種如混凝土般封閉而又如岩漿般活躍的環境中，繼續消耗着自己過於旺盛的生命力。他仍然堅持每天跑到校園的井邊沖冷水澡，即便井沿上正結着冰。他時常還要約朋友們去隆冬的湘江游泳。他們還是頻繁地結伴做漫長的徒步旅行，淳樸的湖南農民會為他們提供乾糧和住宿，如在野外，他們則以天為被，以地為席，「大被同眠」。他還沒有征服世界的野心，他甚至還固守着那個天真的夢——約一二同道，到嶽麓山下開墾一塊地，半耕半讀，建立一個小小的理想國。這種又像桃花源又像巴黎公社的生活，就是毛澤東對於未來想像的極限。

他不知道，不久，蕭子升和他就將先後考入省立第一師範，投入楊昌濟門下，結識蔡和森，成「湘江三友」，還將共同創辦新民學會，籌備赴法國勤工儉學；更不知道，他們將因信仰的分歧而最終反目，許多年後，當他回憶起這個舊友時，竟會用一個路人般的按語——「有一個名喊蕭瑜的學生」。[12] 然後，幾乎他所有的朋友也終將逐一離他而去，如同譚嗣同、唐才常們逐一離開熊希齡一樣。只不過，在熊希齡的時代，這些志同道合的朋友們只有一條路可走，而在毛澤東的時代，他和他的朋友們已經有無數種主義可以信奉，無數條道路可以篩選，而生死也變得更加無常。這使得他們可以共患難，卻註定不能擁有共同的明天。然後，這個農民的兒子將離開長沙，獨自去到更廣闊的地方，更加遠離自己最初的夢想。他以為可以像小時候牽着高大的耕牛一樣，牽引着一個大時代走過中國的大地，最終卻終要被那時代拖拽推搡。那時代就像一窖過於濃厲的烈酒，遠遠超出他的意料，最後連他自己也被拖進去，充當了藥引子。

此時，未來尚未發生。一九一〇年的毛澤東只是那個時代無數迷惘的年輕人之一，他不知道自己的前方在哪裡，更不知道，在遙遠的未來，這個國家真的竟要按照他的理想來締造。他將比曾國藩和康有為更加著名，他的治國方略將比梁啟超和章太炎的理論更加深遠地影響這個幅員遼闊的國家。二十多年後，他甚至將不可一世地評點歷代名君，調侃他們「略輸文采」，「稍遜風騷」，「只識彎弓射大雕」。那些尚未發生的事情將把現在的他反襯得無比生動。

長沙的時鐘

一百年後，長沙已經找不到一九一〇年的痕跡。長沙的時鐘似乎徑直撥過慷慨悲歌的一八九八年，以及平靜中暗伏殺機的一九一〇年，緩緩地停留在一九二〇年以後的刻度上。

毛澤東的老師楊昌濟曾在《湖南人在中國之地位》中寫道：「湘省士風，雲興雷奮，咸同以還，人才輩出，為各省所難能，古來所未有。……自是以來，薪盡火傳，綿延不絕。近歲革新運動，湘人靡役不從，捨身殉國，前仆後繼，固由山國之人氣質剛勁，實非學風所播，志士朋興。夫支持國勢原不限一地之人，然人才所集，大勢所趨，亦未始無偏重之處。德國之普魯士實為中樞，日本之鹿兒島多生俊傑，中國有湘，略與之同。」[13] 然而，這座英雄輩出、顯赫一時的城市，還是變成了一個人的城市。長沙幸存的老建築不多。一九三八年，日軍南下，臨湘、岳陽失守，直逼長沙。國民政府奉行焦土抗戰，全城幾乎都毀於文夕大火。在這座被重建的城市裡，遍佈着重建的毛澤東的遺跡，夾雜在湘江兩岸鱗次櫛比的現代建築中。

在湖南第一師範學院裡，幾乎每條走廊上都能找到毛澤東，指示牌頻繁地提示着，向前是毛澤東的教室，在那裡你可以找到毛澤東的座位，毛澤東畫過的瓜果寫生。轉角處森嚴的鐵門，通往毛澤東的宿舍。轉彎是毛澤東曾演講和組織革命活動的大禮堂，它仍被搭成一九二〇年代的模樣。這片建築群在一九六八年仿照原貌重建，屋頂是中式的瓦，卻選用綠色，支撐它們的是西式的白色雕花立柱，立柱間的木窗卻又是中式的，只不過，窗戶上層的拱形結構和彩色花紋玻璃，又暗示着西洋的蹤跡。那時的長沙被驟然拋進現代社會，西潮湧入，而舊傳統根深蒂固，於是滋生出長沙奇特的風貌。

蔡和森的故居像一個裝置藝術，被安裝在一片靜謐的大理石花園裡，周邊包裹着一層層居民區。毛澤東和蕭子升、蔡和森們曾在這裡創辦新民學會，在這裡孕育着他和楊開慧刻骨銘心的初戀。不需要門票，但進門要掃描一下身份證，下雨的冬日更少人來，只有一對年輕的情侶，男人從背後環抱着姑娘，用湖南話逐字念着毛澤東寫給蔡和森的信，繁體字，需要仔細辨識，於是經常卡殼，姑娘則望着那些因過度放大而變模糊的黑白照片出神。

這只是長沙城中一個尋常的午後。在夜裡，長沙將徹底換一張面孔，如同它在歷史中的屢次驟變。密佈在路兩側的歌廳和酒吧，將硬生生撕開許多條馬路。各色夜燈將城市割裂為五光十色的碎片，各種風格、曲調的迪斯科音樂將攻陷整座城市，在這個超女橫行的城市裡，人們都將湧入室內，歌舞、狂歡、娛樂，極富創意地篡改周杰倫的歌謠：「我使用避孕套，哼哼哈嘿……」那時，將只有毛澤東獨自在橘子洲頭，眺望這座已然陌生的城市。

遙望

毛澤東在橘子洲頭，隔着雲霧，目光追逐着晝夜不息的流水。一個月前，這八千多塊巨石才剛剛落成。那天，他看見一群素未謀面的孩子，穿着民國時的衣服，來給他過一百一十六歲的生日。女生着藍褂黑裙，男生則一身白衣白帽，他們都在鼓掌，臉凍得通紅。那些男生剃着平頭，女生大多紮着辮子，只有他披散的長髮在風中凝固。

他又望向江面，遊輪散落在江中，都已停航，「KTV 茶座」的字樣暗示着這個冬日的清淨何其難能可貴。岸邊則停滿了漁船，早有十幾個人迫不及待地迎上去。漁民們把漁網從船裡拖出來，扔在沙灘上，探出手往裡面漫無目的地撈着，隨即變戲法似的，面前一字排開的紅色塑料盆裡便游出一尾尾魚。盆子雖是紅色，卻都紅得不一樣，魚也不一樣。同樣的一條江，卻會生出不同的魚來。就像雖然同飲過這一江水，他和他的朋友們終究還是要分道揚鑣，或者生死陌路。

岸邊釣魚的人群也在與他對視。魚線被一圈圈放長，魚漂不斷地甩出去，敲擊着水面，在江水中砸出深淺不一的坑，轉瞬又消失不見。這樣夜以繼日地望着同樣一江水，是否會太過單調？他和釣魚的人們有着同樣的疑惑。他太愛這條江，以至於八十一歲最後一次回長沙時，還執意要在這條江中游泳。他如此執意，或許只是以為，從橘子洲頭下水之後，他就能溯游回自己的青春。那天就像今天一樣寒冷，或許還要更冷些，也落着雨，他記不清了。總之，他終究沒能游成。

他又望見了那個每天都在岸邊的大理石上模仿他寫字的中年男人。那男人揮舞着大筆，蘸滿了小塑料桶裡的水，提起來，在桶沿上小心地抹着，梳理着筆尖的形狀，它逐漸彎曲、柔順，變得圓潤。每寫一個字之前，男人總要虔誠地先往手上呵一口氣，然後，毛筆就會在大理石上輕盈地遊走，如同太極的步法。「江山如此多嬌」，男人退後兩步，瞇着眼睛打量着地上的水漬，無論圍觀的人怎樣讚賞，男人總是喃喃地說，又不像。他有時都有些憐憫這個男人了。尤其當這個男人說，自己總是太過認真，於是總是因此而忘了下一句詞。

他這樣遙望着這座城市，也被這座城市遙望着。他還記得一九一〇年，他還只是一個少年，那時的長沙，是個何其巨大而又新奇的世界。

註釋

1. 轉引自許順富著：《湖南紳士與晚清政治變遷》，湖南人民出版社，二〇〇四年，第二〇五—二〇六頁。
2. 皮錫瑞：《師伏堂未刊日記摘抄》，轉引自許順富著：《湖南紳士與晚清政治變遷》，湖南人民出版社，二〇〇四年，第二二〇頁。
3. 張朋園著：《中國現代化的區域研究 湖南省，1860—1916》，台灣「中央研究院」近代史研究所，一九八四年，第一三一頁。
4. 林增平、周秋光編：《熊希齡集》，湖南人民出版社，一九八五年，第二十七頁。
5. 根據許順富著：《湖南紳士與晚清政治變遷》，湖南人民出版社，二〇〇四年，第三三三頁。
6. 譚嗣同著：《譚嗣同全集》上冊，中華書局，一九八一年，第二三一—二三二頁。
7. 譚嗣同著：《三十自紀》，《譚嗣同全集》上冊，中華書局，一九八一年，第五十七頁。「十年中至六赴南北省試，唯一以兄憂不興試，然行既萬有餘里矣。合數都八萬餘里，引而長之，堪繞地球一周。」
8. 丁平一著：《譚嗣同與維新派師友》，湖南大學出版社，二〇〇四年，第一〇三頁。
9. 《申報》，一九一〇年五月八日。
10. 以上根據許順富著：《湖南紳士與晚清政治變遷》，湖南人民出版社，二〇〇四年，第三五七—三五九、三六三—三六四頁。
11. 毛澤東著：《毛澤東早期論稿》，湖南出版社，一九九〇年，第五一五頁。
12. 毛澤東在自傳中對埃德加·斯諾說：「於是第二年夏天我們步行湖南全省，走遍五縣，和我一同的有一個名喊蕭瑜的學生。我們走遍了五縣，不費一文錢。農民們供給我們飲，供給我們睡覺的地方。」
13. 楊昌濟著：《楊昌濟文集》，湖南教育出版社，一九八三年，第三五一頁。

上海

暗戰四馬路

舊聞與新生

一九一二年元旦，民國開元。上海和往常沒什麼不同。

照例是朝升夕落，照例是生老病死。

報紙上照例是昨日的舊聞，並且沒有人懷疑，在民國開元這一天，它們應該仍會周而復始地發生，並夜以繼日地延續下去。

靶子路春喧里起了一場大火；閘北麟鳳里抓住了幾個蟊賊；黃浦江上漂起一具無名男屍，右耳被切掉，手上纏着一根絨巾，無人認領；外灘正金銀行門前，一個六十六歲的老人則在下電車時失足摔傷，搶救無效死亡；而在英華街，一個妓女在大街上公開攬客，遭到拘捕。

《申報》上照例是連篇累牘的治療痔瘡和肺病的廣告，它們是些時髦而頑固的時代病。只有頭版各種手寫體的題詞，提醒着人們這一日的與眾不同——「中華民囯萬歲」。編輯為「國」這個詞彙選了另一種表述方式——「囯」，顧名思義，民在國中。

可是，民國是否真的就是萬民之國？「民」字外面那個圍得水泄不通的方框，究竟是民主的疆域，還是公眾的牢籠，仍然不得而知。

倒是《申報》最後一版的廣告頗有些耐人尋味——「全球老牌商標人造自來血，強國強種之原料」。廣告宣稱，人造自來血能強身健體，根除各種疾病，「夫自來血功效之偉大與奏效之神速，盡人皆知之矣」。

從晚清到民國，中國人一直在尋找一種既有「功效之偉大」又能「奏效之神速」的靈丹妙藥，來療救這個疲敝的國家。不料，那些船來的思想，卻在中國一再碰壁，以致此時此刻，同樣沒有人知道，盤踞南京的中華民國，是否會像太平天國一樣短命；行醫出身的臨時大總統孫中山，是否真的能妙手回春，治癒這個病入膏肓的國家；傳說中的民主與自由，究竟會在中國的土壤裡扎根，還是又一幕南橘北枳的迷夢。

在一片喧囂與狂歡之中，沒有人留意，上海的一角默默地出現了一家書局。

二十六歲的陸費逵在四馬路東邊，悄然租下三間店面，掛起「中華書局」的招牌，與盤踞西街的商務印書館遙遙相望。中華書局的名字雖然起得響亮，啟動資金和股份其實只有二萬五千銀元，無論是資金還是人力，都難以與出版界大鱷商務印書館相匹敵。還要再過些時日，人們才會意識到，中華書局選在這一天——與中華民國同時誕生——或許別有深意。

蔡元培的困惑

剛上任的教育總長蔡元培，已經注意到陸費逵的名字。

蔡元培時常會在報紙上發現署名為「陸費逵」的文章——《敬告民國教育總長》、《民國普通學制議》、《民國教育方針當採實利主義》……在一篇篇指名點姓寫給蔡元培的公開信中，陸費逵寫道，革命勝利，民國開元，教育界該何去何從？春季開學在即，需要立刻操辦四件事：「迅速宣佈教育方針」、「頒令普通學校暫行簡章」、「組織高等教育會議」、「規定行政權限」。除此之外，陸費逵還用了一句話來闡釋民國的教育方針：「當與國是一致，尤當合世界之潮流。」這句闡釋算不上多有新意，清末的屢次改革都以「國是」與「世界之潮流」為名；但是，再過些時日，人們也就會發現，這句話其實暗藏殺機。

蔡元培決定面見陸費逵。

對於學制改革，蔡元培其實已經有了一些模糊的計劃。他打算修改前清學部教科書，同時，刊行白話文的日報，從學校教育和社會與論兩方面扭轉風氣。不料，蔡元培的話剛剛開了個頭，就被陸費逵硬生生地截斷。陸費逵說，白話日報當然對開啟民智很重要，但這是民間行為，政府可以另行組織；教育部的當務之急，其實是對教科書進行徹底的改革。前清學部的教科書，許多內容完全不符合共和政體的需求，編輯方法也非常陳舊，文字太過晦澀，改不勝改，改了也未必適用。

這正是蔡元培苦惱的問題。

陸費逵繼續說，可以暫令各學校仍然沿用已經出版的教科書，但要把那些與共和政體不合的內容列表刪除；同時，對學制、授課時間、學習內容等方面，也都需要做出更詳盡的規定。

蔡元培喜出望外，馬上請陸費逵和教育部秘書長蔣維喬一起起草《中華民國教育部普通教育暫行辦法》和《普通教育暫行課程之標準》。一月十九日，新學制就被教育部通令實行：縮短在學年限，中小學改為共十二年，減少授課時間，小學男女共學，廢止讀經……民國開元，迫切需要推陳出新，人們卻屢屢束手無策，大多數精力都耽於重新分配權力，平衡各方關係，革新竟成紙上談兵。這一次，教育界走在了前面。

年輕的陸費逵，何以對教育界的現實如此瞭如指掌？

少年老成

二十六歲的陸費逵已經在出版界鏖戰近十年。

他十七歲就開始與革命黨交往，十八歲就在武昌創辦了新學界書店並自任經理，十九歲時，他已經擔任《楚報》主筆，不斷撰文針砭時政，後來因為揭露粵漢鐵路借款問題，導致《楚報》被查封，他也遭到通緝，輾轉逃往上海。

上海是這個時代最大的試金石，許多曾在各地叱咤風雲的人物進入這座城市，都可能悄無聲息地沉入水底，化為一粒靜默的流沙。年輕的外鄉人陸費逵卻依然驕傲地站穩了腳跟。他先擔任昌明書店經理，隨即參與籌備上海書業商會；此後，他加盟文明書局，不但做編輯，還掌管印刷和發行工作。正是因此，商務印書館的元老高夢旦第一次見他就驚為天人——陸費逵的過人之處在於，在分工很細的出版領域，幾乎很少有人能像他那樣同時精通發行、印刷和編輯工作。1

在高夢旦力邀之下，陸費逵加入商務印書館。一年後，他就從國文部的一名編輯員，開始兼任出版部長、交通部長、師範函授學社講義部主任。他還創辦並主編着《教育雜誌》，這本雜誌把他的編輯和發行才能發揮得淋漓盡致，他通過《教育雜誌》籠絡教育界人士，並順勢推廣商務印書館的課本以及各種業務。他在雜誌中夾帶讀者調查表，並承諾，只要學校願意填寫，就可以免費獲得一年的雜誌。這些不斷回饋回來的調查表，讓陸費逵有力地掌握着教育界的動向與需求。通過這些調查研究，他對教育界存在的問題洞若觀火，很早就提出改革學制、課時，修訂教學內容。

陸費逵的目標不僅是靠出版營利，在教育理想和出版理想背後，還藏着救國的使命感。他認為：「我們希望國家進步，不能不希望教育進步；希望教育進步，不能不希望書業進步。我們書業雖然是較小的行業，但與國家社會的關係卻比其他行業為大。」

正因這理想的宏大，即便是商務印書館這個前所未有的舞台，也已經無法令陸費逵滿意。他迫切希望建立自己的事業，釋放出自己的能量，主導出版業的格局。

畢生愛才如命的高夢旦把侄女高君隱嫁給了陸費逵。不料，陸費逵卻是個極其自律、不近人情的工作狂，新婚次日他就趕到所裡上班，午休時也決定留下工作，不回家陪新娘，被同事們譏諷也不以為然。這個年輕人執拗地忠實於理想的感召，而無意於人情禮儀的束縛。他的性情其實已經註定，沒有哪裡能夠長久地留住他，商務印書館也不例外。

兩種聲音的辯護

幾個月前，武昌起義爆發，陸費逵突然闖進商務印書館總經理張元濟的辦公室，向他請命修訂教科書。陸費逵說，革命之勢必將橫掃全國，商務印書館出版的《最新教科書》已經多年沒有修訂，一旦新的政府建立，《最新教科書》裡的許多內容會更加不合時宜。為了避免屆時措手不及，應該馬上準備改革。

教科書對商務印書館的意義，張元濟自然了然於心——教科書不僅是商務印書館賺到的第一桶金，也一直以高額利潤支撐着這個出版帝國。當年清廷廢科舉，一直印刷科舉書籍的石印書店紛紛破產，各類學校也無所適從，商務印書館抓緊時機，迅速組織專家編寫了系列《最新教科書》，依靠這些課本，商務印書館當年的營業額就激增一倍，[2] 從此以後幾乎獨霸教科書市場。清廷學部第一次審定初等小學教科書暫用書目時，商務印書館出版的五十四冊《最新初等小學國文教科書》竟佔據了半壁江山。[3] 不過，陸費逵對這套《最新教科書》卻一直心存不滿，因為它「編成後從未修訂，更無重編的打算」。[4] 張元濟也知道，陸費逵私下約人一起編寫了新的教材，為了免除後患，張元濟不得不花費重金把它們贖走，[5] 但他並不打算印刷這些由陸費逵新編的教材，他只是告訴陸費逵一個折衷的方案，就算革命勝利，屆時也只需對《最新教科書》做一些必要的刪節，足矣。[6]

張元濟並非對革命心存成見，只不過，他一向是個溫和的人，不贊成不計後果的變革。十幾年前的「戊戌變法」，書生們冒險急進，朝野上下人仰馬翻，身處維新派陣營的張元濟就曾建議康有為回廣東辦學，培養人才，積蓄實力，「韜晦一時，免攖眾忌」。康有為卻覺得張元濟太過悲觀，對他的提議不予理會。兩人會晤不久，張元濟擔心的事情就發生了，維新形勢逆轉，「六君子」喋血菜市口，康、梁遠遁日本，張元濟則和一群同僚遭遇了同樣的命運，「革職，永不敘用」。只不過，陰差陽錯之間，離開殺機四伏的北京，到了紙醉金迷的上海，張元濟反而如魚得水，商務印書館經他全力經營，迅速崛起，為這座浮華的城市開啟了文化盛世的先聲。

身為立憲派本就不贊成革命，而隨着年齡和閱歷的累積，張元濟更清楚地看到革命黨的種種弊病。更何況，他也始終對被辜負的光緒皇帝念念不忘，他一再地設想，「有君如此，上下一心，何至釀成庚子之役」。可是，光緒已經背負着一代人的期待離奇地死去，謚號「德宗」。對德宗皇帝的感恩與愧疚之情，也讓張元濟有意無意地放大了對革命黨的偏見。

當大刀闊斧、無所顧忌的陸費逵遇上溫和保守的張元濟，如同用一把烈火去焚燒一座冰川，他們的分道揚鑣，早已可想而知。

張元濟拒絕陸費逵的時候，窗外正奔跑着激憤的人群，隔壁的望平街上一片混亂。黃炎培在新聞報導中寫道：「望平街左右相望的報館，家家大玻璃窗外，張貼各地消息。街上群眾擠得滿滿地在探聽，一個捷報到來，鼓掌狂歡；一個報告失敗，認為這家報館受清廷指使，群眾極度憤恨地把大玻璃窗打得粉碎。」

望平街上早已經不是第一次發生這樣的事情。早在三十年前中法戰爭的時候，《申報》就因為報導中國失利的消息激怒過讀者。[7] 中國人對新聞這種新生事物總是抱有不切實際的需求，以為是《西廂記》或者《牡丹亭》，一定會走向自己預想中的大團圓結局。但報紙終究不是戲台上的演出，不會因為讀者的喝彩或者奚落就改變唱詞、調換節奏。中國新聞業在創辦之初，就不僅要應付當政的重重疑慮，更要面對讀者的頤指氣使。後者的威力，有時比前者更甚。公眾需要的未必是真相，而是時事與談資。假民主與愛國之名以行的暴民的狂歡，有時比專制更加可怕。

張元濟拒絕傾聽時代喧囂的呼聲，起身關

上窗。陸費逵眼中閃爍的火焰瞬間熄滅了。

張元濟還記得陸費逵一言不發下樓去的背影。而現在，張元濟要為幾個月前那次輕描淡寫的拒絕付出昂貴的代價。

攤在桌上的《普通教育暫行辦法》，讓他無法移開自己的目光——凡是前清政府學部頒行的教科書一律禁用，由文明書局、商務印書館等出版的教科書上，如果印有大清黃龍旗，也一律禁用。

這項規定，對商務印書館而言，無異於謀殺。

為民國而生？

更加無所適從的是各省的學校。春季開學在即，市面上卻找不到一本「合法」的教科書。

時光似乎倒流回七年前，當年清廷決定廢除科舉，各地的學校同樣不知所措。那一次，商務印書館的《最新教科書》逆流而出；現在，誰又將橫空出世，成為時代的寵兒？

人們在彷徨與期待中送走了二月十二日，清帝退位那一天；而開學的日子，也迫在眉睫。

十一天後，《申報》上突然刊出一則廣告《中華書局宣言書》：「立國根本在乎教育，教育根本實在教科書。教育不革命，國基終無由鞏固；教科書不革命，教育目的終不能達也……民國成立，即在目前。非有適宜之教科書，則革命最後之勝利仍不可得。爰集同志，從事編輯，半載以來，稍有成就……茲將本局宗旨四大綱列左：一、養成中華共和國國民；二、並採取人道主義、政治主義、軍國民主義；三、注重實際教育；四、融和國粹歐化。」

《中華教科書》的內頁印着「愛國旗，愛中華」，它毫不掩飾地歌頌孫中山，說他「為共和奔走二十餘年」，「為中國第一偉人」。

最令人無法抗拒的是，大清帝國的黃龍旗已經消失得無影無蹤，《中華教科書》的封面上，那面象徵「五族共和」的五色旗熠熠放光。

這家名叫中華書局的出版社，簡直是為中

華民國而生的。

分庭抗禮

陸費逵捏着五圓銀大洋，和董事們面面相覷。這是《中華教科書》上市第一天的全部銷售額。

所幸，第二天，銷售額增長到一百銀圓。第三天，中華書局接到了批發業務，六百銀圓。此後，銷量開始節節攀升。那些原本還持觀望態度的校長們也最終下定了決心。陸費逵和他的同事們最初還為沒有訂戶而發愁，現在則開始擔心訂戶太多。他們不得不再增開印刷所，添加了六台印刷機，即便如此，「日間訂出，未晚即罄。架上恒無隔宿之書，各省函電交促，未有以應」。

《中華教科書》迎合了民國開元的需求，甚至直接成為民國的代言品。教科書的意義，其實無外乎兩方面：其一是傳播知識，《中華教科書》在這方面可圈可點，與清末的教科書相比，它取消讀經，更注重科學與實用的功能；其二，教科書無論怎樣改革，都是意在宣揚意識形態的合法性，並樹立新的禮儀道德規則，《中華教科書》的教化功能同樣不可小覷，它不遺餘力地宣揚民國的價值，試圖將蒙童都雕琢成新國民。

陸費逵的老東家商務印書館則損失慘重，儘管張元濟採取了一系列推銷手段，甚至提出「永遠對折」，8 商務印書館的倉庫裡還是堆滿了早已印好的那些陳舊的《最新教科書》，乏人問津。

商務印書館畢竟久經沙場，很快就回過神來。張元濟不惜花費重金，緊急請人編著新版教科書。僅僅一個多月之後，《申報》頭版上就刊登了商務印書館《新編共和國教科書》的滿版廣告，並大張旗鼓地「五折發賣」，理由也非常冠冕堂皇——紀念民國開元，同時慶祝商務印書館發行所落成。

商務印書館的這次迅速反擊，讓陸費逵百

感交集。由於經營規模所限，中華書局只能從商務印書館獨佔的市場中分得一杯羹，卻無力撼動其統治地位。

儘管如此，中華書局的品牌已經樹立起來，民國開元的一年為它帶來二十多萬銀圓的收益，[9] 是其股本的八倍。四馬路的後來者，在這條業已形成穩定格局的街道上掀起狂瀾。因為這次衝擊，商務印書館一枝獨秀的局面被打破，開始居安思危；而中華書局和後來者們，也繼續改善經營、擴大規模、嘗試新路。[10] 一個因競爭而精彩的印刷傳播時代君臨上海，陸費逵和他的朋友們以橫掃千軍之勢激活了這座城市的未來。

上海時代

十年後，二十二歲的曹聚仁第一次來到上海。在四馬路上，他見到了傳說中的商務印書館和中華書局，它們在這條並不寬敞的街道上割據對峙。與此同時，文明書局、群益書社、民智書局、掃葉山房、中華圖書公司、神州國光社沿着四馬路一字排開，年輕人來到這裡，與其說是閱讀，毋寧說是朝聖。

後來，曹聚仁又見到黎明、開明、大東、北新、世界、科學、生活各家書局紛紛崛起。在這條街上，還出現了《新青年》、《生活》、《新月》、《現代雜誌》、《良友》畫報，以及大量婦女雜誌和電影雜誌。年輕人可以輕易地在這裡找到心儀的作者，在北新書店大聲誦讀魯迅的句子，或者到亞東圖書館尋找胡適的新作，四馬路幾乎將這個時代的文化締造者一網打盡。從一隅上海，最終形成席捲全國的颶風，據統計，當時「中國百分之八十以上書店集中在上海外灘著名的四馬路南北方向的兩三個街區，長久以來一直被稱為『文化街』」。[11] 而書局的數量還在不斷攀升，「在一九三五年在上海有二百五十九家書店，其中一百三十一家是既從事銷售又從事出版書籍雜誌的書局」。[12] 隨着書局的激增、印刷技術的發展，尤其是教育的普及，閱讀終於溢出知識精英的世界，大規模地滲入民間，成為一種日常行為，知識與思想開始重新構造中國人的精神世界。

在四馬路兩端，中華書局和商務印書館之間的競爭，也越加如火如荼。它們爭奪的不再僅僅是教科書的陣地，在引介西方作品、整理國故、創辦雜誌等方面，它們同樣殺得難分難解。商務印書館依靠《東方雜誌》來樹立品牌形象，吸引知識精英，中華書局則邀請青年導師梁啟超出山主編《大中華》雜誌；商務印書館出版《辭源》，中華書局就耗費了二十一年時間籌辦《辭海》；商務印書館為剛剛出版的《四部叢刊》做廣告，宣揚《四部叢刊》是根據古本影印，忠實呈現歷史的真實，不像一般排印的版本那樣錯誤百出，中華書局就接着出版《四部備要》，廣告語更是針鋒相對，宣稱《四部備要》不僅根據善本排印，還經過多次校訂，修改了古文原有的大量錯誤，不像影印古本那樣容易出問題，有時印刷時的一滴墨污就能把「大」字變成「犬」字。一向擅長營銷的陸費逵甚至在廣告中懸賞徵集勘誤，發現錯誤者，每字獎勵銀洋十元。而他後來真的兑現了這個承諾，向勘誤者支付了數千元酬勞，並在再版時修訂了這些錯誤。13

儘管雙方交鋒頻仍，中華書局的發展之路，其實仍然未能擺脱商務印書館的模式。一九一二年並沒有成為商務印書館和中華書局的分水嶺，一九二二年顯然也不是。事實上，它們並不是相互交替的兩支力量，而是一脈相承。中華書局是從商務印書館的子宮裡分娩出來的新時代的嬰兒，儘管這是一次意外的受孕，儘管這個「逆子」後來開始「弒父」，但它其實只是和商務印書館、和眾多出版社一道，將商務印書館開創的那條路走得更寬更遠罷了——就像商務印書館和中華書局的兩位主導者，張元濟和陸費逵，前者固然是維新派的零餘人，後者固然是革命派的弄潮兒，然而，兩代人其實秉承着相似的理想與使命，看似涇渭分明，實則殊途同歸；對國家、對民眾的熱忱，最終形塑了他們，也締造了那個時代的榮耀與悲喜。

民國文化史上的上海時代，正源於這種迷人的格局——並非壟斷，而是多元；並非一枝獨秀，而是萬木爭春。通過真正的競爭，書局們給彼此以壓力，給自身以警醒，不斷地調整方向，與一個新的時代更加合拍。一九一二年中華書局的意外成功和商務印書館的意外失誤，讓人們開始相信多元化時代的價值。

門縫裡的世界

出版業的競爭格局下，最大的受益者，無疑是那一代的知識精英。他們被文化理想激勵，又被商業邏輯惠及，逐漸從邊緣轉而成為社會的主流，甚至「顯出越來越明顯的群體影響」。[14]

晚清以降，經過江南製造總局譯書館早年的積澱，西學之門敞開一道縫隙。暗夜裡的每一絲微弱的光亮，都足以令飢餓的中國知識精英們欣喜若狂。他們為了那個門縫裡的世界奔走相告，他們堅信，那個與自己只有半面之緣的世界，將有力量改變中國。

那一代的知識精英因此越來越無法忍受西學緩慢的傳播速度。早在一八八六年，康有為就曾抱怨：「中國西書太少，傅蘭雅（John Fryer）所譯西書，皆兵醫不切之學，其政書甚要，西學甚多新理，皆中國所無，宜開書局譯之，為最要事。」[15]梁啟超後來也提出：「譯書真今日之急圖哉。天下識時之士，日日論變法……今不速譯書，則所謂變法者，盡成空言。」[16]不過，書局譯書也只是第一步，它們只能影響精英的小群體，卻很難波及公眾；只有通過現代出版業的助力，才能將文字轉化成為推進時代變革的力量。

商務印書館和中華書局承擔的，正是這樣的使命。

置身其間的知識精英們由此獲得了安身立

命的新空間，更找到了安放思想的容器。他們依然秉承着「文以載道」的傳統，但他們不必再沿襲前人讀書進仕的道路——至少這已經不是唯一的道路。依靠出版業的庇佑，他們獲得了經濟的獨立和精神的自由。他們通過報刊、書籍而不是冗長的奏摺來傳「道」，並且是傳播他們的「道」而不是傳達他們的「道」，他們的聽眾不再是幾個乏味的上級官僚，而是整整一代人。

隨着新文化運動的日趨深入，詩歌酬唱逐漸走向沒落，淪為少數舊式文人的相互慰藉。更多的文化人需要新的途徑來表述自己、結識同道並樹立敵人，進而影響自己的時代。印刷業的崛起，迅速迎合了這些需求。在新式印刷機的鏗鏘聲中，他們的作品可以快速問世，不斷翻印，像佛經那樣長久地流傳，廣泛地傳播，被許多人虔誠地記誦。而這種榮耀，即便在刻書異常興盛的宋朝和明清兩代，也因為技術的壁壘而難以實現。

知識精英回歸民間，意味着啟蒙成為可能。四馬路的出現，也終於串聯起一片廣闊的公共空間。潛藏於大學的精神光源，經過出版業的激發，沿着咖啡館、茶館和書局的線路延伸傳遞，最終會聚，振聾發聵。上海也因此成就了自身之於整個中國的意義，「啟蒙者與被啟蒙者，都處於一個相對的位置，全國性大報的讀者，可能是地方報紙的作者，而地方報紙的讀者，又可能成為家鄉小報的作者——公眾就這樣一層層蔓延開來，形成一個以上海和北京為中心、以中大城市為仲介、最後遍佈全國城鄉的知識份子公共網路。而這一網路，正是通過公共傳媒的『想像的輿論共同體』建構起來的」。[17] 無數年輕人正是懷揣着這樣的想像在上海熹微的晨光中走下火車，迎向未知的命運，即便住在逼仄陰冷的閣樓裡也依然滿面幸福。

自然，印刷業的井噴，也帶來了意想不到的結果。

知識精英選擇給自己同時代的讀者呈現什

麼樣的「歷史」與「他者」，無疑事關重大。問題在於，晚清伊始，中國知識份子自身都尚未完成精神的轉型，就要被迫履行啟蒙大眾的使命。他們斷斷續續地吸收着關於現代世界的種種意象——這些意象來自偶然的閱讀，片面的旅行，以及氾濫的想像，然後，這些見聞與思想的碎片又通過翻譯、書寫、論戰而廣泛傳播。高速運轉的新式印刷機催促着他們，每日出版的報紙驅趕着他們，他們不得不加快吸收新知的速度，甚至來不及消化就先吐哺出來。於是，現代化進程在中國成為一種冒險的歷程。

思想自西向東的播遷，如同太空中星光的傳遞，當那些來自遙遠過去的奪目光線終於漂洋過海抵達中國時，遠處的光源甚至早已消失，早已不足為奇。近代傳入中國的西方思想，時常與西方世界本身的狀況存在時差。在知識無法做到同步分享的時代，翻譯帶有強烈的滯後性、偶然性和主觀性，而恰是這些滯後、偶然與主觀，在塑造着知識份子的精神世界和國民的性格。

被「翻譯」過來的現代化，就像報紙上每天更新的連載小說，每一節峰迴路轉都令人拍案叫絕，但它們分明又都是碎片式的、不連貫的，甚至往往相互矛盾。在一個大轉型的時代，沒有一種思想足以填補儒家文化坍塌後留下的空白，這一代知識精英不僅無法建構起孔孟那樣牢固的思想體系，甚至連「四書五經」那樣的知識框架也搭建不起來。當他們滿懷熱忱地試圖向年輕人推薦一些獨特的學問、必讀的書籍時，他們甚至都無法達成內部的一致。文化領袖的知識缺陷與任性偏見，很可能誤導一代人的認知結構，對此，他們無能為力，亦無暇反思。

然而，門縫裡的世界卻那樣猛烈地誘惑着他們，敦促着他們。文化的飢渴被一代代繼承下去。知識份子急於塑造新國民，卻忽視了該如何塑造自己。「君子日三省乎己」的古老訓誡，終於從血液中淡去。四馬路的疾風驟雨，令中國為之振奮，催生了一個文化的盛世，卻也氤氳出一個狂躁的時代。人們變得更熱衷於指責，而放棄了自省；更耽於批判，而無心建造；更迷戀此刻，而無意於將來。

自由的幻景

那些曾在一九一一年砸爛報館窗戶的年輕人，依然在望平街和四馬路上像前朝的幽魂那樣遊蕩。極端的聲音絲毫未曾消減，反而借助出版業的井噴，被無限放大，形成言論自由的假象。知識群體的自我膨脹，也助長了這種語言暴力。吳樾曾為「暗殺時代」搖旗　喊：「排滿之道有二：一曰暗殺，一曰革命。暗殺為因，革命為果。暗殺雖個人而可為，革命非群力即不效。今日之時代，非革命之時代，實暗殺之時代也。」他因刺殺出洋考察五大臣未成而殞命，他的死不但沒令年輕人痛定思痛，反而激起他們以生命報國的熱情，他們或通過刺殺來完成使命，或轉而自殺以喚醒民眾；前者用暴力摧毀一切，後者用道德壓倒一切。

讀着《暗殺時代》和《革命軍》長大的年輕人，也下意識地把這股怒氣指向民國。一九一二年五月二十日，當中華書局和商務印書館仍在處心積慮地編印書籍，試圖啟蒙那些懵懂的年輕人時，上海的《民權報》上刊登了主筆戴天仇（戴季陶）聳人聽聞的評論，標題只有一個字「殺」，內容也以「殺」字排成方陣：「熊希齡賣國，殺！唐紹儀愚民，殺！袁世凱專橫，殺！章炳麟阿權，殺！」激起戴天仇殺氣的起因，是政府向四國銀行團借款，而被這個二十三歲的年輕人高高掛起鞭撻的，不僅有幾位當事人，甚至連章炳麟也頗為無辜地一併遭受了言語暴力的審判。這篇評論顯然是對《革命軍》「殺」字陣的一次拙劣的模仿，而這份創辦剛剛兩個多月卻屢次言辭驚人的報紙，也再度被推上風口浪尖。兩天後，當局以「任意譭謗罪」逮捕戴天仇。此舉激起了上海日報公會的抗議，記者們要求釋放戴天仇，實現新聞自由。

而在北京，已經被戴天仇「殺」了的內閣總理唐紹儀則親自致電上海，提出「言論自由，為約法保障」。次日，戴天仇即被釋放，這次僥幸的勝利——如果可以被稱之為勝利的話——正符合戴天仇的心意，他在編輯部的牆上奮筆疾書：「報館不封門，不是好報館。主筆不入獄，不是好主筆。」這種哈馬斯式的犧牲精神，映照出那代人迷惘、偏執與無助的臉，也反襯出中國的現實與現代化之間究竟存在着多麼巨大的落差，就像佐藤慎一總結的那樣：「使孫文傷腦筋的，在中國不是自由不足，而是自由過剩。」[18]

口岸文化

中華書局或者商務印書館，並沒有匯入這股憤怒的洪流。它們之所以能貫穿整個民國一直存在，恰恰在於它們的主持者既保持着文人的天真，又秉承着商人的克制。張元濟和陸費逵都深知，那些動輒因言論激進而被封殺的報館，只能逞一時的口舌之利，而無益於大局；商業的良性運作，才能保證他們更持久更深入地完成啟蒙的使命。躺在他們的印刷機上不斷翻印的教科書和譯文，將更廣泛、更長遠地影響一代人。

民主與啟蒙，從來就沒有捷徑可走。它們不僅需要犧牲，更需要方法，需要耐心。一把火炬不足以焚毀一座腐朽的宮殿，通過不斷的加熱、添薪、澆油，卻可能在悄無聲息之間煮沸整個時代。

晚清民國的文化出版中心出現在上海而不是北京，很大程度上得益於這種克制的激情。美國漢學家賈祖麟（Jerome B. Grieder）曾這樣分析通商口岸文化的特性：「通商口岸文化，大致由商人和傳教士構成的社團所創造，是商人的自私自利和福音派教會熱情的聯合體」，「這些口岸從一開始就是思想變革的發育中心」。[19]上海無疑是通商口岸文化最典型的代表，在這座充斥着西式器物、思想和生活方式的城市中，文化啟蒙既是一種使命，更是一種潛在的消費形式。張元濟和陸費逵因此不遺餘力地引介西方的思想文化，教導公眾該怎樣改變傳統的陋習，怎樣像一個現代人那樣生活和思考。他們身上自然有「商人的自私自利」，更不乏救世的「熱情」，他們用商業的邏輯來延展文化的道路，包容性成就了城市的尺度，商業的進退則決定了文化的成敗。

四馬路本身就是對包容性的一種絕妙的詮釋。這條飽受爭議的街道，既是中國出版業的重地，也是上海最負盛名的紅燈區。文化人在這條街上對酒當歌，名妓暗娼們也在弄堂口笑語盈盈。靈與肉、精神與慾望，都在這裡沉默對峙而又相安無事。

包容性是城市的意義所在。永安、滙豐或者百樂門，並不足以獨力塑造上海的靈魂，僅僅依靠狐步踩出來的城市節奏，畢竟輕飄膚淺。借助出版業的振興，城市則獲得縱深的空間，根系越深，則枝蔓越繁。

商業理想和文化使命，都在上海找到生根的土壤，它們不但沒有相互牴牾，甚至能夠彼此助力。張元濟和陸費逵就是這種理念最忠實的實踐者，他們擁有雙重身份，左腦的商業思維與右腦的文化激情，相互應和，並非沒有痛苦，但尚可自得其樂。

只不過，這個從容優雅的時代，終究還是化為灰燼。它先被失控的救亡熱忱稀釋，又被接踵而至的革命浪潮蕩滌殆盡，商業成為「毒草」，文化成為「禍根」。待到劫波度盡，它們已經難以繼續並蒂盛開。商業自然仍像燒不盡的野草，春風拂過便能重生，星星點點就會鋪滿整片荒原，因為慾望總是擁有最強的修復能力；而文化卻像被伐去的樹樁，只有那一圈圈沉默的年輪能夠證明，那個美好的時代，並非子虛烏有。

註釋

1. 據張靜廬輯編：《中國現代出版史料丁編》下冊，第三九七頁。
2. 夏瑞芳等商務印書館董事：《光緒三十一年歲次乙巳結彩清冊・啟事》。
3. 李澤彰著：《三十五年來中國之出版業》，載張靜廬輯編：《中國現代出版史料丁編》下冊，第三八四—三八五頁。
4. 據汪家熔著：《近代出版人的文化追求》，廣西教育出版社，二〇〇三年，第一九四頁。
5. 蔣維喬著：《創辦出奇之商務印書館與中華書局》，張靜廬輯編：《中國現代出版史料丁編》下冊，第三九八頁。
6. 據汪家熔著：《近代出版人的文化追求》，廣西教育出版社，二〇〇三年，第一九四頁。
7. 【美】格里德爾著，單正平譯：《知識份子與現代中國：他們與國家關係的歷史敘述》，廣西師範大學出版社，二〇一〇年，第九十四頁。
8. 張元濟著：《張元濟日記》上冊，商務印書館，一九八一年，第五頁。一九一二年六月三日雜記。
9. 陳明遠著：《文化人的經濟生活》，陝西人民出版社，二〇一〇年，第九十一頁。
10. 陸費逵對這段競爭的總結：「供不應求，左支右絀，應付之難，機會之失，殆非語言所能形容。營業之基礎立於是。然大勢所迫，不容以小規模自畫矣。於是改公司，添資本，廣設分局，自辦印刷。」
11. 陳明遠著：《文化人的經濟生活》，陝西人民出版社，二〇一〇年，第九十六頁。
12. 徐小群著：《民國時期的國家與社會——自由職業團體在上海的興起（1912—1937）》，新星出版社，二〇〇七年，第四十七頁。
13. 吳中：《近代出版業的開拓者陸費逵》，載《陸費逵與中華書局》，中華書局，二〇〇二年，第一一五—一一六頁。
14. 「口岸知識份子的外延伸出了士類，越來越多地包括翻譯、教習、『報館名士』、出版人、技術專家，以及像鄭觀應、容閎那樣的出入於商業、政治和思想的知識人等等。在更遠的後來，還會包括職業革命家。他們一開始處於中國社會的邊緣，而後則顯出越來越明顯的群體影響。」根據楊國強：《義理與事功之間的徘徊：曾國藩、李鴻章及其時代》，三聯書店，二〇〇八年，第二〇三頁。
15. 康有為著：《康南海自編年譜》，《戊戌變法》第四冊，第一一九頁。
16. 梁啟超著：《大同譯書局敘例》，《時務報》第四十二冊。
17. 許紀霖等著：《近代中國知識份子的公共交往（1895—1949）》，上海人民出版社，二〇〇八年，第二十一頁。
18. 【日】佐藤慎一著，劉岳兵譯：《近代中國的知識份子與文明》，江蘇人民出版社，二〇〇八年，第二六四頁。
19. 【美】格里德爾著，單正平譯：《知識份子與現代中國：他們與國家關係的歷史敘述》，廣西師範大學出版社，二〇一〇年，第五十五頁。

北京

遊園・驚夢

彌留的祭壇

幾隻羊和豬在草樹間時隱時現。腳步聲傳來的時候，牠們才終於抬起頭，一齊打量着站在庭院中央的不速之客，嘴裡卻仍兀自嚼着紫花苜蓿。在牠們腳下，荒草漫過社稷壇的土地，彷彿已經瘋長了一百年。

民國開元僅僅一年，社稷壇已經荒寂不堪。這片從明朝永樂十八年（一四二〇年）流傳下來的禁地，舉行過上千次祭祀國家的儀式，卻終因清帝的遜位而遭廢置，一年之間竟雜蕪至此。

滿目蒼涼的風物，讓擔任國民政府交通總長的朱啟鈐說不出話來。並不是只有那些依舊拖着辮子、提着鳥籠的遺老遺少才會緬懷前朝，沒有人能在時光流逝面前無動於衷。

朱啟鈐當然不是來緬懷前朝或者瞻仰舊跡，他趁着為隆裕太后治喪的機會，從太和殿一路走進社稷壇，只因惦記着另一件更為重要的事情——清帝遜位以後，北京留下許多這些奄奄一息的園林，卻仍然沒有一座合格的公園。

北京需要一座公園。

荒廢的社稷壇，或許是極佳的選擇。

朱啟鈐想讓這片彌留中的祭壇起死回生，一個曾被反覆提起的計劃，再度閃現出來。

在北京設置公園的提議，其實由來已久。早在光緒三十一年（一九〇五年），《大公報》上就曾刊登文章，呼籲在北京建造公園。在中國，園林是權力和財富的象徵，與普通民眾無涉。帝國一向只有私家園林的傳統，而缺乏公共事業的基礎。但在西方世界，公園卻是現代文明的載體，作者因此寫道：西方各國只要獲得一處殖民地，除了整修街道、振興商業之外，必先建造公園；而北京作為帝都，「首善之區」，已經六七百年，卻仍然沒有一座公園。[1] 但公園畢竟是舶來品，為了不至於激怒某些傲慢而保守的讀者，作者小心地拿捏着論述的尺度，甚至將公園與「愛國之心」建立起關聯：「公園者，可以騁懷、娛目，聯合社會之同群，呼吸新鮮之空氣。入其中者，即油然生愛國之心，顯然獲衛生之益。」他試圖說服統治者，公園雖小，卻能勾連起城市的脈絡；而京城作為統治中心，更應為天下表率，建造公園刻不容緩。[2] 一年後，「出洋考察五大臣」回國，端方和戴鴻慈連上三道奏摺描述海外見聞，並對帝國的未來提出建議。前兩道奏摺的內容都在太后和皇上意料之中，分別關於軍政和教育，第三道奏摺中卻出現了一些頗為新鮮的概念：圖書館、博物館、萬牲園（動物園）、公園……[3] 經過近一年的商討和籌備，清廷開放了萬牲園，但它根本無從解決北京居民的日常需求。

宣統二年（一九一〇年），又一篇要求建造公園的文章出現在《大公報》上。作者寫道：北京已經有了馬路、自來水和電燈，唯獨缺一座公園；如果能大力倡導，各省必會積極響應，此舉對正在奉行的預備立憲、地方自治，都會大有裨益。這篇文章勾勒出那一代中國人的現代化想像中的基本意象：馬路、自來水、電燈，以及公園。為了促成公園的建造，知識精英們可謂煞費苦心。幾年前將公園與愛國熱情掛鈎，此時，又用政治生活中時興的「預備立憲」、「地方自治」這些概念來論述公園的意義。公園本應是公共設施，卻始終無法脫離意識形態的陰影，然而，即便作者們如此小心翼翼，給的理由如此冠冕堂皇，在這個空談「天下為公」的國度，公園卻依舊無法降生。

《大公報》甚至已經為北京的公園建造指出一條明路：現有的一部分園林，諸如先農壇、地壇、日月壇和一些大的廟宇，本身都具有公園的格局，所以無須大興土木，只要對它們進行適度的改造，就可以在城市四面建造四座免費開放的公園。[4] 這項提議仍沒有得到回應，因為許多園林的歸屬並不明確，並且時常易主；除了吝惜一座園林，王侯們更加無法容忍的是，公園的出現很可能會擾亂穩固的等級秩序，平民一旦被允許踐踏貴族舊時的園林，上下尊卑的界限就會被打破，勢必引發帝國內部的思想混亂，甚至動搖國家的根基。反對者因此振振有詞。更何況，對朝廷而言，永遠都有更多更重要更緊迫的困擾需要解決，建造公園不過是細枝末節，無益於大局。

晚清以降，財政問題一直是困擾帝都的痼疾，市政建設時常捉襟見肘，甚至連最基本的道路交通都難以保障，通常是「只能修路，不能養路，常常是新路未成，舊路已壞」。公共事業的發展更加不堪。光緒三十四年（一九〇八年），上海、天津、青島、廣州、漢口、武昌、開封、金陵都已經在使用自來水，北京才終於開始鋪設供水網絡，即便如此，自來水的普及率也非常低，直到一九二二年也只達到百分之二點九五；[5] 電燈公司的經營狀況更加不堪，資金和設備都嚴重不足，甚至一度在報紙上刊登廣告，謝絕居民安裝電燈的申請。當中國的許多城市開始普及電燈，北京的居民們仍在使用煤油燈。[6]

武昌起義前夕，北京的日常生活才有了一些改善，甚至看起來蒸蒸日上，莫理循（George Ernest Morrison）在寫給朋友的信中也對中國的未來滿懷期待：「這個城市正在變樣。到處鋪石子路，街道還用電燈照明，電話通暢，郵局每天投遞八次信件。巡警們簡直叫人讚揚不盡……並且自來水供應良好，我敢斷定，不需要多久我們就能乘上電車。這兒的中國人大都漸漸地習慣了使用新的東西。城裡各處都在大興土木。」記者的嗅覺讓莫理循能夠察覺到變化的跡象，並為之歡欣鼓舞。許多身處更加現代化的城市的中國人，卻未必這樣認為。差不多同一時間，仍在商務印書館工作的陸費逵抵達北京，感受到的卻不是改革與進步，而是帝都的陳舊與遲緩：「內城交通殊不便。因紫禁城位於中央，既禁往來，西苑又突出西北隅，東西往來，必繞前門或後門。如余自石大人胡同往學部，直行不過四五里，然一繞道則十里而遙矣。」陸費逵也曾為北京提出過建造公園的主張——將西苑設立為公園，午門之外都允許行人往來，再在城中鋪設電車軌道，這些建議卻最終石沉大海，他遲遲看不到帝國有任何行動。陸費逵只有感歎：「此等易如反掌之事，尚不肯為，他種事庸有望乎？在北京兩月，所聞所見之事，無一不堪浩歎者。所謂改革，無一不似是而非。」7

莫理循對北京的期許和陸費逵對北京的苛責，形成鮮明的對照。莫理循是基於北京本身的視角評價這座城市的變革，陸費逵的參照系則顯然是他的來處上海。上海的城市改造一向遙遙領先，早在一八六〇年代，就已經建成外灘公園，上海人對公園有着更為複雜的感情，因為公園門口曾經高懸着「華人與狗，不得入內」的標語，這些標語刺痛着中國人，也刺激着中國人。於是，到一八八〇年代，上海已經出現了鱗次櫛比的公園，張氏味蓴園、法華寺的徐園、靜安寺的愚園、龍華寺的龍華園、城隍廟的豫園及也是園、申園等等，都面向公眾開放。8 與日新月異的新城上海相比，帝都北京衰老的面貌、遲緩的改革，更加劇了人們對政權的失望。危機感與日俱增，中國人越來越無法置身事外，越來越頻繁地對帝國的變革發言，問題在於，帝國雖有變革的誠意，卻缺乏有效的舉措，面對公眾日益膨脹的失望情緒，以及革命者的窮追不捨，謹小慎微的改良者最終一敗塗地。

公園開放運動

始終難產的公園計劃，就這樣交付到朱啟鈐手中。

民國開元後，北京依舊如同一塊頑石，時代的刻刀似乎無從在它身上留下任何琢痕。掌握權力的仍是大批舊官僚和軍人，只是滿人退出了政治舞台。人們忙着接手帝國的遺產、建築和園林，重新劃分權力空間。歸屬於不同部門的土地錯綜交織，像舊時士兵們身上的鎖子甲那樣穿插重疊。政府無暇重新規劃城市，改善生活，一百一十三萬北京人很快就發現，[9] 除了剪掉了頭上的負擔，生活依然如故。北京城中雖然開闢出一些新的道路，卻殘缺泥濘，排水系統仍舊一塌糊塗，街邊的溝渠長年污濁不堪，散發着惡臭，人們走路時還是需要用袖子掩住鼻息。無所事事的年輕人繼續在戲園子和妓院裡廝混，這些地方才是中國式的公共空間，親切而熟悉，能讓他們迅速獲得安全感和快感。革命擊潰了一些固有的習俗和儀式，而人們渴慕的新式的生活方式，卻遲遲未能建立起來。

沉沉暮氣之中，公園計劃再度被寄予厚望。[10] 厚望之下，朱啟鈐卻依然無法進展他的計劃。因為社稷壇還屬於愛新覺羅家族。儘管民國政府要求溥儀搬到頤和園居住，把皇宮交給政府管理；儘管孤兒寡母退位以前曾被袁世凱所講的路易十六斷子絕孫的往事驚嚇得不輕，[11] 可是，遜帝卻始終沒有離開皇宮的意思，政府中也沒有人專門過問此事，雙方保持着必要的節制，彼此試探卻又淺嘗輒止。

朱啟鈐只有等待時機。他等了一年。

一年後，改任內務總長的朱啟鈐收到一封來自皇宮的信函。皇室在承德熱河行宮裡藏有一批文物，希望能運到北京來。朱啟鈐抓住這次對話的機會，與清宮交涉，他答應皇室，可以繼續留在皇宮裡，但要把三大殿以南的地方讓出來。經過艱難的談判，政府獲得了紫禁城南片的管理權，其中就包括社稷壇。

解決了社稷壇的歸屬問題，朱啟鈐立即開始全力推進公園計劃。他很快擬出一份《請開京畿名勝》的呈文，交給總統袁世凱：「所有京畿名勝，如天壇、文廟、國子監、黃寺、雍和宮、北海、景山、頤和園、玉泉山、湯山、歷代山陵等處，或極工程之雄麗，或矜器藝之流傳，或以致其信仰，凡外人之覘國來遊與夫都人士向風懷慕者，罔不及其閒暇，冀得覽觀。故名雖禁地，不乏遊人，具有空文，實無限制。若竟拘牽自囿，殊非政體之宜。」在這個長名單中，袁世凱保留了北海、景山、頤和園和玉泉山，其餘各處園林，都可以改造為公園。

在朱啟鈐心目中，社稷壇形態莊嚴，地理位置優越，「地址恢闊，殿宇崔嵬，且近接國門，後臨御河。此內外城之中央，交通綦為便利，以之改建中央公園堪稱首選。」這裡當仁不讓地成為他的「公園開放運動」的第一步棋，他希望以公園為載體，加速北京遲滯的城市化之路，開風氣之先。

千夫所指

改造公園的困難，卻遠遠超出朱啟鈐的預想。

國庫根本沒有餘款支持他的行動。那些在報紙上頻繁發難、要求開放公園甚至指責政府辦事效率低下的時評家們，並不理解朱啟鈐的尷尬處境。朱啟鈐不能奢望從政府財政中獲得多少實際的幫助，思忖再三，他為公園找到了另一條出路。公園作為公共事業，如果用公共的方式來解決，或許更為適宜。朱啟鈐約集了近百名軍政商各界名士，聯合發表聲明募捐：「京師首善之地，人文駢萃，園貴頻繁，向無公共之園林，堪備四民之遊息，致城市之居囂闐為患，幽邃之區荒蕪無用。果能因地擴建，仿公園之規制，俾都中人士，休沐餘暇，眺覽其間，蕩滌俗情，怡養心性，小之足以裨益衛生，大之足以轉移內俗。」朱啟鈐率先捐款一千元，在他的倡導下，兩次募捐很快募得大洋五萬多元。

為了節省經費，朱啟鈐決定廢物利用。他正在主持正陽門的改建工程，計劃拆除大清門內千步廊的朝房。他打算用這些廢棄的木材來修建公園的長廊。不料，拆除千步廊朝房卻引發軒然大波，謠言傳播的速度比瘟疫還要迅疾兇猛，一夜之間，北京人餐桌上的話題，幾乎都與內務總長朱啟鈐有關。人們驚恐地談論着他蓄意破壞北京城風水的險惡用心；還有人猜測他的目的是侵吞國家財產，中飽私囊；自然也不乏一些嘲諷——民國開元沒有幾年，官員就繼承了前朝王孫貴族玩物喪志的惡習，公園和百姓有什麼干係？造公園說到底還不是為了沽名釣譽？

朱啟鈐默默忍受着時代的冷眼，他別無選擇。許多年後，在這片被拆除的朝房之上，出現了全世界最大的廣場，它和面前的那座城門一道，成為未來中國的驕傲與象徵。當後世的人們在城門上高懸的畫像的注視下站定，在廣場中央尋找拍照的最佳角度時，人們總是誤以為自己找到了這片廣場最初的締造者，卻很少有人還知道朱啟鈐的名字。

整個國家歷經近十年的敦促、批評、忠告卻依舊未能建成的城市公園，在朱啟鈐的主持下，僅僅十幾天就宣告完成。社稷壇的面貌煥然一新，庭院恢復了整潔，道路也平整得當，為了方便遊人出入，天安門外西側的皇城城牆上還專門開鑿了公園的南大門。

一九一四年十月十日，中華民國國慶日，改造後的社稷壇以中央公園之名開放。開園之日，北京民眾擁進公園，「男女遊園者數以萬計，蹴瓦礫，披荊榛，婦子嘻嘻，笑言啞啞，往來蹀躞柏林叢莽中」。12 在舊日的皇家園林中興奮得幾乎迷路的民眾們，已經無暇談論內務總長玩物喪志這樣嚴肅的話題。

春色如許

躊躇滿志的朱啟鈐不會想到，多年以後，當自己回顧多年的從政生涯，最大的慰藉，竟是公園。

他維繫了民國初年的穩定發展，還發現並主持重修了大批瀕臨失傳的古籍，創辦了營造學社；與此同時，他也被列為袁世凱復辟的「禍首」之一。他的許多努力都被時代所誤，功敗垂成，付諸東流，「獨於斯園之建置，流連不已者，顧此廿五年中，曾經許多波折，咸賴群策群力以赴之，方獲有濟」。[13]

中央公園開放後，進行了數輪整修。開放當年建造了鹿苑，從熱河行宮運來四十四頭鹿，在外壇西南處放養。此後，幾乎每年都會從圓明園和頤和園中精選一些名貴的碑石、搴芝石、乾隆御題的青雲片石、青蓮朵石、繪月石、蘭亭碑石等等，在園中安置。各種亭軒水榭也相繼建造起來，遊客可以在這些舊時帝王的園林中玩遊戲、喝茶、吃點心，甚至照相，這在幾年前都是無法想像的。

在中央公園的唐花塢中，擁有中國罕見的新式溫室，溫室通過地炕生火，鮮花因此可以四季盛開，長年觀賞，房屋中央還開鑿出噴水池，美觀迷離，令人歎為觀止。而在園中，牡丹、芍藥、丁香、海棠、太平花、菊花等花木更是比比皆是，幾年之間，中央公園就成為春季觀花的最佳去處。向來以牡丹聞名的崇效寺中那些花莖足有茶碗口大的明朝牡丹，此時已經黯然失色，[14]而法源寺的丁香、三官廟的海棠、大覺寺的桃花，也紛紛敗下陣來。中央公園聲名遠播，各地趕到北京賞花者絡繹不絕，天津到北京之間，甚至每天專門開通一班「觀花列車」，憑藉公園的助力，古老北京的吸引力，似乎在漸漸回暖。

在朱啟鈐看來，公園不僅要提供美景以供欣賞，更要開創新的社會風氣。他率領工作人員登記了園中原有的數百棵千年古柏，還親自撰寫遊人須知：「南有喬木，勿剪勿拜。往來行言，以近有德。民亦勞止，迄可小息。惠此京師，以永終譽。」[15]「勿剪」推崇的是建立新道德，「勿拜」宣揚的則是破除舊迷信，朱啟鈐希望公園的空間可以迥異於茶館和戲園子，成為新式文明的表率。

中央公園中還陸續出現了衛生陳列所、圖書閱覽所、武術會所、兒童體育場、溜冰場和高爾夫球場，配套設施越來越健全，一切關於公園的想像都被有條不紊地鑲嵌到這個前朝的遺物上，舊日的銘文間漸漸泛起現代的光澤。

政府會不斷換屆甚至更迭，作為公共設施的公園則需要穩定地運作。為此，朱啟鈐設計出更加長遠的計劃。一九一五年三月，他牽頭成立中央公園董事會，並擔任會長長達三十五年。董事會擬定了十二條《中央公園開放章程》，董事每年需繳納一次會費，以二十四元為基數，用於公園的維護和發展，董事除了具名，沒有利潤回報。中央公園的運作從此步入正軌。

依靠董事會解決公園的日常財政問題，無疑極具超前性，在政府無力涉足的領域，士紳和官員力量的結合，填補了權力的空缺，使整個社會體系更加健全。因此，儘管民國初年戰亂四伏，中央公園依然能有條不紊地發展，這套模式後來也被許多城市參照模仿。

社稷壇首開風氣之後，北京迎來了兩輪公園建設高潮。一九一〇年代中期，先農壇、天壇和廠甸緊隨社稷壇相繼開放；一九二四年後，太廟、北海、地壇、頤和園、景山和中南海也陸續開放。朱啟鈐修訂的《勝跡保管條例》，也讓開發與保護這些古典園林成為可能。

經過頻繁的戰亂、復辟、權力鬥爭，每次政治的寒潮退去，公園裡依舊歌舞昇平。接踵出現的公園開始柔化北京一向密集硬朗的城市格局，這座森嚴的城市，終於在嘴角抿出一抹微微的笑意。民眾則開始直接感受到生活的改變與政府的誠意；對民眾而言，時代的新跡象永遠不是那些變幻莫測的年號、各種名目的宣言和承諾，而是生活本身的改善。這正是公園之於民國初年的意義所在。

消弭的底線

首都北京開始了現代化的救贖，對國家的信仰卻開始漸漸褪色。

社稷壇的隕落，正是一個危險的信號。掩埋在泥土中的社主與稷主，一直是國家的象徵，現在則無人祭祀。

據說中央公園剛開放之初，遊客們儘管喧

囂嬉鬧，還是對這片園林飽含敬意，「彼時遊人初睹宮闕之勝，祀事之隆，弔古感時，自另具一種肅穆心理」。[16] 彷彿前朝的幽魂還是時常會像枝丫間的飛鳥一樣被驚擾，在森嚴欲搏人的巨樹間隱現。

但是禁區畢竟已被突破，漸漸地，人們開始毫無顧忌地在曾經的禁地中奔走呼號，社稷壇原本的意義則被完全遺忘。被無視的不僅是帝王的權威，更是對天地、國家的敬畏之心。

民國開元之後，天壇、地壇和社稷壇都失去了存在的意義。被擊潰的不僅是傳統，更是心理的底線——對天地、國家、傳統倫理道德的敬畏與虔誠之心，從中國人的意識中悄然流失。

底線的消弭決定了無論上層建築的尖塔怎樣無限接近天堂，也終將坍塌成一地散沙。

中央公園開園幾個月後，袁世凱在天壇重啟祭天儀式，為登基造勢。《群強報》為此刊登了一篇報導加以鼓吹：「自古以來的中國，沒有不敬天的國家。古之王者，敬天法地，不然怎麼說合天意順人心呢？王者敬天，表率人民，合乎尊崇天道之理，其中深意甚多，也不必細批細講。我敢說中國人民，若三十年不知敬天，人倫自能斷絕。人倫斷絕，與禽獸也就差不遠了，所以說王者敬天，才是維持真正的人道。」[17]

這篇阿諛袁世凱的報導，其實並非全無道理。所謂的「敬天」、「人道」，歸根到底也是指心理的底線、內心的敬畏（當然袁世凱自己也未能真正做到）。千年以降，中國人雖然缺乏信仰，卻至少沒有丟失過敬畏之心；在很大程度上，正是這種敬畏之心在維繫着社會的倫常觀念，並使當政者不至於過度偏離道德準則。如果這種潛在的價值系統崩塌，又不能繼之以完善公正的現代司法體系，後果不可設想。後來的中國，無疑印證着袁世凱時代的預言。

自由的順民

中央公園開園十一年後，北京發生了一場

震動中國的死亡。

進京會見馮玉祥的孫中山，還沒來得及從驅逐曹錕的狂喜中平靜下來，癌細胞已經率先將他擊倒。一九二五年三月十二日，這位廣東的來客，最終殞身於北京。

孫中山第一次到北京時，尚是一個二十八歲的青年。那時滿城都在為慈禧太后慶祝六十大壽，而甲午海戰已經箭在弦上。清廷的窮奢極慾讓孫中山倍感失望，「見滿清政治之齷齪，更百倍於廣州」。他決定「驅除韃虜，恢復中華」，從此輾轉一生，卻不料三十一年後終究還是兩手空空地折回北京。

孫中山病逝一週後，他的靈柩離開協和醫院，進入中央公園，安放在曾經的社稷壇拜殿上。從三月二十四日開始的一週裡，中央公園舉行了隆重的公祭。在社稷壇誕生以來的六百年間，即便是帝王之家也從未舉行過如此規模宏大的祭祀，七千多個花圈、五萬九千多副輓聯鋪滿中央公園，紛至沓來的七十四萬弔唁者，令這個已經開張十一年的公園都難以招架。孫中山一生足跡遍及世界，他的傳奇唯獨與北京無關。在他身後，中央公園卻和北京一道，為他補上了這段命運的留白。

人們設想了各種可能的方式紀念孫中山，建造公園也在他們的計劃之列。

為孫中山治喪期間，各地要求建造中山公園的提議就不絕於耳，甚至有人提出了一些更富於民族主義色彩的主張：「惟最要者，園宜建諸華界，即吾人所謂國土者。費用不稍借重外資，庶符先生生前獨立不依之精神，而掃近代假借外力之惡習。」[18]

就像在十多年前要求把皇家園林改造成公園一樣，這次人們也提出，為避免太過勞民傷財，在建造新公園的同時，也可以將一些城市的重要公園直接更名為中山公園。締造中山公園的運動，從廣州、貴陽啟動，隨着國民黨統一中國的步伐，借助政令推進，最終席捲全國，民國時期各地的中山公園竟多達二百餘座。[19]

作為北洋政府的統治中心，北京遲遲沒有出現中山公園。軍閥的混戰、政權的更迭動盪，蠶食着袁世凱時代留下的最後一點遺產，也耽擱着這座城市的現代化進程。在來自澳大利亞的觀察者菲茨傑拉爾德（Charles Patrick Fitzgerald）看來，北京依然是一座「幾乎沒有觸摸到現代氣息而多少有些冷落、讓人感覺奇特的城市」，「作為首都，它存在的理由已經消失，或者幾乎消失了。一個能夠收留皇帝並且與那個推翻的顯赫、威嚴、高貴的封建王朝相『媲美』的新王朝還沒有建立起來」。[20]

直到北伐結束，北京不僅徹底失去了首都的地位，還被賦予一個充滿恥辱的名字——北平。中央公園的「中央」二字，更是變成一道尷尬的傷疤。一九二八年，河北省政府和北平市政府決定，順應時勢，將中央公園改名為中山公園，而社稷壇拜殿，因為曾安放過孫中山的靈柩，順理成章地改建為中山紀念堂。

至此，久違的祭壇功能終於重返曾經的社稷壇，此時的中山公園。只不過，這裡從前供奉的是抽象的國家，現在則是被符號化的國父。

從中央公園到中山公園，一字之差，其實暗藏玄機。對統治者而言，改造公園，正是進行權力結構重組的重要一步。「自由」、「平等」、「博愛」、「天下為公」的口號，以匾額的形式迅速擠滿公園的天空。這些權力的影子牢牢地控制着人們仰望的角度，與交錯疏朗的樹影、隨風流逝的暗香一道，構成一種複雜的心理空間。孫中山和他的理念，最終變成短促有力、膾炙人口的「廣告」，滲透進人們的記憶中樞，成為一代人的集體回憶。

傳統社會是通過《三字經》、《千字文》或者行政告示來教化民眾的，這種方式具有先天的不足。目的過於鮮明的教化，很可能讓人產生抵觸心理；而在學堂、衙門或者鬧市中某些專供張貼告示的特定地點，其空間感往往太過森嚴，人的精神狀態也會很自然地調整得壓抑緊繃，會下意識地保持警惕。教化的功能勢必大打折扣，甚至適得其反。

通過標語佔領公園裡的公共生活，這種方式無疑更為高明。公園營造的是相對鬆弛自然的環境，精神的免疫系統在這裡很可能是被麻痹的，而簡短有力的標語就可以趁勢侵入人們的精神世界，在人們尚未覺察之時，感染已經悄然發生，直至無從抗拒。

近代中國，無論是公共場所還是公共建築，都很難真正做到去政治化。它們往往被塗抹上旗幟鮮明的意識形態色調。因為當權者將公共空間視為對公眾的一種恩賜，並且他們相信，公眾需要管理與教化，公共空間恰好可以承擔這樣的功用。

中山公園正是一個鮮明的例證。這座公園從誕生伊始，就從未擁有過真正純粹的含義。朱啟鈐當初經營公園，固然希望能薰陶民風，開創現代文明的生活，其實也飽含着政治的言外之意。他將前朝權力的畫皮從園林中剝離出去，又為它敷上一層民國的淡妝。而到國民黨的時代，這層淡妝終於被一抹重彩覆蓋，中山公園代表的權力的面孔，終於鮮明地彰顯出來。在對孫中山的神化過程中，中山公園既是祭壇，也是紀念碑。

從前祭祀天地的朗聲吟唱，被每天念誦的《總理遺訓》淹沒。時代轉折之後，儀式的繁文縟節並沒有遠離中國人，甚至更加變本加厲。對孫中山的神化方式，其實仍舊沒有擺脫傳統的忠孝節義的禮儀框架。只不過，前朝的忠孝節義，當然有維持統治的需求，但同時也宣揚提高個人的修養，個人在家族和國家監督之下進行自我完善，形成為人處世的基本準則；而弔詭的是，儘管民國宣稱要塑造新國民，其政令與教化卻更多地體現為國家對個人的改造以及個人對國家的無條件服從。這導致了非常嚴重的後果：國家對私人生活尤其是精神生活過度干預，國家的陰影始終籠罩着個人，加劇了專制的可能；個人則變得越來越依賴國家，放棄自我的判斷，形成精神的惰性，一旦失去國家的助推力，個人成長就會陷入停滯，新國民反而成為一群難以長大的孩童；個人也因此變得越來越自私，完全專注於自己的生活，而放棄對時代的洞察與對社會的付出。

在推進公共信仰的過程中，政治的陰霾重返園林，以休閒遊樂為名的教化，傾覆在公園的草木之上。人們原本以為，草木的光合作用可以淨化空氣，放鬆身心，最終，權力的光合作用卻將歡娛與詩情吞噬，反芻出來的是對權力的敬畏，對教化的馴良。自由的順民在這些園林中徜徉，卻從未真正理解自由的含義。

民主的模具

在這個缺乏廣場精神的國度，公園的出現，儼然取代了廣場的功能。在近代北京的民主化歷程中，大學當然是一抔絕佳的陶土，但是，對自由精神的塑形，卻離不開公園這個稜角分明的模具。

民主自由的精神，最初在新式知識份子筆端醞釀，氤氳起風雲之氣，通過課堂、報刊的形式在城市中艱難地發酵，最終形成開放式的論戰以及此起彼伏的學生運動，造就了近代北京史無前例的自由空氣和勃勃生機。而這種精神遲早要溢出知識精英的群體，要與大眾建立關聯，產生化學反應。這時，就需要一個新的容器，一條新的通道，才能落實、扎根。公園正是適時出現在他們面前的一個絕佳的載體。

如果說街道（遊行）傳達的是直面底層的民意，那麼，公園（集會）代表的則是意見和情緒的中樞，是一個介於文化精英與底層社會之間的中間地帶。儘管這個中間地帶本身的空間和所能影響的人群也是相對有限的，但畢竟形成了與社會接軌的可能性。蝸居在象牙塔裡的苦行僧們，借助公園的媒介，更直接地向公眾佈道，影響更多的後來者。

這種作用，被中山公園（中央公園）發揮得淋漓盡致。在這裡，為了慶祝協約國的勝利，李大釗發表了著名的演講——《庶民的勝利》；這裡還豎立起一座意義非凡的牌坊，光緒二十六年（一九〇〇年），飛揚跋扈的德國駐華公使克林德（Clemens von Ketteler）被擊斃，引發外交危機，「八國聯軍」攻佔北京，後來，清廷不得不根據《辛丑條約》的規定，豎立起「克林碑牌坊」以示賠罪。「一戰」勝利後，興奮的北京民眾衝到東單北大街西總布胡同，搗毀了「克林碑牌坊」，這些殘骸被重新組裝後，也隨着圓明園和頤和園殘留的石頭一道運進中央公園，克林德的名字被刮去，換上「公理戰勝」的字樣；同樣在中央公園，文學研究會召開了成立大會，少年中國學會舉行了第一次年會，北京各大學和社會團體舉行了反帝國主義運動大聯盟成立大會……許多將在未來影響中國的力量，在這裡醞釀發端。再後來，激進的民眾又在這裡追悼「濟南慘案」的遇難同胞，召開大會聲討「九一八」……中山公園最終變成一個疏浚憤怒的出口，曾經崇尚謙和、溫文爾雅的老北京，逐漸演化為一座激進之城。

從此，中山公園（中央公園）在公眾心目中的形象，不再僅僅是它四季不敗的鮮花，而是公園裡的「國務院」來今雨軒、「紳士和知識階級的地盤」長美軒、「青年會」柏斯馨……[21]它們塑造了北京式的公共空間。人們可以在這裡輕易地找到各色名流政客、傳奇教授，桌前可能正坐着魯迅、張恨水或者《新青年》的編輯們。

無論是中央公園還是中山公園，其命名都是借助權力之手完成的，後來這座公園卻走向權力的背面。

宜人的風景並沒有柔化人們的心情，反而助長了憤怒的情緒，聚會的氛圍更將憤怒放大數倍。一些激進的知識份子毫不留情地批判時局，向公眾宣講拯救國難的途徑，原本沉寂的憤怒被公開煽動起來，大量蠱惑人心的聲音在公園裡會聚。遍佈園林的「三民主義」標語，曾經訓導出人們對當政者的忠誠，後來卻又成為人們反對當政者的直接理由，因為是當政者違背了「三民主義」的承諾，失約在先。當政者以公園塑造秩序，公眾卻用公園瓦解秩序，雙方的角力都被公園無聲吸納。遊園的雅興很快就會被焦慮感淹沒，河山凋零的感慨困擾着那些結伴出遊的年輕人，當他們拈起茶杯咂着新茶的餘味時，卻發生了意想不到的「移情」——湧上喉頭的並不是詩情蜜意，而是一腔悲憤的鮮血。中山公園和這座城市的命運，以這樣的方式奇妙地糾纏在一起。人們懷着「姹紫嫣紅開遍」的想像進入園林，尋找「良辰美景」，「賞心樂事」，離去時帶走的，卻是一場沒能做完的噩夢。

註釋

1. 「泰西各國，每獲一殖民之屬，除整理街道，推廣市廛以外，必先構造公園。奈何中國以北京為首善之區已六七百年，而於此項工程獨無人議及耶！」
2. 「國中之偏隅小邑，猶可緩造公園，何則皇城帝都者，萬國衣冠之所會萃其間，市廛繁密，車馬殷闐，空氣少而炭氣多，無公園宜疏泄之，則不適於衛生，而疾病易起，是以各國京城地方皆有公園，且不第有一處之公園。」《中國京城宜造公園說》，《大公報》一九〇五年七月二十一日。
3. 「各國導民善法，擬請次第舉辦，曰圖書館，曰博物館，曰萬牲園，曰公園。」
4. 《公共花園論》，《大公報》一九一〇年六月八—十日。
5. 轉引自邱仲麟：《水窩子——北京的供水業者與民生用水（1368—1937）》，見李孝悌編：《中國的城市生活》，新星出版社，二〇〇六年，第二三七、二四七頁。
6. 袁熹著：《北京城市發展史（近代卷）》，北京燕山出版社，二〇〇八年，第二五二頁。
7. 陸費逵著：《京津兩月記》，載《陸費逵教育論著選》。
8. 李長莉著：《中國人的生活方式：從傳統到近代》，四川人民出版社，二〇〇八年，第四七二頁。
9. 一九一二年，北京人口為一百一十三萬。根據李慕真著：《中國人口·北京分冊》，中國財經出版社，一九八七年。
10. 「偌大的一個京城，雖然有什麼什剎海、陶然亭等的，但不是局面太小，就是人力不到，況且又都是地處一偏，交通不便，全都不夠一個公園資格」，「通都大邑，沒有個正當的遊戲地處，因而鬧得多數男子，都趨於吃喝嫖賭的道兒上去。……所以打算改良社會，當從不良的病根上改起，設立公園，便是改良不良社會的一種好法子。」（《社稷壇公園預備之過去與未來》）

11. 「讀法蘭西革命史，如若路易王室早順民情，何至被殺無遺！民軍所爭的是政體而非君位，所要的是共和而非宗社。我皇太后、皇上何忍使列祖列宗震驚，被趕出紫禁城？必能俯鑒大勢，以順民心！」根據愛新覺羅．溥儀著：《我的前半生》上冊。

12. 《社稷壇公園預備之過去與未來》。

13. 朱啟鈐：《一息齋記》，一九三九年中央公園紀念建園二十五周年，六十七歲。摘自中央公園委員會編：《中央公園廿五周年紀念刊》。

14. 謝興堯著：《中山公園的茶座》，一九三六年。

15. 陳義風著，當代北京編輯部編：《當代北京公園史話》，當代中國出版社，二〇一〇年，第三十五頁。

16. 《中央公園二十五周年紀念刊》。

17. 《群強報》，一九一四年十二月二十三日。

18. 《發起在滬建中山公園》，載《申報》一九二五年三月十七日。

19. 根據《日常生活中殖民主義與民族主義的衝突》，民國全國建成中山公園二百四十三座。而根據《空間重組與孫中山崇拜》，全國包括光復後的台灣在民國時期共建二百六十七座中山公園。

20. 【澳】C．P．菲茨傑拉爾德：《為什麼去中國——1923－1950年在中國的回憶》。

21. 根據鍾少華：《從皇家禁地到北京第一座公園》，《北京文史資料》第五十七輯，北京出版社，一九九七年。

第四章 專家治國

辦公室裡空無一人。桌上最顯眼的位置，擺着一份攤開的卷宗。熊希齡掩上門，門外袁世凱與外國公使的寒暄聲於是漸次模糊起來。面對着空曠的辦公室，熊希齡一時竟不知道，是該先徘徊幾步，還是徑直到桌邊坐下。

桌上的卷宗再一次吸引了熊希齡的注意力，他幾乎一眼就看到了自己的名字。躊躇片刻，他終於忍不住湊到近前。

這份案卷出自許世英之手，許世英稱，追查熱河行宮盜寶案已有進展，而他的各種添油加醋的指控，直指擔任內閣總理的熊希齡。

這些指控讓熊希齡想起熱河的往事。當年熊希齡做熱河都統時，姜桂題前往熱河剿匪，與熊希齡見面。姜桂題抱怨說，自己有功於民國，卻沒有得到應有的回報。為了安撫姜桂題，熊希齡提出可以請國民政府給姜桂題授勳，卻被拒絕。姜桂題再三表示，自己更想要幾件留有先皇手跡的小物件，留作紀念。熊希齡便送給他兩把扇子，分別由康熙和乾隆御筆題寫過。當時，熊希齡已將這一情況呈報國務院立案。此外，熊希齡就任都統之初，行宮看守照例要送給新長官一些東西做人情，熊希齡對文物一竅不通，也不感興趣，但想到如果執意不收，看守必不安心，於是就收下幾件。不料，在許世英的描述中，這些事情已經變成熊希齡蓄謀主使，大肆盜賣文物。

近乎窒息的死寂，門外袁世凱的談笑聲像毒蛇般在熊希齡心中游走。他馬上意識到，自己已經陷入袁世凱精心佈下的一個局。袁世凱預先約他來見面，不可能再約外國公使在同一時間會面。袁世凱這樣做，只是為了讓他恰好走進辦公室，恰好在桌上看到這樣一份暗藏殺機的文件。

門外已經傳來袁世凱送客的聲音。

袁世凱顯然已經看出熊希齡臉色有異，卻佯裝什麼事也沒發生過，初時還對熊希齡噓寒問暖，旋即又聲嚴色厲起來。袁世凱說，國事如此艱難，都是因為國民黨處處掣肘，導致自己這個總統不能行使權力，熊希齡作為內閣總理也不能執行職責，所以，必須解散國民黨，把議院裡的國民黨黨員全部清理掉。一份早已準備好的大總統令便遞到熊希齡面前。熊希齡知道，倘若自己反對，袁世凱一定會拿熱河行宮盜寶案來做要脅，同時，作為進步黨的領袖，熊希齡自己也一向對競爭對手國民黨心存芥蒂。躊躇片刻，熊希齡簽下了自己的名字。隨即，等候在隔壁的內閣成員們也陸續進來，逐一簽名。[1]

袁世凱不動聲色，諸事卻已水到渠成。這是早已導演好的一幕。

曾經叱咤民初政壇的國民黨，隨即被驅逐，孫中山、宋教仁的政黨理想，還是在權力鬥爭面前不堪一擊。此後，袁世凱步步緊逼，解散國會，強推「總統制」，而熱河行宮盜寶案也終究還是出現在各大報刊上，以此逼迫熊希齡辭職。

熊希齡據理力爭、陳述事實之後，決定辭職。隨即，教育總長汪大燮、司法總長梁啟超、農商總長張謇也遞交了辭呈，由熊希齡組建的「第一流經驗與第一流人才內閣」，[2]歷時僅僅半年，就宣告土崩瓦解。

「人才內閣」組閣之初，曾經備受矚目。熊希齡一直被譽為「第一流之財政家」，而在他的組閣計劃中，梁啟超、張謇、汪大燮、楊度，以及鄭孝胥、張元濟等人，也都各有專長並且聲望極高，他們都是從傳統士大夫中脫胎出來的各領域專家，不僅擁有現代的理論基礎，甚至擁有長年的實踐經驗。而經歷了晚清「皇族內閣」的鬧劇以及民國初年屢次更迭的內閣變故之後，國人更是對這屆內閣寄予厚望。

千年以降，中國人一直秉承着通才教育的人才培養模式，這種教育模式也相應地影響了政府的組織形式。在中央，一個官員可以隨時在吏部、戶部或兵部之間調動職務和職位，通過補缺獲得升遷。這種跨領域的職位調動，並不會影響這群文學家和思想家自如地治理國家，僅僅依靠半部《論語》或者一部《春秋》，他們就能牢牢地控制着政府，搭建起穩固的人際網絡。這些上古經典被認為是萬能的，因此，用了十餘年寒窗苦讀研習它們的官員們也就隨之變成萬能的。問題在於，這些經典可以教會一個人怎樣做人，怎樣做官，卻無法教會他們怎樣處理具體的現實問題。帝國對此，不以為意。於是，中庸之道和厚黑之學在官場上無處不在，並且奇妙地維繫着帝國的運作。考場上那些夾雜着汗臭味的格子間，於是也成為一則奇妙的隱喻，帝國信任這些從格子間裡奮勇拚殺出來的精英們，相信他們的忍耐力和決斷力，相信他們即便是在自己陌生的領域中，也完全有能力通過孜孜不倦的自學和豐富的實踐，舉一反三，摸索出管理國家和社會的經驗。這種經驗被日本少將山根總結為「宰相之學」，他說：「貴國人喜學宰相之學，滿國皆李傅相也。」[3]在一個缺乏選擇的社會裡，讀書進仕成為大多數人唯一的目標，人們不得不通過追逐權力來改變自己的命運，這種狀況後來被吉伯特．羅茲曼（Gilbert Rozman）進一步描述為：「中國是一個單一職業社會。」[4]這單一的「職業」，當然利弊參半，它能夠在大多數時間裡維繫國家的平衡，但它也有致命的弱點，它的職能分工過於籠統，帝國因此形成了近乎病態的官僚體制，「對官僚應有的形象的考慮，不是憑藉區區的專門行政知識，而是憑着自己完美的文化能力和道德能力去教化和指導民眾。在這種意義上，在舊體制的中國，官僚的理想形象不是行政的專家，相反，毋寧說非專家才是官僚的理想形象。行政的專門知識委託給幕僚或胥吏就可以了」。[5]

當然，在地方政府確實也不乏一些擁有專門知識和實踐經驗的官吏，但他們往往局限於少數領域，並且，對他們來說，這些專業知識或許無助於他們的升遷，如果沒有科舉的庇佑，他們可能畢其一生都只能做一個仵作，或者一介訟師。

中華帝國的這種政治困境，曾在十八世紀的歐洲引發過狂熱的想像，中國被譽為由哲學家統治的國度，西方的思想家們奔相走告，連柏拉圖時代都未敢奢望的理想國，竟在遙遠的中國如此完美地存在着。不過，一個世紀以後，西方的觀察家們就用雙眼粉碎了想像。在他們眼中，中國吏治結構的弊端顯露無遺，對理想國的艷羨，很快就變成對中國現實的批評與質疑。

直到晚清，隨着近代教育的進展，各領域的專業化人才終於湧現出來，專家治國逐步成為可能。人們意識到，官員不再是萬能的，而是應當具有詳細的職能劃分，各擅其長，各安其位。在這場官僚專業化的轉變歷程中，最重要的功臣，首推袁世凱。

早在呈交《遵旨敬抒管見上備甄擇摺》時，袁世凱就已經指出帝國在用人方面的弊端，「用非所學，類多嫻於文藝、拙於政事。又自咸同年軍興而後，保舉捐納，階進日多，流品益雜」。按照他的計劃，官吏必須精通「一切西政、西史」，政府不僅要派他們出國遊歷，學習西政，更要在國內設置課吏館，「專就吏治、時務、交涉等項，擇要輯書」。[6] 他自己在擔任直隸總督期間，就專門在課吏館中開辦政治、財賦、洋務、河工四門課，又創辦北洋法政專門學堂，培養法律人才。通過對官員分門別類的培養，袁世凱廣植了羽翼，也樹立了眾多異己。

現在，終結熊希齡這一屆「人才內閣」的，也正是袁世凱。

事實上，熊希齡這次出山，從一開始就困難重重。

在袁世凱心目中，內閣總理最合適的人選，是他最倚重的老友徐世昌。他曾對朋友說：「梁（啟超）、湯（化龍）一書生，僅能提筆作文，不勝國家重任；熊（希齡）頗有才具，然人甚圓滑，草寄牆上，隨風俯仰，亦不相宜。總理一席，殆捨徐菊人莫屬。」[7] 不過，避居青島的徐世昌深知政局艱難，不肯出山，袁世凱只得轉而督請熊希齡就任。

對於內閣的人選，袁世凱也早有主張，只留下農商、司法、教育三個部門交給熊希齡安排。梁啟超希望出任的財政總長和楊度希望出任的交通總長，都無從爭取。得知這一結果，梁啟超拒絕擔任司法總長，楊度更是極為不忿地拋給熊希齡一句「幫忙不幫閒」便揚長而去，[8] 張謇和汪大燮也決定與梁啟超共進退，力辭不就，備選的鄭孝胥和張元濟也先後拒絕了熊希齡的邀請。熊希齡就任後，這種職位空缺的局面竟然持續數日。最終，袁世凱將財政總長的職位交給熊希齡兼任，而熊希齡更以進步黨的前途勸告梁啟超，梁啟超才終於答應就任司法總長，張謇和汪大燮於是也接受了農商總長和教育總長的任命。

熊希齡的「人才內閣」也曾打算放手一搏，對內政、外交、財政、教育諸領域都進行了細緻的規劃，制訂出《大政方針宣言》。不料，他們的前路卻舉步維艱。他們需要面對的，不僅是袁世凱的猜忌，更要處處提防袁世凱的那些大權在握的部下們的敵視。

最荒誕的一件事是，身為「第一流之財政家」的熊希齡，根本無法在經濟領域一展身手。財政大權都掌握在總統府秘書長、「交通系」的領袖梁士詒手中，政府所需的大量款項都要從交通部支取，梁士詒卻拒不配合。這樣一直挨到年關，政府入不敷出，熊希齡幾近絕望之時，梁士詒才假惺惺地帶着五百萬元交給袁世凱，再通過袁世凱之手轉交熊希齡，此舉成為對熊希齡莫大的羞辱，也越發萌生了他的退意。9

最終，各領域的專家們只能將自身的專業技能應用於局部的實踐。熊希齡投身慈善事業，張謇則專注於實業和地方建設，梁啟超一面組織政黨、一面潛心教書著述，汪大燮最終也同樣轉向了教育和慈善。他們改變了局部的中國，卻無力匡扶傾覆的時代。

此後，專家治國的理念又幾經變遷，卻不脫學院派的藩籬。從胡適、丁文江等人推崇的「好人政府」，到陳之邁力主的「專家治國」，尤其是一批留學歸來的市政專家們根據歐美經驗所做的規劃，都曾取得過一時的碩果。他們公開提出：「所謂專家行政，就是要內行人來辦理內行事」，10 成為對中國官僚結構的明確反思。對制度層面的探索，對財政危機的應對，對各領域具體問題的解決，共同構成貫穿民國的歷史線索。然而，面對權力的傾軋，書生們的一切規劃，在軍人掌控的政府看來，往往是紙上談兵。

書生們每每意氣風發而來，卻在匆匆退場之前就已意興闌珊。極至一九四八年由翁文灝組建的「行憲內閣」，更成為專家行政的一次尷尬的絕唱。

熊希齡的悲劇就這樣一直傳遞下去。

張謇退出政壇後回到故鄉南通，一手締造了這座海邊小城。他作為實業家的身份後來被一再提及，而作為水利專家的地位卻往往被忽略。但他為水而生、因水而死的命運，卻恰恰反映出那一個轉折時代中國傳統知識份子的新生與掙扎。

張靜江曾被孫中山寄予厚望，被認為是財政專家的不二人選，但他終於還是被經他一手提攜起來的義弟蔣介石輕鬆扳倒，連他最希望專注推行的國家建設委員會都不得不拱手相讓，他只來得及為中國留下一座破繭重生的傳統都會——杭州，而他的利器，是一次真正意義上的博覽會。

劉文島同樣曾滿腹創意地規劃着漢口的未來。他召集了一批各領域的市政專家，針對城市的具體問題進行了諸多富於創建的實踐，但他在漢口開啟的市政改革與民主之路，最終還是被權力之手撕得粉碎。

他們都不知道，早在多年以前的那個早晨，在袁世凱的辦公室裡，他們的命運就已寫定，並在將來不斷重演。

註釋

1. 以上內容根據鄭廷璽著：《袁世凱挾制熊希齡解散國民黨的經過》，全國政協《文史資料選輯》第四十八輯，第一五一頁。
2. 黃遠庸著：《遠生遺著》卷三，第一八九頁。
3. 吳汝綸：《桐城吳先生日記》（下），河北教育出版社，一九九九年，第五十五頁。
4. 羅茲曼主編：《中國的現代化》，江蘇人民出版社，一九八八年，第一九五頁。
5. 【日】佐藤慎一著，劉岳兵譯：《近代中國的知識份子與文明》，江蘇人民出版社，二〇〇八年，第九頁。
6. 《遵旨敬抒管見上備甄擇摺》，《袁世凱奏議》（上），天津古籍出版社，一九八七年。
7. 上海《民立報》，一九一三年七月二日（專電），轉引自周秋光著：《熊希齡傳》，第三九一頁。
8. 陶菊隱著：《籌安會「六君子」傳》，中華書局，一九八一年，第八十三頁。
9. 黃遠庸著：《遠生遺著》卷四，第十二頁。
10. 張銳：《促進市行政效率之研究》，《市政評論》第三卷第十八期。

南通

千里涉江

命運的起筆

積水彷彿煮沸了幾個晝夜，沿着街道漫溢，漸漸地沒了腳踝，漸漸地平了石階。雨滴尚未落地已經摻雜着京城的沙塵變作泥漿，在地面上綻開無數渾濁的水花。應考的書生們在屋簷下狼狽躲閃着這場數十年不遇的暴雨，卻又每每首尾難顧。四十一歲的張謇獨自離開這群彷徨的少年，背起考筐，迎着暴雨蹚着積水跑回寓所，衣衫被雨水浸泡着，緊緊地綑綁在身上，如同綑綁了他二十六年的那條無形的精神枷鎖。1

如果不是年邁父親的再三懇求，張謇原本不會出現在此刻的京城。自從十六歲時因為冒名頂替而被勒索舉報的風波爆發之後，科考就成為張謇心中一道隱匿的傷疤，他已經習慣了鎩羽而歸的滋味，人生最好的時光都虛擲在參加科考的路上，一次次滿懷希望，又被覆手拋入深淵。

最離奇的是，在過去的十年間，命運將張謇引入一種更為荒誕的境地。他深得「清流派」的青睞，翁同龢、潘祖蔭都已經下定決心要把他拔擢為狀元，為此專屬留意，卻每每適得其反。彷彿被下過蠱一般，他們屢次把別人的試卷誤判為張謇的，每一次放榜，他們就意外地發現，自己又選錯了人，又一次鬼使神差地為他人做了嫁衣裳。

張謇就這樣在科考的邊緣徘徊着，不過，事到如今，其實他也不再需要依靠一張紅榜上的題名來證明自己，他是孫雲錦和吳長慶的重要幕僚，而依靠給人寫銘代筆，也能獲得不菲的收入。但是，為了父親的期待，年過不惑的張謇終究還是參加了這次恩科，繼續把自己毫無尊嚴地塞在方寸的木格子裡，在瀰漫着汗臭和騷溺的空氣中構思詩意的詞章，還需時時提防考官懷疑的目光，朝廷嚴查作弊的飭令一年比一年嚴厲，這種充滿不信任與高壓的空氣，彷彿是為了暗示考生們，他們夢寐多年的朝堂生涯究竟將是什麼樣的。每天都會有人失魂落魄地離開考場，數十年寒窗苦讀，終究還是敵不過這數日的疲憊交集，而留下來的書生們仍然滿懷憧憬，苦中作樂。這一次，張謇頗為得意的那些偶得的煉字，「拂水柳花千萬點」的「花」字，「雨洗亭皋千畝綠」的「皋」字，[2]同樣是在這種腐爛悶熱的空氣中發酵出來的。

許多年後，張謇會意識到，原來他的命運，早在他穿梭在京城鱗次櫛比的屋簷下被暴雨濕透的時候，就已被提早寫定。他的時代姍姍來遲，但終究還是來了，駕馭着風雷，裹挾着雨霧，一場數十年不遇的暴雨和水患，與這個清廷數十年不遇的專業狀元之間，建立起微妙而神秘的關聯。與日後眾所周知的實業家身份相比，其實張謇畢生與治水糾纏——因治水而改變命運，因治水而披肝瀝膽，為治水而生，又終究因治水而死。

最後的策問

半年後的策問開始印證這一點。

從考官口中冒出的那一連串水利專家的名字——大禹、張堪、劉靖、朱潭、盧暉、何承矩、郭守敬、虞集、汪應蛟、申用懋……張謇都不陌生。他從容地闡述着歷朝河道的變遷，前人治水的經驗，辨別其中的利弊。河渠是四道策問中的第一道，相比經籍、選舉、鹽鐵，也是極為專業化的一道。所幸，這些知識對張謇而言，卻輕車熟路。他需要斟酌的只是回答的尺度，是更自我一些，還是更傾向於引經據典，為了求穩，張謇選擇了後者。「夫天下之水，隨在有利害，也害去而利乃興。……朱子曰，治水先從低處下手；又曰，漢人之策，留地與水不與爭。然則，朝廷所欲疏瀹而利導之者，其必先於津沽岔口加之意也。」

水利問題之所以獲得重視，有其時代背景。平定太平天國之後，河防就成為國內最大的膿瘡。朝廷花費在河防上的費用逐年增加，一度佔全年財政收入的三分之一。[3] 魏源的判斷儘管有些聳人聽聞，卻是實情，「竭天下之財賦以事河」。[4] 河患歷代都是困擾政府的痼疾，然而，在內外交困的晚清，河伯卻又每每釜底抽薪，天災連同着人禍，不斷地釀成慘劇。

所以，主持策問的文臣們甚至沒有預留一個關於禦敵的題目。這些皓首窮經的儒生們都沒聽過帝國東方海上的那些藏匿在霧氣背後淒厲的汽笛聲，倘若真的聽到，他們大約也只會輕描淡寫地用塞外的悲笳來形容那一聲聲摧人肝腸的轟鳴。但今時畢竟已經不同於往日，帝國的前線早已經從塞外轉移到海上，並且，敵我之間的力量對比，逐日都在發生着微妙的變化。中國艦隊的年輕統帥們，從福建馬尾一路北上，不僅需要適應北方的嚴寒，還要面對京城中腐儒們的冷言冷語。因為他們大多出身貧寒，無力考取功名才進入洋務學堂，所以，留給他們的晉升空間極為有限。他們在洋務學堂、在歐洲留學時學到的操縱船炮的技巧，熟練的外語，在自治風氣更強、洋人聚集的南方或許還能行得通，在北方帝都的腐儒們看來，不過是雕蟲小技。武將與文官之間的隔閡總也無從消弭，廉頗和藺相如的故事，歷朝都在屢次發生，並且越演越烈，盛世有盛世的雜象，亂世有亂世的爭端，無論戲台上的《將相和》唱得如何感人肺腑，也敵不過現實中意識與權力的角鬥。而到晚清，儘管曾國藩、李鴻章、左宗棠都是行伍出身，掌握軍國大權，卻也未曾衝破這種複雜的邏輯，甚至往往需要率先妥協，何況，他們時常也樂得以文人自居。

文臣們享受着暴風雨前的漫長寧靜與沉悶，中法戰爭過後，帝國已經度過了長達十年的和平光景，並且，這種與世無爭的氛圍似乎並沒有結束的理由——已經無人敢小覷李鴻章和他的北洋水師，儘管文臣們對「中國的俾斯麥」這句恭維頗為詬病，但他們確實還在眼睜睜地看着李鴻章從平定太平天國到創建北洋水師，權力甚至超過了曾國藩時代所能達到的漢人的極限；與此同時，國內也已無大亂，那些不和諧的聲音只是些零散的火星，隨時都可以掐滅。文臣們因此全無畏懼，他們忙着考慮怎樣才能在慈禧太后的花甲慶典上送一份體面而又獨特的壽禮，在這個歷來崇尚功利機巧的國家，依靠高度發達的手工業來推進的科技進程，並沒有應用於富國強兵，卻常常成為王侯的玩偶，為權力所誤。

沒有人料到，日本會在幾個月後發動一場蓄謀已久的戰爭，摧枯拉朽般毀滅帝國最後的自信。一切尚未發生，一八九四年，帝國最後一次心平氣和地操辦科舉選拔。經過漫長的考試，以及決定性的四道策問，張謇中一甲第一名，賜進士及第。張謇成為被寄予厚望的治水大臣，他自己似乎也很認同這樣的身份，並且樂此不疲。從晚清入民國，與他筆路藍縷的實業家身份相比，坎坷的治水經歷越發清晰地勾勒出他命運的另外一極。

水能載舟，亦能覆舟

張謇顯然並非只會紙上談兵。

早在七年前，張謇就在現場目睹過洪水釀成的慘劇。光緒十三年（一八八七年）八月初十，在夏季漫長的陰雨中，張謇展開鄭工送來的呈報，黃河水勢高達兩丈七尺，危在旦夕。5 此時，張謇在開封知府孫雲錦手下任書記，開封府的官吏們尚未來得及討論對策，便收到了次日傳來的更為確切的消息，事實上，沁河早在幾天前就已經決堤了。有關災難的消息，在民間的傳遞總是疾如驚雷，在官府之間的層層上報，卻往往像個遲緩冗長而又自相矛盾的笑話。

洪災的蔓延勢同奔馬。兩天後，鄭州決口達三十餘丈，又過了兩天，渭河決口過百餘丈，次日，水淹朱仙鎮，僅僅兩三天之間，決口又迅速被撕開兩百丈，災民不可勝計。據說周家口一帶，浮屍沿着河道魚貫而下，人和動物的屍體交雜在一起，被水泡得膨脹臃腫，迅速鋪滿了整片河面。有一家男女老幼七口人，因為擔心被洪水沖散，只得用一根繩子相互繫在一起，繩子上還拴着家裡唯一的一條狗。

八月十七日，孫雲錦要求設置賑撫局，當地官員卻仍然試圖遮掩真相，聲稱災民不多，根本無須開設賑局。張謇在日記中罵道：「可云昧良喪心狂吠之犬矣。」

災難總是容易激發出傳聞與謠言，並隨着政府的不作為而越發放大。在民間，洩憤與洩洪往往是同步發生的，各地的暴亂此起彼伏。負責堤壩的官員余璜每年克扣十幾萬兩白銀，沉迷於唱戲請客，他任命的師爺李祈對工程更是橫加盤剝，直接造成潰壩。憤怒的災民於是衝進余璜署中，將財物劫掠一空，他們抓住了他的妾，打算把她推進河裡，余璜家中的老婦騙大家說這是自己的女兒，她才得以幸免，手腕上的兩個金鐲子卻還是被強行奪走。師爺李祈則沒能逃脫，他被徑直推進河裡，勉強游上岸之後，又被災民抓住，剖腹開膛，屍體最終又被丟棄在河中。一個平時作惡的姓張的無賴，也受到牽連，人們不約而同地選定了這個機會，一起擊碎了他的頭顱，儘管他和潰堤並沒有什麼實際的關聯。人們只是需要一個出口，來引渡已經滾燙的怒火，所以，人們並不在乎轉嫁的目標是否得當。公眾的憤怒有時會推倒整個國家的多米諾骨牌，有時也可能會不動聲色地悄然平息，一切取決於政府的應變力，以及當政者的誠意。

八月二十日，張謇親自前往石橋觀察災情，他才終於知道災民們憤怒的原因，不僅因為他們流離失所，更在於官府的離奇態度。在距離決口四五里的地方，「時天已將曙，聽河聲如萬馬嘶風」。然而，河督和河道駐地卻都在決口四十餘里外，對災情不聞不問。災民們試圖自救，用柳條、蒿梗堵住決口，反而被斥責為不成事體，要求嚴禁。官府雖然僱用了一群船民駁舟救人，這邪惡船民卻要求困在樹上、屋頂、高地上的難民每人先交五千錢才允許上船，甚至大肆劫掠婦女販賣。

災難是政府行政能力最好的試金石，表面的繁華與平靜，奏摺裡誇張矯飾的數據與攻擊，都敵不過一場災難的考驗。災難與暴亂之間，原本並沒有直接關聯，有時，正是一個蹩腳的政府因為過分相信自己的小聰明，才率先建立起它們之間的關聯。

在這場洪災中，張謇也欣慰地看到了士紳們的力量。當他抵達受災現場時，城中已經形成了自發的賑災系統，當地的士紳們從災情發生起就開始召集募捐，送饃的推車也絡繹不絕，許多人得以活下來。

經過在災區的勘察，張謇寫下《鄭州決口記》。他的案頭堆積的水利典籍越來越高，本朝靳輔的《治河方略》、馮道立的《淮揚水利圖說》、丁顯的《恢復淮河故道圖說》，以及明朝潘季馴的《河防一覽》，張謇在綜合比較各家治河理論的基礎上，提出以統籌全域，蓄洩兼顧，從下游治水等一系列主張。所以，七年後的策問，他可以從容不迫地迅速征服了傲慢的考官們。

彼岸是江南

張謇沒有料到，多年以後，他的水利經驗，將會拯救他的故鄉。

他依然保留着幼年的記憶，父母曾反覆向他描述過發生在身邊的災患，尤其是發生在道光二十八年（一八四八年）的洪水和咸豐六年（一八五六年）的大旱，幾乎摧毀了南通，「道光二十八年之大水，咸豐六年之大旱，鄉里被災之酷狀，一家處困之情形」。

千年以降，南通一直默默無聞，並且飽受饑荒和戰亂。長江將這座城市硬生生地隔絕在富庶繁華的南岸之外。一條寬度不過數百米的江流，原本不足以區分出如此迥然不同的氣候、風物與人情，弔詭的是，江南與江北還是如此決絕地產生了天壤般的距離，彷彿一對失散多年的孿生兄弟，重聚時儘管瞳孔裡閃爍着相似的光輝，然而，無論衣着還是談吐，都已經截然相反，幾乎難於相互辨認。

南岸擁有富庶的城市與鄉村，擁有雅致的文化傳承，南通的腹地則是江北貧瘠的土地。所以，無論是叛亂者還是侵略者，不約而同地選擇了對這座城市的漠視。鴉片戰爭時，英軍途經南通周邊諸地，領贈後卻並未逗留，匆匆離去，儘管與英國人更崇尚商業利潤的情結有關，卻也足以反襯這片地域的寂寥。太平天國曾盤踞蘇州、常州一帶長達四年，卻一直沒有跨江攻打南通。6 它的發展，在內陸城市中或許並不算過於遲緩，但是面對咄咄逼人的江南城市群，近在咫尺的南通無法不相形見絀。

更致命的不僅是地域和戰亂之苦，逐年氾濫的洪水更是加劇了這座城市的悲情。南通被長江與淮河夾在中間，如同一把剪刀的兩片利刃，無情地剪向這座盛產藍印花布的城市。

於是，當張謇開始在南通發展實業，規劃城市之初，就意識到，如果不率先妥善解決好水利問題，一切都無從談起。在洶湧江水日復一日的沖刷之下，堤壩的任何一個小小潰口，都會在瞬間釀成慘劇，他精心佈下的城市格局將被席捲一空，而每年消耗在賑災上的時間，往往就要橫跨整個夏季，而一旦年景不巧，洪澇和乾旱同時發生，他幾乎更難分出精力來發展實業，建設城市。

治水是傳統士大夫都困擾一生的難題，而在張謇的後半生，沒有誰可以庇佑他，沒有翁同龢，沒有張之洞，那些席捲一切的江流，黎民的悲苦，成為張謇一生難以走出的迷局。環境決定了人事，時代塑造了性格，貧瘠的海邊土地，逐年氾濫的洪水，試探着張謇的悲憫，也沖蝕着張謇的悲劇。

希望與虛妄

光緒三十三年（一九〇七年），南通十公里江岸被沖垮的消息傳到通州師範學校時，張謇特聘的日本教師木村忠治郎和宮本幾次還在給測繪科的學生們上課。測繪科是張謇在一年前剛剛創設的，面對日益惡化的江淮局勢，他已經無法繼續心平氣和地等待政府的搪塞，過去的幾年間，他接連遞交的《淮水疏通入海議》、《請速治淮疏》、《復淮浚河標本兼治議》，都被一再擱置，然而，不解決逐年爆發的江河問題，城市的復興，國家的發展，都只能是奢望。張謇只能先自己着手培養人才，所幸，他創辦的大生紗廠和通海墾牧公司利潤逐年增長，他已經有實力付諸行動。

張謇深知中國古代地圖的癥結所在，測量往往並不精準，測繪的方法也過於簡單，如果不能繪製出完善的地圖，就不可能真正把握地域的全域，無法有的放矢地在城市中安置各種公共設施，規劃城市的格局。全面勘測也是治水的前提，只有對全域瞭如指掌之後才能對症下藥，貿然動手只會適得其反。此前國內也創辦過測繪學校，但大多是為軍事之用。張謇則希望測繪科的學生們日後能承擔這樣起步的工作，丈量南通甚至整個中國的土地。「自治區學區警區可得而分，田賦可得而厘，戶口可得而查，農田水利可得而修，工商業可得而計矣。」7

然而，測繪科的學生們還沒有真正成長起來，南通江岸卻率先垮塌了，就像一個不祥的徵兆。正月剛過，張謇就個人出資三千元，聘請上海浚浦局的專家到南通，勘察長江水情。與此同時，他也不得不加快了測繪的進程。次年，他倡導成立了南通測繪局，並馬不停蹄地開始在南通境內測繪輿圖，這項工程耗費了兩年時間。依靠新的輿圖，張謇開始構思他宏大的城市建設計劃，根據南通的地貌走勢和城市的疏密佈局，將唐閘設置為工業區，將長江邊的天生港設置為港口區，在狼山地區建造風景區和花園私宅，在濠河沿岸修建五座公園。與此同時，水利計劃也得以真正提上日程。

預備立憲和民國開元，都令張謇看到過希望。一九〇四年，為了促成立憲，張謇就開始與絕交二十年的袁世凱重新建立起聯繫，[8] 袁世凱全力促成預備立憲，更讓張謇大為激賞，他在寫給袁世凱的信中毫不避諱地使用了諸多溢美之詞：「自七月十三日朝廷宣佈立憲之詔流聞海內外，公之功烈，昭然如揭日月而行。而十三日以前，與十三日以後，公之苦心毅力，如水之歸壑，萬折而必東，下走獨心喻之。億萬宗社之福，四百兆人民之命，緊公是賴。」[9] 其間雖然有些誇大其詞，袁世凱的力挽狂瀾以及面對權勢傾軋的無畏與黯然，還是令這些書生們輕易就會感動。宣統二年（一九一〇年），當張謇在南洋勸業會上參觀直隸館之後，對袁世凱的崇敬與懷念更是無以復加，他在日記中寫道：「頗覺袁為直督之能任事，此人畢竟與人不同，工藝殊有擅勝處，江蘇不及也。」舉目中國，他漸漸意識到，袁世凱的強力與權謀，或許才是這個國家最或缺的力量。

於是，宣統三年（一九一一年）夏，張謇前往河南洹上，拜會賦閒在家的袁世凱。

張謇此行，是為了進京再度為立憲請命，他之所以取道河南洹上，則是希望摸清袁世凱對立憲的態度，並促成他出山。兩人從傍晚一直談到子夜，袁世凱承諾，一旦自己日後復出，一定會尊重民意，尊重張謇的意見，雙方精誠合作，共同挽救國家。這次會面讓張謇頗感欣慰，認為不虛此行，袁世凱在這位立憲派中堅人物心中的地位，更加無人能夠取代。

所以，當四個月後武昌起義意外地爆發，張謇一面趕赴江寧，試圖勸說督撫們奏請朝廷立憲，加速召開國會，與此同時，他也毫不猶豫地將賭注押在袁世凱身上。袁世凱也對他表現出莫大的誠意，派唐紹儀南下與革命黨和談時，袁世凱專門叮囑，此行務必要先到上海拜見張謇，「你必告張謇，我必尊重他的意見」。張謇在發給袁世凱的電報中，也毫不掩飾對這位強力人物的殷切希望，建議他，眼下只有迫使清帝退位，才能平息革命黨的憤怒，也才能安撫天下民心，同時，他向袁世凱承諾：「甲日滿退，乙日擁公，東南諸方，一切通過。」

一九一二年年初，晚清最著名的狀元張謇，用手中戰慄的毛筆，親手中斷了曾賦予自己無上榮耀與悲哀的王朝。二月十二日，中國最後一個皇帝溥儀宣佈退位，以隆裕太后之命發佈退位詔書，這封詔書，就出自張謇的手筆。

詔書的最後一句寫道：「此後務當化除畛域，共保治安，重睹世界之升平，胥享共和之幸福，予實有厚望焉。」張謇模擬的是帝王的口吻，說出的，卻是如他這樣的士子的赤誠之心。然而，世界並沒有沿着張謇所期望的軌跡前行。他和他的朋友全力將袁世凱扶上權力之巔，他自己婉拒了出任內閣總理的邀請，他並不熱衷權力，何況，他只是從大局考慮，自己如果能身處權力中心之外，會更進退自如，更有力量輔弼時政。只不過，張謇的個人犧牲，卻沒能帶來國家的重生。民國開元沒有將中國引向新世界，權力鬥爭反而變得更加複雜、嚴峻，戰事依舊頻仍，依舊生靈塗炭。在張謇的一生中，他總是嘗試與自己的敵人們重新修好，並非出於私利，而是出於公心，他希望各派力量能夠摒棄一己之見，戮力同心完成復興國家的大業，然而，他面對的卻是屢次被利用又被漠視的命運，在這個私慾橫流的時代，將張謇的背影映襯得無比單薄孱弱。

國民政府成立三個月後，張謇被任命為導淮督辦，次年，他開始出任工商農林部總長。這次任命讓張謇極為振奮，他在導淮總局的基礎上創辦了全國水利局，兼任總裁，並提出更加詳盡的治水主張，在《條議全國水利約舉四端呈》中，他的計劃更加系統，從除害到興利，從培養人才到成立銀行投資，皆有周詳的規劃。「除害之大者，莫如導淮而兼治沂泗二水；興利之大者，莫如穿遼河以達松嫩二江；為其先者，在借異域之才，並設河海工程專門學校；濟其成者，在籌疏浚之款，並立農業地產銀行。」10

在短暫的任期之內，面對複雜的人事糾葛，張謇在重整交通、實業和金融秩序之外，完成了河海工程專門學校的創辦。選擇校址、解決經費和師資問題，幾乎貫穿了他的整個任期，因為他深知這座學校的意義所在，「今計南北水利同時並舉，若不及時特立河海工程專門學校，將來永無可供效用之才，誠屬非計」。這座史無前例的水利學校，讓張謇真的看到了治河的希望所在。

經過清末最後幾年的沉默行動，張謇針對水利方面的發言再次活躍起來。他不斷地修訂着疏通淮河、解決江淮水利問題的宣言書和計劃書，即便在一九一五年辭職南歸之後，即便在他集中全力發展實業、建設城市的時候，他的水利計劃也從未擱淺過，在這個由複雜的權力鬥爭建構起來的新中國，張謇近乎迂腐的執着，在許多年後讓人們屢次迷惑，究竟是什麼在塑造着我們的歷史、我們正生活着的世界。

夸父之路

在煙霧瀰漫的清晨，南通一帶的船民們時常會看到一些藍眼睛、高鼻子的怪人在岸邊招手，有時，一些饒舌的爭吵聲也會沿着霧氣蒸騰的江面遙遙傳來。有時，這些世代生活在船上的人們會誤以為，自己被夢魘迷亂了心神。

這些不速之客都是張謇陸續邀請來的外國水利專家。荷蘭水利工程師奈格曾沿着南通溯遊而上直達鎮江，集中分析這一段的整體水勢狀況。瑞典工程師霍南爾、施美德也曾在南通進行過長時間的考察。奈格和海德生更在往返南通四次之後，繪製出完備的《通州沿江形勢圖》，並提出了周詳的方案《通州建築沿江水楗保護坍田說明書》。為了徹底解決南通的水患，張謇創辦了南通保坍會並被選為會長。一九一四年，中國歷史上史無前例的水利學會研討會在南通召開，在張謇的大力邀請下，荷蘭的奈格、比利時的貝龍猛、瑞典的海德生、美國的葛雷夫、平爵內等各國水利專家雲集南通。[11] 他們並沒有只是露個臉，走過場，而是圍繞南通的保坍方案進行了激烈的爭辯，最終專家們分為兩派，奈格一派主張築楗，平爵內一派則傾向於修堤，一直爭執不下，經過商討，張謇最終決定，築楗與修堤並舉。

工程尚未進展，洪水再度逼近。一九一五年的洪水波及江蘇全境，南通東部受災嚴重。此時，人們已經開始習慣用「民國」來稱呼自己的國家，儘管生民的疾苦看起來一般無二。張謇和他的朋友們發現，起初自己試圖追逐失控的江水，其實自己卻在被洶湧的江水不斷追逐着。一九〇七年南通江岸的垮塌，或者一九一五年席捲江蘇的洪水，只是一些悲愴的插曲，在他們漫長的治水生涯中，剛剛起步的計劃屢次被突發的江訊攪亂，無法按部就班地實施，必須做出調整，必須在逆境中苦撐。不過，肆虐的洪流也刺激着他們的決心，讓他們像夸父那樣，近乎徒勞卻義無反顧地奔走下去。

保坍的同時，張謇也在考慮市內水利工程的發展，以便能從容應對頻繁爆發的旱澇災害。次年，張謇在賑災的同時，先後主持了七場水利會，提出在遙望港修造九門大閘、歇禦閘、環本閘。與此同時，駐會工程師特來克也抵達南通，他是奈格的兒子。張謇親自帶着特來克到南通各地勘察，最終決定在通海墾牧公司蒿枝港再修建合中七門大閘，同時修復舊閘，加修涵洞。特來克的築楗計劃比父親更為周詳，他希望從天生港直到姚港，連續築楗十二座，如果成功，不僅可保南通無虞，而且張謇可以從此集中全力建造這座襁褓中的城市。

特來克沒能完成他的計劃，三年後，當他準備修築第十一座水楗的時候，突然感染霍亂，彷彿命定了南通水利的多舛，經過幾個晝夜的掙扎，年輕的特來克在南通去世。他的事業並沒有中斷，通州師範學校的畢業生已經足以獨當一面，此後，日常施工開始由宋希尚主持。

然而，洪水正像困獸，不可能輕易就範，一九二一年，江淮洪水又一次橫掃下游，而連日的暴雨也再度引發了南通境內的洪水。張謇一時百感交集：「忝言水利，已有數年，核其工程雖按照原定計劃分東西進行，而未能盡弭此次之水患……惟此後之行水，有所取鑒。」這條路他似乎總也望不到盡頭，每每在峰迴路轉之間等待着他的，並不是希望，而是更大的困頓，任何一次意外都足以讓他從此消沉下去，所幸，他依然不厭其煩地以「人勝天之初旨」來鼓舞他的同道們，也安慰着他自己。張謇決定在南通再修建七座水閘，十座涵洞，此時，大生紗廠的生意已經瀕臨險地，棉花價格劇增導致大生紗廠逐年虧損直至難以維繫，曾經獲得過高額利潤回報的董事們，開始指責張謇在公益事業上耗費了太多資金，在董事們的詰難聲中，張謇還是集中全力籌齊了資金，最終在南通落成的，是十一座水閘，九座涵洞。與此同時，境內的所有河道也被疏浚完畢，河流污染也得到完善整治。當人們仍在大聲質疑張謇的時候，新建的水閘正在有條不紊地維繫着這座小城的穩定，平時定期開閘排污，曾經渾濁淤積的河流，逐日清澈起來；而如果遇到突發災難，乾旱時可以蓄水供給，洪澇時則開閘放水。

後來，宋希尚在《河上人語》中回憶了張謇和他的同道們在過去十餘年間所做的這些史無前例的工作：「一、以南通小邑，竟與長江水力相搏鬥，微張公之力誰能辦到。二、以一縣地方水利問題，竟能請到世界水利專家數十名之多，躬臨踏勘，幾成國際上研討專題，全國未見其二。三、以一縣之力，維護長江襲擊，中央與省均袖手旁觀，為世界各國罕見。四、因張公領導，地方協助徵收畝捐，自衛自助，此所以南通為地方自治之楷模，難能可貴。五、在經費支出困難中，此項築楗保坍，竟能保衛二三十里天天坍陷之江岸，為保坍工程放一異彩。」張謇在治水方面創造的諸多奇跡，正與他的實業理想相互應和。

南通治水取得的成效，也催促着張謇經驗在長江流域的傳播。張謇一直秉承從下游治水的主張，這次江淮洪水更加印證了他的觀點，他在寫給省長韓國鈞的信中提出「治江三說」，其一是湖南、湖北、江西、安徽和江蘇五省聯合，以下游的南京為中心，成立長江討論委員會；其二是湖北等四省都派年輕人到河海工程專門學校學習，培養水利人才；其三是江蘇境內也需要分段治理，洪災「以江陰南通一帶為最甚，施工當自江陰以下最大流量要處始之」，「為治而先下游其必自此段始」。張謇認為，治水需要「順乎水性，作全域統籌」，不能因為迷信某個局部的工程而放棄了對整體水勢的把握，否則只會適得其反。根據張謇的建議，次年，北洋政府設立了揚子江水道討論委員會，張謇擔任副會長，兩個月後，他在上海成立長江下游治江會，開始對長江下游進行集中勘測和治理。然而，在南通，張謇擁有絕對的威信，可以全力以赴，卻仍需要進行長達數十年的努力才能初見成效，而跨省的聯合，更是註定舉步維艱，人們對權力的興趣，往往超過了對事業的關注，張謇的行動，註定止步於南通，南通治水的成功也只能成為一個令人艷羨的個案。即便佔盡天時、地利、人和，誰還會為了一座小小的城市，消耗自己畢生的光陰，散盡資財，忍受冷眼？

從傳統知識份子中脫胎而出的一代實業家和政治家，幾乎都曾與賑災、慈善建立過密切的關聯，無論是張謇還是熊希齡，他們都曾在實業、政治與慈善之間徘徊過，屢次天真地試圖以一己之利補天，最終卻不得不承認，自己所能影響所能改變的，或許僅僅是一隅的中國，僅僅是一座小城或者一家慈幼院，而這些微茫的成就，都往往需要耗盡他們的一生。

張謇當年為紗廠取名「大生」時，化用了《易經》中的句子：「天地之大德曰生」，「天地之大德」，確實一度庇佑過他的事業，只不過，最終還是將他所走的那條路導向了死胡同。命運在覆手之間，總是令人始料未及。

權杖與志願

中國的問題，不在於匱乏理想主義者，也不在於理想主義者太過執拗或天真。傳統價值體系造就了官僚系統相互節制的慣性，而這種慣性進而滲透進整個社會，在這片土壤中，任何事業的進展都舉步維艱，即便權力階層有時也不例外，人們不得不習慣於瞻前顧後，漸漸喪失了進取心甚至想像力。這種傳統價值本身的缺陷，在西潮洶湧的晚清，出現了更為劇烈的異化。

張謇在南通忙碌的時候，從遙遠的北京傳來了袁世凱病逝的消息。張謇在日記中留下的感慨頗有些兔死狐悲的意味：「三十年更事之才，三千年未有之會，可以成第一流人，而卒敗於群小之手，謂天之訓迪吾民乎？抑人之自為而已。」張謇這一代人對袁世凱依然懷有複雜的感情，他們都曾相信袁世凱能引領這個疲敝的國家經過漫長的遷徙抵達新的芳草地，只不過，高處不勝寒的袁世凱還是被時局推搡着走向了歧路。張謇仍然記得，當年袁世凱強行遣散內閣，批准了內閣總理熊希齡的辭呈之後，立刻派人詢問張謇，是否要和熊希齡「同進退」。當時張謇平靜地回答：「就職之日，即當眾宣佈，余本無仕宦之志，此來不為總理，不為總統，為自己志願。志願為何？即欲本平昔所讀之書，與向來究討之事，試效於政事。志願能達則達，不能達則止，不因人也。」[12] 他已經深知，只有離開了權力中心，他的「志願」才能無所拘束地發展，但他更加知道，一旦失去了權杖的庇護，他也註定更加步履蹣跚。

這就是中國理想主義者永恆的精神困境。

張謇對國家未來的判斷，其實不過是那一代人的共識，並不算絕頂高明：「中國非真能實行普及教育、公共衛生、大興實業、推廣慈善，必不能共和，必不能發達，行此四事，一二十年後，必躋一等國。能行二三事，亦不至落三等國。」[13] 問題在於，這個國家從來都不乏言說者，卻始終匱乏實踐家，尤其是能夠躬耕於底層社會、經歷九曲百折的實踐家。

時至今日，或許人們依然很難理解，這位南通的實際統治者，為什麼會如此事事躬親。他的書信中時常提及的，都是一些瑣碎的小事，一些看起來無傷大雅其實又暗藏玄機的環節。在濠河邊修建南通博物館時，他甚至在信中事無巨細地囑咐，一定要在一天之內把草和樹種完，根露在外面太久會受到損傷；石欄的柱子不夠，可以用貢院裡的石桌腳來改造，需要「鑿兩眼貫木」，甚至專門提醒，其中一根石柱是壞的，不要用。14 在「成大事者，不拘小節」和「一屋不掃，何以掃天下」這兩句古語之間，官員們習慣於公開支持後者，卻每每面無愧色地以前者來粉飾自己的屢次失誤。張謇就生在這樣一個自上而下都敵視細節的國家。

中國的官僚系統也是城市難以發展、公益事業難以維繫的癥結所在。張謇發展南通水利，每項工程動輒需要花費數年甚至十餘年時間，地方官對此往往是缺乏耐心的，很少有人願意在一座城鎮尤其是如南通這樣貧瘠的小縣城裡消耗自己的官運，與這些出力不討好的事業相比，一兩件嘩眾取寵的功績，顯然更容易引起上級官員和朝廷的關注，從此快速升遷。這正是官員們更樂意建造紀念碑的緣故。城市被塞滿紀念碑，卻與生民無益。

士紳階層的存在，曾填補過官員們留下的這種空隙。士紳們固然也不乏一些功利目的，然而，畢竟他們生於斯，長於斯，長年盤桓在自己的城市裡，龐大的家族體系可以支撐他們的行動，讀書獲得的功名又可以使他們與官府保持相對平衡的關係，他們的強大財力也能保證事業的進展，更重要的是，他們比那些空降的官員們更熟悉本地的風土人情，並且顯然懷抱着更深的感情，因為這裡不僅是他們的故鄉，還是他們安放祖宗牌位、教導子孫讀書寫字的地方。士紳們的這種先天的情感，是官員們僅僅依靠道德法則難以企及的。

公益事業的實現程度，是一個社會成熟與否的標誌，它考驗的不僅是政府的行政能力和專業化水準，更是士紳階層的應急能力和道德標準，兩者的合力，才能真正促成城市與社會的良性發展。從晚清入民國，經歷內憂外患，中國的傳統價值觀屢次崩潰，卻終究沒有消失的原因，不僅在於文化本身的韌性，更有賴於士紳力量所維繫的健全的社會機制。問題在於，這種社會機制並沒能妥善地維繫下去，此後，中國開始以階級的觀念來粗暴地為整個社會重新歸類，士紳階層從經濟上和心理上被雙重閹割，他們的集體失語，暗示着整個國家將會出現怎樣難以彌合的裂隙。

成也張謇，敗也張謇

民國十五年，下一場劇變的前夜。蔣介石在廣州麾師北上，在未來的一年，他將在形式上統一全國，成為這個國家新的主人。只不過，張謇看不到了，否則，他會如何應對生命中又一次突如其來的變局？

五月，七十二歲的張謇前往江邊，監督第十七座水楗沉排，又趕到姚港東，探視施工中的第十八座水楗。這兩座水楗採用的是新的方法，剛剛從美國留學回國的宋希尚提出，借鑒美國密蘇里河以「樹楗」保坍的經驗，可以節省大筆資金，每座水楗只需耗資數千元。這兩座水楗建成之後，南通將擁有十八座水楗，十八華里岸牆，江河之患從此很難再對這座城市構成威脅。

張謇興致勃勃地打量着那些忙碌的年輕人，也注視着自己等待了十多年的夢，他曾有無數次以為，在自己的有生之年，它們會與他擦肩而過。現在，他終於走到了那個橫亙在心中長達十餘年之久的夢境的邊緣。大生紗廠破產，南通的水利工程卻已經瀕臨完成，他不知該歡喜還是悲傷。

江邊的勁風讓年邁的張謇感染了風寒，三個月後，他在家中病逝。他因治水而生，終究也需要為治水而死。

在此之前，張謇已經對自己的一生做過總

結：「以國家之強，本於自治；自治之本，在實業、教育；而彌縫其不及者，惟賴慈善。謇自乙未以後，經始實業；辛丑以後，經始教育；丁未以後，乃措意於慈善。蓋失教之民與失養之民，苟悉置而不為之所，為地方自治之缺憾者少，為國家政治之隱憂者大也。」[15]

對城市建設、水利工程的長期投入，不僅直接奪去了張謇的生命，也拖垮了他一手創辦起來的實業。晚年的張謇一直飽受困苦與冷眼，許多人把南通實業的衰落歸咎於張謇的家長作風，他的「二十年內百里之間不得有第二廠」的特權，儘管塑造了近代實業史上的奇蹟，儘管締造了這座城市，卻也阻隔了它的進一步發展。時人余覺就曾攻擊過張謇的私生活，他在處理感情問題的時候，已經顯露出明顯的家長作風，後人也時常會翻檢出他的新的局限性，「大生紗廠的人才匱乏與張謇的『地方自治』思想和家長式的管理思想是相表裡的。他在用人問題上受到狹隘的地方主義和宗法關係的束縛，一般說來，張謇首先拔用家族中的人，其次是通海本地人，實在沒辦法才會調動外省人，許多人對此表示不滿」。[16]這種家長作風，在初期具有絕佳的控制力，有利於事業按照既定規劃穩步發展，然而，一旦進入快車道或者遭遇危機，馬上會引發連鎖反應。而南通由於過度依賴張謇和他的實業基礎，當這兩股助推力都消散殆盡，勢必迅速跌落，更致命的是，難以為繼。張謇賜予過這座城市前所未有的希望與榮耀，卻也留給它綿長刻骨的哀怨與反思。對於曾經不可一世的南通而言，成也張謇，敗也張謇。

南通從神壇跌落的同時，幾百公里外的無錫卻在迅速崛起。這兩座城市如同身處天秤的兩端，當命運把更多的重負壓向年邁多疑的張謇的時候，無錫的一端則輕易地扶搖直上，不過十年之間，就已經將南通遠遠地甩在身後，成為江蘇第一城。兩座城市都以實業起家，命運卻涇渭分明。在南通，「在張謇思想的影響下，當時南通周邊地區的如皋縣沙元炳、金沙鎮孫儆、鹽城縣凌釧智，都致力於振興本地實業，籌辦學校，衛星城鎮的作用儼然興起」。[17] 而在無錫，「實業家們都是以企業經營者的姿態而非社會改革家的身份出現的。他們共同推進了無錫的近代工業，而把社會事業主要地留給當地政府、社會活動家、慈善家、教育家、宗族和教會去辦理」。張謇個人的悲劇，最終擴散為整個城市的悲劇，「南通以自己的慘敗為代價贏得了崇高的道德形象和救世的姿態，無錫卻背負經濟動物和單純逐利的惡名取得了巨大的經濟利益和社會實效」。[18] 時至今日，我們依然很難公允地評價這兩種商人和這兩座城市的迥異宿命。

張謇確實被推上了道德的制高點。權力神化並重塑了孫中山，而遠離權力的張謇，則被認為是唯一可以與孫中山比肩的人。「方今國中之紛亂，人而欲求一全人格者，地而欲其非常文明平安者，實不可得。故於人除孫中山先生外，當推南通張嗇翁。……孫張二氏俱始終一致有貫徹其主張之精神，而俱抱救國者。一倡民主，一倡實業。實二而一，一而二者。」[19] 一九三七年，中華書局出版《中國百名人傳》，更是以張謇為終結者，與華夏文明的始祖黃帝遙相呼應。張謇在南通的實驗有目共睹，「南通在一八九五——一九二六年間興建的建築面積超過了舊城區原有建築面積之總和」，[20]「在那時，內地有五百多里的馬路，一百多部的汽車，非但江蘇沒有，恐怕全國也沒有第二個地方」，[21] 當然，還有他在水利方面所做的那些時常被忽略了的工作。我決不否認張謇的價值，胡適的評判也確實是公允的，「他獨立地開闢了無數新路，做了三十年的開路先鋒，養活了幾百萬人，造福於一方，而影響及全國」。問題在於，張謇所改變的僅僅是一座城市，他並沒有像黃帝那樣締造整個中國。如果如此都足以令中國人慰藉動容，那麼，張謇的出現，究竟是時代的幸運，還是中國的悲哀？

註釋

1. 根據張謇著，張謇研究中心、南通市圖書館編：《張謇全集》第六卷．日記，江蘇古籍出版社，一九九四年，第三六一頁。
2. 據光緒二十年（一八九四年）的張謇日記。
3. 周馥著：《黃河工段文武兵夫記略序》，見《河防雜著四種》。
4. 魏源著：《魏源集》上冊，「籌河篇」，中華書局，一九七六年，第三八八頁。
5. 本段皆根據光緒十三年（一八八七年）的張謇日記。
6. 根據常宗虎著：《南通現代化：1895—1938》，中國社會科學出版社，一九九八年，第七頁。
7. 張謇著：《南通縣測繪全境圖序》（一九一一年），《張謇全集》第四卷．事業，江蘇古籍出版社，一九九四年，第三八七頁。
8. 「以請立憲故，南皮再三屬先商北洋，湯壽潛亦以此說。余自金州歸後，與袁世凱不通問者二十年，由是始一與書。」根據張謇著：《嗇翁自訂年譜》，光緒三十年（一九〇四年）五月，張謇研究中心、南通市圖書館編：《張謇全集》第六卷．日記，江蘇古籍出版社，一九九四年，第八六五頁。
9. 張謇著：《為運動立憲致袁直督函》，《張謇全集》第一卷．政治，第一〇二—一〇三頁。
10. 根據鄭肇經著：《張謇治水言論與實踐》，載《南通文史資料選輯．第11輯．南通鹽墾始末》，政協南通市文史資料編輯部，一九九一年。
11. 根據吳良鏞等著：《張謇與南通「中國近代第一城」》，中國建築工業出版社，二〇〇六年，第八頁。
12. 根據張謇著：《嗇翁自訂年譜》，民國三年（一九一四年）陰曆正月十八。
13. 張謇著：《感言之設計》，《張季子九錄．自治錄》卷二，第一八三七頁。
14. 根據趙鵬主編，南通市政協學習文史委員會編：《中華第一館：南通博物苑》，二〇〇二年，第十二頁。
15. 張謇著：《擬領荒蕩地為自治基本產請分期繳價呈》，載《張季子九錄．自治錄》。
16. 單強著：《工業化與社會變遷——近代南通與無錫發展的比較研究》，一九九七年，第三二五—三二六頁。
17. 吳良鏞等著：《張謇與南通「中國近代第一城」》，中國建築工業出版社，二〇〇六年，第十三頁。
18. 單強著：《工業化與社會變遷——近代南通與無錫發展的比較研究》，一九九七年，第十七頁。
19. 《二十年來之南通》，第一四八頁。
20. 單強著：《工業化與社會變遷——近代南通與無錫發展的比較研究》，一九九七年，第一四四頁。
21. 張孝若著：《南通張季直先生傳記》。

杭州

破繭之城

一曲千金

吳梅突然發現，自己竟找不到一個恰當的古典詞彙，來描述橫陳在面前的新世界。

吳梅被尊為曲學大家，著作等身，與剛剛去世的王國維齊名，然而，為西湖博覽會的會歌填詞，卻令他一籌莫展。對於那些即將在西湖博覽會上展出的各國產品、新發明、新式的水陸交通工具——那些從蝌蚪般的文字裡衍生出的概念，中國千年的文學傳統，竟然找不出可以對應的表達方式。吳梅最終找到了「貨殖」、「南金東箭西湖寶」、「萬里梯航」這些雖有古意、終欠詩意的中國意象，來描述那些他未曾經歷過的生活：

> 熏風吹暖水雲鄉，貨殖盡登場，南金東箭西湖寶，齊點綴錦繡錢塘。喧動六朝車馬，欣看萬里梯航，明湖此夕發華光。人物果豐穰，吳山還我中原地，同消受桂子荷香，奏遍魚龍曼衍，原來根本農桑。

幾天後，吳梅收到了從杭州專程送來的一千元稿酬，送信人告訴他，這筆費用是浙江省主席張靜江特批的，《風入松》已被定為西湖博覽會會歌，張靜江認為，它不僅詞曲優美，易於傳唱，而且居然點到了西湖博覽會的所有訴求點——「提倡國貨，獎勵實業，振興文化。」

八十八個字竟值一千元。這件事在全國不脛而走。上海的報紙不斷刊登出一些憤憤不平的議論，政府內部也暗中流傳着對張靜江的揶揄，都已經一把年紀，依然一派富商公子哥作風，不知節制。畢竟，西湖博覽會最初的預算資金，也只有區區十五萬元。[1]

沒有人能理解張靜江的膽識、謀略和良苦

用心。千金買一曲，不僅意在吸引各界人才，這個行為本身更是對西湖博覽會的一次巧妙的宣傳。張靜江創辦西湖博覽會，原本就是要驅動中國人的好奇心，實現實業建國的理想，而吳梅事件，恰恰是一枚重磅炸彈。這件事正應了後來陳果夫在祭文中對張靜江的評價：「他能為國家建設，能為國家增加資本。會賺錢，又有會用錢的本領。在全國，在本黨，恐怕找不出第二個人來。中國會賺錢的不算少，而真正會用錢的卻不多。本黨同志中，會替自己賺錢的大有人在，能為國家為黨賺錢的就更少了。至於肯為國家為黨用錢，又能夠在短期內替國家賺錢的，則惟靜江先生一人而已。」

重生，以西湖之名

一九二八年，浙江省建設廳提交《籌設西湖博覽會提案》時，張靜江正為杭州的城市建設愁眉不展。他面對的是一座百廢待興的古老城池。千年以降，杭州幾乎一直遵循着非常穩定的城市格局，「東門菜，西門水，南門柴，北門米」。晚清以降，杭州的現代化之路極其遲緩。

一九一六年，孫中山抵達杭州，曾看到如火如荼的修路場面，他頗感欣慰，臨時決定將演講題目定為《道路為建設着手的第一開端》。事實上，早在民國開元之際，杭州就已經修建了第一條現代馬路，兩年後又拆除旗營，興建新市場，拆掉阻隔杭州城與西湖的城牆，將西湖納入城中，這片湖水終於與城市生活融為一體。城市道路網絡隨即擴展開來，「公眾運動場」和「民眾教育館」相繼創辦，民國十年甚至出現了公共汽車。

然而，這座在歷史上曾經異常顯赫的城市，能夠留給孫中山的也只有那個關於「第一開端」的美好記憶。這座城市賴以自立的，仍是那些古老傳統的遺存——絲綢、紡織和茶葉。民國元年，朱光燾聯合商人和政客們，創辦緯成絲呢公司，十台提花手織機迅速給他們帶來巨額回饋，僅僅五個月，緯成公司就收回成本，繼而在全國各地拓展經營，以致遠銷法國。十年後，都錦生創辦了以自己的名字命名的織錦工廠，僅用了四年，他的作品就在費城國際博覽會上斬獲金獎。都錦生將自己的成功歸功於杭州的天時地利。「世居西湖之茅家埠，性喜風景，湖光山色，徘徊不倦，乃本心所好……吾浙天產蠶絲，遠勝他省，以土產而製就地風景，不亦宜乎？」[2] 都錦生的高明之處不僅在於卓絕的技藝，更在於這些以西湖為題材的織錦滿足了人們對這一片浩淼煙波的想像。在一九二六年費城世博會上獲獎的不僅是都錦生，中國茶葉也一舉獲得二十六項大獎，而浙江獨佔半壁江山。世博會促成了中國民藝的黃金時代，借助全球化之力，古老的傳統煥發出新的生機，然而，民藝的復興終究不能療救時代的隱痛，這些纖弱的器物更不足以架構起一個複雜的現代化國家。在這個救亡理想高於經世願望的時代，傳統器物的勝利，只不過更加反襯出一個國家的失敗。

還需要一陣更猛烈的颶風來驅散歷史的陰霾，需要一把更旺的柴火來煮沸溫吞的西湖蓴菜羹。此刻杭州的現代化景象遠遠落後於幾百里之外的新城上海。當那座黃浦江邊的灘塗縣城搖身成為遠東大都會時，曾經不可一世的杭州只能躲在暗處舔舐歷史的傷痕。它的子民們在現代化的黎明裡輾轉反側，徹夜難眠，滿懷熱忱地期待着第一道天光的出現，然而，這束光游離了十七年，依然未能刺穿杭州沉默的黎明。

按部就班的城市建設，已不足以令杭州快速徹底地完成現代轉型，張靜江必須為這座古城找到一塊時代的引擎。在《籌設西湖博覽會提案》中，建設廳廳長程振鈞適時提出「商戰」的意義，終於點醒了苦惱的張靜江。「兵戰爭要塞，商戰爭市場。全世界物質越進步，商戰之赤誠越激烈。市場分配不能各滿所欲，乃醞釀而成歐戰。歐戰既終，商戰之形勢益急。東亞大陸胥視為銷貨之尾閭，欲以歐戰之損失取償於商戰。擠軋凌競工商二途，幾無吾國人之立足地。山雨欲來遼天如晦，吾國人今後宜如何？操心慮患，淬勵奮發，持滿以侍來者？則勸工興商，尤今日之首務矣。」[3] 從「兵戰」到「商戰」是新一輪時代轉向，中國不能再度失手。

其實，西湖博覽會也並非程振鈞首創，早在一九二四年，時任浙江軍事善後督辦盧永祥和省長張載揚，就曾商定舉辦西湖博覽會，卻因軍閥混戰以及接踵而至的北伐耽擱下來。於是，在「爭促物產之改良，謀實業之發達」的宗旨之外，張靜江為西湖博覽會找到了另一個令蔣介石無法拒絕的理由——紀念北伐勝利。他試圖將一代人的建國理想，安置在這座天堂之城的桂冠頂端，他要改寫它的歷史，證明它並非只是一座令南渡王謝士族沉淪、趙宋王朝苟安的充滿屈辱的城市。

張靜江和程振鈞對西湖博覽會的命名，其實頗有些牽強附會。「西湖為天下名勝，凡遊覽西湖者，莫不頓起愛慕之心。此次博覽會，藉以徵集全國著名物產陳列，供國人研究比較，冠以西湖名稱，並即在西湖開會，是欲使天下人移愛慕西湖之心愛慕國產，則國產之發達，正未可限量。」事實上，這只是他們一廂情願的書生意氣，西湖博覽會給中國實業帶來的好運，或許遠遠遜色於它留給杭州的遺產。

理想的復現

三年多過去了，張靜江仍然會在午夜回想起孫中山的遺囑。

「余致力國民革命，凡四十年，其目的在求中國之自由平等。積四十年之經驗，深知欲達到此目的，必須喚起民眾及聯合世界上以平等待我之民族，共同奮鬥。現在革命尚未成功，凡我同志，務須依照余所著建國方略、建國大綱、三民主義及第一次全國代表大會宣言，繼續努力，以求貫徹。最近主張開國民會議及廢除不平等條約，尤須於最短期間，促其實現，是所至囑。」

根據訓令，在所有大型集會、典禮之前，全中國的人們都會頻繁地記誦《總理遺囑》；只有張靜江會在午夜時分默念它們。

十七年前，革命猝不及防地獲得勝利，所有人一邊手舞足蹈，一邊手足無措。革命的意外成功，讓那些激進的年輕人們反而無所適從。他們不知道該怎樣經營一個國家，畢竟，塑造他們的精神和人格的，依然只是千年流傳的先賢之道，以及零星點綴的一些來自康有為、梁啟超、嚴復、孫中山們尚未經時代驗證的璀璨理想。

幾年後，面對牆上四分五裂的中國地圖，孫中山開始匆忙地填充着港口、鐵路、運河、街市，在《建國方略》的序言中，孫中山百感交集地描述着革命勝利之後那些意料之外的窘迫：「不圖革命初成，黨人即起異議，謂予所主張者理想太高，不適中國之用；眾口鑠金，一時風靡，同志之士亦悉惑焉。是以予為民國總統時之主張，反不若為革命領袖時之有效而見之施行矣。此革命之建設所以無成，而破壞之後國事更因之以日非也。」革命與建國原本是一以貫之的過程，然而，革命意外勝利後，曾經蹈死不顧的人們反而變得瞻前顧後。

孫中山希望用《建國方略》來為中國指路，然而，他構想的那些生活，中國人大多都未曾真正經歷過，讓一個有着數千年頑固傳統的國家，拋棄自己遵循了數千年的傳統，接受被移植來的蠻夷的生活方式，仍然不是一件簡單的事情。

尤其在此時此刻，當緬懷與紀念，最終借助權力之手降格為例行公事，一百六十餘字的《總理遺囑》被複述得越多，也就越來越流失了情感的光澤。這些曾令一代人傷悼悲慟的字句，曾令他們夢寐着個人奮發、國家振興的語言，悄然乾癟下來。人們質疑這些理想太過遙遠艱險，無法實施，於是，孫中山被時代扶上神壇，與此同時，他的理想卻被擱淺在歷史的深淵。

只有張靜江對那些被質疑的理想依然念念不忘。張靜江出身南潯富商世家，自己也是經商良才。光緒二十八年（一九〇二年），二十六歲的張靜江跟隨清廷駐法國公使孫寶琦出使巴黎，身份是商務隨員。在巴黎，張靜江創辦了通運公司，推銷國貨，來自中國的茶葉、絲綢和古玩，迅速征服了法國市場。幾年後，他與孫中山在海上相遇，張靜江承諾，無論孫中山何時需要革命經費，只需給他發一封電報，暗號從A到E，依次代表一萬元到五萬元。4 孫中山起初將信將疑，不料素昧平生的張靜江真的一再兌現承諾，屢次捐獻給革命的白銀多達一百一十萬兩，甚至急於籌款而賣掉自己的店鋪。後來，孫中山說：「自同盟會成立之後，始有向外籌資之舉，當時出資最勇而名者，張靜江也，傾其巴黎之店所得六七萬元，盡以助餉。」

在孫中山心目中，張靜江也是管理財政、振興經濟的第一人。一九一一年，孫中山被推舉為中華民國臨時大總統，就提名張靜江擔任財務總長，卻被他婉言謝絕。三年後，孫中山在日本改組同盟會為中華革命黨，再度委任遠在巴黎的張靜江為財政部長，孫中山的理由是「張原屬富豪出身，黨內財務，唯張所為」。後來，張靜江也不負所望，在上海創辦證券交易所，繼續源源不斷地為革命提供經費。從海上的初遇，到協和醫院的最後一面，張靜江全力促成了孫中山後半生的革命道路，他和那些散落在世界各地的富商、刺客、軍人、學生們，共同構築了孫中山的個人傳奇。

孫中山的去世，令國民黨的權力結構變得異常複雜。張靜江一度被推舉為國民黨中央執行委員會常務委員會主席，繼而出任代理國民政府主席。但他將權力迅速轉交給義弟蔣介石，留給自己的，則是孫中山多年以來的期許，更加嚴峻的建國大業。他認定，蔣介石才是孫中山遺囑最強有力的執行者，5 儘管他後來對這個選擇追悔莫及，不過，對於自己的身份轉變，張靜江卻始終沒有悔意。「總理提過的，革命就要建設，不建設，革命就要失敗。因此，我黨政軍都可不管，惟有建設，我是一定要幹的。」

一九二八年，張靜江聯合吳稚暉、李石曾、蔡元培、于右任等國民黨元老，創建國家建設委員會並出任委員長。建設委員會的宗旨在創辦之初就被明確提出：「本會期於最短期內實現總理建國方略之全部計劃，力矯昔日官辦事業之弊，以增加國家資本，而裕民生。」建設委員會對全國的工業、礦業、交通等都有着詳盡的規劃，從用人、管理、研究等方面，事無巨細都提出了詳盡的規劃。與孫中山的那些宏觀的理想相比，張靜江們的計劃更加複雜、煩瑣，甚至無趣，孫中山講國家規劃，張靜江和他的朋友們則討論落實的具體細則，前者固然能蠱惑人心，後者的功力卻正見於那些瑣碎的細節。

張靜江面對的阻力比孫中山還要大。建設委員會成立之初，蔣介石只肯撥款十萬元，並一再將張靜江拖進權力鬥爭的旋渦。然而，張靜江在任十年，仍為國家贏回五千萬財政收入。

僅僅為了杭州的建設，張靜江和義弟蔣介石就鬧僵了。起因是鐵路。張靜江主張以杭州為中心，分別修建通往寧波、紹興的鐵路，既能解決交通需求，更能確保經濟收益。蔣介石則堅持把鐵軌從浙江直接鋪到江西，以便調兵作戰。蔣介石驚訝地發現，自己籍籍無名時，張靜江幾乎事無巨細，鼎力相助，現在自己登上權力的巔峰，義兄卻開始一再駁他的面子。

國家建設委員會的界限，張靜江始終不肯讓蔣介石逾越，他可以將黨政軍權力拱手相讓，甚至可以兩次放棄在他的故鄉浙江出任省主席，卻始終不肯交出建設委員會委員長的職位。這個「委員長」，顯然遠遠不及他讓給蔣介石的那個「委員長」，然而，在他看來，卻更沉重，也只有他當仁不讓。當他意識到，蔣介石已經不太可能按照孫中山和他預想的那條路走下去的時候，他只能將孫中山的建國理想加倍地背負在自己身上。

而此時此刻，張靜江迫切需要的，是一個容器，一片土壤，可以完好地栽培這些夢。現在，張靜江終於選定了杭州，他試圖用這個局部的果實，來說服這個狂熱而又疲憊的國家，重新接受孫中山和他的那些被質疑被淡忘的理想。

移植新世界

孫中山的影子依然無處不在。

西湖博覽會的創辦，意在告慰「總理在天之靈，同志奮鬥之力」，在西湖博覽會的主體八館中，特別設立革命紀念館，主題就是「同志仍需努力」。藝術館中也設有孫中山的立像雕塑。據說，開幕式當晚的提燈焰火表演，也在空中幻化出孫中山的頭像，鬚眉俱現。[6] 張靜江不僅想讓天上的摯友知道，生者正怎樣堅定地傳遞着他的夢想，更希望讓生者明瞭，孫中山設想的世界，並非無法抵達。

以物質主導的博覽會，因此不可避免地被賦予了教化的功用。時人張寄涯遊完革命紀念館後寫道：「革命二字，原來並沒有什麼神秘的意義含蓄在裡頭，無非將一部分的生命革去，另換新生命的意思。」[7] 事實上，無論是杭州還是整個中國，需要面對的，正是這個層面的革命，將一部分傳統的殘骸從城市中抽離出來，把那些來自西方的現代化想像填充進去，讓一座傳統都會可以自此破繭重生。

西湖博覽會正門有一副對聯：「地有湖山，集二十二省無上出品大觀，全國精華，都觀眼底；天然圖畫，開六月六日空前及時盛會，諸君成竹，早在胸中。」一句點題的「諸君成竹，早在胸中」，所謂「成竹」，正是被孫中山的建國理想催生出的枝杈，只不過張靜江和他的朋友們找到了更具體現實的答案。

西湖博覽會開幕定在一九二九年六月六日，閉幕則初定於十月十日中華民國國慶節。為什麼選定六月六日，如今已經找不到任何線索。如果過度闡釋其中的因緣巧合，那麼，這一天是芒種之日，按照《月令七十二候集解》的解釋，芒種為「五月節，謂有芒之種穀可稼種矣」，而中國人也一直習慣在這一天舉行祭餞花神之會。播種與餞花，一為開始，一為結束。許多年後，人們會發現，西湖博覽會對杭州乃至整個中國的意義，正是為未來播種，並向過去告別。

從西湖博覽會中，可以清晰地看到三年前的費城世博會和十九年前在南京舉辦的「南洋勸業會」的影子。

一九二六年的費城世博會設置了五大場館：自由藝術和製造宮、農業和外國展示宮、美國政府和機械運輸宮、教育和社會經濟宮、藝術宮。西湖博覽會基本延續了費城世博會的場館佈局，只不過更加細化，和當年由清廷舉辦的「南洋勸業會」的場館分佈也有幾分相仿。西湖博覽會設置八個場館，兩個陳列所和三個陳列處，除了革命紀念館、特種陳列所和參考陳列所，其餘諸如博物館、藝術館、農業館、教育館、衛生館、絲綢館、工業館、滬杭甬路局陳列處、交通部電信所陳列處、航空陳列處，幾乎都是在此前博覽會基礎上的升級版本。

歷屆世博會上時常都有飛機表演助陣，張靜江也邀請了航空第十陸軍司令部派出水上飛機「金馬號」環繞浙江全省飛行，散發西湖博覽會的傳單，同時，從中央航空司令部調來陸上飛機「和平一號」和「和平二號」，在西湖上空進行飛行表演，甚至可以搭載乘客飛天。8 在孤山上，還鋪設了近一公里的軌道，每天排隊坐火車者絡繹不絕。9 而為了徵集展品，西湖博覽會籌備委員會在上海、安徽、湖北等地設置分會，並在蘇州、無錫、常州、鎮江以及越南和印尼等地設置出口委員會，最終徵集的參展物品多達一千四百七十六萬件，令人們頓時目不暇接。這些轟鳴聲交織着現代化想像的圖景，迅速征服了整座杭州城。

然而，費城世博會或者「南洋勸業會」，都是動用舉國之力才得以實現，而西湖博覽會作為中國歷史上規模最大的博覽會，卻畢竟是以一省的名義完成的。張靜江和程振鈞幾經努力，獲得軍政部和多省贊助，鐵道部也同意在展會期間將滬杭鐵路百分之二十的收入劃歸西湖博覽會，浙江省政府同意展會期間的電價優惠。張靜江還異想天開地發行遊覽獎券來募集資金，頭等獎高達十萬元，一時購者如潮。[10] 同時，西湖博覽會還承諾減免展場地租，提供八折往返車票來聚攏人氣。如此種種，才確保了西湖博覽會的順利進行。

孫中山畢生宣揚「天下為公」，他所尋求的世界，並不是民族主義框架下的國家富強。在孫中山的時代，愛國與西化並不矛盾，國人不會為了振興國貨而刻意排斥來自西方的先進理念和器物，也不會為了向西方學步而遺忘了自身行走的方式。

以振興國貨為名的西湖博覽會，同樣在東西方的雙行道上做着小心翼翼的取捨。農業館和絲綢館中填滿了中國的傳統國粹，那些上千年沉積下來的古老器物：絲綢、草席、毛筆、石刻、黃酒、木雕……它們仍在代言這個國家，並為它帶來源源不斷的商業利潤，只不過，它們不能一直停留在那個美麗的舊世界裡。博物館和動物園裡陳列的也基本是中國的礦產、動物、昆蟲、植物水產。時人周吉在遊完博物館後寫下的感歎，代表了一代人的心聲：「夫以地大物博之中國，而猶貧弱以至於此，是皆廢地不知用，礦藏不知與。」[11] 雖然西湖博覽會的展出形式是西式的，但陳列的中國展品卻讓國人眼界大開，並藉此意識到來自國家內部的力量。西湖博覽會的意義不是用西方來取代東方，而是在用西方的技術擦亮古老中國的祭器，讓它重新煥發出優雅的光澤。

其他場館陳列的，則是那些來自新世界的召喚，尤以衛生館和工業館為甚。衛生館中不乏西方最先進的醫療器械、標本、模型，以及反對毒品的宣傳，杭州人在這裡第一次見到了抽水馬桶、糞便垃圾的容器以及預防慢性傳染病、寄生蟲病的書籍。工業館中的展品，更是新奇，大到鐵路模型、礦山模型、發動機、紡機、抽水機，小到風扇、電燈、無線電、蓄電池，甚至肥皂、火柴、人造肥料、玻璃、顏料，無所不包。而在絲綢館中，還設有跳舞廳、音樂廳和露天電影院。張靜江和他的朋友們恨不得將夢想中的現代生活全部塞進西湖博覽會，用這個移植來的新世界，喚醒迷城中的人們。

暗淡的火花

西湖博覽會只開了四個月，然而它為一個百廢待興的時代注入的力量，卻長達數十年。在浙江省主席任上的兩年，張靜江主持修建了杭州電廠、杭江鐵路、杭長公路、杭平公路、杭徽公路。此前，中國的鐵路大部分需要外國貸款才能建成，如果依靠中國資本，工程動輒數十年。在杭江鐵路修建之初，許多專家也都不屑一顧，甚至以為，張靜江籌備到的資金，還不夠杭州造一座城門。然而，僅僅兩年之後，他們就聽到了遠方的汽笛聲。杭州的成功，也引發了中國人修築鐵路的又一輪熱潮。

杭州的城市建設從此全面提速，主要道路鋪設為柏油馬路，西湖得到疏浚，林蔭道沿着西湖一路拓開，大量醫院、感染病院、新式中學創辦起來。一九三一年，杭州建成自來水廠。一年後，杭州閘口發電廠建成發電，成為江南三大發電廠之一，總容量達一萬五千千瓦，比一九一〇年杭州的發電容量提高了二十倍。一九三七年九月，趕在戰火蔓延到杭州之前，錢塘江大橋建成通車。借助西湖博覽會的助力和激發，杭州徹底完成了從傳統都會向現代化的轉型之路。

民國的三十八年間，致力於城市實驗和地方改革的人不計其數，卓有成效者也不少，與這些地方軍閥、實業家和書生相比，張靜江的道路儘管為時短暫，牽引出的卻是整個中國未來的方向。西湖博覽會結束一年後，張靜江與蔣介石日益交惡，辭去浙江省政府主席，他主持的國家建設委員會則不斷遭受國防設計委員會排擠，面對複雜的權力鬥爭，他勉力苦苦支撐到一九三八年年初。抗戰的全面爆發摧毀了張靜江最後的希望，西湖博覽會的大量建築以及當年專門用於連接兩岸展館的長橋，大都為戰爭所毀，如火如荼的城市實驗被迫中止。現代杭州是一個被那一代人的理想摩擦出的火花，被一個時代點亮，卻又終究要暗淡下去。在那個時代，在整個中國的悲劇裡，杭州的悲劇並不慘烈，也不沉痛，它只是悄然蟄伏下來，等待下一次命運的敲門聲。

被擱置的不僅是杭州這座剛剛獲得重生的古老城垣，還有那一代人的建國理想。千年以降，這座城市用錢王祠來紀念最初的開拓者吳越王錢鏐，用白堤和蘇堤來緬懷兩位在各自的時代極負盛名也為這座城市帶來福澤的地方官，遍佈西湖邊的墳塋裡，埋葬着那些將生命託付給這座城市的人們，那些徘徊在街巷湖畔的前朝的幽魂，串聯出杭州的城市記憶。然而，在一個世紀前將杭州帶入現代化的引路人張靜江，已近銷聲匿跡。

張靜江卸任後，輾轉歐洲，遠渡美國，他在雙目失明中聽到了抗戰勝利的消息。一九五〇年，張靜江在紐約去世。他的一生，都在一介天真的書生和仗義疏財的俠客之間搖擺，他對國家的熱忱，最終為時代所誤。數十年前，他曾對孫中山說：「余深信君必能實行革命，故願盡力助君成此大業。」12 不料一語成讖。他二十九歲以後的全部人生，似乎都只是為了兑現這句承諾，終其一生，他都心甘情願地被孫中山的光芒所覆蓋，幾乎從未認真地思考過自己的人生。然而，他只有建設國家的思路，並無管理國家的才能，他的悲劇，其實是孫中山悲劇的延續。這兩個終身踐行「天下為公」的先行者，命運給予他們的回報，註定只是一襲孤獨終老的背影。面對一個急遽跌宕的大時代，或許所有個人的悲歡都根本不值一提，然而，正是這些湮沒了的渺茫理想，架構起時代神壇的基石。

十六年後，陳立夫在張靜江百年冥誕時追憶：「張靜江先生，彼既以其富裕之家資，協助國父革命；復以其豪邁之氣魄，協助蔣公主持全國建設委員會，以有限之經費，為國家建造若干鐵路，開發若干礦產，成立若干電廠及無線電台，並規劃導淮灌溉等大規模工程，為實現國父實業計劃開其端。其時政府苟能寬籌經費，聽其發展雄才，則國家早已由農業進入工業化。」

陳立夫開始回憶的時候，當年親耳聆聽孫中山教誨的一代人大多已離世，蔣介石也已年近八十，卻還在躊躇滿志地發起「中華文化復興運動」來對抗中國大陸的「文化大革命」，他仍然試圖用政治的方式解決問題，卻從來都無暇去回想張靜江當年在杭州留下的那些有始無終的實業理想。從革命的恩人到建設先驅，從孫中山心中的「革命聖人」，到蔣介石口中的「革命導師」，眾人心目中的「民國長城」，張靜江留下的，只是一個被時代撲滅的華麗起筆——西湖博覽會曇花般轉瞬流逝的恢弘往事，以及一座襁褓中的現代都市。

時至今日，我們才能更深切地體會一九二九年西湖博覽會之於杭州，之於中國的意義。

彼時的中國，充斥着吳梅在填《風入松》時面臨的困惑，數千年積累下的詞彙裡，找不到一個可以用來描述這些新奇的舶來品。填詞本身就是一種文化對接的尷尬，這場相遇原本應該促成兩個世界之間的對話，最終卻因國人的思維慣性，變成了一種傳統對另一種傳統的解釋，其間的差異與出入，其間微妙的心理變化，勢必將持續困擾着中國人。

與此同時，當年遊覽西湖博覽會的人們也沒有料到，博覽會上展出的器物將迅速進入他們的日常生活。沒有什麼比接踵而來的時代變革更令人心生嚮往而又忐忑不安，一百年後，當我們早已經習慣了對變革漠然以對，當我們的生活中早已填滿這些舶來品並視之為理所應當，或許我們才能真正體會孫中山、張靜江那代人的良苦用心。在一百年前，當他們面對着此刻我們正生活着的未來時，曾經怎樣地彷徨糾葛，怎樣急迫地試圖描繪，卻又每每迷失在落筆的瞬間。面對「三千年未有之大變局」，他們不知道該怎樣去蕪存菁，為中國選擇真正合適的器物和理念。他們只有坐在歷史的暗處，與一個時代沉默地相互猜測，如同在暗夜中捕獲流星，那些若即若離的蹤跡，構成了那代人內心的隱秘和湧動的激情。

註釋

1. 趙福蓮著：《1929年的西湖博覽會》，杭州出版社，二〇〇〇年，第二十七—二十八頁。
2. 馮俊著：《西湖博覽會》，杭州出版社，二〇〇四年，第十一頁。
3. 馮俊著：《西湖博覽會》，杭州出版社，二〇〇四年，第三十頁。
4. 楊愷齡撰編：《民國張靜江先生人傑年譜》，台灣商務印書館，一九八一年，第七頁。
5. 孫中山去世後的一年間，蔣介石與張靜江交往極為頻繁，兩人時常嗟歎時事艱辛，感同身受，蔣介石表現出的臨危不亂，隨機應變的機智，也讓張靜江頓生好感，「極稱為天才」。根據楊愷齡撰編：《民國張靜江先生人傑年譜》，台灣商務印書館，一九八一年，第十九—二十頁。
6. 杭州市西湖博覽會組委會辦公室主編：《西博會十屆全檔案》，杭州漢書數字出版傳播有限公司，二〇〇八年，第三十一頁。
7. 張寄涯：《革命紀念館記遊》，《旅行雜誌》第三卷，下冊，中國旅行社行刊。
8. 趙福蓮著：《1929年的西湖博覽會》，杭州出版社，二〇〇〇年，第七十二—七十五頁。
9. 趙福蓮著：《1929年的西湖博覽會》，杭州出版社，二〇〇〇年，第一五三—一五七頁。
10. 趙福蓮著：《1929年的西湖博覽會》，杭州出版社，二〇〇〇年，第一二五—一二九頁。
11. 周吉：《博物館參觀記》，《旅行雜誌》第三卷，下冊，中國旅行社行刊。
12. 楊愷齡撰編：《民國張靜江先生人傑年譜》，台灣商務印書館，一九八一年，第九頁。

漢口　民主的邊緣

可疑的現代性

大洋彼岸的美國，令滿懷期待的梁啟超大失所望。一九〇三年，他在《新大陸遊記》中歷數美國的種種弊病，其中「最腐敗者，莫如市政」，市政甚至被他稱為「黑暗政治之淵藪」。[1]然而，僅僅十三年後，孫中山卻發現，「今之留學生，多知美之委任制度或包辦制度」。[2]美國的城市在短短十幾年間竟然涅槃重生，由罪惡之源演變成國家復興理想的模板。中國的留學生們滿懷熱忱地認定，終於在這片新大陸找到了拯救中國的出路，有人甚至為此放棄了已經就讀多年的專業，毅然改學市政管理學。

這批留學生回國後，成立了中華市政學會，不斷地通過翻譯和寫作來禮讚並剖析美國的現代市政制度。他們的言談中時常會冒出托克維爾（Alexis de Tocqueville）的名字以及他的那些不容置疑的名句：「市自治制度是自由國家的精華。一個國家雖可以建設自由政府的體制，若沒有市自治制度，不能有自由精神。」[3]他們對美國市政改革的源流和歷程同樣如數家珍——美國政府如何任命各領域的市政專家來管理城市，如何通過科學化的管理方法來解決城市的積弊，最重要的是，如何通過市政改革，在城市中逐步分娩出自治精神，使得原本渾渾噩噩的市民階層開始覺醒。城市建設終於從幾個知識精英苦口婆心的佈道，演變為全民的狂歡……這些故事經過他們不遺餘力的推介，最終匯流成一個時代的神話。

《東方雜誌》、《道路月刊》和《中國建設》上開始頻繁地出現這些年輕人的名字。與他們的那些學貫中西、嬉笑怒罵的前輩們不同，他們僅以市政專家自命，他們孜孜不倦的發言也僅僅集中於城市問題，當然，城市問題本身也同樣包羅萬象。他們不是真正意義上的寫作者。他們對文字沒有潔癖，也很少放縱情感，決不汪洋自恣。他們充滿克制的文字是冷色調的，就像初學木刻畫的作者一樣，一刀一刀，條理清晰，稜角分明，有時甚至索然無味。但這並不能掩蓋他們所傳播的思想的殺傷力，以及他們對城市與國家深沉的情愫，它們都潛藏在這一刀一刀看似笨拙的勞作之中。

他們中的一些佼佼者甚至開始通過習得的市政建設理念，來剖析現實的問題。中國的許多城市以模仿租界為榮，董修甲卻尖銳地指出，這種不加甄別的盲目態度，很可能適得其反，「英法租界之貿易區內，常有學校與工廠，隨便建築，毫無秩序，其妨礙公共衛生與安寧，誠匪淺鮮，是絕非可以效法者」。[4] 他希望中國城市學習西方市政建設的精神，而不是複製西方市政的具體模式，至於許多中國城市一味地模仿上海，他同樣不肯苟同。

這群學者開始集體崛起，並且態度堅決，依靠這股借來的西風，以及一部分中國公眾對於公民權利的渴望與好奇心，市政專家們迅速匯聚成一股不可小覷的政治力量。他們的身份也因此變得不再純粹，越來越難以界定。初次見面的人也許要為如何更得體地稱呼他們而傷一番腦筋，究竟是某局長、某博士，還是某教授？

與政治的曖昧關係，並不影響他們抨擊現實與改造城市的熱忱。他們中的代表人物之一是孫科，他頒佈的《廣州市暫行條例》，比他的父親孫中山的那些宏大的規劃更有條理也更細緻。這不僅因為他關注的是局部區域的問題，便於對症下藥，也得益於他的專業背景——留學美國時，他學的就是市政規劃。因此，孫科一面宣揚德國和英國的城市規劃經驗，一面致力於將美國的委員會市制引介到中國，成為中國市政建設的先聲。

《廣州市暫行條例》後來分娩出不同的胚

胎。在南京，國民政府發佈《特別市組織法》和《市組織法》，不過，這些歐美色彩過於濃厚的市政制度，也遭到不少專業學者的詬病，批判它脫離中國實際，而政府的專制更註定了這些法例在實施過程中舉步維艱。儘管如此，這股市政改革的政治旋風還是在廣州、上海和南京登陸了，逗留片刻之後，最終匯集的地點，並不是人們預期中的那些更加開放的沿海城市，而是內陸的口岸，傳統商業重鎮漢口。

少壯派政治家、巴黎大學法律博士劉文島被任命為漢口市市長後，一批市政專家隨即雲集漢口。這座曾被認為膚淺而混亂的城市，開始積蓄重生的能量。

流動的命運

各地的方志往往都會對本土不吝溢美之詞，漢口偏偏例外。

民國時編撰的《夏口縣志》，對本土的描述就毫不客氣：「地無團結之氣，人亦少團結之心，其不植私黨者，道在此，其不能合群者，亦在此。」方志的編撰者認為，漢口之所以缺乏團結之心，是先天的問題，地貌造成了獨特的性格，「山少水多，坎流之性有餘，艮止之性不足」。對此，美國學者羅威廉（William T. Rowe）則有一些關於後天的解釋，他歸結為漢口的移民特質造成的群心離散，「漢口是一個充溢着形形色色的單身漢、居民和來客的十分混雜的城市，而當他們談起所謂的『漢口特徵』時，卻都驚人一致地對此種混雜狀態表示滿意」。羅威廉進一步提出，所謂的「漢口特徵」，其實就是混雜——因混雜而混亂，也因混雜而寬容。

事實上，漢口移民已經持續數百年。漢口的移民風潮與商業有關。通過江河，大量商品經由漢口中轉，北運南輸。早在明清時代，漢口就是連接廣州與廣袤內陸的最重要的跳板，尤其在清代，除了從康熙二十三年（一六八四年）到乾隆二十二年（一七五七年）短暫出現過的「四口通商」之外，廣州始終佔據着「一口通商」的絕對優勢，成為中外貿易的集散地，這種優勢也直接惠及漢口。

商業的邏輯早已在這座城市中根深蒂固，而接踵而至的移民經歷了十幾代的傳承演變，也塑造出這座城市流動的命運。儘管如此，漢口卻依然無法為移民們帶來真正意義上的歸屬感。當整個國家都被封閉和自滿的情緒裹挾着，在一座過於日新月異的城市裡，安全感是註定不會存在的，人們很容易就會迷失在整船整船舶來的新鮮事物的迷障裡，人們必須不斷地用這些舶來品來更新自己，才不至於被時代拋棄。並且，沒有人能永遠保持驕傲從容的姿態，因為下一艘靠岸的商船就可以輕而易舉地擊潰你剛剛建立起來的優越感。奢靡與攀比，就這樣成為這座城市最鮮明的性格。

商業直接締造了這座不可一世的城市，商人也在城中始終佔據着極大的比重。在利益的驅使下，更多新鮮的西洋器物湧入漢口，而商人們既是經營者，也是消費者，貿易的鏈條就這樣環環相扣。在這座典型的移民城市裡，本地人似乎並沒有太多發言權，在商業上也鮮有作為。當時日本駐漢口的總領事水野幸吉就曾做過調查：「如漢口等之大商業地，其有力之商人，大概為廣東、寧波人，而湖北之土人，卻不過營小規模之商業，工業頗幼稚。」[5] 或許正是因為本土力量的式微，才更加促成了這座城市的多元化特質。

當許多城市依然對西方世界的到來猶疑彷徨，甚至心存敵意的時候，漢口早已在平靜地歆享西方的舶來品，並將這樣的生活視為理所當然。作為勾連沿海與內陸的傳統商貿重鎮，交通的便利、開放的心態、數百年間累積的巨額財富，都在無形中造成了漢口與中國許多城市的時差。它比它們提前許多年，就把這些來自西方的稀奇華麗的色彩別在髮際，縈繞在唇齒之間。

弔詭的是，西方產品的大量湧入，各種觀念的橫衝直撞，似乎並沒有為漢口造就真正的現代生活方式，反而只是助長了這座商埠的窮奢極慾之風。改變漢口人日常生活的，是來自西方的物質產品，而不是西方的文明、觀念與制度。這座長江邊的城市，因此備受艷羨與妒忌，又飽受着冷眼與責難。

道光二十二年（一八四二年）依靠《南京條約》合法化的「五口通商」，並沒有過分動搖漢口的商業地位，因為十九年後，漢口就成為第二批開放的通商口岸。在這裡，英國人率先建立了租界，十七國商人隨之湧入，早年由中國商人興建的象徵內陸商業輝煌的三十八座會館，很快就被鱗次櫛比的十多家銀行、十二國領事館、三十多家外資企業和一百一十四家洋行淹沒。6 在老漢口碼頭的上空，開始蒸騰起國際化的圖景。這座原本就具有強大商業力量的城市，在更廣泛的國際貿易推波助瀾之下，越加引人矚目。三十多年後，德、法、俄、日也相繼在這裡劃分出各自的租界，各國的租界與商業貿易一道，將城市空間開拓得更加遼闊。

在晚清名臣張之洞開始振興湖北的時代，每年有一萬條船同時停泊在漢口港，十六萬五千名水手在抵達漢口港的各式帆船上穿梭工作。7 在縱橫交錯的水網之外，張之洞也頻繁地把鐵軌鋪進漢口，鐵路從各個方向向着這座城市交會。水道與鐵路並舉，它成為連通全國的大動脈。商業的繁榮與城市的振興，幾乎水到渠成。

漢口迥異於與它共同構成武漢三鎮的武昌與漢陽，長江與漢水分割出它們迥異的風貌與性格，它們相互依存又相互歧視，在中國幾乎很難找出第二個例證。按照羅威廉的判斷，漢口與漢陽各自代表了世界主義與地方主義，8 相較而言，武昌的行政主義特徵則更為明顯，它擁有多達四十八個政府衙門，9 政治的機器看起來盤根錯節，其實卻不堪一擊，一九一一年讓它們遭遇了徹底的失敗。

不言革命之大革命家

劉文島上任時，漢口的基本格局，幾乎依然是張之洞留下的。只不過，這座曾被張之洞傾注了最後心力的城市，最終卻背叛了他。

張之洞很早就發現了這座城市的特殊意義：「自沿海各省視之，則為深處之堂奧，統南北各省視之，則為適中之通衢。」光緒十六年（一八九〇年），張之洞在漢口隔壁的漢陽創辦了一系列軍工企業，不料，它們後來卻成為辛亥革命的戰利品，革命軍幾乎不費吹灰之力，就擁有了形制完備、精良的武器製造工廠。

光緒二十七年（一九〇一年），長江汛期再次到來，新到任的湖北巡撫端方受張之洞之命，親自負責堤壩加固。汛期過後，端方制訂出一整套治理長江氾濫的舉措，但是耗資巨大。所幸張之洞與端方抱着「興大利不當惜重費，固始基乃克垂久長」的理念，通力合作，經過近兩年多的努力，幾乎全憑地方之力就完成了治江的偉業。

他們雖然解決了被歷代都視為畏途的治理長江的問題，卻沒能延續帝國微薄的生機。不過，陰差陽錯之間，幾十年後，他們為漢口留下的那些牢固的堤壩，卻幫助民國政府抵禦了多次洪水的襲擊，使得漢口政府可以心無旁騖地專注於市政建設，除了一九三一年和一九三五年因天災人禍而造成的洪災之外，已經不必每年都為治理江河氾濫而疲於奔命。

光緒二十九年（一九〇三年），兼任湖廣總督的端方一口回絕了朝廷上諭和戶部諮文，拒絕繳納應從湖北省徵收的協東北邊務餉八萬兩白銀。與此同時，他卻又上了一道奏摺，名為《選派學生遊學摺》，在湖北選派學生留學，每年的費用恰好也是七八萬兩。[10]他在奏摺中明確寫道：「查近日泰西各國講求實用教育，以為富強之基，其實業學校，如工業、商業、農林、路礦，無不精研實驗，各有專門。」[11]在端方的倡導下，清廷選派留學生攻讀的專業，終於從軍事製造業，轉而注重各學科的均衡發展。湖北省的留學之門日開，以前張之洞往往將留學生派往日本，端方則向歐美國家派遣了一批留學生。只不過，這種思路的轉向，同樣沒來得及庇佑帝國的未來，反而為劉文島時代漢口的市政改革，預先培養了一大批擁有各領域專長的人才，使得他們在一九二〇年代模仿美國的市政改革，最終沒有流於空談。

經過張之洞的經營，漢口在中國南部異軍突起，一時被譽為「東方的芝加哥」。[12] 然而，張之洞和端方的努力，不僅不足以挽救偌大的帝國，甚至有些適得其反，就像王先謙評判的那樣，「張南皮主辦學堂、新軍二事，遂為亂天下之具」。[13] 張之洞大力培養學生和新軍，希望他們能保衛帝國，不料他們最終卻謀殺了帝國。

帝國的最後十幾年始終被各地此起彼伏的起義裹挾着，這些起義與從前相比還出現了新的跡象，揭竿而起的不再僅僅是一群難以活下去的農民，各地的官員驚訝地發現，幾乎每一群衝進縣衙府衙的人群前面，都站着些書生或者留學生，他們都是讀着聖賢書長大的，原本可能與自己成為同僚，現在卻開始分庭抗禮。當他們喊着那些令滿漢官員們感到荒唐而恐怖的口號的時候，這些書生們看起來和身披符咒的白蓮教或者宣稱效忠於上帝的太平軍，似乎並沒有什麼兩樣。

晚清最大的失敗，是失去了精神上的統治力。這是刀槍和船炮都無法彌補的缺憾。清朝建國時，雖經數次大戰、屠城，卻依靠對儒家思想的推崇最終降伏了並不安分的書生們，並建立了文化的正統，算得上是「以彼之道，還施彼身」。此後，又通過頻繁的文字獄令書生們噤聲，轉而潛心於學術，徹底完成了思想的大一統。然而，乾嘉考據學的疑古之風還是造成了一些意想不到的結果，人們不再相信經典，也不再相信權威。這些被八股禁錮了頭腦的書生們彷彿一夕醒來突然發現，每個人都擁有了解釋或者闡釋的權利，儘管這樣的權利還是有限的，儘管他們力圖恢復的是被篡改之前更為古老的原典，但是，章學誠們的努力，還是給這些頭戴儒冠的書生們以莫大的刺激。一旦新的契機迸發出來，這股懷疑精神就會輕易地轉化為對現實的質問。而一百多年後，當這群信奉進化論而不是中庸之道的年輕人開始崛起，他們也將用自己的方式復活這種懷疑精神，開始攻城掠地。

一場起義可以被血腥鎮壓，年輕人的懷疑精神卻是很難撲滅的，甚至越撲燃燒得反而越熾熱。尤其是在武漢三鎮，當生存問題已經通過張之洞的努力獲得妥善解決，人們就會開始思考生活以及權利的問題。同樣的問題也在上海出現，「近年來我國上海市民，常有反對工部局之舉動，蓋亦因租界市民之智識日增，對於市政皆知反對於租界當局不善處理之處，多所憤恨不平」。[14] 市民意識的覺醒，最終將令一個時代沖決羅網。

發展經濟，開啟民智，於是成為一把「雙刃劍」。如果政府不能變得像自己承諾的那樣足夠開明，足夠清廉，足夠有進取心，它很容易就會被驟然洞開的民智所傷。而在一個出版與傳播已經逐日發達的時代，愚民則更加不合時宜。出版市場上並立着太多並不完全服膺國家管制的報刊，思想者隨時都可以佔據一個思想陣地來嘲諷這種愚民政策，令政府狼狽不堪，而當這些思想者遭到威脅時，租界又時常能為他們提供庇護。這些環環相扣的問題，是勵精圖治的張之洞無從預料的。於是，他耗費數年心血為城市造就的底蘊和基本格局，最終卻在長久的沉默中一觸即發，迅速躍居為時代的火山口。他對漢口的苦心經營，註定要為他人作嫁衣裳。

宣統元年（一九〇九年），張之洞在北京去世。他早已被剝奪了地方督撫的實權，供養在京城，地位顯赫，卻又無足輕重。去世當天，攝政王載灃前去探望，張之洞仍試圖勸說這位固執的執政者，卻根本無濟於事。載灃走後，張之洞告訴陳寶琛：「國運盡矣，概冀一悟而未能也。」[15]兩年零六天後，他當年派出的留學生、培養的士兵們，在他曾苦心經營數十年的重鎮武昌起義，漢口隨即也被捲入戰火。這位晚清中興名臣，最終荒誕地變成孫中山口中「不言革命之大革命家」，[16]他臨終前的那句滿心不甘的預言——「國運盡矣」——迅速地應驗了。

專家行政

魯迅一直為父親因庸醫誤診而死耿耿於懷，這種切身的童年陰影，也在一定程度上影響着他的思想與生活。最令他憎惡的，不是死亡，甚至不是病痛本身，而是庸醫。這種思路最終投影在他對國家與社會的判斷上，加劇了他的憂慮。顯然並不是只有魯迅一個人懷抱着這樣的憂慮，在鄉村考察的費孝通說過同樣的話：「不健全的人物去領導中國的變遷，怎能不成為盲人騎瞎馬？」[17]

伴隨着知識份子的集體憤怒，尤其是市政專家們的大聲呼籲，專家行政終於在一九二〇年代成為一時的風尚。當整個國家積重難返，當全面復興看起來依然遙遙無期，局部的實驗與改革，就顯得尤為重要。

張銳的聲音代表了那一代市政專家的共識：「所謂專家行政，就是要內行人來辦理內行事。」[18]讓有法律背景的人負責選舉，讓學習工程的人負責市政工程建設，讓學醫的人負責衛生事業，讓學教育的人從事教育事業，所有人都各得其所，人盡其用，而不是去強做一些與自己專業不相關的事情。他一面批評中國的現實，一面歷數德國、英國和美國的專家行政在城市建設中發揮的巨大作用。只有通過各領域專家各司其職，並且通力合作，才能解決城市的積弊，促進國家的發展。

面對眾生的大聲疾呼，蔣介石將自己極其信任的劉文島主政漢口，其實已是順水推舟之舉。

劉文島從巴黎大學獲得法學博士學位畢業後，就到黃埔軍校任教，與擔任校長的蔣介石建立了密切的關係，北伐時，劉文島出任國民軍總司令政治部副主任，蔣介石下野時，他也隨之辭職，並宣稱「誓與領袖同進退」。李宗仁在回憶錄裡將早年的劉文島描述成一個拉斯蒂涅式的年輕人，急於表現，權力慾極重，不過，恐怕任何人都經不起道德的嚴苛推敲。

劉文島充分獲得了蔣介石的信任和器重，而更重要的是，他也正是專家——不僅著作等身，也一直致力於譯介西方的政治理論，他早年所著的《政黨政治論》，曾令梁啟超大加讚賞，並收他為弟子。劉文島雖是學習法律出身，但法律與城市管理密切相關，而他自己也曾坦言，儘管時而是政客，時而是軍人，其實還是對市政建設更有興趣。他也確實對市政建設做過一些細緻深入的研究，這使得他上任後馬上就能有的放矢地提出一些專業的建議。例如，他結合法國和美國城市的不同特徵，將城市的形式總結為放射式和長方式，而具體到漢口的規劃，他認為需要借助漢口的地貌，往長方式的方向改造，但他也提出，長方式的城市具有先天的弱點，綜合考慮之後，他在長方式的基礎上，以市政府為中心，附近搭配圖書館、公園等公共設施，又形成區域放射式的風格，從而將兩種城市風貌融合在一起，各取所長。[19] 這樣專業的市政規劃思路，在當時的市長中是極為罕見的。

劉文島就任後的宣言更是令崇尚市政的人們大為讚賞，他說：「市政為重要建設事業，所有職員及各項工程人員，應有專門之技術；故本府及所屬各局處絕對以用人唯才為主旨，不分省界、性別，凡學識經驗有一己之特長者，無不盡量延用，否則無論如何，均不錄用。」在他的大力倡導下，一群市政專家雲集漢口，並獲得職位極高的任命。土地局局長（後任財政局局長）吳國楨是留美學生，曾在愛荷華州格林內爾大學和普林斯頓大學分別獲得經濟學學士和政治系哲學博士學位。工務局局長（後來任公用局局長）董修甲是紅極一時的市政專家，密西根大學經濟市政科學士，加州大學市政管理碩士。後來繼任工務局局長和公用局局長的陳克明和張斐然，則都是專業工程師，英國格拉斯哥大學工學士。此外，土地局局長何復州畢業於湖北陸軍測繪學堂，衛生局局長李博仁是日本京都大學醫學士。在劉文島治下，漢口特別市政府各局處，「國外大學畢業者二十八人，國內大學畢業者一百一十六人，國外專門學校畢業者三十人，國內專門學校畢業者二百三十四人，總計達四百零八人，佔職員總數的百分之四十五。漢口特別市政府知識化、專業化特點十分明顯」。[20]

劉文島也確實履行了自己的施政諾言。吳國楨之兄吳國柄從英國倫敦工科大學機械科畢業後，見到漢口的施政狀況，就向劉文島進言，應當先完成一系列基礎建設，造公園，建沿江堤防、馬路和貨運碼頭，整治下水道，提倡火葬。劉文島深感吳國柄言之有理，便委任他為市府參事、工程師。他果然不負所望，派遣犯人們完成了中山公園人工湖的建設，將市容整改得井井有條，他還每天都騎馬沿城巡視，隨時發現問題，隨時解決。

劉文島到漢口之初，這座城市「街道狹窄，交通不便，新市區多係農地，市場、住戶無從遷移，全市之下水道皆係明溝制度，遇有雨水及夏秋之際，溝渠臭氣無處無之」。[21]經過劉文島和他的同事們的調理，這座城市的面貌，逐漸煥然一新。

劉文島和他的同事們的城市想像，最終匯成一九二九年的《武漢特別市工務計劃大綱》。其中既有一些常規的規劃，諸如各級交通、溝通武漢三鎮的橋樑建設、圖書館、博物館、公園、供水和電力系統，甚至還具體到公共廁所、公共浴堂、公墓、路燈、廣告等方面。這是一個精細而龐大的計劃，劉文島和他的同事們為此預留了十餘年的時間。而為了能妥善解決建設所需的資金問題，他們甚至在一九二九年印製了總值三百萬元的公債。他們對未來躊躊滿志，卻不知道，留給自己的時間其實已經很有限。政府內部的權力鬥爭，尤其是日本發動的全面侵華戰爭，將徹底摧毀劉文島和他的同事們多年的努力與嚮往。

民主與木槿花

在《觀察中國》中，費正清寫道：「權利和責任分別是基督教和孔教的遺產。」西方宣導權利，中國則強調責任，觀念的差異最終造成了社會形態的分野。在孔子的國度，民主將如何落地，如何相容，成為極為棘手的問題。

這也是漢口終究要面對的問題。與行政專家們相處，劉文島有其獨到的方式。

在劉文島的時代，漢口政府內部出現了學術化的傾向。他在政府內組織學術研究會，親自擔任會長和市政管理組組長，而工程組長、公安組、財政組、衛生組、教育組也分別由各局局長負責，董修甲則擔任國際組長。研究會還特別聘請一些相關領域的專家，共同探討爭鳴。這些成員原本就是各領域的專門人才，如今結合治理市政過程中的具體問題進行跨領域的探討合作，更容易各取所長，彼此協助解決。研究會先由成員們提出問題，再由組長組織進行具體的研究，學術研究的成果除了向全體會員公佈，還在政府公報《新漢口》上逐月刊登。一大批市政研究的專著和譯著，也在短短幾年間從漢口誕生，進而影響全國。

這些市政專家們考察的問題五花八門，但都與城市的現實生活密切相關，甚至會細緻到商業區、工業區、教育區和居民區的道路應該各有多寬，各種車道、人行道、停車道、花木道應如何分配等方面。22 他們不厭其煩地進行着煩瑣而周詳的討論，只為了在城市中塑造出最為合適的尺度，安放日常的生活。

劉文島是法國思想家孟德斯鳩（Baron de Montesquieu）的信徒，他的《政黨政治論》深受梁啟超的青睞，因為他宣揚的正是「三權分立」

的學說。而他在一九二九年再度就任漢口市長時，也力主成立臨時參議會，「正式參議會，須在地方政府成立一年後，方能成立。然而政府最需要的，是要使民眾能瞭解，民眾能信任，主政的，應當將現狀和將來的計劃——尤其是財政，公開向民眾剖視，所以兄弟想到一種通融辦法，就是成立臨時參議會，來指導和監督漢口的市政，雖然名分上不能算作正式市參議會，性質究竟是相同的，因為都是以指導和監督為終點的。」23

臨時參議會並非擺設。參議員的權力雖然受到一定的制約，但他們提出的許多意見，都被劉文島採納，轉化為更新城市活力的血液。24

劉文島坦言：「漢口市是漢口漢陽市民的漢口市，希望諸位要不辭勞苦的來監督，來指導。」25 漢口創辦的《市政月刊》，使市民既能充分地瞭解政府在市政建設領域所做的最新探索，也可以積極參與進來，集思廣益。劉文島還把官辦的市場改由商辦，更名為「民眾樂園」，允許市民進出，享受城市生活的便利與公民的權利。他甚至在市政府門口設置了市民信箱，誠懇地希望公眾能夠加入漢口的民主化之路，而市民們的建議，也經常成為他的行動之源。

將學術研究與市政建設實踐相結合來開發城市，宣揚民主，其成效顯而易見。知識份子獲得足夠的尊重，民主氣氛在討論中激發；而市民的積極參與也擴大了民主的版圖。劉文島這樣滿腔熱忱地做着規劃，卻來不及細想，在中國，民主之路究竟會是一條金光大道還是死胡同，究竟會是一個新世界還是一座迷宮。

漢口擁有走向民主和地方自治的先決條件。張之洞的那些陰差陽錯的成就，奠定了漢口的物質基礎；而漢口的市民意識更是改革的決定因素。這座城市承襲的商業邏輯，塑造了一批具有自主精神的商人和市民，對地方自治的強烈訴求，成為市政改革的強大基礎和原動力。漢口長期的歷史積澱，以及整個中國對民主自由的嚮往，都借助市政改革這個契機釋放出來。只不過，在漢口，民主實驗與專家行政，卻像一朵木槿花，必然會盛開，卻未必能結出果實。

權力之手

如果一個旅行者選擇了一些並不恰當的時機抵達漢口，他很可能會被報紙惹得精神錯亂。

他在前一天夜裡睡下時，還躺在一座叫漢口的城市裡，次日早晨當他被街頭報童的叫賣聲吵醒，他們手裡揮舞的新聞裡，這個城市的名字已經變成武漢。

又或者，當他深夜在客棧獨酌時，他所在的位置已經從漢口特別市變成了湖北省的一座普通市。

在民國的地圖上，漢口一直在原來的位置，只是環繞它的曲線似乎像火燒雲一樣變幻莫測。

漢口的民主化之路，也像這座城市不斷變化的名字一樣，始終沒能擺脫權力的怒視。

在蔣介石與汪精衛的權力鬥爭中，汪派佔據的武漢三鎮處境微妙；而「寧漢合流」後，武漢的首都夢最終破滅，讓位於中央集權的需求。

漢口城中也到處瀰漫着黨國崇拜的符號，主幹道為中山路和中正路，以及三民路，城中當然也有中山公園，劉文島甚至還豎立了一座孫中山的雕像。他也從不諱言對蔣介石的感激與崇敬，在公開場合更不例外。蔣介石是他的入黨介紹人，幾年來，他們保持着親密的關係。他公開贊成蔣介石的宣言，「全國上下，一心一德，黨外無黨，黨內無派」。種種跡象都已表明，地方自治的理想，或許只是奢望，甚至假象。

此時，劉文島和湖北省主席何成浚的矛盾也越發劍拔弩張。此前，何成浚將武漢三鎮的武昌和漢陽收歸省轄，劉文島從武漢特別市市長滑落成為漢口特別市市長，一直為此耿耿於懷。而到一九三一年六月，何成浚繼續向蔣介石提出，湖北的財政危機日益嚴峻，為了緩解危機，希望將富庶的漢口特別市也改回省轄市。幾經波折，漢口重新變成省轄市，劉文島和吳國楨分別調任省民政廳廳長和財政廳廳長，漢口市工務局被省建設廳吞併，局長陳克明調任省水利局局長，董修甲等人則相繼離開漢口，曾經在市政廳濟濟一堂的市政專家們，最終四散而去。

他們離開漢口沒多久，湖北人為了紀念張之洞而修建的張公堤就潰壩了，洪水直接灌入漢口市區，似乎天公也打算在漢口的傷口上再撒一把鹽。

潰壩起因在於新任市長何葆華的貪污和固執。當其他城市紛紛效仿漢口實施政府集中採辦制度時，何葆華走馬上任的第一把火卻是撤除政府集中採辦制度；而肆虐的長江洪水危機，卻讓何葆華看到了無限的商機，他將防汛麻袋每個提價一元半，將麻袋中豆與沙的比例從七三開改為三七開。這次貪污牟利造成了嚴重的後果，洪水席捲漢口，一時民不聊生。何葆華遭到彈劾，被迫辭職。他留下的爛攤子，只能靠漢口市的舊人們來收拾，已經調任省民政廳廳長的劉文島整日駕着小船，赤腳穿着草鞋，在市區內遊弋，救助災民。

一年後，蔣介石重新想起了曾與劉文島共同經營漢口的吳國楨，委任他為漢口市新市長。此時，劉文島已經被派往歐洲出任公使。關於他的傳聞很多，據說他曾當面灌醉過傲慢的希特勒；據說墨索里尼也親自迎接這位來自中國的公使，並同意將中國駐意大利公使從此升級為大使。劉文島在外交界縱橫馳騁，但是對於瘡疤一樣潰爛的漢口，他已鞭長莫及。

回光返照

在吳國楨任內，漢口經歷了短暫的復興。

一九三三年，市政府在管轄區內大興土木，翻新了舊式拱堂，接連鋪設了十條新柏油路。《道路月刊》一個化名為「菊」的記者與奮地描述了他的漢口之旅：「記者這次來漢口，從三個特區到兩個租界，走的都是康莊大道。」[26]

漢口城區整修一新的面貌，頓時令道路簡陋的日本和法國租界相形見絀。為了挽回顏面，兩國租界也被迫開始推進柏油路工程。此舉讓漢口人欣喜若狂。

自從天朝上國的世界觀幻滅以後，絕望的中國人就被迫將租界視為一面鏡子，時不時擦拭一下自己臉上的汗漬。人們忙着對照自己和西方的差距，小心翼翼地塗改着自己蒼白的面頰，每天像祥林嫂那樣念叨着對古老傳統的追憶，猜測着難以言喻的未來，以及想盡一切辦法避免被時代遺棄，鋸成兩半。而此刻，漢口居然變成了一面鏡子，映照出租界裡東洋人和西洋人目瞪口呆的臉。

可惜這只是一次回光返照。漢口多年積累下的能量，最後一次傾盡全力地怒放。

此後，儘管吳國楨力挽狂瀾，依舊疲於應付，大量城市建設的開支被徵收為「剿匪」的軍費，吳國楨在任上幾次請辭，他知道，自己距離想像中的未來，已經越來越遠。後來，日軍兵臨城下更是令一九二九年的計劃大綱變成一張空洞而悲哀的廢紙。一代人的努力，最終還是被權力和戰爭無情地擊潰。專家行政的三魂七魄已被打散，誰也不能奢望一副空洞的皮囊，可以支撐城市菲薄的未來。

至於曾在漢口萌動出希望的城市自治與中國的民主之路，也隨着漢口的隕落戛然而止，其實整個中國又何嘗不是如此？

市政專家張銳憤怒地指責國民政府出爾反爾：「市自治之精神，不在法律條文而在實際運用。說大話而不做實事為國人之通病。民國以來，中央政府以及各省政府所訂之地方自治條例，積可成冊。見諸實行者，幾無以焉。如曰市民程度不夠，然則何以不加相當之培植？如云市民對於市政毫無興味，何以執政者不作相當之鼓勵提倡？如云市民對於投票方法絲毫不懂，何以不使之明悉瞭解？如云市民對於自治並無經驗，然而不使之經，焉得有驗？」[27]

張銳的這個討論，無疑極具深意。以民智未開為藉口的專制，成為困擾近代中國的迷局。是先開民智還是先倡民主？這個問題就像先有雞還是先有蛋一樣，是一個邏輯陷阱。與其為此喋喋不休地爭執，毋寧先付諸行動，在路上尋找曙光。

中國在應用蒸汽機和發電機的時間上，確實遠遠落後於西方，但中國的市政改革，起初卻並不比西方晚多久，不料仍然慘敗。在一個越來越趨向於同步的世界中，這個國家卻依然固執地維繫着自己的集權形象，這種形象最終將它推向末路。

最失望的，或許仍是那個時代的知識份子。市政改革曾讓被困在蒙昧山洞裡的中國知識份子看到過頭頂的一線光明，以為這個國家就此就能找到生路。不料，驟然墜落的權力的巨石，最終還是將這條出路死死堵住。在漢口，他們當初所做的一切小心翼翼的試探，晝夜不息的努力，最終只來得及在城市裡留下一些柏油路和紀念碑，他們提出的那一系列影響中國城市建設的理念，尚未進化到促成城市民主成長的時刻，就率先夭折了。

儘管英國人詹姆斯．貝特蘭（James Bertram）在抗戰時抵達漢口，依然對這座城市的現代化圖景大加感歎：「沿着埠口，當海潮增長的時候，列強的巡洋艦碇泊着，而各種西方建築的銀行、寫字間、倉庫、別墅及領事館等，無疑是代表着最近一世紀來西方企業的紀念碑。」[28] 但他看到的，也只是些現代化的紀念碑罷了。對於這些西方人而言，漢口或者上海、天津、青島，其實都只是給他們自己偽造出一種傲慢的自得與還鄉的錯覺。他們可以在錯覺中獲得慰藉，中國人卻不能依靠錯覺生活。表層的鍍金解決不了城市內在的困境，詹姆斯·貝特蘭並不知道，在這一幕現代化的蒙太奇之上，「德謨克拉西」曾距離這座城市如此之近，卻依然只是一個傳說。

註釋

1. 梁啟超著：《新大陸遊記》，湖南人民出版社，一九八一年，第一七〇—一七一頁。
2. 孫中山著：《孫中山全集》第三卷，中華書局，一九八四年，第三二八頁。
3. 臧啟芳著：《市政和促進市政之方法》，《東方雜誌》第二十二卷第十一號。
4. 董修甲著：《市政研究論文集》，青年協會書局，一九二九年，第二〇五頁。
5. 涂文學著：《城市早期現代化的黃金時代》，中國社會科學出版社，二〇〇九年，第二十八頁。
6. 資料來自涂文學著：《文化漢口》，武漢出版社，二〇〇六年，第十五頁。
7. 相關資訊據涂文學著：《城市早期現代化的黃金時代》，中國社會科學出版社，二〇〇九年，第二十六頁。
8. 【美】羅威廉著，江溶、魯西奇譯：《漢口：一個中國城市的商業和社會（1796—1889）》，中國人民大學出版社，二〇〇五年，第二十六頁。
9. 【美】羅威廉著，江溶、魯西奇譯：《漢口：一個中國城市的商業和社會（1796—1889）》，中國人民大學出版社，二〇〇五年，第二十四頁。
10. 張海林著：《端方與清末新政》，南京大學出版社，二〇〇七年，第五十一頁。
11. 端方著：《選生赴比學習實業摺》，《端忠敏公奏稿》卷三。
12. 據《近代武漢經濟與社會——海關十年報告－漢口江漢關（1882—1931）》，香港天馬圖書有限公司，一九九三年，第九十五頁。
13. 王先謙：《覆胡退廬侍御書》，《葵園四種》，嶽麓書社，一九八六年，第九三八頁。
14. 董修甲著：《市政問題泰倫大綱》，上海青年學會書報部，一九二九年，第三二四頁。
15. 許同莘：《張聞襄公年譜》，第二二三頁。
16. 「以南皮造就楚材，顛覆滿祚，可謂不言革命之大革命家。」載《時報》一九一二年四月十五日，轉引自黎仁凱、鍾康模：《張之洞與近代中國》，河北大學出版社，一九九九年，第一九九頁。
17. 費孝通著：《皇權與紳權》，一九九九年，第四八四頁。
18. 張銳著：《促進市行政效率之研究》，載《市政評論》第三卷第十八期。
19. 據《漢口特別市市政報告》第一卷第三期。
20. 據涂文學著：《城市早期現代化的黃金時代》，中國社會科學出版社，二〇〇九年，第一二〇頁。
21. 劉文島：《漢市之現在與將來》，《中國建設》第二卷第五期。
22. 董修甲著：《我國大都市之建設計劃》，武漢市市委委員會秘書處，一九二九年，第十頁。
23. 《劉市長在參議會成立典禮時演詞》，《漢口特別市市政公報》第一卷第三期。
24. 據涂文學著：《城市早期現代化的黃金時代》，中國社會科學出版社，二〇〇九年，第九十九頁。
25. 《參議會所代表的是什麼？——議長答詞》，《漢口特別市市政公報》第一卷第三期。
26. 菊：《武漢的新氣象》，載《道路月刊》第四十七卷第二號。
27. 張銳著：《比較市政府》，上海華通書局，一九三一年，第六〇一—六〇二頁。
28. 【英】詹姆斯．貝特蘭著：《華北前線》，新華出版社，一九八六年，第二九一頁。

第五章

槍炮與矩尺

彈殼嵌進牆裡，牆上便密密麻麻長滿了眼睛。「馬日事變」已經過去多時，城市依然沒能平靜下來，每一個轉角處都人心惶惶。行路人一刻也不敢走神，一面需要躲避隨時可能飛來的流彈，一面則需要隨時準備回答軍警們的口令。倘若軍警突然喊一聲「土豪」，而行路人沒能在第一時間應答一句「劣紳」的話，就可能平白挨一頓罵，甚至被關押起來暴打。

曾經叱咤風雲的士紳階層，終於變成了軍人們口中萬惡不赦的「土豪劣紳」。士紳與軍人，這兩個群體曾屢次合作又屢次分裂，他們之間的微妙關係，成為左右民國政局的一個死結。軍人們當政之初，往往希望借助士紳的力量，以確立自身的合法性，並建立制度體系；而士紳們也一次次試圖與軍人合作，卻一次次被利用，被誤解，被無視，被迫走向決裂。槍炮與矩尺，成為衡量近代中國的兩種尺度。

在清末民初的中國社會，士紳們無疑締造了諸多城市神話，張謇之於南通、盧作孚之於北碚、哈銳之於天水、傅崇炬之於成都、繆雲台之於箇舊……在國家孱弱的情形下，士紳們通過宗族的勢力、雄厚的財力以及道德感召力，步履維艱地維繫着地域的運作，甚至一度影響着整個國家的格局。

他們當然也面臨着重重困境——來自中央與地方政府的警惕、對實業利潤的過度依賴、與權力若即若離的關係……不一而足。而其中最嚴峻的問題，或許正像孔飛力（Philip A. Kuhn）所評析的那樣，「早期的現代化主要是城市——特別是商埠——的一種現象，相對地說，中國農村未被波及。由於以城市為中心，現代化進程開始產生一批新的城市名流，他們發現自己越來越難以和中國農村的問題完全利害一致。於是，現代化文化與現代以前的文化之間的差別有伴隨着城鄉之間的差別而出現的傾向。儘管新的城市名流在工業、政治、新聞和學術等現代的部門中取得顯著的成績，但他們卻越來越難以在中國行政的中心任務中發揮作用：從城市行政基地去治理主要是農村的社會。」1 鄉村與城市之間的裂隙，原本可以通過士紳們來彌補，但是清廷廢除科舉之後，士紳階層也隨之出現了斷層與蛻變，傳統士紳群體漸漸難以為繼，而新士紳則大多走向城市。城市與鄉村的對立，將現代中國推向前所未有的兩難境地，這種裂隙不僅表現在市民與鄉民、風土與人情之間，更直接衍生為階級、文化與意識形態的對立，成為這個國家悲劇的根源之一。

在這種錯綜複雜的局面下，士紳們迫切地需要借助外力的協助，然而，在晚清與民國，他們能夠聯合的力量，大多數時候只是一些務實、刻板而又傲慢的軍閥。

軍人群體的崛起，源於頻繁的戰亂、國家的貧弱，尤其是各類軍事學校的創辦。年輕人進一步分流，其中一部分人依靠投身軍校獲得出仕的機會，通過掌握軍隊進而掌握權力，校友之間延續着當初科考中一直存在的同年之誼，同鄉之情，從而形成新的人際網路和權力集團。他們不僅要決定戰場上的勝負，更要決定國家的未來。

建立軍國的願望同樣甚囂塵上。《東方雜誌》對此極力渲染：「今日之世界，軍人優勝之世界也。」蔣方震也總結道：「在朝則曰練兵，在野則曰軍國，而官民並進，新舊雜糅。」[2]那個時代的中國人對這種尚武的新氣象曾經抱有幻想：「訓練新軍人，把中國變成軍國，中國的民族主義就可以發揚，最後變成帝國主義的列強之一。這是一九〇〇年代的人看出的中國最理想的發展途徑。軍人是達成中國帝國主義的工具，是中國最優秀的子弟，沒有他們是不行的。」[3]「軍事狂熱時代」的餘熱，一直延續到民國，於是，北洋時代的保定陸軍軍官學校、國民黨時代的黃埔軍校以及為數眾多的地方軍校，成為軍國思想的襁褓，它們的畢業生，大多直接成為各地的主宰，按照自己的意念塑造城市，引導時代。

軍人的崛起對中國的傳統文化制度形成巨大的衝擊。黃仁宇在《萬曆十五年》中評判過文人治國對中國的影響，縱橫捭闔的權力結構，既維繫了帝國的平衡，也造成了諸多惡果。

在民國，尤其是在軍閥格局的地方政府，這種溫吞的官場形態被軍人們打破。通過軍人的經營，無論是城市還是國家，確實都出現過諸多新氣象，模範省不斷湧現，軍閥們用治理軍隊的方法來治理城市，各種匪夷所思的統治形式，有時也會取得意想不到的奇效。這劑猛藥似乎在短時間內就將一片暮氣沉沉的地域變得朝氣蓬勃，大有起死回生之勢。

不過，學者陳志讓（Jerome Chen）也發現，「從袁世凱就任總統到張作霖就任大元帥（一九一二年到一九二七年），這十幾年中軍閥因襲了清末保守派文化的傳統。他們表現的第一個特點是幾乎全都尊孔」。[4] 這種傳統一直延續下去，孔子成為軍閥們無往不利的一張令牌。他們對外標榜正統，對內宣揚愚忠。以孔子輔助武力，以儒家化解矛盾，幾乎成為軍閥們的共識，蔣介石更是其中的佼佼者。軍人群體代表了中國最激進也最保守的力量。他們的激進，是對武力的崇拜；他們的保守，則是因為他們對專制天然的迷戀。

軍人的果斷堅毅，為這個衰老疲憊的國家注入了諸多新鮮的血液；與此同時，軍人的剛愎、暴力與保守，也將這個原本已經積弱難返的國家推向懸崖邊緣。

在士紳與軍人的關係中，後者往往佔據主動。近代以來，無論是袁世凱時期為士紳們設下的政治困局，還是地方政府中軍人統治者與士紳之間的離合博弈，其實都可以在蔣介石對黃埔軍校學生的訓話中找到答案。蔣介石說，文人是優柔、放縱、文弱、自由的人，軍人不該有這些壞習氣。[5] 在軍隊中，自由或許可以被視為一種「壞習氣」，但是對一個國家而言，結論卻顯然不能下得如此簡單。問題在於，大多數時候，軍人們正是把這種軍事化的思想直接演繹為普世價值。

士紳與軍人的關係，不僅是文人與武夫的對立，更是中央與地方的牴牾、權力與民間的對決。這些裂隙最終拖垮了民國的軍事化政府。而士紳階層的結局則更為殘酷，從軍閥割據到中央集權，他們頻繁地面對着與軍人的衝突，以及來自中央的猜忌，以致最終消聲於時代，匿跡於歷史，那些心懷天下的使命感與理想主義的衝動，都沉默着退去鋒芒。

而他們唯一留下的遺產，或許只是些已被淡忘的城市神話。這些個別地域的成就，既輝煌又脆弱，它們曾盛極一時，卻隨着其主持者的離開、戰敗或者去世，就戛然而止。軍人和士紳的控制欲，造成了該地域對他們過度的依賴，以致無暇形成合理的規範、完善的制度。從這個角度說，他們塑造了城市的今天，卻也覆手摧毀了城市的將來。北碚、天水、南寧和康定，都是這樣，在命運的旋渦裡浮沉起落，身不由已。

註釋

1. 【美】孔飛力著，謝亮生、楊品泉、謝思煒譯：《中華帝國晚期的叛亂及其敵人——1796—1864 年的軍事化與社會結構》（修訂版），中國社會科學出版社，二〇〇二年，第二三〇頁。
2. 蔣方震著：《中國五十年來軍事變遷史》，轉引自來新夏著：《北洋軍閥》（一），上海人民出版社，一九八八年，第一〇四九頁。
3. 陳志讓著：《軍紳政權——近代中國的軍閥時期》，廣西師範大學出版社，二〇〇八年，第一一一頁。
4. 陳志讓著：《軍紳政權——近代中國的軍閥時期》，廣西師範大學出版社，二〇〇八年，第一六〇頁。
5. 《蔣總統言論彙編》第九卷，第六十五頁，轉引自陳志讓著《軍紳政權——近代中國的軍閥時期》，廣西師範大學出版社，二〇〇八年，第一八九頁。

北碚

「賽先生」的救贖

看不見的力量

孫中山的《建國方略》看起來漫無邊際。

他滿懷狂想地計劃在中國凋敝的土地上鋪滿鐵路和公路，開通大運河，開闢新港，締造許多與倫敦、紐約比肩的城市。然而，一直到他離世的時候，最後一眼看到的仍是一個滿目瘡痍的中國，他的那些恢弘的建國理想正在連年的混戰中沉澱、消散，如同故鄉早春的「三月紅」荔枝，食之甘冽，卻暗藏酸楚；隨春而生，卻耐不過一個夏日，當大多數荔枝成熟的時候，它早已沉默凋零。沒有人知道，這些陰差陽錯，究竟是季節的過錯，還是「三月紅」命定的悲劇。

後來，美國漢學家韋慕庭（Clarence M. Wilbur）在《孫中山：壯志未酬的愛國者》（*Sun Yat-Sen, Frustrated Patriot*）中，為孫中山的一生蓋棺定論：「孫中山的一生，是一部夢幻被擊碎了的、色彩黯淡的歷史。」[1] 想像力並不能解決中國的困境，孫中山只來得及為未來勾畫出藍圖。那些意想不到的成功和意料之外的失敗，構成命運的迷障。在孫中山之後，理想主義者從未絕跡，只不過，沒有人像他那樣，用一生見證悲劇，卻把夢想交付給別人。韋慕庭說：「作為一個政治人物，他曾經多次被宣告為失敗者，可是，他又常在另一場合取得了勝利。」「另一場合」的勝利，也來自那些追隨孫中山的年輕人，在他死後，他們更加熱切地塑造他構想的世界。

無數的年輕人記誦着孫中山的字句死去，也有人記誦着那些字句活下去。盧作孚只是其中之一，他也曾試圖以流血犧牲來拯救中國。

這個閱讀着達爾文和赫胥黎長大的年輕

人，不滿十八歲就加入了同盟會，他在四川的「保路運動」中大顯身手時，依然未及弱冠之年。「二次革命」失敗後，盧作孚踏上逃亡之路，他越成熟，就越意識到暴力革命本身的無力，轉身之間，他發現了孫中山另外的一面。盧作孚堅信建設比救亡更緊迫也更重要，「許多人將救亡與建國區分開。救亡和建國是一件事」。他認定中國的前途是「惟有從根本上建設國家，以機器替代人力，以科學方法替代迷信與積習」。許多年後的「九一八」，他見到了那些像他從前一樣打算身赴國難的年輕人，「四川青年組織敢死隊到前方，經過北碚時，見着正在工作的朋友，就以為：國已危急了，哪有閒工夫還來建設鄉村！後來，這些在外面救國的青年，不但沒有把國救起，連自己吃飯也成了問題」。可是，衝動一向是年輕人的特權，無論怎樣苦勸和論證，命運還是要一再重演下去。

盧作孚還是堅持着自己的選擇，他投身實業和鄉村建設，他創辦的民生公司擊敗了歐美洋行，壟斷了長江航運，他以北碚為中心進行的鄉村建設，短短幾年間，就在這片土匪橫行的鄉村上建造出現代化城鎮的雛形，並且成為李約瑟（Joseph Needham）口中戰時中國科學的中心。盧作孚信奉看不見的力量，他在演講中說：「現在有人認為社會的改變，是要先毀壞，後建設。如果國際允許中國，中國允許我們，就把現在毀壞，重新建設起來。但是事實上很困難，所以只好採用改良社會的方法。改良也許阻力很大，但要設法去消滅它。……民國十一年在川南工作時，曾邀一個川外人來演講，他說：『請大家認識我，我是一顆炸彈。』我解釋說：『炸彈力量小，不足以完全毀滅對方；你應當是微生物，微生物的力量才特別大，才使人無法抵抗。』看見的不是力量，看不見的才是力量。」

當梁漱溟在演講中抱怨「號稱鄉村運動而鄉村不動」時，盧作孚卻在忠實地實踐孫中山的理想，他沒有將責任推到安於現狀的農民身上，盧作孚並沒有知識份子的偏執與傲慢，他是一個極有效率的實幹家。然而，這個信念堅定、行動力充沛的年輕人，這個孜孜不倦的微生物，耗盡一生，卻也只是締造了一個轉瞬即逝的北碚。

現代的模型

開創北碚神話之前，盧作孚已經在實業界和城市建設界聲名卓著。他在成都和合川的教育和城市改革卓有成效，一九二六年，他決定不再依附於軍閥，以自己的聲望募集資金，先後創辦了「合川電水廠」和「民生實業股份有限公司」，開始挑戰歐美國家壟斷的長江航運。一九二七年，盧作孚被任命為江北、巴縣、璧山、合川四縣特組峽防團務局局長，躊躇滿志地計劃以北碚為中心，對嘉陵江三峽地區三十多個鄉鎮進行改造。

嘉陵江三峽地處國民革命軍二十一軍劉湘和二十八軍鄧錫侯部陳書農的防區之間，一直無人問津，土匪橫行，不但打家劫舍，搶奪船隻，甚至連軍隊過境，也要先和土匪交涉才能保證平安無虞。北碚更是一個凋敝的鄉村，許多年後，盧作孚依然記得自己第一次到北碚的情景：「街道很小很小，街道中間，還有一條陽溝，每邊只容許兩人側身而過。記得自己曾騎一匹馬，想到街裡一遊，卻無法通過而退了回來。街頂黑暗不見天日，因避雨的關係，同時也就避去了陽光。街上非常之骯髒的陽溝堵塞着垃圾和腐水。現在頂好的一條南京路，就是當日有名的『九口缸』——九口大尿缸擺在街邊，任何人都得掩鼻而過。」[2]

躊躇再三，盧作孚還是決定「打破苟安的局面，創造理想的社會」。他親自率領官軍剿匪，同時招安，「化匪為民」。[3] 一九二八年，盧作孚聘請丹麥人守爾慈任總工程師，開建北川鐵路，以加速礦區的煤炭運輸，直到一九四九年，這都是全四川唯一的鐵路。

盧作孚延續着自己的營建思路，先使經濟

發展步入正軌，切實解決民生問題：開礦、寓兵於工、發展紡織業，然後進行與現實問題相關的公共建設，營建公園和醫院，繼而創辦體育館、學校、報紙、圖書館，並開辦運動會。他對民生公司的期待，不僅是經濟利潤上的回報，更是對整個四川的激活。「歡迎省外人到四川來！促起四川人到省外去！」[4] 通過人才的流動，介紹四川，開發四川。

與數十年前那些推進洋務運動的士大夫不同，與一味理想主義的改革派也不同，盧作孚試圖將民眾引入現代化的公共生活中，讓他們直面科學和知識的成果。他擁有勵志學家的天賦，善於將那些淺顯的道理翻來覆去說許多遍，不斷地向民眾描述他的理想。因為總是有新的聽眾要加入進來，因為已經加入進來的聽眾總是需要強化記憶。在中國的現實中，盧作孚樂此不疲。

他也因此深知模型的意義所在，他不斷地製造着模型，賦予它們新的價值，使公眾有目標、有參照，北碚正是其中最大的模型。他從不諱言自己全力營建北碚的目的所在，是要創造出「幾個現代的模型，是想將這一大幅地方變成一個現代的生產陳列館……將它們裝置在鄉村人們的理想裡」。[5]

盧作孚的現代化之路，最初移植自青島和上海。第一次到青島時，他就對青島的城市規劃念念不忘：「看了德國人經營的青島，就想到要把今後的北碚建設成一個大花園，有了一個可供摹仿的模型，並進而把整個三峽佈置成一個美麗的遊覽區。」[6] 上海則是一個「購買」現代化的所在，他從上海買回「法國梧桐」，種在北碚的街道上，民生公司的輪船從上海訂做，峽區織布廠的織布機、柴油發動機、交流發電機都從上海購買，教給農民使用的打穀機和剝粒機也來自上海。根據來自青島和上海的經驗，盧作孚事無巨細都會考慮，細緻到在一條上山路上，石級的長寬步數以及轉彎的角度都要準確，梧桐樹必須種在一根直線上，要按照相同的距離、相同高度分佈。[7]

在科學教育領域也不例外。一九三四年，盧作孚、盧子英兄弟在上海參觀了陶行知創辦的山海工學團，回到北碚就開始推行陶行知倡導的「小先生制」。以至於五年後陶行知內遷到北碚定居時，驚訝地發現「我又似乎回到了山海工學團」。畢生投身鄉村建設運動的陶行知在北碚看到了自己未竟的理想，北碚「可謂將來建設新中國的縮影」。[8] 鄉村建設實驗的成功，為北碚科學的萌芽，提供了雨露和土壤。

然而，北碚又沒有像它的母城重慶那樣，過度迷信並拘泥於所謂的「上海模式」。與軍閥們不同，盧作孚似乎並不迷戀西洋景，他更關注的是文化與教育領域的探索。當軍閥們忙於用洋樓、飯館和舞廳來粉飾重慶的迷夢，北碚卻致力於塑造公共生活的質樸與舒適；當重慶人用逛街、看電影來「消費」節日，北碚人卻在賽龍舟、國術和游泳比賽的賽場上揮汗如雨。[9]

這導致人們對重慶和北碚採取了截然不同的態度。統治四川的劉湘說，北碚不是「西洋式徒供消費奢侈的洋八股」，他在重慶思考兩年依舊懸而未決的教育與建設問題，在北碚找到了答案。重慶鄉紳們到北碚後感歎「繁華的重慶反不如一個鄉村的建設」。一九三二年，金滿城在《重慶的前途》中對重慶的批判，更加凸顯出北碚的意義：「我想到重慶的前途，便是上海的後影，一切上海犯過的罪，對於人類的妨害，在重慶都要重演一次。」[10] 任何一種模式，越是看起來事半功倍，就越可能潛伏着深遠的危機，拘泥於形式主義的模仿、以嘩眾取寵為目的的改革，很可能適得其反。然而，在那個眾聲喧嘩的時代，重慶刻意追隨的「上海模式」，顯然更容易令政客滿足；方寸的北碚，儘管能自強自保，終究還是無力撼動大局。

誅神

那消息像條敏捷的毒蛇一樣在整個重慶迅速游走——東嶽大帝被強行搬出火焰山上自

己的廟宇，盧作孚率領少年義勇軍，在東嶽廟裡擺滿了從四川、康藏採集來的各種動植物標本。一九三〇年，北碚火焰山上的東嶽廟被宣告壽終正寢，取代它的將是峽區博物館。

人們忽然隱隱想起來，這個「大逆不道」的計劃，盧作孚其實已經醞釀了很久。

早在兩年前，剛剛創刊的《嘉陵江報》上就刊登過一則報導：盧作孚「擬在溫泉公園內添設嘉陵江科學館一所，內分物理試驗室、化學試驗室、生物研究室、地質研究室、衛生陳列室，已寄信上海購置儀器、藥品及材料物品，預定年內或明年春間開館，將來本館即定名嘉陵江科學館，以備一般人之參觀研究云」。盧作孚為此還曾率領民生公司、北川鐵路公司、峽防局、川江航管處等單位，到華北、東北、華東考察了半年，他不厭其煩地向江浙兩省的昆蟲局，南京的中央研究院、中國科學社，北京的故宮古文物陳列、北平靜生生物研究所取經，購買器材，交換標本，並不惜重金引進人才。蔡元培、黃炎培、翁文灝、秉農三等人都對這個充滿想像力和執行力的年輕人稱許有加，很快，「嘉陵江科學館」就被另一個更為振奮人心的名字所取代——「中國西部科學院」。盧作孚就在上海成立了「中國西部科學院籌備處」，一切進展得有條不紊，只不過，誰也沒有想到，盧作孚居然向東嶽大帝宣戰了。

「鑒於吾國西部各省，物產豐富，幅員遼闊，不但為西南屏障，且於經濟上有東北各省同等之價值，爰議設立研究機關，定名為中國西部科學院，從事科學之探索，以開發寶藏，富裕民生。」對於發展科學的意圖，盧作孚的目的很明確，「開發寶藏，富裕民生」，「用科學方法尋求中國西部的出產，從地質研究上尋求地下的出產，從生物研究上尋求地上的出產」。他看重的也是科學經世致用的一面，希望科學為經濟建設服務，這種思路和對科學的態度，也決定了中國西部科學院的建制。

身為實業家，盧作孚深知資金對科學運營

的意義所在，他一直與四川的軍閥、士紳周旋，獲得他們的支持，在盧作孚的勸說下，峽防局副局長熊明甫捐贈地皮，軍閥楊森出資建造了惠宇大樓。同時，身為民生公司和北川鐵路公司的負責人，他在經濟上也保持了自身的獨立，這使得他的事業可以進展自如。盧作孚以公司的名義帶頭捐款，並從全國募得十五萬元，為中國西部科學院建起實驗大樓。

早在中國西部科學院成立前一年，中國科學社派動植物專家到四川進行田野考察，盧作孚就派峽區少年義勇隊三十多人隨同中國科學社的專家們，一道輾轉峨眉山、大小涼山一帶，做動植物採集和實地考察。這些標本構成了次年建立的中國西部科學院最初的館藏。盧作孚對標本的重視，甚至到了癡狂的地步，他到青島考察時，親自到海邊抓螃蟹和螺螄，撿回蚌殼，帶回中國西部科學院進行研究，製作標本。[11]

西部蘊藏着諸多神奇的物種，許多國內外的探險家和生物學家都在這裡發現過新的物種。一九三〇年，中國西部科學院的同仁們，繼續追隨中瑞新甘考察團，進行田野考察。德國科學家傅德利前往松潘、寧遠、西康、新疆、甘肅等地採集標本時，中國西部科學院的同仁們再度結伴而行，回到北碚後，傅德利的名字就出現在中國西部科學院剛剛建立的生物研究所專家名單中，由他負責昆蟲研究。此後，生物研究所形成慣例，每年春季外出採集標本，秋季則回到研究所進行系統的整理和研究。[12]

這一年，盧作孚還創辦了博物館、兼善中學和理化研究所。前兩者面向公眾，用科學影響民眾；後者則在嘉陵江及川東、川鄂邊境採集了一百六十多種煤礦和一百四十多種其他礦石，進行化驗，以選擇對經濟和生產最有力的途徑。[13]盧作孚甚至創辦起十幾所民眾學校，有挨戶學校、場期學校、婦女學校，甚至有按照職業區分的力夫學校、船夫學校。

盧作孚始終保持着對公眾的注意力，一九

三一年端午節，他又提出一個空前的設想，要求北碚所有的政府機關、工廠、學校、博物館，對外開放，甚至連「辦公、上課、研究的地方以至於寢室、廚房、廁所，都讓他們參觀」。[14] 面對不斷擁來的人群，盧作孚親自手持話筒，講解現代化的意義所在。[15]

此後，中國西部科學院又創辦了地質研究所和農林研究所。前者的研究範圍從嘉陵江周邊輻射到整個四川，進而直達西康、青海、雲南、貴州各省；後者則在家畜、林墾研究之餘，長期試種中美棉、會理的草木棉，試養意大利雞，大規模造林，尋找最佳的生產之道，並將這些技術普及民間，通過農民夜讀學校和農產品陳列展，將科學之光播撒出去。

盧作孚對中國西部科學院的規劃，如同他的鄉村建設方案一樣，思路清晰，分階段規劃，而行動極快。先完成與日常生活與經濟緊迫相關的領域，再逐步深入，僅僅在兩年間，就基本完成了中國西部科學院的主要架構。

盧作孚搭起戲台之後，並沒有越俎代庖。他將更多的使命留給科學家們，給他們以物質的保障和充分的自由。在貧瘠而地勢兇險的西部進行科學研究，其艱難可想而知。一九三三年，《中國西部科學院地質研究所業刊》第一卷第一號上刊登的常隆慶在重慶南川間的地質考察報告，就體現了這一點。

常隆慶實地考察了這一地域的地質構造，分析其地質時代包括震旦紀、寒武紀、奧陶紀、志留紀、二疊紀、三疊紀、侏羅紀及白堊紀。他還重點考察了礦產，以煤為主，其中二疊紀煤層總儲量有一億四千五百六十三萬六千一百四十六噸，並分析了黃鐵礦的含量，但認為其並無開採價值。在陡峭的山路上，常隆慶偶爾能邂逅運鹽運棉的客商，他們散坐在林蔭間，吃着自帶的乾糧。山上住戶反而略多，三座廟宇的僧人，十幾家採辦硫磺的工人，間或運煤的工人，消解着旅途的寂寥。沿路只有野生水竹和一些耐寒的灌木，將道路甩向高處。

常隆慶在十一月出發到金佛山考察，在這個季節裡，重慶一向是晴天，而只不過數十里外的山間，卻連日陰雨，道路泥濘。半個月後，第一場雪就下下來，當地人說要到次年的二月雪才可能融化。霧氣也在此時聚攏到山上，它們成為測繪地圖和觀察地層時最大的障礙。

常隆慶只能憑藉經驗出發，因為沒有可參考的地圖。德國人李希霍芬（Ferdinand von Richthofen）雖然繪出了這一地區中生代上部的地質圖，然而，弔詭的是，他本人從未到過這裡。而荷蘭地質學家亞本登農（Abendanon）雖然在此地考察過，卻沒有留下任何對於地質的描述。在中國廣袤而神秘的西部，有諸多這樣的開創性的工作等待着科學家們。[16]

一九三三年夏天，中國科學社年會史無前例地在西部召開，科學家們陸續抵達北碚，見證了這個窮鄉僻壤的劇變，也見證着科學的種子怎樣被深植在這片渾濁的土壤裡。盧作孚的誠意和北碚的崛起，成為一個新的時代話題。這也成為抗戰遷都後許多重要科研機構不約而同地選擇遷居北碚的原因。曾被《新青年》的編輯們頂禮膜拜的「賽先生」，終於君臨北碚。

李約瑟的困惑

一九四三年四月，李約瑟從重慶起程，慕名造訪北碚，他驚訝地發現，此時中國「最大的科學中心」，原來就在距離自己咫尺的小鎮北碚。「此研究所高踞嘉陵江上（西岸），環境清幽，其中工作人員甚形緊張。參觀之人，欣羡之餘，深覺其具有世界上最優良的實驗室之研究空氣。」

自從五年前的「東方敦克爾克大撤退」後，中央研究院動、植物研究所、氣象研究所、物理研究所、中國科學社生物研究所、農林部中央農業實驗室、經濟部礦冶研究所、中央地質調查所、中國地理研究所、軍政部陸軍製藥研究所就雲集北碚。那次大撤退不僅拯救了中國，保留了一線希望，也讓北碚成為人們選擇的福地。當時，宜昌的碼頭上滯留了三萬多名各地撤出的知識份子和難民，還積壓了十萬噸戰略物資，它們幾乎是中國工業的全部血脈。此時，長江只剩下四十天左右的中水位，四十天後就不能再行大船，而日軍則緊追不捨，尾隨轟炸，在混亂中，一線生機交到盧作孚和民生公司手中。從一九二九年到一九三七年，民生公司的船隻數量翻了十五倍，噸位翻了七十八倍，股本翻了七十倍，資產則翻了四百多倍，儘管實力雄厚，然而時間緊迫，盧作孚親臨宜昌前線，他採取「三段運輸」法，晝夜工作，四十天後，在宜昌的碼頭上，日軍幾乎一無所獲。

　北碚的鄉村建設與科研基礎，讓這些背井離鄉的科學家們獲得了暫時的慰藉，然而，情勢依然嚴峻，環境日益惡化，知識份子們也開始展開自救。在北碚，陶行知的曉莊師範與中國科學社合作，研究中藥。當時瘧疾患者很多，無法購買奎寧丸，陶行知找到中藥處方，就在一間破土地廟裡，搭建土灶，購買藥材和設備，將常山、斌狼、鱉、烏梅等，磨成粉，煎藥，製出藥丸，發放給貧苦民眾。

　然而，在北碚，中國知識份子在篳路藍縷中堅持科學實驗的熱忱，讓李約瑟大感欣慰，也加劇了他的迷惑。歷史證明中國人如此聰明，現實又證明了中國人對科學的鍾愛，為什麼中國的近代科學依然如此落後？「李約瑟難題」與中國科學家的孜孜不倦形成鮮明的對照，並因中國人對於光明的嚮往，而變得更加晦澀。

新世界的殘章

　被譽為「陪都的陪都」的北碚，將被怎樣記憶？

　一九四四年，楊家駱剛過而立之年，已經主持編撰了六千萬字的書稿，案頭還有八千萬字的書稿等待付梓。然而，見多識廣的楊家駱還是無法抑制自己的興奮，他正在遭遇一場前所未有的史學革命。他將面對一條書寫歷史的新路，迴異於從前的任何一種，迴異於士大夫們的矯枉過正，也迴異於野史家們氾濫的抒情或者慷慨悲歌。

中國的修史者始終躲不開司馬遷、班固們開創的套路，書寫歷史的激情與光陰流逝的悲劇糾葛在一起，被逝去年代中的傳奇人物們推搡着向前。中國的地方志因此始終貫穿着人文情懷，楊家駱卻頗具獨創性地將方志與科學捆綁在一起，他將要編撰一部從科學的角度書寫的地方志，這樣書寫的原因，在於這個地域與科學千絲萬縷的關聯。

楊家駱避難北碚已經六年，他和所有人一樣，依然看不清未來。儘管陪都重慶城中依舊夜夜笙歌，不知亡國恨，猶唱後庭花，然而，偏安於重慶北碚、背井離鄉的人們，卻也始終沒有稍忘國難。老舍在《北碚辭歲》裡寫道：「霧裡梅花江上煙，小三峽外又一年。病中逢酒仍須醉，家在盧溝橋北邊。」葉聖陶的《夜自北碚至溫泉》也代表了那一代知識份子的心態，他在前三聯中渲染初月、孤舟、野林、江流、山石，尾聯則在美景中黯然收筆：「未能忘世慮，敢說桃花源。」

對未來的迷惘，並沒有抵銷人們回望從前的勇氣。四月，顧頡剛、楊家駱和盧作孚、盧子英一起組成北碚修史委員會，傅振倫出任修志館長。盧作孚在北碚的建設早已成形，正在按部就班地運行下去，戰爭仍未結束，然而，更多的希望在萌動、滋長，盧作孚在這一年的演講中說：「我們希望中國能夠建設起來，先曾以北碚這個小小的地方作一度經營的實驗，懸出一個理想，叫做『將來的三峽』。最初進行起來頗困難，但畢竟能建設成功一個這樣的局面。尤以遷建事業機關的幫助，兩三年內完全實現了原來的理想，甚至超越了原來的理想。從這小小地方的經營，可以證明：中華民國是可以建設起來的，是能夠建設起來的；使別的國家也認識中國，必決有希望，有前途。」[17]

然而，怎樣描述這個成功的標本，成為書寫者最大的問題。案頭堆積着大量的資料、圖表甚至圖示，大量科研機構所做的長期田野考察和研究，成就了這部方志獨特的書寫方式。

中國西部科學院測候所長達十年的實地檢測構成了「氣候志」的脈絡；國立中央研究院動物研究所的研究成果則成為「動物志」的依據；在書寫「地質志」之前，修志者進行了長期的田野考察，先對地理進行分段的實地測繪，研究分層方法，再編寫，完稿後，進行下一段的實地測繪和書寫；「人口志」和「聚落志」的結果則來自深入鄉鎮的調查；「地形志」、「土壤志」和「土地利用志」更是與長期的科學研究緊密相關。

兩個月後，美國雜誌 *Asia and America's* 上刊登了孫恩三（T. H. Sun）的文章，題為《盧作孚和他的長江船隊》，作者不吝將溢美之詞傾注於北碚的方寸之地。「平地湧現出來的現代化市鎮」，「迄今止中國城市規劃最傑出的例子」，「北碚最有希望有一天成為不僅是中國而且是東亞最重要的旅遊中心之一」，「科學氣氛形成了中國歷史上任何一個城市中教育和學術機構的最高度的集中」……看起來，北碚是一個極難辨認的集合體——現代化、城市規劃、旅遊中心、教育和學術機構，構成了北碚複雜的文化生態。種種文化生態之間的共生與相互激發，終使北碚得以從地圖上脫穎而出。

然而，繁華轉瞬凋零。隨着抗戰勝利後大量學術機構和個人的回遷，北碚史志的書寫和北碚的建設一道停滯下來。一九四六年五月六日，《國民公報》記者探訪還都後的重慶，「國府路前，車馬人稀，山間道上人跡罕寧，昔每夜曾洶湧歡樂之『國際』、『揚子』舞場，今已舞淡歌微；義民還鄉，日在千數，而流落街頭之無依兒童，刻正為慈善夜遊隊所集收；南北溫泉之餐廳旅棧，多閉門歇火；精神堡壘附近，入夜沉寂，失業工人佇立街頭以睹市容為歡。景物已非，不勝今昔」。北碚的光芒並沒有暗淡下去，然而，人心思歸，頓有大勢已去的錯覺。

楊家駱遷回上海後，盧子英仍與他保持聯繫，聘請他為北碚史志編委會主任，並將已完成和未完成的志稿都寄給他。一九四八年，中國地理研究所所長林起在楊家駱的書架上，看到了這些北碚方志。他選出其中九篇，發表在《地理雜誌》第五卷第三、四期合刊上，主題為《北碚專號》。

五十年後，當楊家駱在台灣打算重新出版這本「北碚方志」時，他已經只能回憶起這九個篇章。他早已被譽為「民國編纂各大叢書第一人」，然而，他卻記不清自己的那些著作。老人只大約記得對方志總的分類：「時」、「空」、「類」、「名」四目，其餘的部分都已在倉促離開大陸時遺失。他把這本書題名為《以科學論文方式撰寫方志之試驗——北碚九志》，來紀念那段在北碚的崢嶸歲月，他能找回的，卻只有《地理雜誌》上的九篇殘章。18

人間已無盧作孚

對老人而言，有時最難熬的不是冬天，而是春天。你越看重希望，就越可能被希望刺傷。

一九四九年，盧作孚謝絕了晏陽初的邀請，拒絕去美國，他固執地要留下來等待想像中的新世界。他並不知道，自己早已不是當初那個振臂一呼、應者雲集的青年領袖。

一九四九年，民生公司比戰前更加強大，擁有員工九千多名，各種船舶一百四十多艘，總噸位高達七萬多噸，航線遍及長江及各支流，一直延伸到東南亞。與此形成鮮明對照的是，負責任的盧作孚卻在為民生公司的貸款四處奔波，徹夜難眠，公司效益正在急劇下降，銀行能夠提供的貸款卻不過杯水車薪。19

一九五二年年初，民生公司的主力船「民鐸號」在豐都水域觸礁沉沒，五十九歲的盧作孚親自趕赴現場，看到了這艘自己當年親自從上海買回的輪船的殘骸，滿面悲戚，卻未發一言。不久，民生公司召開「五反」動員大會，盧作孚完全沒有想到，矛頭居然會直指自己。員工們含沙射影地揭批盧作孚和公司的公股代表出差時，企圖腐蝕拉攏國家幹部，其中包括許多盧作孚平日視為兄弟的下級。實際的情況卻只是，盧作孚和公股代表在北京出差，互請吃飯、洗澡、看戲而已。大會結束回到家後，不堪受辱的盧作孚吞下了大量的安眠藥。[20]

「如果盧作孚先生還在，他所要擔負的責任總比民生公司大得多啊！」據說這是毛澤東後來說的。[21] 毛澤東和盧作孚生於同一年——光緒十九年（一八九三年），在這一年出生的還有晏陽初和梁漱溟。[22] 他們都以知識份子的身份深入農村，都對解決中國根深蒂固的農民問題，耗費了畢生的精力，這一代人的探索原本可以匯成一股強大的力量，原本有希望殊途同歸，只不過，總在關鍵處分道揚鑣，這使得中國的農民問題被一再擱置，越發棘手。

半個多世紀以後，我在嘉陵江邊散步，江霧很大，空氣中瀰漫着塵土的味道。碎石灘已經探入江心，鏟車仍在不懈地運作。江岸上搭起聯翩的帳篷，人們坐在塵土中喝着雪花啤酒，大聲吆喝，用筷子撩撥着剛出水的江魚，一圈辣椒如同紅色的水藻，纏繞着水煮魚的屍體。七十年前，當李約瑟第一次來到重慶，大抵也曾陷身於同樣的塵土之中，那時是因為日軍的轟炸，那時廢墟如同蒲公英般在中國廣袤而疲敝的土地上飄散零落。

嘉陵江對岸有木製的踏板，渡船已經停航。高出江面數十米的立交橋成為溝通兩岸的新路。這是今日的北碚，一個看起來完全工業化的城區。李約瑟曾經被中國人不知疲倦的發明能力癡迷不已，現在的中國人則在不知疲倦地挪用着那些來自西方世界的發明，那些可以被視為現代化象徵的符號。江對岸是抗戰後留下的復旦大學北碚校區遺址，我費了很大的勁，才剛剛看清它，就被一輛疾馳而過的卡車捲起的塵土再度遮蔽了視線。

中國西部科學院已不復存在。盧作孚當初

募款建造的大樓，變成了陳列室，一面陳列脊柱動物標本，一面是古生物和恐龍化石。看守着恐龍的工作人員急匆匆地翻動着報紙，有節奏的刷刷聲，似乎是恐龍的奔跑。他不關心北碚的歷史，因為它們與他無關。他只關心那些大洋彼岸的新聞，儘管它們似乎也與他無關。或許人們想要的終究只是些談資罷了，而歷史太過沉重晦澀，已經無法再構成談資。

在北碚依然殘留着戰爭的痕跡。防空洞口，坐着劉一虎和他的秤，他用它來度量那些被三輪車不斷運來的廢品。劉一虎和他弟弟劉二虎經營着這個廢品站，他們認識在隔壁防空洞裡做皮肉生意的女人，他們相互證明從沒去拜訪過那個神秘的鄰居。他們還有一個鄰居，回老家了，他的門前只放着幾座墓碑，他做雕刻墓碑的生意，他習慣於把那些與自己毫不相關的逝者雕刻在石碑上使他們不朽。

盧作孚的名字也已經留在石碑上。但人間已無盧作孚。盧作孚的含冤去世過早地暗示着一切的理想、一切的探索都將止步於北碚這座嘉陵江北岸的伶仃小城，這個標本已不可能再釋放出預期的能量，繼續影響整個中國。僅僅半個世紀後，我們已經無法將這座小城與七十多年前黃炎培的溢美之詞聯繫在一起：「北碚兩字，名滿天下，幾乎說到四川，別的地名很少知道，就知道北碚。與其說因地靈而人傑，還不如說因人傑而地靈吧！」此刻，連它自己的歷史都變得模糊不清，楊家駱只留下《北碚志》的殘篇，而在圖書館和檔案館裡，我們甚至拼湊不全一部有關歷史細節的檔案。這座稀釋在中國地圖上的小城，平靜荒蕪，彷彿盧作孚從沒來過。

註釋

1. 【美】韋慕庭著，楊慎之譯：《孫中山：壯志未酬的愛國者》，新星出版社，二〇〇六年，第三五七頁。
2. 盧作孚：《我們要「變」要「不斷地趕快變」》，《嘉陵江日報》一九四三年十月四日。
3. 劉重來著：《盧作孚與民國鄉村建設研究》，人民出版社，二〇〇七年，第十四頁。
4. 《新世界》一九三六年第八十九期。
5. 盧作孚著：《四川嘉陵江三峽的鄉村運動》，《盧作孚文集》，北京大學出版社，一九九九年，第三五四—三五五頁。
6. 盧作孚著：《東北遊記》，《盧作孚文集》北京大學出版社，一九九九年，第一〇六頁。
7. 盧作孚著：《我們的要求與訓練》，《盧作孚文集》，北京大學出版社，一九九九年，第二六〇頁。
8. 陶行知著：《在北碚實驗區署紀念周大會上的講話》，《陶行知文集》，江蘇人民出版社，一九八一年，第三一一頁。
9. 根據張瑾：《發現生活——20世紀二三十年代重慶城市社會變遷》，見李孝悌編：《中國的城市生活》，新星出版社，二〇〇六年，第三一九頁。
10. 根據張瑾：《發現生活——20世紀二三十年代重慶城市社會變遷》，見李孝悌編：《中國的城市生活》，新星出版社，二〇〇六年，第二九七、三二〇、三二六頁。
11. 盧作孚著：《東北遊記》。
12. 《中國西部科學院生物研究所植物部五年來之進展》，《工作月刊》第一卷第三期，第一〇五頁。
13. 中國西部科學院編：《中國西部科學院概況》，一九三三年，第十一頁。
14. 盧作孚著：《四川嘉陵江三峽的鄉村運動》，《盧作孚文集》，北京大學出版社，一九九九年，第三五六頁。
15. 《盧局長實施平民教育》，《嘉陵江日報》一九三一年八月二十七日。
16. 根據常隆慶著：《重慶南充間地質志》，中國西部科學院地質研究所印製，一九三三年。
17. 盧作孚著：《國際交往與中國建設》，《盧作孚文集》，北京大學出版社，一九九九年，第五七四頁。
18. 楊家駱主編：《以科學論文方式撰寫方志之試驗——北碚九志》，台北鼎文書局，一九七七年。
19. 對於一九五二年中央特批給民生公司的一千億元人民幣（今一千萬元）貸款究竟是否存在，至今存疑。可參見二〇〇九年《財經》雜誌。章立凡：《哀莫大於心死》，趙曉鈴：《盧作孚先生自殺前的一個重要細節》，章立凡：《也談盧作孚自殺的一個細節：歷史是一張拼圖》。
20. 關於盧作孚之死，具體歷史細節考證，可參見趙曉鈴著：《盧作孚的選擇》，廣東人民出版社，二〇一〇年。
21. 盧國紀著：《我的父親盧作孚》，四川人民出版社，二〇〇三年，第四四三頁。
22. 據《晏氏族譜》：「興復，生於光緒十六年庚寅九月十七西時」，即一八九〇年十月二十六日。但晏陽初在《九十自述》中寫道：「我一向認為，生於西曆一八九三年十月二十六日。」

天水

死水微瀾

汽車與耕牛

翹首等候的人群，在街道盡頭看見一頭牛。

那時午後的日光正烈，曬得人昏昏欲睡，越發看不分明。那頭牛趾高氣揚地拖着沉重的轎車，從剛剛修好的六米寬的古城街道上篤悠悠地踱過。

汽車果然是用牛拉的！天水人的驚歎聲中，帶着些雍容的篤定。

成都人最初看見汽車時，把它稱為「洋房子走路」或者更粗魯一些的「花轎打屁」，[1]天水人沒有賦予汽車這些額外的想像力，因為他們親眼目睹的一切，比任何牽強附會的聯想，都要更具戲劇性。

汽車的主人是隴南鎮守使孔繁錦。一九二三年，從上海到天水，千里迢迢的旅程都沒有遇到任何變故，這輛汽車在進城之前路過觀音堂，卻總也爬不上堂前的斜坡，彷彿菩薩堅決不肯接納這輛史無前例的汽車。在神靈面前，新式發動機失效了，能倚仗的，反而是耕牛，現代世界與古老傳統暗中微妙地對峙着，卻又不得不相互扶持。天水城的命運，正像這輛汽車一樣，總在峰迴路轉處遭遇些意想不到的波折。

天水的現代化在由牛拉着前行的車轍下開啟了序幕。經過孔繁錦幾年來大興土木，這座小城從表面看來已經脫胎換骨，卻依然不足以負荷來自現代世界的沉重壓力，它仍需要持續地培植，才能緩慢地綻放。然而，孔繁錦已經迫不及待。他每次在東校場練兵的時候，都會對着諸葛亮留下的軍磊出神，接受着來自一千七百年前的沉默挑釁。

據說，當年，年邁的諸葛亮就是在這裡意

外發現了自己的繼任者姜維，設計收服姜維之後，諸葛亮在寄往成都的信中興奮地寫道：「姜伯約忠勤時事，思慮精密，考其所有，永南、季常諸人不如也。其人，涼州上士也。」

孔繁錦熟知諸葛亮的那些運籌帷幄，決勝千里的故事，只不過，在東校場練兵的時候，他還咂不出諸葛亮身上濃重的悲劇意識。軍人不允許瞻前顧後，何況孔繁錦正大權在握，身兼隴南鎮守使、陝西邊防督辦和援川總司令，坐鎮天水，鉗制甘肅、陝西、四川三省，意氣風發。他來不及彷徨，更無暇尋找退路，他正滿腔熱忱，像用幾層動物毛皮、寧夏地壇和毛氈裝飾自家的客廳地板那樣，不厭其煩地改造着這座邊陲小城，把牌坊、轅門和城牆拆除，把道路拓寬，原本只容一輛馬車進出的碎石路，很快變成了寬達六米的平坦大道。在道路兩旁，隴南機械局、天水電燈電話局、和豐製革織毛有限公司、天隆紡織廠相繼建造起來，從工業、日用產業到手工業，他的實業計劃進展得有條不紊，他花費重金購置的機器從上海、漢口等地陸續抵達，不久，工廠裡就擠滿了他聘請來的德國機械專家和漢陽兵工廠的專業技師，實業格局的成形為這座城市的崛起注入了持續的動力。天水街上很快又出現了第一家西式醫院——華濟醫院，以及兩所學校——軍人子弟學校和甘肅省陸軍軍事學校，而天水本地人的孩子則可以到剛剛創辦的天水縣第一區公立學巷小學讀書。人們還擁堵在鎮守使府邸門口圍觀城中的第一盞電燈時，街邊已經悄悄豎立起成排的路燈，這在甘肅的省會蘭州，聽起來都是天方夜譚。

四通八達的交通開始徹底改變天水人的生活，孔繁錦用兩年時間，分批徵調了四萬多名民工，以天水為中心向周邊各縣城蔓延，鋪設了大量大車道。一支由兩百多人、一百二十多頭騾馬組成的運輸隊，開始往復奔波在這些貫通隴南的道路上。追隨着騾馬隊的足跡，隴南荒涼的邊城接二連三地喧騰起來，彷彿無數道射線從天水發源，瞬息間席捲隴南。千年以降，這座城市從未如此引人注目。

沉重的姓氏

孔繁錦一直以孔子的後裔自居，雖然他本不姓孔。

孔繁錦姓張，小時候過繼給舅舅為子，於是改了姓氏。一直等到開始混跡軍界和政界，他才真正意識到這個姓氏帶給他的便利。他自稱「至聖七十四世孫」，儘管在北京，孔子已經被那些居心叵測的書生們打倒，反覆地踐踏，然而，在西北邊陲，尤其是在軍政界，孔子依然如同一道暢行無阻的符咒，庇護着他扶搖直上。

孔繁錦從陸軍講武學堂畢業後，投奔段祺瑞麾下，袁世凱也對這個年輕人寄予厚望，孔繁錦被授予陸軍中將，銘威將軍。一九一四年，他隨擔任甘肅督軍的胞兄張廣建前往甘肅，出任親兵司令。四年後，他開始統率省防軍三營駐守天水。次年，天水總鎮建制撤銷，孔繁錦順理成章地被任命為隴南鎮守使。交通要衝天水，地處陝西、甘肅和四川三省交界地，這也給了孔繁錦進退自如的空間，他隨即兼任陝西邊防督辦和援川總司令，並漸漸接受了「隴南王」這個私下裡的稱呼。小城天水，是他的隴南世界的支點。

軍人的個性使得孔繁錦形成了與地方官截然不同的思維習慣，他相信發展經濟、建造城市也可以像領兵作戰那樣當機立斷，快刀斬亂麻。和許多軍閥一樣，為了快速籌集資金，他不斷提高賦稅，甚至通過鴉片生意牟利，在他的授意下，天水城外，原本生長着花椒的土地上，出現了大片的罌粟，它們沿着山麓蔓延，如同烈焰追逐着荒原。

孔繁錦也表現出一種近乎病態的勤勉。有時，人們會在街巷深處遇到他，他穿着馬褂，微服私訪，一旦遇到民間的爭端，立刻亮明身份，就地公開辦案。他因此及時解決了許多問題，卻也時常會錯判甚至殺人，他不以為意，仍然自稱「包公」再世，人們可以質疑他的武斷，卻沒有人可以懷疑他的真誠。

然而，天水人根本不領孔繁錦的情，他們不斷地抱怨他橫徵暴斂，儘管大部分資金最終都落地成為工廠、道路、學校和醫院，儘管孔繁錦每年都會從賦稅中專門抽取一部分用來支持教育。他資助在外省上學的趙宗晉、周冕等人完成學業，回來報效家鄉。他幫助甘谷縣士紳宋子材創辦了全省第一所縣立中學，甘肅省立第三中學和第六師範學校經費不足時，也是孔繁錦下令，把鎮署經營的當舖「惠濟便民局」的全部收入和一座水磨撥給學校，他還額外調撥了一千七百元用於購置教學儀器，其中一千元來自他私人的捐贈。

他的被改變的姓氏，是他的榮耀，他的保護傘，更是他潛意識裡對人生的界定。無論人們怎樣嘲諷他的殘暴奢侈或者剛愎自用，都無法否認，在他心中依然頑固地存在着一條道德底線。孔子的目光在歷史深處惡狠狠地瞪視着他，「天不生仲尼，萬古如長夜」，孔繁錦顯然當不起這樣沉重的盛譽，然而，不容否認的是，正是依靠他，廣袤的西北上空，才出現了唯一的一片積雨雲，它攜帶的甘霖，曾經溫潤過這片皸裂的土地。

還鄉記

據說天水也是伏羲的故鄉，然而，在伏羲降生後的數千年裡，這座城市卻沒能歆享先民的恩澤。在天水，形成了中國最早的騾馬交易市場，這座城市坐鎮三省之間，「關隴道」和「蜀隴道」在此交匯，曾經一度「四門不羈，商販如織」。2 但它依然在帝國的邊陲默默無聞，沿着河西走廊蔓延的峽谷，如同兩道高牆，帝國傳遞軍情的快馬夜以繼日地在峽谷間穿梭，商隊的駝鈴也被空曠的山谷縈迴得更加寂寥，它的閉塞和困頓，並沒有因為商業的侵入而發生本質的改變。

孔繁錦振興實業的舉措，大多脫胎於哈銳

的理念。他上任伊始，就特地拜會哈銳，參觀「炳興火柴股份有限公司」後，馬上決定聘請哈銳為鎮守使顧問，一度對他言聽計從。

其實，哈銳曾經比孔繁錦還要迷惘，自從三十一歲考中進士離鄉之後，他就輾轉於北京和四川之間，一直等到知天命之年，才終於下定決心回歸故鄉天水。民國開元，他希望回鄉做些事情，卻不知從何做起，他甚至不知道，自己是否還能適應故鄉內向封閉的生活。

哈銳辭官後，與在重慶經商多年的同鄉胡中林、王鼎三相遇，他再度提起振興天水的計劃，他們打算從重慶的崛起中找到些奧秘，來嫁接天水的現實，卻發現兩座城市何其格格不入。爭論再三，他們把注意力投向火柴，天水的木材、廉價的勞動力和國內的市場需求，讓他們隱隱感到找到了出路。

然而，三人分別之後，他們的計劃卻又擱置了五年，直到一九一七年夏，哈銳在返鄉途中再次遇到胡中林和王鼎三，他們才終於下定決心，立刻分頭行動。哈銳利用前朝翰林的身份和在鄉里的聲望，回鄉籌集資金，招募工人，選擇廠址；胡中林和王鼎三則深入重慶的火柴工廠，研究經營模式，同時聘請有經驗的工人。兩年後，「炳興火柴股份有限公司」在天水創辦，投資過半的鄉紳張仲武擔任董事長，具體事務則由經理哈銳、副經理胡中林和監視王鼎三承擔。

這家民營火柴廠很快開始與甘肅省內另一家官紳合辦的「蘭州光明火柴股份有限公司」分庭抗禮。「炳興」生產的「雄雞牌」陰火火柴的日產量一度高達九百箱，此後，由「炳興」研製的更為安全、靈敏的「三羊」硫化陽火火柴也開始割據市場，「炳興」的年產值穩步增長，很快達到最初股本的五倍以上。

這些不起眼的火柴迅速擦亮了天水的寂寥，人們終於不必再隨身攜帶火鐮，或者頻繁地去鄰居家借火。從前天水人為了吹取火苗總會潑起滿臉的爐灰，現在他們只需從容地擦亮一根火柴。火柴對天水人的意義，不僅限於生活方式的改變，也不僅代表着現代世界的便捷與體面，或者大量存儲與快速更新，它對人們心理上的衝擊更加巨大。從前，火柴只是少數人的特權，現在，依靠本土的大規模生產，它們已經深入民間，現代世界就這樣慢慢地將這座邊城攬在懷中。

「炳興」的出現也開始刺激保守的天水人，人們意識到火柴蘊涵的無限商機。幾年間，這座小城裡迅速冒出六家火柴廠，拙劣地模仿，毫無節制地生產，硝黃味瀰漫着整個城市，然後是優勝劣汰，重新洗牌，商業社會按照自身的邏輯完成重組。經濟對一座城市的衝擊，往往先於政治和文化的變革發生，現世利益對人、對城市的塑造力，總是比任何天才藝術家的刻刀都要犀利。

「炳興」能夠在殘酷的競爭中自立，得益於觸角的延伸。「炳興」的贏利鏈條上，串聯着鐵廠、煉磺廠、煤礦、造紙廠和雜貨店，它也將天水的地理優勢發揮得淋漓盡致，公司的騾馬和膠輪車組成運輸隊，往返於陝西、甘肅和四川之間，開發貨運物流業務。哈銳還創辦了職工文化培訓班和職工子弟講習所，以及「炳興小學」，可以免費入學。實業與城市在各個領域都建立起牢固的關聯，形成利益共同體。士紳們代替政府所做的一切，維繫着國家將傾的大廈。他們的力量比任何時代都要強大，他們走得比任何時代都要久，都要遠，卻終究還是難逃政治的索套。

錢荒如虎

孔繁錦和哈銳的「蜜月期」很快就草草結束了。孔繁錦入主天水之後，暫時終結了隴南動盪的政局，他對實業的扶持，也一度令哈銳看到希望，他們都曾天真地以為，在官商的通力合作之下，天水之路定然事半功倍。他們懷抱着同樣的初衷，最終還是分道揚鑣。

在一九二〇年的日記中，哈銳已經在指責孔繁錦：「其需費名曰派借，實則勒捐。孔又好土木，民間連年疲於供應，莫敢誰何？」孔繁錦的強權意志顯露無遺，北洋政府從建立伊始就面臨着軍人治國的朝氣與困境，軍人的強權、武斷和行動力，令這個習慣了文官思維的溫吞遲緩的國家難以接受。黃仁宇在《萬曆十五年》中描述的那些前朝的官僚系統，龐雜繁冗，相互克制，種種情勢依然頑固地延續着，它有着先天的控制力，也足以逐漸拖垮一個國家。在慢慢崩潰之前，它總是近乎完好地維持着表面的平穩。對於萬象凋敝而又民智大開的民國，這種表面的平穩顯得尤為重要，經歷了接踵而至的戰禍、動盪之後，公眾往往寧願在自欺欺人中苟且偷生，也不願意放棄平靜的生活。這種集體心態幾乎註定了軍國政治失敗的宿命，軍人決絕的行動力，只會加速這片鏡湖的動搖，把本就不堪的局勢徹底推向死胡同。

失去了哈銳的支持和提醒，缺乏實業和城市管理經驗的孔繁錦越發不知所措，他只能沿着已經迷失的道路，固執地走下去。他不相信，世界上還會有比戰爭更複雜的事情，畢竟，戰爭需要直接決斷生死，而其他所有的政治博弈或者經濟遊戲，都很難如此直接而殘酷。

頻繁爆發的天災讓孔繁錦疲於應付，也變得更加激進。一九二〇年十二月十六日，暮色漸濃，炊煙嫋嫋，地震卻不期而至。這次地震在哈銳的記憶中「如千軍萬馬馳突而至，又如風雨怒號，危檣破浪，一時牆屋倒塌聲，遠近哭泣聲，攪作一片」。實際的狀況比他的記憶慘烈得多。馬炮泉、天水郡幾乎都被夷為平地，秦州城樓轟然倒塌，全城有四千六百多人被壓死，七千多頭牲畜也未能幸免。駐守在西城門的軍隊，死者也多達兩百餘人。而在城南，河壩決堤，一股黑水從地縫間湧出，這在歷代都被視作不祥的徵兆。這座小城彷彿被拋進世界末日，而餘震仍在頻繁地光顧，直到兩個月後，依然遲遲不肯離去。

調配人力、物力重建城市，對軍旅出身的

孔繁錦而言，算不上什麼難題，甚至是他的強項。利用全國寄來的捐款，以及在縣裡募集的資金，孔繁錦從容地調度着重建的工程，以工代賑，一面徵調民工用糯米汁澆灌石頭，加固堤壩，種植柳樹，以免餘震引發洪災；一面順勢修築了長達上千華里的道路，為災後的長遠發展打下基礎。

然而，這些成就根本無法讓孔繁錦輕鬆下來，因為他發現，震後面臨的最大問題，既不是賑災，也不是重建，而是錢荒。

儘管進入民國已經多年，天水市面上流通的仍然是清末的制錢。地震後，大量制錢被掩埋，人們在日常交易時，只能使用一些臨時性的小紙票。為了解決錢荒，孔繁錦決定加緊籌辦隴南造幣廠，他天真地以為，地震固然是一場災難，卻也未必不是一個機會，如果能夠加緊行動，不僅能解決錢荒，還可以順勢改革天水的貨幣體系。這件事看起來不難實現，幾年前，四川軍政府率先鑄造出在四川省內流通的銅幣，成效不錯，孔繁錦以為，只需把四川的那一套金融系統複製到天水，一切問題都將迎刃而解。

天水很快造出第一批砂板銅元，然而，這些銅元的原材料都是品質低劣的雜銅，而且不是由機器統一加工，是徵調來的銅匠手工製作的，工藝粗糙，更缺乏統一的規格，民間仿造易如反掌。假幣在市面上大肆出現，即便孔繁錦在盛怒之下接連殺了幾個仿造者，依然難以遏制人們鋌而走險的狂熱。而此時，為了方便銅元流通，孔繁錦已經把隴南民間和庫存的制錢收羅殆盡，他只得改印紙幣以緩解貨幣危機。然而，這些隴南鎮守使署鈔票很快又被西安的一家印刷商店大量仿冒印刷，對於這些源源不斷湧入天水的假幣，隴南實業銀號根本無力應付，原本已經非常嚴峻的通貨膨脹繼續惡化下去。孔繁錦這才意識到這場貨幣改革的巨大風險，但他已無能為力，只得聽任着天水人對他的指責，默默等待隴南造幣廠造出第一枚機器製銅元。

製造一枚小小銅錢的難度，竟遠遠大於征服一座城市，營造一片地域，這個握慣了手槍的人，終究還是應付不了一把精細的手術刀，不但切除不了城市的闌尾，反而傷了自己的手指。

歸根結底，孔繁錦仍是一介武夫。

五年後，第一枚機器製造的銅元才終於姍姍來遲。二十多年前，在帝國東部的重鎮天津，周學熙依靠天津機器局的殘存設備，僅用了七十二天就鑄造出銅元；[3] 而在西北小城天水，這枚小小的銅元，卻讓孔繁錦苦苦等待了五年。

天水的銅元參照四川銅元的模板，但在輔幣的中心位置留下一個「孔」字。與此同時，隴南實業銀行也發行了一元、五元和十元的銀元鈔票，這一次，孔繁錦沒有爭功，他把銀票上的頭像讓給了伏羲。

無論人們承認與否，孔繁錦和伏羲開創了天水的兩個時代。伏羲讓天水甚至整個中國從蒙昧走向文明，孔繁錦則伴隨着沸騰的民怨，像那頭牽引着汽車的耕牛一樣，將這座偏僻的邊城引入現代世界。

孔繁錦的急迫成就了這座小城，也耽擱了它。如果沒有他的那些果斷的行動以及長年的橫徵暴斂，天水的現代化之路或許要推遲數十年；然而，如果不是他毫無經驗、毫無節制的高速建造，這座城市也不會近乎病態地發展，看起來早熟而又實則弱不禁風，以至在他離開之後就驟然跌落。

在業已發生的歷史面前，人們時常難以做出公正的評判，在一個註定不完美的時代，萬象凋敝的民國，究竟需要一個暴虐的建造者，還是一群馴良的庸才。

兵臨城下

軍人孔繁錦與天水的七年之癢，並非源於民怨或者經濟危機，而依然受制於軍事上的成敗。

一九二六年七月十五日，國民軍十五師旅

長張維璽幾乎不費吹灰之力就兵臨天水城下，孔繁錦派出防衛的軍隊不戰即潰。

孔繁錦沒有料到，在短短幾個月中，局勢就急轉直下。段祺瑞失勢之後，馮玉祥掌握政權，任命劉郁芬擔任甘肅省主席，孔繁錦卻不合時宜地與這個老同學反目，隴東鎮守使張兆甲起兵征討省軍時，孔繁錦繼續不合時宜地選擇了中立，此後的一次貿然越界出兵，徹底激起了他與省軍之間的矛盾，也讓他的敵人們發現，他的那些腐敗成性、嗜好鴉片的軍隊，其實不堪一擊。

被困在天水城中的孔繁錦並非沒有反抗的實力，他的庫房裡還藏着兩萬多箱彈藥。問題在於，他只有用不完的彈藥，卻沒有多少可供驅使的士兵。

被迫離城之前，孔繁錦唯一不甘心的事情，就是將這些蓄積多年的彈藥拱手相讓。他在寓所裡徘徊良久，想起了哈銳，儘管他們已經反目多年。

對於這最後的一次會面，只有來自哈銳一方的證詞。孔繁錦告訴他，打算炸掉所有軍火，決不能便宜張維璽。哈銳則正告他，引爆軍火勢必危及全城，既然已經選擇離開，何必再荼毒這座自己一手經營起來的城市呢？哈銳的意見已經很久沒有被採納過了，這一次，孔繁錦卻像初見哈銳時那樣，點了點頭。

沒有人知道，兩人握別的時候，孔繁錦有沒有對自己曾經的剛愎自用追悔過，或者，對於把命擱在刀刃上的軍人而言，從來就不允許有後悔這條路存在。也沒有人知道，孔繁錦有沒有設想過重整旗鼓，捲土重來。哈銳只是望着孔繁錦踟躕的背影漸漸遠去，那個曾經不可一世的英雄驟然間衰老下去，曾經眾星捧月，現在卻輕易地就被茫茫人海迅速淹沒。

哈銳很快就會開始懷念孔繁錦。在孔繁錦的時代，至少仍然留存着脆弱的道德底線，孔繁錦離開之後，天水城卻被捲入萬劫不復的深淵。土匪席捲西北，政府卻以剿匪為名，四處勒索，荼禍甚至超過土匪。此後，夏秋都歉收，官府卻仍然忙着徵稅，天災伴着人禍，以致餓死在路上的百姓不計其數。饑荒使得更多平民變成土匪，這座城市中開始不斷發生燒殺搶掠的慘劇，曾經生機勃勃的天水，驟然變作一座鬼城。一波未平，一波再起，相形之下，孔繁錦時代那些曾差強人意的變革，回想起來倒像一場不忍醒來的美夢。

這些接踵發生的變故不斷地在哈銳剛剛萌生的希望之上，重新抹上一層散不去的陰霾。他開始變得沉默寡言，縮回城北的小院子裡，從那個振臂百應的領袖，佝僂成一個在冬天裡痛苦喘息的老人，甚至固執地拒絕請醫生治病。一九三二年，七十一歲的哈銳在天水去世，他為了故鄉回來，故鄉終究還是背叛了他。

哈銳去世後，「炳興」陷入更深的危機。地方富豪都希望從「炳興」的利潤中分一杯羹，屢次介入都未能得逞，但這群人與官府和軍界關係密切，「炳興」由此埋下禍根。抗戰爆發後，為了應付日常生產，「炳興」大量囤積黃磷、布匹、糧食和銀元，這些最終都成為政府要脅的「罪證」。軍方以火柴原料屬於軍用物資，禁止生產為名，幾次勒索白銀達二萬餘両；而天水專員又為「炳興」安插了「囤積糧食，破壞抗戰」的罪名，再次搜刮走二萬両白銀。亂世擱不下哈銳們的那些菲薄的理想，因為所有的定律、規則、禮儀、廉恥，都被刀背映照得扭曲黯淡，按住刀柄的手從未鬆開過，人們只能面對着刀背上垂落的血珠縮頸噤聲。

與此同時，「炳興」也開始面臨殘酷的惡性競爭，從「炳興」出走的藥劑師羅成肅創辦了「天水光華火柴股份有限公司」，生產出「老虎」與「雄獅」牌火柴，直接針對「炳興」的「雄雞」與「三羊」。連年的戰亂使得曾經溫文爾雅的中國人更加信奉弱肉強食的生存邏輯，「炳興」最終一蹶不振。兩家公司的鼎立之勢，不但沒能共同促成這座城市的繁華，反而將它徹底拖垮。

無人應和

在天水，已經聞不到硝黃的味道。

每隔兩小時，人們就得端起臉盆，到院落裡灑水。從西北荒漠吹來的沙塵夜以繼日地途經這座城市，沿着狹窄的河西走廊向東疾走。所有的歷史遺跡因此都顯得風塵僕僕，形如虎賁狼嘯，彷彿枯萎了一萬年，依然沒能安息。

天水重又蛻變成擱淺在失去意義的絲綢之路上的一座小城，旅行者們會為了麥積山石窟或者伏羲廟在天水逗留一夜，因此成就了這座小城畸形繁榮的酒店業，街道深處綿延不絕的曖昧燈光，灼燒着寂寥的寒夜。所有的探訪都只是為了懷念，過去的榮耀，現世的慾望，在城中交錯盤雜，相互角力卻又默認着彼此的存在。

天水曾經倚仗數千年的地理優勢，早已蕩然無存。隨着交通方式、政治模式、商業模式的改變，人們已無須再借助天水這樣的城市來充當溝通內陸與邊疆的媒介，它只能繼續無聲地隱匿在西北遼闊的戈壁上，回歸到數千年來平靜的朝升夕落，生老病死。

在甘肅省圖書館，我艱難地尋找着關於孔繁錦的隻言片語。那些用毛筆謄寫的卷宗擺在面前，泛黃褪色，捲起邊，落滿塵埃，像是大片瑟瑟發抖的枯葉。管理員戴着同樣發黃的橡膠手套，面無表情地打量着我們，彷彿我也是落葉中的一片。

許多卷宗被撕裂過，裂痕像一道鋸齒狀的刀疤，卷宗背面用白紙條倉促地黏貼着，有時顯然黏貼後又被不小心撕碎了，於是再貼一層。六七十年之後，它們變得無比厚實僵硬。孔繁錦的名字在這些潦草的字跡間閃爍着，他被籠統地冠之以一個十惡不赦的投機軍閥，他為天水所做的一切努力，都已經像書頁上的字跡一樣，被光陰的微塵磨損得難於辨識。向來如此，人們不信仰英雄，人們只信仰勝者。

美國漢學家易勞逸（Lloyd E. Eastman）說，從辛亥革命到抗戰爆發的二十多年間，留給中國人建設國家的時間，其實並不多。「革命者不約而同地發現，治理國家要比奪取政權更艱難。孫中山的革命計劃，民主、國家獨立和發展經濟，提出的是一個難以捉摸的目標。從一九二七年到一九三七年，國民黨並沒有能夠解決國家在政治、經濟和社會等方面的種種困難。經濟的衰退，日本的侵略和中國國民黨統治的頭四年，到處是地方實力派的反抗，他們有時單幹，有時聯合。結果，在一九三七年七月日本進攻之前，國民黨政府大約只有六年安定的時間來推行其復興計劃。」[4] 孔繁錦正是那些「地方實力派」中的一員，他仍然生活在一個迷戀毀滅與破壞的時代，人們忙着推翻舊秩序的城牆，徹底征服它，鞭撻它，於是，在這道危牆下的一切耕耘都註定是徒勞的。與國家集中建設的六年相比，孔繁錦營造天水的八年，註定只是一曲無人應和的序曲，孤獨的前傳。

再見「隴南王」

離開天水後，孔繁錦如同在人間蒸發了一樣。起初，人們還會心情複雜地揶揄說，孔繁錦帶走的財寶多得不可勝計，以致他的運輸隊都拖不動，只得沿路邊走邊丟。人們甚至煞有介事地預測，孔繁錦的逃亡隊伍走到徽縣時，財寶已經丟了一半，等到終於抵達目的地漢口，不但金銀財寶顆粒不剩，連士兵們也已經不知所終。

後來，人們就漸漸有了新的談資，不再關心他的那五個笑靨如花的姨太太，或者他家裡覆蓋着幾層動物毛皮、寧夏地毯和毛氈的地板。人們也就無法再準確描述出他的行蹤，據說他輾轉逃到了天津，蟄伏多年才重返天水。那時，沒有人知道「隴南王」回來了，人們早已認不出這個曾經飛揚跋扈、走街串巷審案的鎮守使，他為天水留下的道路、建築和實業依然存在，而他自已只剩下李子園的一片林場和兩輛馬車。他的五個姨太太，只有三姨太心甘情願留下來守着他度過了人生最後的時光。在幾十里外的山上，住着他最寵愛的二姨太，她出家了，用化緣積攢的錢蓋了夏家庵，庵中養着白鶴，清苦逍遙。人們說，二姨太最是聰慧，當初富貴時，孔繁錦造成九間樓，大宴賓客，二太太卻說，這樓什麼都好，就是缺四個環。眾人不解，二太太半認真半戲謔地回答，有了四個環，日後離開天水，就可以提起來帶走了。據說孔繁錦當日勃然大怒，不知他日後想起這段讖言，會怎樣百感交集。

天水人並不憎恨二姨太，甚至還感念她，說她是孔府最仁慈的人。當初，乞丐們會侯在街邊，認準了她的那頂藍色轎子，上前乞討，她也會隨身帶着大把的銅板施捨給窮人，那時她就與佛有緣，會定期禮佛、放齋。她的慷慨和慈悲反襯着孔繁錦的殘暴，儘管人們有時很難區分，施捨給乞丐的幾枚銅板，和整座城市的蛻變相比，哪一件事更加慷慨，更讓人難以忘懷。

直到重返天水的時候，孔繁錦或許才能真正理解諸葛亮的全部含義。諸葛亮找到了繼任者，卻依然沒能挽救蜀國的衰亡，而命運留給孔繁錦的安排其實更加慘澹。他沒能像諸葛亮那樣悲壯地「出師未捷身先死」，他只是卑微地活在由他締造的這座城市中，把記憶揣進口袋。

許多年後，人們會看到一個趕馬車運貨的老人，搭着毛巾在路邊擦汗歇腳，向莊戶人家討一口水喝。他從不和別人談論往事，沒有人知道，這個沉默木訥的老人就是曾經不可一世的「隴南王」。一九五一年去世前，年過古稀歲的孔繁錦一直日夜奔波在這些由他主持修建的公路上，每天都在反覆地往來，反覆地追憶，反覆地麻木，直到死去。三十年前，他曾無數次看着這些車夫們從樓下經過，車上滿載着他的理想，從各地運回的珠寶奇珍，新修的路上積滿了牲畜的糞便。車夫們揮舞着鞭子，大聲呵斥着牲口，似乎在向他道喜，卻又每每驚擾到他的冥想。三十年後，他也終於成為他們中的一員。

註釋

1. 根據王笛著，李德英、謝繼華、鄧麗譯：《街頭文化——成都公共空間、下層民眾與地方政治，1870—1930》，中國人民大學出版社，二〇〇六年，第一八〇頁。
2. 根據文丹編著：《民國秦州商事》序，中國文史出版社，二〇一〇年，第一—二頁。
3. 羅澍偉編著：《引領近代文明：百年中國看天津》，天津人民出版社，二〇〇九年，第四十二頁。
4. 【美】易勞逸著，王建朗、王賢知、賈維譯：《毀滅的種子：戰爭與革命中的國民黨中國（1937—1949）》，江蘇人民出版社，二〇〇九年，序言第一頁。

南寧

夢斷德鄰路

寒夜行

那幾個漢子很快就匯入熙攘的人群，消失得無影無蹤。

在南寧的街上辨認一個人，要比別處更困難些。因為所有人都穿着相似的服裝，講着相似的方言，在這座城市中，個體的色彩已經被無聲地抹去。統治着廣西的「新桂系」領袖們篤信，只有塑造出一個精神的共同體，才足以令偏僻的廣西自立於中國，讓那些虎視眈眈的強大敵人們望而卻步。

他們的理想正在實現，因為在人潮洶湧的街上，南寧的市民們甚至沒有發現，他們的領袖正遊蕩在他們中間。

「新桂系」的統領們，李宗仁、白崇禧、黃旭初……在街上漫無目的地遊弋，就像春寒乍暖時節邕江裡那些被冰層消融斷裂的聲音驚醒、從深水中游出覓食的鱖魚——因為漫長的蟄伏，牠們的行動依然遲緩笨拙，眸子裡卻正在恢復昔日的凌厲殺機。累計了整個冬天的嚴寒、飢餓與孤寂，重新塑造了牠們，牠們變得更加陰鬱、沉默、不動聲色，甚至有些漫不經心。然而，一旦嗅到獵物的氣息，牠們的鱗片仍會層層疊疊地豎起，像被卸去兵符的老將再度披上盔甲，劍佩鏗鏘，準備重新征服那個久違的世界。

他們沒有去繁華的民生路，也沒有轉向興寧路。一直走到沙街，李宗仁才停下腳步。沙街上依然燈火通明，卻不像民生路那樣濃艷，也不像與寧路那樣喧囂。會館裡的低唱，應和着喑啞的流水，越發加劇了寒夜的寂寥。

這個夜晚，他們原本在討論招待貴賓的事宜。香港攝影家組成的「五五旅行團」要到廣西採風，這個消息讓「新桂系」既喜且憂。他們當然希望借助他人的鏡頭來宣傳廣西，但這群莽夫一時又不知道，該怎樣接待這些遠道而來的客人，才能既盡到地主之誼，又不至於跌了身價。

閒談中，「新桂系」決定創辦一個半民間半官方的組織，專門負責招待文化名流，宣傳廣西，他們為它取名「樂群社」。經過一番爭論，他們又設想，「樂群社」可以定期舉辦展覽，舉行音樂會和體育比賽，讓南寧的民眾可以參與其中。他們甚至提出，「樂群社」應當更加主動地全面出擊，代表政府出面邀請全國著名的文化、藝術、科學各界專家，前來廣西捧場，借機宣傳廣西的建設成就。

話鋒逐漸便從宣傳廣西轉向宣傳自己。時下中國各地都已經出現以孫中山和蔣介石的名字命名的道路和公園，南寧也不例外。南寧城中的兩座公園，分別取名中山公園和中正公園，而且特地將孔廟安置在中正公園裡，因為孔子始終是蔣介石的一張面具。這個夜晚，「新桂系」卻突然異想天開：為什麼不能在南寧再建造一條道路，用李宗仁的名字來為它命名？

李宗仁用嘴角意味深長的微笑表明了態度，環座的年輕人們於是都內心躁動起來，他們無法繼續正襟危坐，他們要到街市上怒吼，到山林裡奔襲，他們不約而同地離座，要在南寧找出那條想像中的道路。

垮塌的桃源

「新桂系」掌管南寧時，一千六百年以來的襁褓仍在頑固地裹挾着這座城市，傳統的負擔令它舉步維艱。

按照中國人的傳統理念判斷，這裡不僅不適宜建造城市，甚至根本是反城市的。南寧更貼近於中國的桃花源想像，就像明朝右都御史張岳在詩中描述的那樣：「筍輿穿嶺又高峰，極望關山興不窮。元氣遠浮瀛海外，人家多在翠微中。軟沙黃犢迷煙雨，極浦歸帆逗晚風。兵祲沈銷春晝永，兩江林樹鬱青蔥。」

「人家多在翠微中」，暗示了南寧天然的鄉土處境，與現代城市的理念註定格格不入。如果不是因為商業的介入，這片地域或許將一直沉溺於「煙雨」和「晚風」中。

南遷的東晉王室曾對這片山地寄予厚望，東晉大興元年（三一八年）在此設郡，賜名「晉興」。[1] 這座方圓不足半里的邊城，[2] 首次若即若離地與國家的命運聯繫在一起，只不過，這座邊城沒能歆享到來自流亡王朝的祝福，反而隨着它的垮塌一道走向沒落。直到唐朝，南寧城外依然沒有城牆，僅僅「以刺為牆」，唐朝中期為了抵禦叛軍，才開始修築城牆。南寧的真正崛起，一直延遲到明清時期，商業力量的介入開始重新塑造這座城市，各地客商紛至沓來，貿易劇增，使得城市迅速膨脹，格局漸次成形，一度竟有「小南京」之譽。[3] 到清朝，南寧的地理優勢受到關注，清朝大學士鄂爾泰在上疏中寫道：「南寧府，南控交趾，東瞰潯梧，西接思田，北衛柳桂，為粵省要樞。」至此，無論是出於防禦考慮，還是突出其商業功用，南寧的振興都已經箭在弦上。

吊詭的是，也正是因為南寧舉足輕重的地理位置，清廷一直將這座小城養在深閨，極力迴避外來者的視線。從光緒二年（一八七六年）開始，每隔十年左右，廣西就會有一座城市開埠，從北海、龍州到梧州，南寧始終不預其列。[4] 直到梧州開埠兩年後，光緒二十五年（一八九九年），廣西巡撫黃槐森才鄭重地奏請朝廷在南寧開放商埠，他意識到，這個小家碧玉已經藏不住了。果然，一年後，一艘英國軍船就從梧州逆流直上，抵達南寧，軍船在城外盤桓多日，暗中勘探邕江的通航能力。同年，法國籍神父羅惠良（Lavest）把主教府遷到南寧，第一座天主教堂在南寧落成，經過長達二十五年的努力，上帝的榮光終於覆蓋了這座城市，此後，英國、美國的傳教士也蜂擁而至，各式教堂、醫院和教會學校在南寧湧現，地方政府頓時感到壓力倍增。清廷的詔書終於下達，南寧從一九〇七年開始開埠，但明確提出，南寧是清王朝自行開放的商埠，外國不得在南寧劃分租界。面對日益嚴峻的外部壓力，這個內向而封閉的國家，終於學會了先發制人。

開埠為南寧迅速聚攏起人氣與財富，來自德士古、美孚和亞細亞的洋貨開始進入南寧市場，英國商人大肆興建碼頭和倉庫，中國商人也蜂擁而至，店鋪溢滿邕江沿岸的仁愛路，向着周邊的倉西街蔓延。商業足跡所到之處，城市迅速膨脹，城區徑直跨過邕江，直抵南岸，這座在過去上千年間始終亦步亦趨的小城，短短幾年就令人刮目相看。南寧開埠這一年，進出口總值達一百五十四萬兩白銀，次年再翻一番，直逼三百四十萬兩，一年後，繼續攀升到四百一十五萬兩，到清廷覆滅以前，總額已經高達四百七十萬兩。[5] 南寧的城市建設同樣被提上日程，清廷撥款修建馬路，開闢商埠，頒佈政策鼓勵商人投資，南寧逐漸恢復了昔日「小南京」的風範，被譽為「天南一大都會」。

這座被商業激活的邊城，甚至逐漸開始擁有政治上的實力。武昌起義給南寧帶來意想不到的結果，它的地位迅速攀升，超越桂林，成為廣西最重要的城市。

武昌起義後，各省相繼獨立，駐守桂林的廣西巡撫沈秉堃、布政使王芝祥也在十一月七日通電全國，宣佈廣西獨立。在南寧，手握兵權的廣西提督陸榮廷卻不置可否，直到革命黨人以廣西都督之位相誘，陸榮廷才下定決心。

此後，沈秉堃率軍北伐支援武昌，陸榮廷便趁虛而入，以「桂人治桂」的名義驅逐王芝祥，並於一九一二年二月八日就任廣西都督。

兩個月後，省會桂林爆發議員之爭，經過南寧議員的鼓動，十三府議員共七十八人離開桂林，齊聚南寧，成立廣西臨時省議會，並決定將省會遷到南寧。十天後，桂林議員針鋒相對，在桂林也成立廣西臨時議會。兩個議會相互詆毀攻擊，南寧的議員們則徑直通電北京政府：「省邕則納稅，省桂則不納稅。」陸榮廷不得不出面調停，最終決定將省會遷往南寧，但在桂林保留六司。

又經過長達四個月的斡旋，遷省事宜最終塵埃落定，臨時議會投票表決中，八十三人中有七十人贊成南寧為法定的廣西省會，這座城市的前途，因此令人倍感期待。

民國開元，卻沒能給南寧帶來實質性的改觀，人們甚至一度懷疑，如果當初能一直按照清廷的規劃持續平穩地進展下去，南寧或許早已經改換新顏。

直到一九一四年，南寧仍然沒有電燈。陸榮廷衙門裡黯淡的幾盞汽燈，將這座山城烘托得越發寂寥。商紳們只得自行出面籌得五萬光洋，才終於從廣州採購了發電機，建成電廠。一九一五年，發電機組的轟鳴聲曾讓南寧人興奮過一段時間，然而，六十五匹馬力的木炭汽機和四十千瓦發電機所能提供的電量極其有限；電廠的經費更是捉襟見肘。由於電錶缺貨，電廠只能根據每家用電的瓦數來收費，於是，無論是官府、商家還是普通住戶，都暗中增加電燈瓦數，拖欠電費的情況更是時有發生，以致不到一年，南寧電廠就幾乎夭折。

面對政府的無所作為，最終還是商業拯救了這座裹足不前的城市。隨着大盛祥、萬利、先施先後嶄露頭角，崇德織染廠和福榮德織布廠相繼問世，市場沿着邕江邊的仁愛路一路湧向沙街、倉西門大街、新西街，如同洪流沖決開一條條通路。

商業的發展也讓原有的城市格局與交通網絡難以負荷。貨輪在邕江上日漸堵塞，這條從前的黃金水道已經變得捉襟見肘。一九一五年，陸軍工兵營開始修建邕武公路，兩年後，開城築城事務所才終於成立，南寧的城市規劃算是被提上日程，步履卻依然遲緩。「舊桂系」的無力導致了城市的步履艱難，如同缺氧的大腦無力指揮四肢、協調行動。多年以後，陸榮廷留給李宗仁們的，仍是一座百廢待興的舊城。

充滿隱喻的道路

在「新桂系」年輕時代所受的教育中，只有戰略、戰術、用兵或者列隊、射擊、放炮，不過，從沙場轉戰城市，這些武夫似乎並沒有感到不適，反倒迅速進入了狀態。

他們懂得如何與地方商紳相處，將彼此的力量最大化。商業的問題，終究需要依靠商業的力量來解決；不過，一個有執行力的政府也不會完全依賴商業的自我膨脹，必會在關節處予以支持。只有雙方形成合力，才能使城市受益。

「新桂系」正是這樣嘗試的。他們接手南寧之後，就面臨着擴建商業街的困境。他們空有滿腹設想，卻沒有資金；而商鋪雖有資金，卻缺乏首倡者，更缺乏整體規劃。多年以來，政府與商紳就是這樣一直相互觀望，欲言又止。

這一次，「新桂系」決定打破僵局，率先向南寧總商會示好，雙方一拍即合，聯手改造舊商業區倉西街。由商會出面溝通、籌款，沿街商鋪對改造正求之不得，很快就集資成功，而這條街的日常管理與監督，則由政府和商會一起負責。倉西街的面貌很快煥然一新，整齊的騎樓、精美的浮雕，一掃「舊桂系」時代的暮氣。整修後的倉西街更名為民生路，「新桂系」的初出茅廬之作，迅速成為南寧的地標。

興寧路是新桂系在南寧締造的第二條道路。一九二九年四月，興寧路從考棚街萌生，將城隍廟街和新西街融為一體，繼民生路之後再度令人矚目。這群充滿野心的年輕人，總是迫不及待地試圖踏出新路，用它們來撬動城市的復興，他們相信，經過漫長的經營，這些道路終會相遇，縫合為一張無堅不摧的城市之網。

沙街在此時進入新桂系的視線，其實並非偶然。沙街上已經散佈着銀行和各式商舖，老字號大盛祥醬園、萬利醬園、德興行、廣和祥、大德都生意興隆，而這裡通往碼頭的交通也非常便利。沙街擁有崛起的資本，更不乏改造的空間。

沙街的優勢，還在於它的幾處顯赫的歷史遺跡。

天寧寺就坐落在沙街，它是南寧的象徵。南寧的民諺說：「先有天寧，後有南寧」，可見南寧人對這座寺廟的感情。

南寧著名的茶樓「一鶚樓」也在沙街上。李宗仁看重的，當然不會是一個茶館，而是這個茶館的象徵意義。南寧有一句順口溜：「一鶚樓，二坑口；三元閣，四角亭；五堆嶺，六公祠；七星橋，八尺江；九零當，十（石）牌坊。」在南寧的語境中，「一鶚樓」向來有唯我獨尊的意味，這個「第一」，無疑也誘惑着李宗仁。

李宗仁更加無法拒絕的是，沙街與「國父」孫中山的關聯。十一年前孫中山在南寧的唯一一次演講，就是在沙街的商會禮堂中進行的。[6]在那次題為《廣西善後方針》的演講中，孫中山感歎「廣西十年來，為強盜所據，故雖推倒滿清，人民猶未得以領略共和幸福」，他期待南寧的境況能獲得根本改觀，「強盜與民國不能並容。今既驅之，即當共絕其根株，勿許再有第二次強盜治桂出現」。孫中山的「善後方針」為「新桂系」推行民團以及實施一系列軍事化改革提供了合法性。對李宗仁們而言，遵循「三民主義」的遺訓，不僅合乎他們對孫中山的景仰，更是一種自存之道。

於是，南寧的士紳們聯名所寫的請願書，沒過幾天就呈遞到李宗仁手中。士紳們呼籲，重修沙街，把雞行頭和鎮北橋連接起來，必將大有所為。並且，他們建議，用李宗仁的名字來命名這條全新的馬路——德鄰路。

李宗仁仍然只留下嘴角意味深長的微笑。這份沒有任何批示的文書，卻在轉交過程中很快成為現實。

一九三四年元月，德鄰路落成，全長七百餘米，寬度達二十一米。李宗仁和他的街道一起，平靜地接受着南寧官員、社會名流的膜拜與期待。這條新街上陸續出現了裕一金舖、泰和顏料店、孔德記洋紗布匹店、和春刀剪店、鄧發祥梳妝用品香油店、安行紙莊、西萬盛中藥店、錦芳齋、桂香樓糖餅店……[7]李宗仁的名字讓這些商戶篤信自己的選擇，他們像信賴他一樣信賴這條道路，也像信賴這條道路一樣信賴他。德鄰路因此被賦予與眾不同的象徵意義，也從誕生伊始，就註定要直面叵測的冷箭與明槍。

從沙街分娩出來的德鄰路，像極了「新桂系」的命運。南寧人曾長久地漠視沙街，甚至無意為它取一個正式的名字，就像人們曾一度漠視過李宗仁、白崇禧這些從鄉村中走出來的年輕人一樣。

沙街的蛻變，同樣像極了新桂系的崛起，突如其來，橫空出世。沒有人知道沙街還將怎樣繁華，不可一世，就像沒有人知道新桂系還會在中國掀起怎樣狂熱的波瀾。

放下扁擔以後

一九二一年孫中山在沙街演講時，三十歲的李宗仁還在六萬大山中厲兵秣馬，試圖組建自己的隊伍。他的性格裡一直頑固地盤踞着隨遇而安的念頭，對未來既缺乏野心，也缺少規劃。

和史書中描述的那些天賦異稟的早熟英雄不同，李宗仁的童年乏善可陳，更沒有什麼封王拜相的宏大夢想。他能走出山村，得益於袁世凱大力推進新政，倡辦軍校。廣西陸軍小學軍校的錄取通知，徹底改變了李宗仁的命運。

李宗仁在砍柴回家的路上聽到自己被錄取的消息，鄰村的熱心鄉民告訴他，在陸小第二期招生榜單上，他的名字列在備取十名的第一位。十六歲的李宗仁並沒有覺得自己將會出人頭地了，他只是下意識地覺得，終於可以甩掉肩頭的扁擔了。不料，命運卻和他肩頭的扁擔開了個玩笑，等到他趕往桂林城裡報到時，卻因遲到十分鐘失去入學資格。所幸，他並沒有就此放棄，他的名字又出現在第三期的錄取名單上。

從軍校畢業後，李宗仁和他的同學黃紹竑以及入學僅一年就因身體原因被迫退學的白崇禧一樣，被廣西的亂局迅速吞噬。他們反覆地遭遇失敗，垂頭喪氣地過完青年時代。他們不時會擁有一支部隊，又很快失去它。他們潛伏在山林中，像食物鏈底層的那些不見天日的鼴鼠，時刻生長在陰影裡。許多顯赫的名字在他們頭頂的星空閃耀，相距有如天淵。他們從未料到，有朝一日，自己將受到千萬人的忌憚與景仰。

孫中山去世那一年，李宗仁將自己的一小隊人馬改稱「定桂軍」，開始征討自己的老上司陸榮廷。陸榮廷並沒有把這個年輕人放在眼裡，他仍在集中精力對付陳兵廣西東北區域的沈鴻英。

李宗仁與白崇禧、黃紹竑卻在亂世相遇了，趁陸榮廷與沈鴻英在桂林鏖戰，南寧空虛，一九二四年六月，他們分兵攻佔南寧。十幾天後，三人繼續麾兵北上，試圖一舉平定廣西。不料，雲南省主席唐繼堯卻以出師假道為名，派龍雲、胡若愚進攻廣西。次年二月，南寧失守，李宗仁又一次變得一無所有。

面對咄咄逼人的滇軍，仍在廣西北部鏖戰的李宗仁使出了奇招，就像陸榮廷當年用「桂人治桂」的口號驅逐對手一樣，李宗仁也聯合廣西省主席張一氣通電：「一致助拒滇唐，如唐軍過境，即起圖擾害，絕其糧食，阻其交通。」他們的渲染令廣西群情激憤，廣西省議會、各縣參事會、九十六個團體先後通電，宣佈與滇軍勢不兩立。龍雲、胡若愚一時進退兩難。此後，李宗仁平定廣西北部，回軍救援，廣東也派出援兵，滇軍被迫撤出南寧，七月八日，南寧光復。

七月八日從此被這些年輕的將領們定為廣西統一紀念日。「新桂系」將省民政公署繼續設在南寧。李宗仁後來回憶：「統一後的廣西，軍事、政治都顯出一股空前未有的朝氣，為全國各地所無。我們三人始終合作如一，彼此為建國、建省而奮鬥，毫無芥蒂存乎其間。」李宗仁、白崇禧和黃紹竑結成三角聯盟，李宗仁是這支聯盟的首領和代言人，他深深滿意於三人之間默契的關係，他認為，四人的權力結構很容易拉幫結派，三人組合最為合適。他們三人從未結拜，卻情同手足，戮力同心。[8] 就像大多數戎馬出身的將領一樣，他們也無心過問政治，李宗仁說：「我們仍專心致志於以後軍事方面的發展，不願意過問政治。所以把地位崇高的省長，棄而不做，而由省議會選舉當時的議長張一氣來擔任。」他們並非不迷戀權力，他們只是深知，一時的政治業績很容易麻痹他們的銳氣與進取心，他們想要影響的，是整個中國。

黃埔軍校校長、北伐軍總司令蔣介石也不得不對這支突然出現的力量刮目相看，蔣介石不顧李宗仁的委婉抵觸，堅持要與他結拜為兄弟。他已經意味到，這個小他四歲的「盟弟」，未來將有可能與他比肩，甚至成為他最大的敵人。

「新桂系」的崛起，甚至比蔣介石預料的還要迅猛。隨着北伐的深入，「新桂系」的軍隊很快就在中國的地圖上扯出一條漫長的對角線，從西南直貫東北；他們甚至開始影響國家的政局，逼蔣介石下野，組建起由自己控制的政府。儘管蔣介石沒過多久就捲土重來，這些武夫的異想天開，總也敵不過蔣介石最擅長的人事攻勢，不過，「新桂系」顯然並沒有善罷甘休。他們就像一群驕傲的鷹梟，不懂得珍藏自己的羽毛，他們習慣了搏鬥，習慣了翱翔，毫無顧忌地鳴叫，囂張而又急迫。

一九三〇年，李宗仁與老牌軍閥閻錫山、馮玉祥聯手發起「中原大戰」，一度逼得蔣介石寢食難安。雙方僵持階段，張學良卻率東北軍入關，馳援蔣介石，閻錫山和馮玉祥都無心再戰，李宗仁則節節敗退，腹背受敵。此時，南寧正被滇軍團團圍住。滇系軍閥一直是蔣介石對付桂系的一張底牌，每逢李宗仁麾軍北上，滇軍就會趁虛而入。這一次，蔣介石開給滇系的條件更加豐厚：只要滇軍出兵攻打廣西，雲南省主席龍雲就能獲得巨額的撥款，以及每月五十萬法幣的軍餉；而倘若能攻下廣西，滇軍大將盧漢就可以繼任廣西省主席。滇軍因此奮勇出兵，將南寧圍得水泄不通，粵軍將領陳濟棠也奉蔣介石之命派出飛機協助攻城。桂軍死守南寧三個月，幾乎彈盡糧絕。

這一年的中秋節，仍在粵北鏖戰的李宗仁聽到了從南寧傳來的消息：南寧城中的大米早已吃完，雜糧和黃豆也已經耗盡，中秋節困守城中的南寧人，沒有米，也找不到紅藍草、三月花、密蒙花和楓葉，做不出五色糯米飯，9只有嚼着黑豆度過月圓之夜。

這消息讓李宗仁百感交集。

不久，黃旭初率兵救援，南寧之圍才得以緩解，十月十三日，讓南寧百姓沒齒難忘的「百日災難」終於結束。此後，隨着桂軍主力的陸續回歸，次年二月，粵軍和滇軍撤離廣西。南寧從此將中秋節改名為「黑豆節」，「新桂系」希望通過「黑豆節」來警告自己，居安思危，勿忘「百日災難」。10

就這樣，李宗仁和他的朋友們屢次被擊敗，卻從未被摧毀，就像廣西山林中那些倔強的荊棘與野草，鍥而不捨地在夯實的泥土中抽出新芽，在暗夜裡悄無聲息地生長。弱肉強食的殘酷原則最終在他們眼中烙出怒火，他們必須像虎狼一樣時刻保持警惕，時刻滿懷憤怒，因為只有仇恨，才能支撐他們在亂世長久地存活下去。

他們也漸漸地開始韜光養晦，積蓄實力。貧瘠的廣西獲得了這次難得的喘息，轉而更加關注實業發展、城市改造與文化建設，匯入整個國家經濟的黃金時代，歆享着這段稍縱即逝的蜜月。

城市蒙太奇

所有人都屏住呼吸，等待着那張白色的銀幕上發出聲響。

南寧人還記得十幾年前第一次看《火燒紅蓮寺》的場景，畫面上的人物突然動起來，彷彿被那塊白布攝去了靈魂。但是，十幾年來，他們看的所有電影，都沒有聲音。這次卻不同。美國福特公司已經在全城大肆宣傳，今晚的廣告短片裡，不僅有流動的畫面，還會有汽車的轟鳴。

一九三二年一月，寒意已在入夜前越積越

厚，南門外的體育場裡卻座無虛席。廣西省主席黃旭初也親自到場，和大家一起等待這前所未有的時刻。

福特汽車準時在畫面中出現了，伴隨着震撼人心的隆隆巨響，南寧人瞪大了眼睛，他們意識到，自己生逢的這個時代，註定會加倍地與眾不同。

這座城市也正在以他們難以想像的方式發生着劇變，城中悄無聲息地出現了各類工廠，大多使用國外進口的機器進行生產。南寧的工業正漸具雛形，根據統計，「南寧及各縣共有大廠七家，總資本近二百萬元。原工業僅次於梧州，官僚資本工程有南寧製革廠、廣西印刷廠、南寧染織廠、南寧橡膠廠、南寧骨粉廠等五家，資本相當雄厚。僅南寧染織廠一九三六年資本就為三十五萬元」。[11]

在新桂系治下，南寧的交通進一步立體化。一九三〇年廣西公路只有二千一百九十七公里，五年後就連翻三倍。而作為廣西的中心樞紐，南寧通往各地的公路在一九三七年已經獨佔全省的六分之一，高達一千零一十四公里。鐵路與航空計劃也在加速推進，一九三一年年底，邕江機場竣工，三年後，新桂系自製了第一架飛機，不久，西南航空公司宣佈通航南寧，這片桃花源已經被徹底地納入現代世界。

新桂系建設城市的模板，取材於閻錫山的山西，以及晏陽初和梁漱溟分別在河北定縣和山東鄒縣所做的「鄉土建設」的實驗。在這個以農業文明維繫社會運轉的國度，無論是地方實力派軍閥還是士紳、知識份子，都需要面對同樣的困境。新桂系決定結合廣西的特點，以「倉儲」和「公耕」發展農業。他們建起各種農事試驗場，針對農藝、園藝、畜牧、病蟲害，進行分門別類的試驗、研究和指導，甚至還嘗試引進各種熱帶水果種植，希望能解決農村的困境，結果倒也差強人意。

教育改革曾在廣西舉步維艱。李宗仁在陸小讀書習武的時候，當時的道台紀堪瑾就曾在南寧主持學務，創辦了小學和中學，不料，南寧的民眾卻仍然狂熱地迷信私塾，以致官府最終不得不把私塾並進學校，每月的初一和十五，師生們還需依照舊例祭祀孔子。[12]

所幸，經過多年的教育改革，廣西終於還是誕生了一代新人，從《三字經》、《五字經》、《千字文》、《論語》、《孟子》，到國文、算術、修身、圖畫、音樂、體操，[13]這一代人認知世界的方式，已經徹底改變，他們開始影響南寧的教育格局。政府也給予各類學校以政策上的優惠，各種公立學校、私立學校以及婦女學校相繼創辦，更多人獲得了受教育的機會。一九三三年年底，雷沛鴻創辦廣西普及國民基礎教育研究院，自任院長。依靠官方與民間的合力，南寧的教育改革頗見成效。

有聲電影引發的火爆場面，讓白崇禧敏銳地察覺到公眾傳播的作用。新桂系先後創辦南寧廣播電台和廣西第四集團軍電影隊，不久，他們拍攝的電影《七千俘虜》就問世了。這部電影是為了搪塞蔣介石的指責。紅軍長征經過廣西時，新桂系擔心蔣介石的軍隊會趁着追擊滲入廣西，於是對他的指令陽奉陰違。白崇禧也料定蔣介石一定會責難新桂系圍剿不力，就預先派電影隊趕赴前線，拍攝一些戰鬥場面，以便向蔣介石交差。不料，電影隊趕到時，紅軍已經突圍而去。電影隊只得抓住一些沒能跟上紅軍大部隊的老幼婦孺，補拍了押送俘虜、焚燒房屋的場面，並派民團換上紅軍的服裝配合演出，拼湊出作戰場面，就成為史無前例的《七千俘虜》。蔣介石自然無法相信新桂系的這些蒙太奇的手段，卻也無可奈何。

廣西能在全國範圍內獲得盛譽，不僅因為確實取得了巨大的成就，更因為新桂系善做宣傳。「樂群社」是「新桂系」宣傳廣西的一柄利器。不僅香港的「五五旅行團」對廣西刮目相看，此後，無論是來訪的李四光、胡適，來辦展覽的黃賓虹、徐悲鴻，還是來參加中國工程師學會第五次年會、中國化學學會第三次年會、中國地理學會第二次年會、中國科學社第十二次年會、中國動物學會第二次年會、中國植物學會第二次年會的科學家們，無不對廣西、對南寧讚賞有加。

因此，儘管廣西最初的建設，只是脫胎於「模範省」山西，並受到晏陽初和梁漱溟宣導的「鄉土建設」理念的影響，並沒有太多獨創性，但是，經過新桂系的經營與宣傳，廣西的名聲還是不脛而走，確立起全國性的聲望。

全民皆兵

與蔣介石背後資金雄厚的江浙財閥們相比，新桂系無法奢望從廣西的窮山惡水中獲得財力上的支持，他們所能倚靠的，只剩下廣西人。他們也確實將這唯一的優勢發揮得淋漓盡致。

南寧人漸漸分不清究竟身處城市，還是身在兵營，兩者的界線變得越來越模糊，軍事激情瀰漫全城。「每晨五點鐘，天明炮一聲，全城市的人民皆起，學校教員、學生以及公務員、商人、工人無不起床，五點半上操場，分授軍事訓練，人民精神之振作真不可及也。」14

新桂系試圖將廣西固有的尚武精神充分地激發出來。南寧是一座男性化的城市，從人們熱衷的戲曲中就可見一斑。和許多地方戲不同，發源於南寧的「老戲」（邕劇），其行當雖然也分生旦淨丑，挑大樑的卻是小武、武生、散髮和花臉。南寧人對表演的要求更是苛刻，只有將真刀真槍、「五色真軍器」用得出神入化，才會獲得喝彩聲。

清末以來，會黨之風在廣西蔓延，「或數千，或數百，聚散無常」，民間傳說「其蹤跡飄忽異常，每夜能行百餘里」。最初，政府對這些民間力量頗多忌憚，並沒有有計劃地加以利用。直到一九三〇年中原大戰，李宗仁和白崇禧才意識到這股力量的價值。桂軍從湖南敗退時，已經四面楚歌。南寧被滇軍攻佔，潯州和梧州落入粵軍囊中，如果不是各縣的民團拔刀相助，牽制粵軍，李宗仁等人實在凶吉難卜。

於是，重新佔領南寧後，新桂系開始大規模發展民團。

新桂系與蔣介石之間頗多芥蒂，但是，對於德國和日本依靠軍國理想迅速崛起，這些軍人們還是不約而同地表達了嚮往和欽佩。白崇禧在講話中這樣描述廣西的未來：「現在世界上的強國，像日、法、德等國，都是通國皆兵……德國人口有六千萬，能出兵七百多萬，佔人口九分之一。同樣，我們廣西有一千二百七十萬人口，也應該有一千二百萬兵。」軍人們總會下意識地認定，軍事化才能拯救國家，革新風氣。他們總是一廂情願地將一座城市、一個國家當成一個集團軍來看待，以治軍的方式控制城市，調配民眾。在統治的最初階段，這種集中全民力量的專制，確實容易產生立竿見影的效果。

「新桂系」開始大舉訓練民團，希望能夠「全省皆兵」。《廣西民團條例》將民團分為常備隊、預備隊和後備隊，「常備隊團兵在營訓練期間，定為六個月」，「預備隊每年農隙時訓練一個星期，由縣民團司令部召集之」，「後備隊甲級隊、乙級隊的訓練期間為兩個月，或三個月，以扣足一百八十小時為限」。平時民團需要協助維護治安，一旦發生戰事，則根據抽籤結果從軍。15 和大部分軍閥一樣，為了召集這些文化層次很低的民眾，新桂系也選擇了使用簡短有力的口號、以數字為前綴的標語來歸納他們的統治策略，「三自」（自衛、自治、自給）、「三寓」（寓兵於團、寓將於學、寓征於募）和「四大建設」（政治、軍事、經濟、文化），朗朗上口，聽起來也似乎天衣無縫。

「新桂系」甚至將觸角伸向學生，廣西省內所有學校都設置了軍事訓練部，要求學生必須接受「救國訓練」，因為白崇禧相信，「意國之所以能夠像今天的強盛，全是由於墨索里尼所組織之法西斯蒂黨的組織嚴密，同時全國，尤其是學生都能軍隊化所致」。

除了民團，從一九三一年到一九三四年，

新桂系還先後創辦南寧精武體育會、樂群社體育部、南寧女子體育會、群英國術研究社，他們希望通過這些民間社團，喚醒公眾的尚武精神，發動底層的熱忱。

他們甚至對着裝也進行了統一部署，廣西全境「灰布化」，李宗仁、白崇禧、黃旭初率先以身作則，清一色的灰色粗布軍裝，只靠腰間一根皮帶來區分等級。統一着裝之後，「新桂系」進而規定，全省男子都不准留髮，這道指令下達時，李宗仁還在廣東，在他返程前，白崇禧特地發電報：「全省實施軍訓，皆不留髮，鈞座返桂，必為民表率。」李宗仁立刻剪掉頭髮。[16]

「新桂系」像他們的晚清前輩們一樣，又一次將強國理想的賭注，押在軍國之路上。這片中國西南的凋敝山地，被譽為「東方斯巴達」。紀律嚴明而又積極進取的南寧，最終令整個中國刮目相看。

從「小南京」到「東方斯巴達」，被顛覆的不僅是中國傳統的城市評價系統，更是商業邏輯對軍國理想的最終讓步。

在軍國思想盛行的半個世紀裡，廣西躍居「模範省」，其實並非偶然。時任中山大學教授的張君勱的評判，將廣西崛起的來龍去脈分析得非常透徹，「廣西因文化落後而保留許多好與致」，「合於革新時代所需要之清教徒的精神」，「少不更事，故能有朝氣」。[17] 這種清教徒精神，結合軍國理想，最終在地方主義的推波助瀾之下，形成摧枯拉朽的力量。

在那些經濟富庶或者文化傳統悠久的省份，軍政很難獲得如此顯著的成效，因為盤根錯節的士紳階層、家族傳統以及商業力量，會不斷地抵禦並瓦解軍事化的進程。與它們相比，廣西的條件則得天獨厚。「新桂系」能夠一呼百應，不僅因為其統治成就，更在於廣西始終腹背受敵，北方有來自蔣介石的壓力，南方則有虎視眈眈的滇系軍閥，以及時而結盟時而分裂的粵系軍閥，他們都試圖將各自的勢力滲透進廣西；一九三〇年代以後，廣西又開始與中央政府一道面對共同的敵人日本，救亡圖存的緊迫感始終存在，並與激昂的民族主義情緒和亢奮的地方主義熱情一拍即合，成為維繫這個畸形社會的決定性力量。救亡圖存，因此成為一個崇高而又危險的藉口。只有等到敵人都被清除以後，人們才會冷靜下來思考這種統治形式的利弊與得失。

一座城市，可以有原則，卻不宜有準則；可以有法律，卻不宜有紀律。只不過，出身行伍的軍人們總也不肯相信這一點，以至多年以後，人們對廣西的記憶，似乎也只剩下那些嘹亮的口號、整齊劃一的步伐，以及磨得褪色的軍裝。

廢都

抗戰的爆發，讓中國在北伐後出現的「黃金十年」前功盡棄，在西南邊陲，欣欣向榮的南寧也被戰火推進深淵。

早在「九一八」和「一二八」相繼發生後，李宗仁就意識到：「國難日深，我們以為抗日報國之道，實應等高自卑，從頭做起。」他在《廣西建設的總目標》中更進一步提出建設廣西對全國的意義所在：「如能繼續邁進，推而普及全國，則民族復興，可立而待。」

抗戰全面爆發前一年，李宗仁已經深感危機日近，他又提議，將廣西省會遷回桂林，他的理由與戰略防衛有關，「一則可避敵自海上登陸的威脅，再則可與中央取得更密切的聯繫。加以桂林多山洞，是最好的天然防空設備」。抗戰爆發後，桂林的人口比遷省之前激增了三倍，南寧則漸漸萎縮。

秉承着「焦土抗戰」的信念，李宗仁和白崇禧相繼北上抗日。在台兒莊，李宗仁為中國贏得了第一場真正意義上的勝利；白崇禧則被日軍驚呼為「戰神」；黃旭初留在廣西擔任省政府主席，繼續推進民團制度，保證廣西始終能有兩百萬到三百萬的後備兵源，可以源源不斷地支援抗日戰場；他們的老朋友雷沛鴻則繼續發展國民基礎教育運動，保證成人入學率能達到八成。在如此艱苦的環境下，尚能完成這樣的成就，無怪乎廣西會被視為中國最後的希望，如同四川大學校長張瀾的斷言：「中國的民族性，以現在說，北方衰朽，長江流域脆薄，兩廣卻顯出若干堅強振作的氣象。在我看來，將來黃河流域定亡，而長江流域亦亡，救中國定是西南。」18

只不過，面對日軍的凌厲攻勢，能夠「救中國」的廣西，也同樣在劫難逃。

廣州失守後，中國不得不籌劃打通「西南國際交通線」，以獲得國際援助；而日軍同樣無心戀戰，他們希望火速切斷這條國際交通線，迫使中國政府進行和談。而在這條交通線上，南寧是舉足輕重的關節點，一場決戰已不可避免。

國民軍卻誤判了形勢。

在湖南，日軍突然放棄猛攻長沙的計劃，匆匆撤離。意外的「長沙大捷」讓蔣介石誤以為日軍短期之內已不可能再轉折廣西另闢戰場，遂將駐守廣西的部隊向北轉移。不料，與此同時，日軍卻已經秘密勘測了欽州灣海域的航道，日本海軍分別從廣州、佛山和大連、旅順港起航，十一月十日前齊聚三亞，隨即，突襲打響，日軍佯攻北海，三萬陸軍在欽州灣登陸，分三路直逼南寧，一路勢如破竹。二十四日，南寧淪陷。十天後，日軍攻佔昆侖關。

為了收復南寧，重建交通線，中國集中了五個集團軍的兵力，與號稱「鋼軍」的日本板垣師團在昆侖關展開會戰。雙方交戰持續十四天，中國軍隊以一萬餘人傷亡的代價，擊斃四千餘名日軍，俘虜一百零二人，擊傷數千人，最終收復昆侖關。幸存者的慘痛記憶，都留在昆侖關前的碑文上。「無日不戰，無戰不烈。我軍萬眾一心，前仆後繼，不辭攀躋之艱，不畏壁壘之固，炮火交織於山谷，血肉橫飛於林麓。攻佔之苦，犧牲之烈，自興軍以來所罕見，攻堅克險，實開抗戰之先河，足寒敵膽，丕震軍威。」

昆侖關一戰令雙方都元氣大傷，都已無力再前進一步，國民軍收復南寧的計劃一拖再拖，日軍也選擇了避重就輕。經過平靜的對峙，一九四〇年十一月十七日，日軍佔領南寧近一年後，全線撤離，留給國民政府一座洗劫一空的廢都。[19]

一九四四年清明節，日軍再次狂攻南寧，一天之內共出動飛機三十二架次，對全城進行輪番轟炸。德鄰路被列為火力集中攻擊的目標，大多店鋪葬身火海，死難者不計其數。這條「新桂系」苦心經營的道路，轉瞬之間被夷為平地。

空襲警報聲響徹南寧上空的時候，德鄰路上仍然人頭攢動。沒有人想到，已經離開南寧近四年的日軍還會捲土重來，更沒有人想到，他們會選在清明節這一天，發動如此密集的空襲。

日軍重返南寧，源於在太平洋戰爭中接連遭遇失敗。走投無路的日軍決定強行打通大陸交通線，貫通廣西，與從越南入境的日軍會師。南寧因此再度被推上風口浪尖。

這次日軍兵臨城下，南寧仍然缺乏有效的防禦。駐守南寧的，已沒有正規部隊，只有中央別動軍的兩個支隊，以及一千名武裝警察，五百名義勇警察，總計不足五千人。剛組建沒多久的邕寧縣自衛團的六個大隊，也成為守城的主力。雙方鏖戰到十一月下旬，日軍再次佔領南寧，直到次年五月二十五日，因為美軍攻佔琉球島，對沖繩造成威脅，佔據南寧的日軍才全面撤離。

戰爭徹底拖垮了南寧。根據統計，日軍兩次侵佔南寧，總計長達一年半。在南寧一帶，兩次共死亡二萬六千八百八十一人，近二萬人受傷或失蹤，全部財產損失總計高達法幣四億七千五百七十萬元。[20]經此重創，南寧又重新回歸寂寥，德鄰路也不復當年的榮光。抗戰勝利後，「新桂系」未及重整旗鼓，便被接踵而至的危機耗盡。一九四九年後，「新桂系」幾大巨頭分道揚鑣：李宗仁遠遁美國，白崇禧敗走台灣，黃旭初前往香港，黃紹竑決意留在大陸，最終在「文革」中自殺。

喪鐘為誰而鳴

有時，南寧人會猜想，是否因為「新桂系」當初大興土木破壞了風水，才會有這樣的結局。

「新桂系」大肆改造南寧、擴建馬路時，拆除了鐘鼓樓，懸掛其上的那口鑄造於明朝嘉靖十年（一五三一年）的重達二千斤的銅鐘，也就此被擱置塵封。

南寧人一直盛傳，當年衛明威將軍王佐鑄造出這座鐘以後，才發現，他根本找不到一種穩妥的方法把它掛上鐘鼓樓，更找不到足以承受如此重量的繩子。那時，青雲街上便踱來一位仙風道骨的老人，面對眾人的困惑與懷疑，老人竟用一根稻草吊起重達二千斤的銅鐘。銅鐘剛剛掛好，一個興奮的後生就心急火燎地舉起木棒，準備敲響這破天荒的第一聲，卻被老人攔住。老人說，我現在向東走，兩個時辰後你再敲，那時我走到哪裡，鐘聲就能傳到哪裡。老人便向東疾行，過青秀山，下山剛抵達私鹽塘，鐘聲已經傳來，老人回望來路，只好喟歎後生沉不住氣。從此以後，鐘聲便只能傳到私鹽塘。只不過，南寧人嫌「私鹽塘」的歷史不夠清白，販賣私鹽的地方，名字終歸不雅，便取諧音改成「思賢塘」。21

這座銅鐘，竟也像極了「新桂系」的命運。「新桂系」雖有鑄造二千斤銅鐘的野心與實力，卻找不到足以吊起它的繩索。他們費盡心力造出銅鐘，卻像傳說中的那個急迫的後生一樣，也迫不及待地試圖敲響它，讓自己的聲音傳播到千里之外。可是，治理城市畢竟不同於在沙場上決戰生死，經營一座城市所需的不僅是魄力與勇氣，更是堅忍與耐心，身為軍人，「新桂系」終究還是忘了這一點。廣西這根脆弱的稻草繩，根本不足以牽動廣袤而疲敝的中國，「新桂系」儘管一時聲傳千里，終究還是無功而返。

命運也確實一直這樣與他們開着玩笑。在最重要的那些戰役中，「新桂系」總是在開始時佔盡優勢，卻在最後時刻充當了失敗者。不過，他們也只是失敗，而未消亡，懸崖邊屢次峰迴路轉，重新給予他們菲薄的生機。他們就這樣在命運的起伏之間尋找生路，越是希望用鐵與血的意志鍛造城市，以一隅的廣西影響整個中國，就越被時代無情地捉弄。

在軍閥割據的中國，大多數地方統治者都會率先給自己貼上地方主義的標籤，對內可安民心，對外可自行標榜。以「系」為單位的國家格局，於是漸次成形。對於像南寧這樣偏安一隅的小城而言，在其發展的初始階段，地方主義往往不可或缺。它能最大限度地調集一切資源、人力，喚醒集體情感，完成一些幾乎無法完成的目標。不過，地方主義雖能構成城市高速勃發的動力，卻也正是其由盛轉衰的致命弱點，就像一劑以毒攻毒的藥方，當地方主義催生的理想、團結與激情抵達一個臨界點，就會轉化為保守、封閉和短視——南寧就一直被擱置在這兩種狀態中間，時而清醒，時而衝動，如同它的地理位置——這座城市被北回歸線無聲無息地刺穿，在冷暖寒暑之間飽受着頻繁轉折帶來的驚喜與悲催。

在一個畸形的年代，地方主義的熱忱逐漸與民族主義的激情並軌，產生駭人的力量。這力量因是絕境中的奮力一搏，因此巨大得令人震驚，但它只能一時爆發，無力長久維繫。並且，在權力和慾望的裹挾下，地方自治的理想，很可能被極端的地方主義綁架，成為走向封閉與專制的藉口。一九三〇年代的南寧，正是因此被成就，也因此被摧毀的。

經過漫長烽煙的滌蕩，那條名叫德鄰路的馬路最終徹底消失。一九六九年，輾轉回到大陸只有四年的前中華民國代總統李宗仁在北京去世。在他遙遠的南寧，那條以他的名字命名的道路，早已蕩然無存。二十年前，「德鄰路」就被別出心裁地改名為「解放路」。李宗仁和他的朋友們曾為這條道路和這座城市傾注過半生的心血，卻無法預料，它會變成不同派別的紅衛兵武鬥的戰場。李宗仁的骨灰被送到八寶山安葬時，紅衛兵們正在已不存在的德鄰路上揮舞着拳頭和棍棒，給彼此身上留下傷疤。22

註釋

1. 政協南寧市委員會編：《南寧風物志》，廣西人民出版社，二〇〇九年，第三十二—三十三頁。
2. 根據政協南寧市委員會編：《南寧風物志》，廣西人民出版社，二〇〇九年，第三十八頁。解放前，人們還能在邕江一帶看到晉城遺址，從遺址看，晉城面積較小，方圓不足半里。
3. 南寧市地方志編纂委員會辦公室編：《南寧開埠百年（1907—2007）》前言，廣西人民出版社，二〇〇七年。
4. 三座城市的開埠時間分別為一八七六、一八八七、一八九七年。
5. 南寧市地方志編纂委員會辦公室編：《南寧開埠百年（1907—2007）》前言，廣西人民出版社，二〇〇七年。
6. 南寧市社會科學院編，張波著：《街市風情：南寧街道文化尋蹤》，廣西科學技術出版社，二〇〇九年，第十八—二十三頁。
7. 南寧市社會科學院編，張波著：《街市風情：南寧街道文化尋蹤》，廣西科學技術出版社，二〇〇九年，第二十三頁。
8. 一九三〇年中原大戰後，黃紹竑與李宗仁分道揚鑣，前去投奔蔣介石，他的位置由黃旭初代替，「新桂系」依然維持着三角聯盟的結構。不過，黃紹竑並未獲得蔣介石的信任，也並未與新桂系疏遠，他曾多次協助「新桂系」化險為夷，並在一九四八年李宗仁競選副總統時發揮過舉足輕重的作用。
9. 政協南寧市委員會編：《南寧風物志》，廣西人民出版社，二〇〇九年，第十七頁。
10. 根據南寧市地方志編纂委員會編：《南寧市志．軍事志》，廣西人民出版社，一九九三年，第三一六—三二一頁。
11. 莫濟傑、【美】陳福霖主編：《新桂系史》第二卷，廣西人民出版社，一九九五年，第二八一頁。
12. 《南寧史料》第一輯，第三十頁。
13. 根據《南寧史料》第一輯，第三十二—三十三頁。
14. 申曉雲著：《李宗仁與桂系》，江蘇古籍出版社，一九九七年，第一九五頁。
15. 南寧市地方志編纂委員會編：《南寧市志．軍事志》，廣西人民出版社，一九九三年，第五十四頁。
16. 申曉雲著：《李宗仁與桂系》，江蘇古籍出版社，一九九七年，第一九五頁。
17. 賴彥于主編，《廣西一覽．遊桂名人評語摘要》，廣西印刷廠，一九三六年，第十頁。
18. 賴彥于主編：《廣西一覽．遊桂名人評語摘要》，廣西印刷廠，一九三六年，第十一頁
19. 南寧市地方志編纂委員會編：《南寧市志．軍事志》，廣西人民出版社，一九九三年，第四〇五頁。
20. 根據南寧市地方志編纂委員會編：《南寧市志．軍事志》，廣西人民出版社，一九九三年，第四一八頁。
21. 南寧市社會科學院編，張波著：《街市風情：南寧街道文化尋蹤》，廣西科學技術出版社，二〇〇九年，第三十四—三十五頁。
22. 德鄰路被改為解放路後，在「文革」中成為紅衛兵武鬥的場所。根據南寧市社會科學院編，張波著：《街市風情：南寧街道文化尋蹤》，廣西科學技術出版社，二〇〇九年，第二十四頁。

康定

孔子與佛陀

英雄的誘惑

在三十八歲之前，劉文輝幾乎從未遇到過真正的對手。

從保定軍官學校畢業後，劉文輝在四川的軍閥混戰中迅速嶄露頭角，十年之間，這個戰功卓著的年輕人就從上尉參謀升到軍長，並很快擁有了自己的隊伍。每一場內戰結束，他的軍隊就得擴編一次，以致有時吞併的人數比他原有的軍隊還要龐大。1 他和本家侄子、大他六歲的老牌軍閥劉湘，分別控制着四川的西部和東部。三十四歲時，劉文輝已經出任四川省政府主席，統治着八十一個縣，麾下有十四萬軍兵。他並沒有讀過《三國演義》，然而，和所有的四川人一樣，他對劉關張浴血鏖戰，建功立業的故事隨時都能信口道來。2 那些披掛着塵埃、鮮血和汗臭的英雄們，在歷史深處凝視着他，引誘着他，讓他一次次地誤以為那就是自己的未來。所以，他從不忌憚蔣介石、閻錫山或者李宗仁這些顯赫的名字，他要借助富庶的四川為支點，來撬動整個中國。

劉文輝很少向人描述他的彷徨與迷惘，他年輕時缺乏這些憂患的累贅，立身之後更不得不將它們巧妙地掩飾起來。他只是一再傲慢地宣稱，「天變不足畏，人言不足恤，祖宗不足法」，他願意用這些聽起來不可一世的話來掩飾內心偶爾萌動的怯懦。面對一個四分五裂的國家，動盪的生活讓很多人哀歎命運無常，無所適從地沉淪下去，劉文輝卻慶幸自己生逢其時。他自稱「多寶道人」，他不是那些怯懦的文人，他對時局發言時，手中握着的不是毛筆，而是手槍。

劉文輝橫掃川邊、佔領康定時，正是最為

意氣風發的時候，他的目光根本無暇在這座邊陲小城有片刻逗留，與吞併中國的計劃相比，這片貧瘠的土地顯得過於微不足道。它在現代化之路上的蹣跚學步，才剛剛開始。

直到一九二〇年代，康定城中才第一次出現電燈。美國傳教士安德列夫婦自製了一台水車發電機安置在河道上，他們為自己創辦的醫院裝了五十多盞電燈，特地在門外也留了一盞。每到夜裡，燈光像磁鐵一樣吸引着成群結隊的康定人，這些連美孚洋行進口的煤油都用不起的人們結伴聚攏在醫院門口，每天都毫不厭倦地評頭論足，大聲交流着彼此的驚訝、讚歎與懷疑。

仍然要等到一九三一年，康定人才終於下定決心自建一座發電廠。給安德列做翻譯的當地人吳榮安發起倡議，康定的紳商們紛紛集資，從國外購買水輪機和發電機，成立「美明電燈公司」，選在城南的白土坎折墮河畔修建電廠。然而，康定的現代化之路似乎註定一波三折，電廠即將竣工時，突然爆發山洪，工程被沖毀。人們又用了一年的時間，才終於再度籌足資金，將電廠重建起來。然而，直到一九三九年，美明電燈公司還是難以維持全城的照明，雖然普通人家大多裝了電燈，晚上還是得點着油燈摸索，才能找到電燈的位置。3

中國的士人們從來都擔心自己被邊緣化，每一次向邊疆的謫遷，都令人流涕絕望，人們一門心思地遙望着帝國的中心，希望成為世界中心的一部分，而要營造邊城，除非真到迫不得已。年輕氣盛的劉文輝更不例外，他忙着開疆拓土。歷代英雄們的血液在他的血管中自然熨貼地流淌着，他天真地以為，自己可以將中國最顯赫的那些城市都攻佔下來，從此坐享其成，而不是苦心料理一些襁褓中的小城，將它們撫養成人。這似乎不是一個亂世梟雄應該做的事情，亂世梟雄應該飢餐胡虜肉，笑談渴飲匈奴血，用鐵蹄來證明自己，殺戮與毀滅，而不是卑微地建造。

因此，和大多數人一樣，劉文輝也曾一度漢視康定。

帝國的雞肋

這片偏僻、廣袤、貧瘠而棘手的寂寥邊境，一度被朝廷視為雞肋，難以下嚥，又不便放棄，更弔詭的是，倘若稍不留神，還可能被它硬生生梗住喉嚨。生活在遙遠帝都的帝王和將相們對於它既沒有憎恨，也缺乏想像，它就像那些隱遁在遠天的晦暗的星辰，除非偶爾擅自闖入帝闕的軌道，讓人們不得不猜測它的回歸是否意味着災異的降臨，否則，更多的時候，就連最英明敏銳的占卜師也有意無意地選擇了對它的漠視與遺忘。

歷代治理邊疆都非常棘手，不僅需要從政治和軍事上增強話語權，還需要拿捏經濟的潛在影響力，巧妙地進行文化的滲透。而自從西康進入帝國的視野以來，它的局勢從來就是一團亂麻。就像漢曆和藏曆，看起來有些相似，分別奉行着天干地支和五行地支，然而，這種差異又分明是在涇渭之間的。它不是一局簡單的翻花繩遊戲，沒有人相信，自己能僅憑雙手就破解它。民族、宗教、生活和風俗的各種矛盾，都潛伏在日常生活的底層，細微而持續地撕咬，動輒造成劇烈的位移，稍不留意，就可能天崩地裂。

在這種微妙而險峻的情勢中，康定維持着自身的繁華。它是漢藏之間心照不宣的臨界點。元代將黎雅劃歸陝西，打破了內外的界限，貿易中心轉移到康定所在的打箭爐，茶馬貿易「交易數百年，番不知有成都，漢亦不知有打箭爐」[4] 的歷史終於過去。此後的數百年間，漢藏商人們彼此保持着默契，雙方的貿易都到康定為止，絕不會向對方的地域再逾越一步。

與此同時，這座城市還被賦予了另一重含義。朝廷在打箭爐設置明正土司、紅教喇嘛寺，這裡一時成為朝聖的中心，「昔明正土司盛時，爐城儼如國都。各方土酋納貢之使，應差之役，與部落茶商，四時輻湊，騾馬絡繹，珍瑰薈集」。[5] 朝聖與納貢促成的人口流動，最終使商業在這片寸草不生的土地扎下根，藥材貿易取代了茶馬貿易，這座小城迅速喧騰起來，「八十年中，爐城突由小村，成為巨市；商業霸權，全在陝商掌握」。[6]

不過，城中儘管設有不少專門用以接待朝見者的鍋莊，常住人口卻一直極少並且增長緩慢。直到明代，這裡還是只有十幾戶人家，清初建黃寺之後，住戶增加到三十多家，雍正八年（一七三〇年），朝廷在這裡設置打箭爐廳，將康定列為廳衙辦公地，陝西商人和四川商人於是更加頻繁地湧入康定，城市人口才終於增加到百餘戶。湧動的商業塑造着這座城市的內在格局，沿着城市河道的兩岸，伸展出許多街道，南岸的蜂窩街、大石包街、馬市街；北岸的營盤街、諸葛街、老陝街，[7] 都清楚地表達着這座城市的特徵，商業之手終於將一片驛站改造成典型的邊陲經濟中心。

與漢人重農抑商的傳統不同，商人在這片邊陲之地地位極高，僅在土司和喇嘛之下，屬於貴族。上層商人「充本」，甚至就是由喇嘛和頭人充當的。即便是那些社會底層的行商，也會得到民眾普遍的尊重。商人們享有一系列特權，不必當差，也無須繳稅，商隊到達哪裡，就可以在哪裡放牧。[8]

然而，儘管漢人進入康定已逾兩百年，通過頻繁的貿易，諸多新奇的器物湧入邊城，卻絲毫沒能動搖這座城市固有的信仰與生活方式。千年以降，生活在這裡的藏人依然恪守自己的宗教，在臨終前將畢生辛勤勞作積攢下的全部財產捐獻給寺廟。而數量龐大的喇嘛不僅控制着人們的思維，還掌握着大筆財富，大寺隨時都可以召集起一支驚人的軍隊，與中央軍抗衡。

乾隆時代之後，英國人的大肆介入，使得這裡的局勢變得更加晦暗不清。英國侵佔印度之後，西藏所處的高原地帶，就被英國視為在海路之外兩面夾擊中國的跳板。帝國眼中的雞肋，在英國人口中，卻咀嚼得津津有味。英國不斷地慫恿並支持西藏上層謀求獨立，驅趕藏區漢人。面對混亂的時局，朝廷只能將這片邊境看做一塊潰爛的瘡疤，任憑它間或流出膿血，只要不危及大局，便只好聽之任之。何況，西康的問題，從內外交困的帝都隔着千里暮靄遠遠地望過來，無論如何都算不上緊迫而致命。

亂世迷城

這種妥協一直維持到光緒三十二年（一九〇六年），川督錫良與將軍卓哈布在奏摺中嚴肅地提醒：「邊事不理，川藏中梗，關係至大。過去藏侵瞻對，川不能救，英兵入藏，川不過問，藏危邊亂皆邊疆不治，道途中梗之所致也。乘此改土歸流，照寧夏、青海之例，設置川滇邊務大臣，駐紮巴塘練兵，以為西藏聲援，整理地方為後盾，川滇邊藏，聲氣相通，聯為一致，可以一勞永逸。」突出川邊的地位，不僅能解決其本身存在的問題，也能順勢充當制衡西藏風潮的一道閘門。

戰功卓著的趙爾豐立刻獲得拔擢，從三品道員，直接賞賜頭品頂戴，冊封為川滇邊務大臣。朝廷劃出一片從四川盆地向青藏高原延伸的過渡區域，由趙爾豐管理，東起打箭爐，西到藏邊，南北則從雲南的維西、中甸直達青海玉樹。趙爾豐把駐地設在打箭爐，改名康定府，這座城市在趙爾豐手中開始了新一輪營建。

勵精圖治的趙爾豐被認定為經營川邊最成功的封疆大吏，他乾脆利索地命令川邊改土歸流，一面鎮壓叛亂，一面恢復經濟，還方便於民眾。土司的權力被剝奪後，遍佈城中的鍋莊失去了傳統的功能，轉而完全變成接待漢藏商人的旅館，鍋莊主人開始直接出面，充當翻譯，溝通雙方的交易，從中獲利。鍋莊的衰落暗示着，這座城市的朝聖功能終於完全讓位於商業。

儘管趙爾豐苦心經營，軟硬兼施，暴動仍在頻繁地發生。在趙爾豐主持川邊事務的七年間，他幾乎馬不停蹄地忙於四處平息叛亂，疲於奔命。這些此起彼伏的起義，令趙爾豐幾乎無心全力推行他的「經邊六事」，他習慣於快刀斬亂麻的武夫性格，更是不斷地給他帶來新的麻煩，他越急於解決西康的爭端，懲治那些起義的土司和喇嘛，反而越令局勢失控。儘管如此，趙爾豐還是為川邊留下了「設治三十餘縣，興學一百多所，拓地千餘里，各項要政，粗具規模」的政績，不僅前無古人，甚至也被認為終將後無來者。

趙爾豐調任四川總督之後，他的繼任者傅嵩炑上疏奏請朝廷，設立西康省。西康的名字源於它的地理位置和歷史淵源，「邊境乃古康迪，其地在西，擬名曰西康」。傅嵩炑比他的前任更明確地提出了設置西康省的意義所在，「邊地與西藏毗連，西藏與強鄰逼處，外人狡焉，思啟封疆，幾不以藏為中國屬土，殆因藏未建省，名義未定之故，茲邊地即為康地，康藏原有攸分，應將疆界照舊劃定，以康建省」。

然而，對於這個建議，朝廷尚未來得及仔細考慮，保路運動已經席捲四川。

一九一一年七月三十一日，朝廷要求趙爾豐以強硬手段查辦黨人，解散保路同志會。一向鐵腕的趙爾豐，態度卻出人意料的緩和。他頻繁地規勸黨人，面對朝廷和各地方大員對他抗旨不尊、剿匪不力的指控，直到九月二日，趙爾豐仍然堅持：「如朝廷准歸商辦，大局或不致十分破壞；如不准所請，則變生頃刻，勢不得不用兵剿辦，成敗利鈍，實不能臆計。至全國受其牽動，尤為爾豐所敢任咎。」9 這些建議竟像是一則預言，未來的幾個月間，整個帝國都按照趙爾豐所不願看到的這條路一步步走下去。

趙爾豐自己，則悲劇性地成為朝廷的替罪羊，他屢次規勸無果，公眾依舊雲集於總督府前不肯散去，暴怒的趙爾豐終於失控，下令士兵狙擊，並命騎兵衝擊人群。屠殺過後，同盟會會黨刻在木片上的成都形勢，沿着錦江順流直下，旋即震驚了四川、湖北，乃至整個中國。

此後，趙爾豐再次不合時宜地堅決不肯擁兵獨立，因此被革命軍視為禍根。趙爾豐至死也沒有想到，將他引向徹底失敗的，並不是他預期中的那些「不讀詩書，不習禮義，性情慓悍，好勇喜鬥，畏威而不懷德」的異族的敵人，[10]而是他的漢族同胞，那些潛藏在城市深處的革命軍。趙爾豐被亂軍撲殺，率兵前來馳援的傅嵩炢也很快被俘，傅嵩炢拒絕加入革命黨，也不肯歸附袁世凱，最終被遣送回鄉。

趙爾豐和傅嵩炢相繼撒手西康之後，他們當初精心安置的各級官員，都得不到民國政府的承認，只能四散而去。而革命軍雖有暴力革命的衝動，卻缺乏解決實際問題的經驗，更沒有建設邊疆的渴求。這些年輕人宣稱信仰「三民主義」，儘管他們中的大多數人或許連孫文的原著都沒有完整地讀過，然而，這絲毫不影響他們對理想的忠貞，他們以憧憬未來的姿態來抹殺昨日，像要急於擦掉一塊污漬那樣洗去趙爾豐剛剛開始的事業。西康開始長年群龍無首，再度陷入一片荒蕪，又成為新時代的一塊隱匿的傷疤。

與此同時，西藏政局的每一次微微動盪，帶給川邊的餘震都是驚人的。民國元年，是漢曆的壬子年（木鼠年），在藏曆則為水鼠年，誅殺了趙爾豐的新任四川總督尹昌衡剛剛升起象徵滿漢蒙回藏五族共和的紅黃藍白黑五色國旗，西藏宣佈獨立的消息已經橫掃周邊諸省，四川、西康、雲南、青海隨之震動。尹昌衡被袁世凱任命為西征軍總司令，率軍前往西藏。西征軍來勢洶洶，英國不得不暗中斡旋，對袁世凱軟硬兼施，以承認他的政權為條件，要求他下令停止進軍西藏。尹昌衡旋即被袁世凱召回，不久被軟禁到北京。

一年後，局勢再度急轉直下。印度西姆拉會議明確要求將西藏分割為內藏和外藏，外藏宣佈獨立。這次會議不僅震驚中國，連日俄兩國也開始擔心英國佔有的利益太多，提出抗議。在重重壓力之下，袁世凱最終沒有在協議上簽名。西藏雖然沒有被瓜分，然而，原本在趙爾豐時代有條不紊的川邊建設之路，還是伴隨着西藏的持續動盪和政府的失語，而變得越發曲折起來。此後，割據四川的軍閥們開始忙於爭奪重鎮成都和重慶，無人關心邊城康定的存亡，它隨時都可以成為被棄置的那枚棋子。剛剛起步的西康再度沉寂下去，儘管在過去的幾千年裡，它早已習慣了沉寂。康定人剛剛為了電燈帶來的些許光明歡呼雀躍，就被立刻告知，那些已然觸手可及的希望其實只是一時的錯覺。這些地處邊陲的城市，在現代化的曙光熹微之中與那個傳說中的世界蜻蜓點水般擦肩而過，又被重新拋回歷史的長夜。直到一九二九年傅嵩炑在故鄉彌留之際，依然沒能聽到關於西康的任何好消息。

孔孟的幽靈

一場意料之外的失敗，令劉文輝不得不重新開始思考自己的人生。

一九三二年，劉文輝和劉湘反目，叔侄之間爆發了終結四川亂局的最後一戰。他們各自以成都和重慶為據點，招兵買馬。戰局對劉文輝並不樂觀，劉湘得到了蔣介石的支持，劉文輝幾乎腹背受敵。最致命的是，劉湘控制着重慶，也就意味着控制着進入四川的水路，他劫下了劉文輝通過水路運輸的軍火，這條黃金水道還為他源源不斷地提供着新式武器和物資給養。劉湘的大後方並不是重慶，而是整個中國，劉文輝所能憑藉的，只不過是四川的半壁江山。開戰過半，勝負早已立判。

劉文輝一路敗退，最終率領殘留的十二個團逃往西康。劉湘接到劉文輝的通電「馳赴西康，致力國防」之後，沒有再繼續緊逼。進入荒蕪的川邊作戰不但勞民傷財，入不敷出，而且可能一不小心便觸發與少數民族之間的矛盾。何況，沒有人相信，這片貧瘠而混亂的邊城，能成為東山再起的籌碼。

伴隨着致命的挫敗，劉文輝度過了四十

歲的生日，當地的神父告訴他，「生命始於四十」。他終於過了以為「祖宗不足法」的年紀，開始仔細咀嚼並回味祖宗之法的真切含義。留在他手中的牌已經很有限，甚至彼此之間都相互制約，他不知道應該先出哪一張。痛定思痛後，劉文輝決定重提那個已經被擱置了十幾年的計劃——西康立省。他只剩下面前貧瘠而雜亂的川邊——十一個半縣。除了將它重新妝扮起來，他別無選擇。

劉文輝不得不像條溯游的魚那樣不斷地反顧西康的歷史。他的口中仍然閃爍着那些川中豪傑的名字：「諸葛亮南征，首先定下一個原則，是『俱服其心足矣』！後來七擒孟獲而不殺，確有他的見地。」可是，就連神機妙算的諸葛亮也無法給他直接的啟示。在西康，劉文輝唯一能真正回望的背影，只有趙爾豐。可是，富於悲劇性的問題在於，趙爾豐最終也終究功虧一簣。

趙爾豐的失敗，令劉文輝極為困惑，他不明白，以趙爾豐的文治武功，為什麼最終還是未能在西康這片死水中攪動起絲毫的波瀾。劉文輝開始為了這個問題廢寢難安，漸漸地，他發現，趙爾豐之敗，在於「過於看重武力，一味厲行威服政策，故兵力一懈，康民受藏方鼓動，即乘機起事，趙、傅兩氏艱難締造的事業，因此受到莫大打擊」。所以，趙爾豐當初認為西康人「畏威而不懷德」，劉文輝卻堅定地打算反其道而行之。

西方傳教士在藏區獲得尊重的事跡，也讓劉文輝大有感觸。「據我考察所得，西人也有傳教至夷巢裡面去的，為夷人改善生活禮俗，並用英文字母將夷語譯成文字，而夷人不特不仇視西人，而反尊重西人如父母一般，問其祖國，甚有說是英倫者，有說是倫敦者。我從這個事實當中，啟發出三個要點：(一)不患邊民之『不懷德』，而患我之『無德可懷』；(二)不患邊民之不與我『同一』，而患我之不去『化』；(三)不變邊民為國民，邊民可能為他國之民；不變邊土為國土，邊土可能變成他國之土。」他這樣奉行着對少數民族的戰略，也小心翼翼地應對着與英軍暗中對峙的局面。他不僅面對着比歷代治邊都更加強大的敵人和更複雜的局勢，而且，與歷代治邊者相比，他的弱點也更加明顯。他缺乏國家層面上的實際支持，很多時候，他所能依靠的只有一己之力和西康一隅之地。中央政府所起的作用，有時不但於事無補，反而可能成為阻礙，英國人或者達賴的任何一封發往南京的電報，都可能令他和他的十幾萬人馬進退維谷。

劉文輝開始細細咀嚼趙爾豐經略川邊時提出的「經邊六事」：練兵、興學、通商、招墾、開礦、發展交通，這六事其實都無外乎中國歷代治邊的傳統措施，只不過具體實施起來，卻差異巨大。趙爾豐的「六事」經過劉文輝和他的幕僚孫際旦的總結和發揮，最終發展成為《建設新西康十講》。在每一期培訓西康省各級官員的雅安省訓團課堂上，劉文輝都會用長達四小時的時間，親自向他們宣講這些政策。劉文輝是個出色的演講者，雖然出身行伍，卻並不是一個乏味的戰略家，他每每在這些枯燥的施政綱領之中，摻雜許多省內外的人事與形勢，以致每次演講都座無虛席。

許多參加過雅安省訓團的西康官員們，都很難忘記劉文輝慷慨激昂的演講和他嚴肅的表情。他反覆強調「三化」（德化、進化和同化）之於西康的意義。在論證「德化」時，他會引用《論語》：「季康子問政於孔子曰：如殺無道，以就有道，何如？孔子對曰：子為政，焉用殺？子欲善而民善矣！君子之德風，小人之德草，草上之風必偃。」他分析這段話的意思：「說明威服政策不如德化政策有效，這個道理，非常顯明。因而政治的根本要求，在一個『定』字。古人謂天下如何才能統制，則曰『天下惡乎定』？但是只要以殺為能事，就會演成循環的仇殺，當然就沒法『定』了。」在論證「同化」的意義時，他又會引用孟子的「定於一」，他進一步闡釋，「所謂『一』者，就是整個的意思，而與『分化』之義，可謂恰恰相反。」孔子和孟子在劉文輝的口中反覆出現，像些無法趕走的幽靈。

人們很難相信，這個孔孟的當代代言人，僅僅在十幾年前還曾趾高氣揚地宣稱「祖宗不足法」。在邊境問題上明確地以孔孟之道為依託，在中國歷史上其實也算不上什麼創舉，問題在於，劉文輝重提孔孟的時候，民國早已進展多年，整個中國都在西潮的喧囂中沸騰，孔孟早已被打倒在地，經歷了屢次的踐踏，從文人到政客，無不希望用西式的思維來裝飾自己，一些夾雜着捲舌音的新名詞動輒從人們口中溜出來，是一件像蒙童背誦《三字經》、《百家姓》那樣自然的事情。在這樣的時刻，劉文輝卻試圖用中國古老的治世哲學來解決西康問題，來應對佛陀的詰問，看起來何其格格不入。

當那些從西康各地貧瘠的縣城和鄉村趕來的年輕官員們仰望着講台上的劉文輝時，卻很難無動於衷。已經步入中年的劉文輝用四川話與奮地講述着治理西康的經驗與理想，循循善誘，語氣溫和，看起來根本不像一個踏着血路而來的將領，倒像個好心而聒噪的醫生，不厭其煩地念叨着他自信能治癒西康痼疾的藥方。他希望這些年輕人將理想背負下去，到西康各地播下種子。

西康之路

四川大學教授任乃強曾在西康進行過長達一年的漫遊和考察，他甚至娶了一個藏族女子為妻，一面學習藏族語言和文化，一面嘗試對妻子進行漢化的可能。對於西康建省，任乃強有着一整套理論，「西康住民，番居十九。故西康省之能否建置，當視西番之是否易於治化而定」。他認為，「同化番族之捷徑，莫如移民實邊」。11 移民不但能夠加速漢化，更可以鞏固國防，發展實業，一舉多得。「故欲調劑西康之產業，當從調和血液做起。欲使西康政治穩固，亦須從調和血液做起。」[12]在他的判斷裡，康定城就是「調和血液」的一片極佳的中間地帶，「打箭爐地介川康，漢番雜處，其俗在華藏之間」。這裡既過漢族的傳統節日端午、中秋、重陽，也過藏族的節日娘娘會、放生會、跑馬會、盎雀寺跳神、多吉寺跳神、城隍會。[13]在這種民族混居的地帶，漢化勢必更加容易。

任乃強甚至天真地想像，假設存在一個強有力的統一政府，每年向西康境內遷徙一百萬人，幾年之後，漢化的進程必將非常順利，西康問題也將迎刃而解。然而，作為一介書生，他自己也知道這只是夢幻泡影，「惜中國近況斷難致此。回顧四千年來，華人外延歷史，亦未曾經如此途」。[14]

任乃強的困惑，同樣是劉文輝必須面對的選擇。

趙爾豐經營川邊時，曾專門培養過漢化事業的人才。他在成都創辦藏文學堂，招募了八十多名各縣生員學習藏文，還在各縣創辦了兩百餘座小學。兩年後，他把藏文學堂的畢業生送到這些小學，由他們來教授漢語。然而，這些畢業生只會寫藏文字母，進行簡單的日常交流，根本無法當此重任，他們對藏族學生強行灌輸漢文，最終適得其反。民國開元之後，尹昌衡也在成都創辦了類似的學校，不過，一年後，隨着他的調離，學校最終被合併，最初的成效戛然而止。

劉文輝和他們不同，他不僅試圖從語言的角度上解決西康的問題，還打算從行政、財經、文化、思想全方面入手。他設置了一個專門的部門——邊務處，邀請一批熟悉邊境的政客和學者，專門處理這些棘手的邊境問題。他深知人才的重要，在他麾下，擁有全國十幾個省的大學生，以及從歐美和日本各國回來的留學生。這片荒涼的邊疆之地，原本不可能擁有這樣的吸引力。

劉文輝還創辦了一系列培訓班，包括邊政人員訓練所，縣政講習班，財政專門學校，財政人員培訓班，合作人員培訓班，漢藏語文傳習所，針對西康的具體問題，培養了一批各領域專業人才，這些畢業生後來成為西康各地的骨幹。抗戰期間，當國民政府的中央訓練團要求各地也建立地方幹部培訓組織時，這種舉措在西康早已被劉文輝運作得輕車熟路。西康的省訓團雖然是響應中央號召而建，意在灌輸統一的思想，蔣介石的權威其實卻蔓延不到這裡，劉文輝早已在西康的年輕人心中佈下天羅地網。

西康的省訓團不啻於治理西康問題的黃埔軍校。蔣介石被許多黃埔出身的將領們尊稱為校長，劉文輝也不肯讓他的下屬們稱他為省主席，而是團主任。從第一期到第六期培訓班結束，他都要和每一個參加培訓的學員交談，儘管留給每個人的時間只有兩三分鐘，而談話也大多只是浮光掠影，但他依然因此獲得了各級官員的狂熱愛戴，回到各地後，他們依然會在寫給劉文輝的信中與他師生相稱，他們也熱衷於給他寫信，因為他們時常能收到劉文輝的回信，偶爾見面時，劉文輝甚至可能引用他們在信中的某些觀點，對他們所在地方的情況瞭如指掌。後來有人考證，劉文輝並沒有親自閱讀所有的信件，更沒有親筆回信，他讓秘書對所有信件進行摘編，將主要觀點整理給他審閱，使他得以對地方的情況和官員們的最新動向都能提前有所覺察，而他的回信也是秘書們代筆的。但這絲毫不影響劉文輝的權威，反而增加了他的親和力，尤其是對各地時局的全面掌控。15

劉文輝的這種習慣，其實早在他領兵打仗時就已經養成。在他叱咤四川的時代，整編的隊伍時常比他原有的軍隊人數還要多，為了改變這種「幹弱枝強的局面」，他創辦了各級軍事學校，通過培訓和思想教育，與各級將領建立起介乎官兵和師生之間的關係，這種秉承多年的經驗，保證了西康之路的進程。16

所以，儘管劉文輝的《建設新西康十講》並沒有超出趙爾豐預想的範疇，只是更加細化、更加切中要害並落在實處而已，但他仍然能夠依靠這些趙爾豐留下來的精神遺產，統治西康長達二十年。其間雖然不斷遭遇來自藏人和政府內部的挑戰，他還是有驚無險地屢次平安度過，將西康牢牢地掌握在手中，並依靠局勢的穩定，促成了西康的全面繁榮。

一串佛珠

對劉文輝而言，「三化」並不意味着委曲求全。

一九三〇年，為解決大金寺和白利土司的爭端，劉文輝前往調停，最終率軍與大金寺開戰。在達賴的要求下，國民政府命令劉文輝停止進軍，聽候中央處理。次年二月，趁劉文輝部守軍籌備新年之際，藏軍和大金寺卻聯合發動強攻，劉文輝被迫率軍後撤。六月，中央特派員到達康定，然而，「九一八」的爆發使國民政府首尾難顧，要求特派員「從速和解」，這些「屈辱的停戰條件」，令劉文輝極為憤恨，條約的簽署一直拖延了半年。此後，緩過一口氣的國民政府終於授命劉文輝全權解決「大白事件」，劉文輝決意起兵，「以武力收復失地」。劉文輝旌麾所指，一舉收復甘孜、瞻化，將藏軍驅趕到金沙江以西。儘管此時甚至「不難一鼓而下昌都」，然而，面對藏軍派來的使者，劉文輝還是答應和議，「自有是役而後，藏人始知畏威，不敢萌東侵之念」。

此後，劉文輝又輕鬆平息了一九三五年和一九三六年的兩次變亂，尤其是第二次，在劉文輝的嚴辭抗議下，蠢蠢欲動的藏軍居然主動撤兵，「藏兵退後，並派代表來康定通好，康藏關係，反而因此逐漸好轉」，劉文輝頗有些得意地宣稱：「此次收復失地，兵不血刃，與『大白事件』之軍事勝利，使藏人為我軍聲威所震懾，確有莫大之關係。」

於是，三年後，當班禪行轅衛隊在甘孜再度發動政變，以康人治康為名，煽動兩千藏民追隨時，劉文輝對平定這次動亂早已成竹在胸。西康的發展有目共睹，百姓不但深受其惠，對政府也充滿信心；同時，劉文輝自己與西康各地的高僧大德以及土司頭人都保持着極好的關係，他深信，他們「對我個人的信念，亦與日俱增」。他早已找到平定叛亂的方法，通過向民眾廣法宣示，以正視聽；派兵征剿，防止事態擴大；同時借助喇嘛和土司頭人的力量介入戰事。果然，甘孜叛亂兩個月後，就被順利平息。

然而，幾乎不戰而勝的劉文輝仍然向他的官僚們不厭其煩地推進着「三化」的理念，他清楚地知道，一時的威服固然暢快，卻難以長治久安，「三化」才能保證邊城的根基。「威服政策，縱然得到一時成功，轉瞬就會一敗塗地，功虧一簣。為了根絕循環報復心理與行為，為了樹立邊務千年大計，所以我才確定以德化政策來代替威服政策。」

劉文輝敢於宣稱，土司頭人和喇嘛「對我個人的信念，亦與日俱增」，是有充分底氣的。他與趙爾豐最大的不同，在於對邊疆的態度。當趙爾豐頻繁地舉起刀槍時，曾經同樣崇尚武力的劉文輝卻在被刀槍磨出繭子的手腕上纏上了一串佛珠，沿着脈搏彈擊蔓延開的檀香的氣息，迅速掩蓋了血腥的餘味，它們庇佑着劉文輝在這片歷來被刻意迴避的土地上馳騁自如。人們甚至說，劉文輝手中的一串念珠，抵得上百萬雄兵。

早在落難到西康之時，劉文輝就已經看透了自己面對的艱難處境：「康區藏族人民，百分之九十以上皆信奉佛教。五明以外無學術，寺廟以外無學校，喇嘛以外無教師，所謂文化，即是佛化。其人民精神與物質生活悉受佛法之洗禮與薰陶，因而形成一種少慾知足的人生觀，重聽行而輕物慾，重未來而輕現實，生活習於固陋，鄙夷現代科學，排拒外來文化，一味守舊，不求進步。」對於世代生活在邊陲的民眾們而言，藏傳佛教之所以能夠成為全面進入生命層面的信仰，不僅得益於宗教本身的力量，更在於，寺廟還是學校，甚至醫院，它盤踞着生活的各個層面。任乃強當年考察時就發現，「番人之社會教育為喇嘛寺所包辦。平民欲學，當以喇嘛為師。其不得接近喇嘛者，僅受家庭教育與訓練，亦能保存其民族之美德」。同時，人們生病時，大多也不會去求醫問藥，而是到廟裡求喇嘛，「喇嘛聞疾狀，先行占卜，判為某鬼作祟，須念經若干始能禳解」。這些流傳千年的信仰與生活方式早已滲透進人們的骨髓。

所以，一九三五年，劉文輝在《西康建省委員會成立宣言》中，特地把宗教問題提出來，並進行了更加細緻的歸納，「喇嘛即為人民師表」、「喇嘛即為人事顧問」、「寺廟即為文化機關」、「寺廟即為信用合作社團」、「寺廟即為仲裁處所」、「寺廟即為人口調節機關」、「寺廟即為懇親會所」、「寺廟即為保衛機關」。寺廟在西康人的生活中無所不在，「三化」勢必需要在充分尊重民族情感與宗教信仰的基礎上，才能順利進展。漢族同化力雖然很強，然而，千年以降，與藏民接壤而居，依然不能對他們的生活產生實際的影響，正在於宗教的強大控制力。

劉文輝因此開始研究佛經。在對佛教中黃、紅、白三派的理念甄別之後，他選擇了西康地區最流行的黃教加以特別提倡，「紅、白兩派，其教授法多宜於上根人。黃教普遍上、中、下三根，其特點為講究性相、嚴守戒律二者。講究性相，則知識明，嚴守戒律則行為正。果使人民知識皆明，行為皆正，政治上所得之裨益尚可計耶」。他甚至總結出藏傳佛教的三種特性——顯密俱備、內外合修、大小兼賅，試圖將它們與「三民主義」融合起來共同講述：「須深切瞭解其宗教文化之情形，在不違反其民眾心理之條件下，逐漸以三民主義之精神灌輸於彼。使其瞭知彼等實為中華民族之一支分，彼以二三百萬人之支分，處此世界民族鬥爭風雲緊急之時代，決不能脫離中華民族全體而獨存。且又非消泯階級，提高民權，應用科學改善民生，決不足以建設地方而應付環境。三民主義之精神不惟不與佛教文化相衝突，且可互為表裡，相得益彰。特不可操持過切，一概抹煞，以致拂逆其民眾心理，挑起種族間之惡感，則猶治絲益棼，終難條理。不惟影響國防，而國家有形無形之損失殆難數量計算矣。」

人們逐漸發現了劉文輝的改變。人們時常會在金剛寺裡遇見他，披着喇嘛的僧袍，安靜地端坐聽講經、拜佛。他也時常召開僧侶大會，撥款修建寺廟，進行佈施，還幾次請人到西藏三大寺進行供養，出資派人到拉薩學佛。他自己也和許多藏族的高僧大德都保持着極好的私人關係，並通過他們與拉薩政教的重要人物也建立起廣泛的聯繫。他還專門成立了西康佛教整理委員會，來解決各寺廟、派別之間的糾紛。劉文輝還虔誠地鑽研佛經，這使得他在與僧人們交往時，被他們視為同道，而不是別有用心的政客。從孔孟到佛陀，劉文輝不希望「失之虛偽」，他也深知，如果只是功利性地崇佛，「無以促進康民之傾心結附」。他要開創的是「開康省新文化之良機」，所以，他必須首先充分瞭解西康固有文化的土壤，分析它的成分，瞭解它的性情，才可能在這片土地上植出新文化的秧苗。

化邊地為腹地

一九三九年，當攝影師孫明經隨西南科學考察團進入康定時，他見到了一座襁褓中的現代城市。孫明經將鏡頭頻繁地對準那些在貧瘠的生活中仍然充滿生機與渴望的人們，他們忙着製造磚茶、煉硝、造紙，[17] 康定的經濟在這些瑣細的製造業中起步，劉文輝的那些菲薄的理想，正在被羊酪的膻味蒸騰的空氣中逐漸成形。

經過長達十年的經營，劉文輝剛剛完成西康建省的創舉。西康省面積達三十五萬平方公里，下設三十三個縣，以康定為省會。劉文輝的老對手劉湘早已去世，他重新奪回了成都，而四川的另一座重鎮重慶，則被蔣介石佔據，成為戰時的陪都。如今的劉文輝面對着更加尷尬的政局，來自國民政府的威脅近在咫尺，他小心地拿捏着和國民政府之間的關係，一面要避免他們的觸角過多地伸進西康，另一方面，又不得不曲意逢迎，以免將局勢鬧僵。他在西康的城市和鄉村裡到處張貼蔣介石的畫像和國民政府的標語，用「中正街」來命名康定和雅安最寬敞的街道，以此來表達他對國民政府的忠誠。在這種不穩定的平衡中，他集中全力進行建設，希望在這片別人心目中不可能有所作為的土地上，開出花結出果來。

孫明經參加過四次萬里學科考察，然而，西康的一切仍然令他難以忘懷。劉文輝為西康找到的出路是「化邊地為腹地」，軍政分離，政教分離，孫明經拍攝的一張照片生動地描述了劉文輝的初步成功，在雅安中學門前，學生們穿着西洋的服飾從中式的傳統建築中穿梭出入，現代化正以摧枯拉朽之勢，席捲西康。

孫明經還拍下了西康省政府粗糙的建築、雜亂的碎磚、坑坑窪窪的地面，他帶着疑問離開康定，繼續深入西康腹地考察，在一座簡陋的縣政府面前，他問縣長，為什麼縣政府如此破敗，而縣裡的學堂卻造得特別寬敞明亮？縣長回答，我當年到任時，劉主席說，如果政府的房子造得比學堂好，縣長就地正法。

直到此時，人們才能理解劉文輝崇佛的最終目的。「關於治邊之方略，則首謀康藏精神之接近，俾化除隔閡，溝通情感，然後逐漸推行現代政治與經濟設施，從事業上予以改進。」激發出這片荒蕪之地的生機，才是真正解決西康問題的關鍵。

在這片宗教信仰和生活方式千年以來保持着穩固的地域，現代化進程或許註定舉步維艱。然而，就像人們對電燈的好奇一樣，現代化所能帶來的凜冽的衝擊力，是遠遠超過早年的那些通過陝西和四川的行商們帶進西康的貨品的。這是一個全面而新奇的世界，一整套新的器物和生活方式，人們最初對它的畏懼，很快就會被不可遏制的好奇心完全沖散。

孫明經參加的西南科學考察團，由轉移到重慶的十幾座大學的各領域專家構成，他們由劉文輝邀請前往西康考察。劉文輝並不諱言，他希望借助科學家們的力量，來考察西康的風土人情，提出切實的建議，並勘探埋藏於西康地下的那些未知的礦產，以便有針對性地創辦工廠，發展工業。戰爭對中國是災難，西康卻因禍得福，戰爭造成的大遷徙，使這些曾經更願意躲在東部繁華都市裡安享生活的專家們，終於有興趣關注這片被遺忘的邊陲土地。

劉文輝發展經濟的舉措與趙爾豐一脈相承卻不盡相同。西康的形勢，正如趙爾豐曾判斷的那樣，必須依靠商人的流動，通過商業自身的邏輯來延續並擴展：「川滇邊地，出產皆饒，而日用所需，如絲布紙燭之類，皆需購自內地，必賴商賈暢行，方能貿遷有無，使民稱便。」不過，劉文輝卻希望更進一步，畢竟，中國東部城市的實業家們營造城市的創舉，都已歷歷在目，而歐美諸國的興起之道，他也多有耳聞，在一個依靠資本決斷的時代，劉文輝希望更大地凸顯資本的作用。

然而，西康省內沒有資金雄厚的實業家，只有貧農。政府財力極有限，而銀行資本也不過三百五十萬，還需要應對物價飛漲帶來的壓力。劉文輝為西康經濟找到了兩條路，其一是合作經濟，其二是吸引外資，所謂外資，其實是華僑和中國其他省份的銀行與富商資本。

劉文輝提出，農民和工人可以通過組織合作社，召集社員，募集股款，來向銀行借貸，聯合開辦紡織業、毛線皮革業，甚至發電廠和採礦廠。這樣，既不必賤賣自己的產品，也避免了高利貸之苦。他在一九三八年就成立了西康省農村合作委員會，一九四〇年進行擴充，改為西康省合作事業管理處，從農業和工業雙向拉動西康的經濟發展。

一九四二年，劉文輝進一步提出了計劃經濟的意義，在西康這片特殊的地域，他認為，放任經濟發展弊大於利，商人對高額利潤的追求，很可能造成不利的後果，一方面，奢侈品雲集會敗壞風氣；另一方面，軍工業因利潤空間小勢必會無人問津，但作為一個貧弱的國家，不依靠統一的計劃要求，更是難以和世界強國競爭。所以，劉文輝明確提出發展計劃經濟，他承認自己的觀念受到蔣百里的影響，不過，他的所謂計劃經濟，其實還是希望加強合作，「本人可以斷定：只要合作社能夠風起雲湧地健全成長起來，本省的工農事業都會有辦法，都會有走入現代化路線的可能」。

為此，在劉文輝的首肯之下，西康省府委員兼財廳會辦李先春將康定的四家企業——美明電動公司、啟康印刷廠、裕邊實業公司和新康合作社合併，成立康裕實業股份有限公司，自任總經理。選擇這四家企業，其實是有針對性的，他試圖通過集中精力掌控並發展這一家公司，來逐一解決康定所迫切面臨的實際問題。康裕實業股份有限公司下設建築材料部、印刷廠、電器材料部、水電廠，全都與城市建設有關。

而令劉文輝念念不忘的川中豪傑，除了劉關張，還有更早的李冰父子。他曾頻繁地用都江堰來論證四川人的聰明才智，他說，連德國地理學家李希霍芬（Ferdinand von Richthofen），對都江堰都讚不絕口。劉文輝一面希望鼓舞士氣，更希望的則是在西康引入水利灌溉工程，從而最大限度地解決現實的困境。當時代已經不允許他來做統一中國的秦始皇，他只能退而求其次，在自己的時代做一個李冰。

康裕實業股份有限公司很快聘請到曾留學美國的水力發電學專家王志超擔任協康水力發電廠工程處總工程師兼處長，林德文、王東江、李肇端、李萬鈞和熊錦源等工程師隨即雲集康定。經過勘測，他們選定了康定城外十華里的大升航建造水電廠。一九四〇年，水電廠從美國訂購了水輪機、調速器、發電機、控制屏以及總長一百六十米的壓力鋼管，並從昆明、貴陽、重慶、成都等地相繼採購了其他設備，籌備工作有條不紊，卻還是遭遇了難以想像的困境。按計劃，從美國購買的機器，原擬在越南河內卸貨，工程處再通過滇越鐵路運往昆明。然而，貨輪從美國起程不久，太平洋戰爭爆發了，日軍佔領河內，美國輪船只能改變航線，準備前往緬甸仰光，依然未能成行，最終改道大西洋，在印度加爾各答卸載。此時，中印公路尚未建成，空運也沒有商辦民航，唯一能依靠的，只有航空委員會的飛機，他們以運送軍用物資為由輕鬆地拒絕了康裕實業股份有限公司的請求。眼見協康水力發電廠功敗垂成，劉文輝親自趕到重慶，利用人事關係進行斡旋，撇下重金，航空委員會終於同意派巨型運輸機將全部電機運到昆明。在昆明，人們把這些機器分拆包裝，依靠汽車、矮小的川馬和人力，通過艱險的蜀道，最終抵達康定。一九四四年年底，當孫明經第二次抵達康定時，康定水力發電廠已經建成。

在艱難的局勢和在頻繁的權力鬥爭中，劉文輝勉力維繫着西康的繁榮，他不斷地試圖在這片幾乎寸草不生的土地中播種下更多的希望，急迫地做着各種規劃。有一天他帶着全家人郊遊，站在跑馬山上，滿懷憧憬地告訴大兒子，爸爸以後要在這裡建一所大學，一座醫院。有那麼一瞬間，他誤以為自己真的看到了未來。

就這樣吧

一九五六年，劉文輝在成都的家中來了一群不速之客。

這些身披藏袍的人們說着一些成都人聽不懂的語言，他們仍然改不了口，稱劉文輝為劉主席，他們還專程帶來了藏區的酥油。故友們離開後，劉文輝興奮地要家人用酥油做糌粑。這頓午飯吃得並不愉快，因為年幼的孫子劉世定實在吃不慣酥油的味道。一向對晚輩很慈祥的劉文輝突然生氣了：「這樣好的東西怎麼能不吃！」大概是意識到了自己的失態，他又緩和了一下語氣：「不能擇食，要養成一個習慣，有飯不論好壞都要抓緊吃飽。」他不能奢望晚輩來分享他曾經的悲歡，就像他也已經很難理解他們的內心世界一樣。此時，他曾用十餘年之力建設的西康省，已經不復存在。

一九四九年十二月九日，劉文輝在四川起義，蔣介石試圖「決戰川西」的願望最終落空。劉文輝將四川和西康交給共產黨時，西康的人口已經比他剛到那裡時翻了四倍多。[18] 這裡擁有了各級團務學校、師範學校、拉丁學校、醫院和孤兒院，他將現代化的微光引渡到這片一直被遺忘的土地上。此後，劉文輝把家搬到成都。一九五五年，第一屆全國人大第二次會議決定撤銷西康省，政務由四川省接管，西康的名字從此消失在中國的地圖上。

劉文輝也沒能在成都一直待下去。一九五九年，他被調往北京，擔任林業部部長。他耳邊恣睢豪放的《康定情歌》，最終被另一種激昂的旋律《莫斯科—北京》淹沒。他從此再也沒有回到西康，他只能通過酥油糌粑的味道來回憶自己躊躇滿志的青年時代，以及業已無從施展的經邊理想，並且，連這種味道於他也漸漸成為一種奢望。他在北京一直保持的習慣，除了學習毛澤東思想和林業知識，就是念佛，並一直用一根兩尺長的竹煙桿抽一袋託人從四川捎來的自製煙葉。他總是抽幾口就熄掉，過一會兒再點上繼續抽。沒有人知道，究竟是四川的煙草太過來之不易，還是故鄉的味道過於沉重。

在一個新時代的喧囂中，已近暮年的劉文輝揣着那些孤獨的記憶沉默地踟躕着，直到一九七六年「文革」結束前去世。據說他在彌留之際，曾反覆對家人說：「就這樣吧，就這樣吧。」

劉世定後來把記錄祖父的回憶錄，命名為《尋常往事》，在他的記憶中，劉文輝只是一個解職以後賦閒在家的尋常老人，他的那些被人不斷傳誦的傳奇都遙遠得似乎與他本人格格不入。「解放以後，祖父就逐漸離開了政治，過上相對平靜的生活。開會、會客、讀書、看報、散步、休假、生病、住醫院、給後輩一些關心……和那個時代的許許多多中國人一樣，走他們的生活之路。」

劉文輝的故事很快就被遺忘了。他的哥哥劉文彩比他更具知名度，一九四九年就去世的劉文彩在「文革」中變成了中國最著名的地主，被荒唐地打倒、鞭撻，以致家喻戶曉。

二〇〇六年，人們從民間苦尋多年，才終於找到一本劉文輝在一九四三年印製的《建設新西康十講》，這本用馬糞紙印刷的粗糙的小冊子，「紙張黃黑粗糙，字跡模糊不清」，因為當時「處於抗戰最艱苦時期，一切服務於前線，後方物資相當匱乏，從簡運作」。當年在西康政界，這本小冊子曾像佛經一樣流傳。然而，半個多世紀後，它和西康的名字一樣，早已消失在中國人的記憶中，人們已經很難從這些粗糙紙張上的模糊字跡裡，映照出劉文輝當年慷慨激昂宣講這些舉措時的表情。年長一些的人們偶爾還是會唱起「跑馬溜溜的山上」，這座曾掩埋過一代人鐵血記憶的城市，彷彿只剩下張家大哥和李家大姐這兩個漢族男女之間欲說還休的愛情。

註釋

1. 劉文輝著：《走到人民陣營的歷史道路》，三聯書店，一九七九年，第二頁。
2. 據劉文輝的孫子劉世定的回憶錄，劉文輝儘管讀書很多，卻從沒讀過《三國演義》，直到「文革」時，才為了消閒細讀了這些古典名著。劉世定著：《尋常往事：回憶祖父劉文輝》，新星出版社，二〇〇九年。
3. 馮有志編著，周光鈞校訂：《西康史拾遺》，甘孜藏族自治州政協文史資料委員會出版（內刊），一九九三年十二月再版於康定，第四三一頁。
4. 任乃強著：《西康圖經．民俗篇》，新亞細亞學會出版，一九三四年，第二四三頁。
5. 任乃強著：《西康圖經．境域篇》，新亞細亞學會出版，一九三三年，第八十三頁。
6. 任乃強著：《西康圖經．民俗篇》，新亞細亞學會出版，一九三四年，第二四四頁。
7. 任乃強著：《西康圖經．境域篇》，新亞細亞學會出版，一九三三年，第八十三—八十四頁。
8. 任乃強著：《西康圖經．民俗篇》，新亞細亞學會出版，一九三四年，第二十四頁。
9. 《川人自保之商榷書》，《革命開國文獻》第一輯（史料三），台北國史館，第二十五頁。
10. 馮有志編著，周光鈞校訂：《西康史拾遺》，甘孜藏族自治州政協文史資料委員會出版（內刊），一九九三年十二月再版於康定，第十七頁。
11. —14. 任乃強著：《西康圖經．民俗篇》，新亞細亞學會出版，一九三四年，第二三二、二十五、二六〇、二九三頁。
15. 馮有志編著，周光鈞校訂：《西康史拾遺》，甘孜藏族自治州政協文史資料委員會出版（內刊），一九九三年十二月再版於康定，第一〇四頁。
16. 劉文輝著：《走到人民陣營的歷史道路》，三聯書店，一九七九年，第二頁。
17. 根據孫明經攝影，張鳴撰述：《1939年：走進西康》，山東畫報出版社，二〇〇三年。
18. 根據許道夫著：《中國近代農業生產及貿易統計資料》，上海人民出版社，一九八三年，第二—四頁，轉引自葛劍雄、曹樹基、吳松弟著：《簡明中國移民史》，福建人民出版社，一九九三年。

結語

失控的搖籃

命運的安排，比我們希望的還好。

——迎戰風車前，堂吉訶德告訴桑丘

從大衛到堂吉訶德

一百多年後，當我們回望這些戛然而止的城市實驗，就會發現那個時代何其天真，又何其悲涼。

許多烏托邦的想像對象都被迫不及待地傾倒在中國蒼老的土地上，制度變革、經濟振興、教育普及、文化出版、重建信仰……它們一道構成了一幅新世界的圖景長卷。

在後人看來，這幅一百多年前的圖景可能極為滑稽。有時，後景是黃公望的遠山，前景卻是梵高的麥田；有時則是吳道子的衣袂搭配了米開朗基羅的頭冠。

中國人先學歐洲的堅船利炮，又學日本明治維新，一面學美國分省自治，一面學德、意的軍國主義……胡適的態度代表了幾代人的心聲，「我們的問題是救國，救這哀病的民族，救這半死的文化。在這個大工作的歷程裡，無論什麼文化，凡可以使我們起死回生、返老還童的，都可以充分採用，都應該充分接收。我們救國建國，正如大匠建屋，只求材料可以應用，不管他來自何方。」

這是他們的可悲之處，也正是他們的可敬之處。

這種博採眾長的架勢，當然可以讓社會觀念更加開放，令思想更具活力；但這種不加甄別的「拿來主義」，卻也未嘗不是一劑「以毒攻毒」的苦藥，最終成為另一場悲劇的先兆。

問題在於，他們別無選擇。

他們生逢這樣的時代，而他們又不願苟且沉默。

他們一度成功過。城市的每一次振興、國家的每一次變革，都是不容抹殺的證據。

但一切都已逝去。

在歷史敘事中，他們原本應當被書寫成挑戰巨人、拯救城邦的牧羊少年，通過睿智、使命感與野心，改變了時代的進程，開創了不朽的基業。只是陰差陽錯之間，在後世的記憶中，他們不是被遺忘了，就是淪為同風車作戰的堂吉訶德。

歷史是由勝利者書寫的。

所幸，堂吉訶德也自有堂吉訶德的榮耀與幸福。

現代化的陣痛

這些先行者的使命當然未能完成，儘管他們已經竭盡全力。

他們只來得及為城市留下一些平整寬敞的道路、風景宜人的公園，豎立起鱗次櫛比的紀念碑。他們改變了中國人的生活方式，卻沒能塑造出真正意義上的新國民。市民們的日常生活中通上了水電，卻沒能在精神世界裡也通上水電。城市是人的城市，而這場城市的變革卻到器物層面便戛然而止，人之為人的權利意識和責任意識都未能樹立。這無疑最令人扼腕歎息。

留給他們的時間，畢竟太過短暫。一九三七年日本全面侵華，不僅終結了民國的「黃金十年」，也將中國人此前近一個世紀的城市理想與菲薄成就全部化為烏有。近代日本的幾次侵華都造成了顛覆性的後果，甲午戰爭加速了清廷的崩塌，篡奪青島擴大了中國國內反政府的力量，而八年抗戰則摧毀了城市，消耗了軍隊的精銳，徹底拖垮了民國。繼之，在民國的最後幾年，城市成為混亂之源，日益惡化的金融與經濟形勢讓政府失去了來自城市的信賴，在「農村包圍城市」的呼聲中，最終一敗塗地。

而在那一個世紀裡遺留下來的諸多問題，也同樣困擾着後來的時代。

在現代化的前夜，錢穆曾經滿腹憂慮，「等於一個被征服國家或殖民地之改進，對其國家自身不發生關係。換言之，此種改進，無異是一種變相的文化征服，乃其文化自身之萎縮與消滅，並非其文化自身之轉變與發皇。」

錢穆的預言，終究成為現實。

現代化正像托爾斯泰筆下那些楚楚動人的貴婦人，她們幾乎無一例外地患有偏頭痛。對中國人而言，現代化正是一種貴婦病，它是一種身份想像，精緻典雅，令人嚮往，但精神的陣痛也將持續發作，糾纏着一代代中國人，令他們愛恨交集，卻又欲罷不能。

中國傳統知識份子的公心與基督教世界的救贖精神，曾令中西之間的文化差異暫時緩解，並順勢塑造了一代新人。但人們並不能一直指望道德的熱情，這股熱情難以持久，甚至時常好心做壞事，與初衷南轅北轍。

何況，時代也總是與中國人開着不大不小的玩笑。

人們每每對未來滿懷期待，又每每以慘烈的失敗告終，甚至收穫了些叫人哭笑不得的怪胎。踟躕前行的人們發現，穿越狹窄逼仄的山洞，並沒有抵達預想中的桃花源。不斷拂過髮際的桃花、永遠在前方熹微閃爍的光亮，只是些新世界的飾物，衣袂飄舉，卻只識暗香；但聞其聲，卻難見其人。真正的現代化，依舊遙不可及。時代的焦慮感造成了集體的錯覺，人們一次次誤以為抵達了終點，其實依然在路上，甚至，路也越走越窄。

在這個波詭雲譎的時代，中國人秉承千年的「愚公」精神似乎徹底失效了。

這無疑更加劇了國人的焦慮。

罹陷國難的國人太急於拯救凋敝的時局，最終被實用主義的態度蠱惑着，放棄了冷靜的思考與判斷，甚至放棄了感受力。於是，他們漸漸也分辨不出，在那些蠱惑人心的理想中，哪些將是可以沖潰一切的駭浪，哪些只是泡沫與流沙。他們時常會為了一些暫時的勝利而歡呼雀躍，卻又在轉瞬之間就被拋進更深的黑暗。

他們一代又一代地熱衷於宣稱自己是新人，一代比一代更加急迫、更加激進、急不可耐地試圖與昨日決裂，與故人劃清界限。許多人曾被視為激進者，沒過幾年反而成為保守派的代表，曾國藩、李鴻章、袁世凱如此，康有為、梁啟超如此，胡適、陳獨秀又何嘗不是如此。這種身份的錯位，往往不在於他們本身的思想發生過多少顛覆性的轉變，與年齡增長造成的懷舊情緒、保守心態也沒有實質關聯，而是源於時代的持續加速。

這是一個前所未有的時代，如同胡適在《新思潮的意義》中描述的那樣：「從前的人說婦女的腳越小越美。現在我們不但不認小腳為『美』，簡直說這是『慘無人道』了。十年前，人家和店家都用鴉片煙敬客。現在鴉片煙變成犯禁品了。二十年前，康有為是洪水猛獸一般的維新黨。現在康有為變成老古董了。康有為並不曾變換，估價的人變了，故他的價值也跟着變了。這叫做『重新估定一切價值』。」從前數百年甚至上千年才會發生一次的大變革，此時卻在「十年」、「二十年」間屢次出現。

在中國，從未發生過如此頻繁迅疾的代際裂變，幾代人之間無休止地相互攻擊，相互闡釋，相互替代。在這個被達爾文和赫胥黎蠱惑的國家，被「翻譯」過的「進化論」蠻橫地將觸角伸進整個社會，甚至連階級的差異都因「進化論」的附體而變得更加殘酷，不是你死，就是我活。而「進化論」一旦與現代化媾和，更是極易誇大現代化的替代性而忽略其漸變性。問題在於，我們很難用對或錯、好或壞、前進或後退這樣非黑即白的標準來評判現代化的進程，更不可能奢求它一蹴而就，這種單線邏輯時常會演化為思想暴力。

國人對變革的訴求，遠快於社會演進本身所能承受的速度，激進的思想與遲緩的行動始終難以相互協調，這種極限狀態下的持續加速，最終加劇了精神的混亂。

在時局的推搡下，國人踏上不歸路，締造了城市的外殼，卻也註定要先碾碎城市的內核；拯救了國家，卻率先摧毀了自我。

多元與一元之間

從晚清到民國，當知識份子們歡呼雀躍地迎接這個前所未有的多樣化的時代，沒有人知道，用不了多久，他們的生活又將回復到當初一元的世界，甚至變本加厲。

儘管革命在進展過程中造就了多種思潮和多種可能，但是，革命的結局卻永遠指向一元，掃清障礙，回歸大一統，如同中國人對大團圓結局的迷戀。從晚清到民國的百年之間，如果剝去那身匆匆套上的並不合身的洋裝，國家的專斷、沉悶、乏味與無知，甚至比從前更甚。但一切已難以逆轉，救亡與革命早已搶佔道德的制高點，它們可以光明正大地壓倒民主，壓倒自由，並最終演化為一種離奇的慣性，漸漸讓人們忘記了他們最初是為什麼而戰的。

卡爾．波普（Karl Popper）把這種一元化的回歸歸咎於知識份子：「幾千年來，我們知識份子造成一種可怕的危害，以一種觀念、一種學說、一種理論、一種宗教為名的大清洗，這都是我們的所為，我們的發明，知識份子的發明。」事實上，這種狀況在中國尤其獨特。

在經歷了漫長的生活動盪與心理創傷之後，中國知識份子對安定和平的渴望甚至比平民更甚，這使得他們一再地試圖以暫時擱置批判精神為代價，來協助當政完成思想統一的大業。只不過，令他們始料未及的是政權強大的消化能力和蠱惑公眾的方式，知識份子先失去了話語權，繼而失去了自我。他們一次次被踐踏，又一次次遺忘了疼痛。忍辱負重始終被視為美德。

當國家不斷地要求收攏權力，賦予個人和城市的空間都將越來越狹窄。

個人的理想主義已經註定血本無歸——畢竟，理想主義歸根結底並非來自希望與空想，而是源於批判與反思。你對現實的不滿促成了你追求理想的道路，不滿的情緒幫助你認清世界、梳理自己。如果這種精神成為國家的禁忌，理想自然也就無從談起。

城市又何嘗不是如此？城市天然地需要多元化。這也正是上海之於那個時代的獨特意義。它能夠成為文化磁場，並不僅僅因為它供應着燈紅酒綠的生活，或者提供了來自租界的庇護，更在於它所包容的反思與懷疑的精神，多元並存的選擇。對上海而言，並不存在唯一正確的理論，也不存在唯一可行的道路。人們鍾愛上海，狂熱地湧向上海，正在於對這種豐富性的嚮往。雞尾酒般變幻的色彩與複雜的口感，令飲慣了黃酒單調回味的中國人發現了藏匿於城市生活中的無限可能，無論如何，你都能找到一種你所中意的味道，你所喜好的方法。如果說咖啡補充了茶，令新派知識份子與舊式文人各自找到了身份認同的媒介，那麼，雞尾酒則構建着這座城市的文化動脈，令所有人都能在城市中找到皈依——並非唯一的皈依。

這才是城市文明的真正價值所在。

別人的故事

人們總會對新時代滿懷憧憬。

梁思成率領全家人在四合院裡席地而坐高唱《義勇軍進行曲》的時候，他預想中的未來，與魯迅在三十八年前一度斷定的「中國將來很有希望」，不謀而合。錢學森在渡輪的夜風中通過辨認北極星尋找東方的時候，他熱切而執拗的目光，與梁啟超在民國開元時回國船上的眺望，何其相仿。

時代就這樣演進着，每一道微光都足以令人欣喜若狂，又將人拋回現實。一代又一代人重走舊路。從「梁陳方案」被否定開始，從「大煙囪」取代梁思成的「大帽簷」開始，從商務印書館和中華書局相繼北遷、國有化改造全面推廣開始，從「資本主義尾巴」被無情剪掉開始，城市之夢被擱置了三十年。

商業之「毒」被率先刮骨剔除，城市繁華也變成了毒草和糖衣炮彈，城市的公共空間被無情地回爐改造，知識精英們從講台上被驅趕到農田裡，他們仍然滿懷熱忱，試圖證明自己是有用的，用專業知識來改良農具，改進耕種方法，他們獲得了身邊大多數農民的尊重與愛戴，卻依然無法論證自己對祖國的忠誠。

直到一九八〇年代，中國人才意識到，城市夢停滯的三十年，同樣是現代化進程停滯的三十年。在那三十年間，中國彷彿被捲入一場輪回。強國夢又回到晚清時代對軍事的渴望，新一輪洋務運動的目標是原子彈、氫彈和人造衛星，它們和曾國藩時代的船炮一樣，代表了中國人心目中的世界尖端科技，代表了不再挨打的底氣。然後和一百多年前一樣，軍事之後，繼之以開放，繼之以商戰，繼之以改革，繼之以紀念碑的營造。三十年後，人們終於開始重拾業已淡忘的城市夢，彷彿重新牽起初戀情人的手，記憶只有依靠追問才能浮現，輿圖換稿，千里煙波，溫暖模糊，似曾相識，聽來卻又像是別人的故事。

跋

那些旅行

同花順

五年前，我帶着五張撲克牌，在廣州東站的暴雨中跳下火車。

我對這座城市飽含敬畏。

那是第一次一個人長途旅行。不像一次面試，更像一次冒險、一場旅行。並且，用不了多久，我就開始習慣這樣的生活。

那時，我仍陷在長達半年的焦慮裡。因為所有的跡象似乎都在表明，一年半載以後，我又將回到本科畢業時險些被設計好的那條路，進黨報，做新聞。似乎別無選擇。

這導致我在博客上看到令狐磊留言的時候，始終覺得這事聽起來簡直像一場騙局：一個來自《生活》的邀請？一個來自「令狐磊」的邀請？

那個自稱「令狐磊」的人寫道：「很喜歡你的文字。現在肆無忌憚地使用古文談笑風生的人不多矣。但有才華的人無法順意地找到合適他發展的地方，這是中國當今的最大問題——不知道你是如何看的，是繼續在博客上竊竊私語抑或是來到一個優勢的媒體，以激昂文字影響更多的人以及這個時代？我是生活雜誌令狐磊，有時間的話請加我的 MSN……」

五年之後的今天，我重新回到自己荒蕪已久的博客，找出這段留言，依然能聽到當日加速的心跳。

我用了一天從五角場趕到季風書園去買《生活》，又用了一天來問自己是否能寫出這樣的文章。第三天，我去買了火車票。

我相信沒有一個年輕人能抵禦這本雜誌。我讀到的是第三期的《生活》，第一輯「大師」專題，文字的力度，駭人的設計感，以及那一連串顯赫的名字，足以滿足所有年輕人的好奇心，以及虛榮心。

帶一份什麼樣的簡歷去見以創意著稱的令狐磊，是一件傷腦筋的事情。我曾打算繼續使用本科畢業時設計的那個小開本的簡歷，那份簡歷只用過三次，它幫助我獲得過全部的 offer。但終於還是放棄了。

最後帶到廣州的是五張撲克牌，一副同花順。前四張分門別類地羅列着我的過去，最後一張則是未來——在碩大的《生活》的 Logo 上方，我既諂媚而又無比真誠地用馬丁．路德．金的語勢寫道：「I have a dream that next card in my life would be *Life*.」

同花順拯救了我的沉默寡言，決定性的瞬間則是半個月後在揚州和無錫的採訪。然後我到了廣州，成為《生活》的一員，從此開始習慣於到各地遊蕩、採訪，在各種交通工具上閱讀、寫作。我和那些對當地的人情與歷史瞭如指掌的民間知識份子們聊天，在炕頭，在戰車般巨大、轟鳴的煤爐前，在草垛上，在小酒館，在他們或狹仄或豪華的辦公室。有時，會有狗趴在我腳邊打着沉重的呼嚕；有時，我們會步着對方的韻腳，用古體詩唱和；有時，會有賣唱姑娘堅持要為我們唱兩首歌。然後我再循着他們提供的線索，去尋找更多的人，去開啟更多隱匿於民間、沉埋於歷史的記憶，把自己託付給茫茫人海，彷彿我就是生活在這裡一百年一千年的一棵樹。

這是些過於私人化的回憶，卻正是這本書的由來。

十字路口

我在這本書中刻意迴避了兩座在中國近代史上同樣影響巨大的城市：我的故鄉青島，以及寓居兩年的廣州。直到現在，我依然沒有勇氣敘述它們。總有些東西需要暫時收進抽屜，無論是出於敬畏，出於緬懷，或者其實毫無理由。我選擇沉默，但從未放棄追問。

暫別上海的兩年裡，我才開始建立起對上海的認同感。在此之前，我用了六年去適應這座城市，卻每每發現事與願違。當年填報高考志願時，好友劉曉光一再告誡我，不去北京你會後悔的。但命運就是如此，沒有人知道做出一個選擇的時候，究竟會失去更多還是會收穫更多。

對上海的認同感，與新的城市參照系有關。

我們很難單向地理解一座城市，往往需要通過比較——歷史與現實的比較，意識形態與民間的比較，自我與他者的比較……在大學時代的旅行中，我從未深入地去體驗一座城市，理解那裡的人和歷史，並且，我總會下意識地拿故鄉與它們進行對比，而毫無疑問，故鄉永遠會佔據情感的高點，這種比較其實尚未開始就已經高下立判。從《生活》開始，我不斷地去不同的城市、小鎮、鄉村甚至荒島，尋找它們的過往與當下。有一天，我突然發現，上海已經變成唯一的參照系。這曾讓我極為惶恐，後來只有習慣。

我們就是這樣在不知不覺之間被生活無聲地改變着，被城市重新塑造着。我也時常試圖對比青島和上海這兩座對我而言最為重要的城市，它們曾擁有相似的歷史，面對過相似的機遇，卻走上不同的道路。究竟是什麼造成了城市間的差異？因為南北差異？因為齊魯與江南的文明分野？因為孔孟與基督的衝突？因為德日的軍國統治與英法的商業邏輯？因為意識形態的緣故？……這個命題大概很適合用來寫我高考那年的那個愚蠢的作文題目——《答案是豐富多彩的》。它涉及地理、歷史、風俗、信仰、政治、經濟、文化諸領域，答案或許千變萬化，其實又萬變不離其宗。

隨着閱讀、採訪和旅行的深入，更多的謎團逐步顯現。中國曾經擁有與西方截然不同的城市傳統與城市評判標準，西安、洛陽、開封以及南京的傳統都會格局何以一蹶不振？蘇州與杭州代表的「天堂」理想又是怎樣瓦解的？時至今日，中國的城市又何以如此頻繁而尷尬地「撞衫」？

當我試圖尋找答案時，所有的謎底都在指向晚清民國——中國的十字路口，這個國家從未面對過如此龐雜激盪的思想衝擊，如此眾多而迥異的選擇。那時的每一步不經意間的進退得失，都構成了我們今日生活的起因。倘若不理解那段剛剛逝去的歷史，我們如何理解今日的中國？

那段歷史我們極為陌生又很是熟悉。就像一塊絕美的絹繡，褪了色，失去了原本的光澤，逐漸難以辨識，甚至被蟲蛀出了洞，留下難以彌合的傷痕；後來，又被縫補上一些詭異的花邊，俗艷的圖案。這塊絹繡，就是這個時代的精神世界。

今天我們在大多數城市或鄉村的旅行，都像是故地重遊，因為它們看起來實在大同小異。有一次我在北京遇到一個美國記者，他漫不經心地評說中國的城市，他說它們都是一樣的，就像一個發育不良的紐約。我告訴他，你真的瞭解中國嗎？你只去過北京、上海和廣州。或許等你到過西安、洛陽或者杭州、南京，以及中國更為廣大的地域之後，再下結論也不遲。

我這樣說，顯然不是捍衛所謂的民族自尊心。我承認自己對西安、洛陽或者杭州、南京的樣貌，也很是失望。但是，城市間的千篇一律，不應全部歸咎於時代。有時，觀察者同樣難辭其咎。總有諸多微妙的差別、變遷的隱秘，藏匿在歷史與現實之間，如果一個觀察者拱手讓出了自己的好奇心和獨立發現的權利，如果一個寫作者只懂得抱怨、人云亦云而放棄思考，那麼，旅行是沒有意義的，旅行已經被傲慢的態度和遲鈍的感官謀殺。

我不知道他後來有沒有去驗證他的好奇心，或者他仍在酒吧裡依靠那些道聽塗說的資訊拼湊着他的中國想像。這個國家的歷史和現實就在他面前，他卻沒有興趣去發現它們。

當然，在另外一些時刻，我們也未嘗不是如此。

刻碑人

我依然記得四年前在雲南和北京採訪西南聯大的老人們。那個夏天顛覆了我對雲南的想像。我從瓢潑大雨中推開出租車門，便一眼看見黑色石柱上的白字——國立西南聯合大學。它那麼近的矗立在我面前，我卻一步也邁不出去。

讓我悲哀的，不是那個巨人時代的退場，而是我們對那個時代的態度。

雨中的雲南師範大學，石階上四處積水，從每個方向都映出昆明的天空，藍得像不瞑的眼睛。在面積並不大的校園裡，我花了些時間才找到西南聯大紀念館，因為連續有五個學生都對我的問路感到困惑：「我們學校有個紀念館？」西南聯大紀念館是雲南師範大學斥重金所造，它的開放時間，藏在樹蔭掩映下的石碑上：每週一三五，除去午休，每次開放六小時。在絞索勒緊的紀念館門前，工作人員解釋說，學校已經放暑假，紀念館在暑假期間不開放。然而，顯然人們都知道，寒暑假會有大量遊客擁入雲南，尤其對外地的大中學生而言，這是一年中為數不多的機會。

在北京，我遇到了相似的迷惘的眼神。西南聯大北京校友會辦公室在北大的一座大樓裡，二樓的大教室正在舉辦一家企業的宣講會。一個負責接待的女生熱情地迎向我，北大的校徽亮得扎眼。「什麼西南聯大？」她的眼神中帶着些嘲諷式的傲慢，似乎我在問的是一個民辦院校或者大專。「我們這裡是北大。」她說。

同樣在那些天裡，在一個又一個昏暗逼仄的房間裡，我握緊西南聯大校友們的手。那些手依然在堅定地把力量傳遞給我，七十年的光陰，傾覆如指間的流沙。當年文化大師們的結局、尚健在的西南聯大人對現實的批評，尤其是年輕一代出於種種原因對那段歷史的漠視，迫使我不斷地追問：為什麼會遺忘？誰在遺忘？遺忘如何發生？未來又會怎樣？……

許多問題，只能欲言又止。

去年三月在重慶，酷熱難當，我總也等不到那輛發往北碚的大巴。後來，便和幾個人一起擠進一輛空氣污濁的小車。半個多小時後，我被卸在北碚的街心公園裡，後面的旅程，只能不斷問路，並求助於手機裡的 Google Earth。時至今日，我們只能依靠這樣的方式來理解自己正生活着的國家和它已被忘懷的歷史。

當地人不知道我要找的那些地方都在哪裡，似乎盧作孚從未在這地方存在過——儘管在一個世紀以前，正是他一手締造了北碚，締造了北碚人現在正心安理得享受着的生活。後來我見到了一個做墓碑雕刻生意的門面，師傅回老家了，門前卻留着尚未雕完的幾座墓碑。在《北碚：「賽先生」的救贖》裡，我寫道：「他習慣於把那些與自己毫不相關的逝者雕刻在石碑上使他們不朽。」其實我同樣希望自己也能成為一個合格的刻碑人，在時光的殘骸上，重新喚醒那些沉睡的記憶。

一本書的誕生

每一本書的誕生之路，都不是作者孤身一人可以走完的。

這本書符合我的期待：不是零散的文章的結集，相對的具有系統性；一個具有挑戰性的寫作計劃，滿足一個年輕作者書寫的野心；一個有意義的題目，在適當的年齡，經過相對充裕的積累把它完成；由一家傑出並且富於性格的出版社將它變成書籍；由我非常尊重的學者、作家作序。

感謝美國威斯理安大學（Welsleyan University）東亞研究中心主任舒衡哲教授（Vera

Schwarcz），一直給予一個年輕人以亦師亦友的誠摯的關愛，她的充滿詩性的學術研究，她對中國歷史與現實的思考與論證，一直給我以靈感和啟迪。

感謝許知遠，總是在我寫作迷惘的時候，給予慰藉與力量。他第一次見到比他更年輕的年輕人時總喜歡問：你的理想是什麼？我的回答是「雨果」，我還記得他當年毫不猶豫的回覆：「雨果好，他有九十八個女朋友。」好吧……祝他健康。

這本書的視覺呈現，要特別感謝三位好朋友的幫助。

感謝馮鵬，慷慨地分享着他的才華。這本書的封面和內文設計都由他操刀完成。（編按：此處指簡體版。）曾在《生活》雜誌合作四年的默契，讓我們幾乎無須過多交流便可彼此領會，我只需像從前那樣將一組文章交給他，就可以等候超出期待的版面。儘管他已經離開《生活》，卻始終是《生活》的一員。從廣州到上海，希望他也能在這座城中，找到精神的歸宿。

感謝馬嶺，封面的照片由馬嶺拍攝。（編按：此處指簡體版。）他記錄的是陝西韓城党家村的一座廢棄的城堡，它曾在清代盛極一時。在二〇一〇年一月的某個下午，我們像兩個遊魂一樣百無聊賴地在那座空曠的城堡中遊蕩，從傾圮的圍牆邊尋找舊日的痕跡，被一群野狗追趕。儘管關於党家村的故事並沒有在這本書中出現，但它無疑也正是「城殤」的餘燼。

感謝黃玉瓊，為這本書的開篇精心繪製了地圖，她像八年前我剛認識她時一樣，聰慧靠譜，並且多才多藝。

這本書中的大部分文章，曾刊登在《生活》上。感謝《生活》的出版人邵忠先生，讓我們的時代依然留存着理想主義的光亮。

感謝令狐磊，當然我們更習慣於叫他「令狐」，就像是「二戰」時的某個神秘的行動代號。感謝五年前在我博客上的留言，更要感謝從我進入《生活》之後一直留給我的極大的空間、寬容、激勵與幫助。簡單純粹的工作環境、矢志不移的美學理想與人文關懷、不時迸發出的靈感刺激，都是這份工作的迷人之處，而這也大多來自令狐磊的影響。

感謝所有正在《生活》、曾在《生活》的同事們與我分享的所有發現、思考、靈感與喜悅。

這本書中還有一部分文章曾刊登在《錦繡：國家商業地理》雜誌上，感謝仲偉志先生、孟雷先生、陳海先生；感謝劉君，我們對人生的困惑，以及對寫作的熱忱，使我們總是能在交流中獲得意外的靈感與啟發。

這本書的誕生，還要感謝許多師長學者。

感謝我的導師陳引馳教授，我的碩士畢業論文《魏晉文學中心的遷移》，與城市史存在一定的關聯。陳老師總是循循善誘，給予我許多思路上的引導和研究方法上的幫助。我在這本書中的點滴進步，都應歸功於陳老師當初的教導。如果這本書存在一些瑕疵，那也一定是因為我不夠勤奮。

感謝澳大利亞國立大學中華全球研究中心（The Australian Centre on China in the World）主任白傑明教授（Geremie R. Barmé），他總是與我們慷慨地分享着他的思想，分享着他對中國長達三十多年的關愛與憂慮。

感謝日本京都大學的夫馬進教授（Susumu Fuma），他對中國早期慈善制度尤其是士紳階層的研究，給予我極大的啟示。他的謙和與嚴謹，同樣令人難以忘懷，我依然記得他在談起學術新發現時那些發自肺腑的孩子般的朗朗笑聲。

感謝哈佛大學費正清中心主任歐立德教授（Mark C. Elliott），在滿族軍事、城市制度方面，他給予我許多有益的提示與幫助。

感謝悉尼科技大學中國研究中心主任馬利楚教授（Maurizio Marinelli），他多年以來對天津的研究成果對我啟發很大，他的專注與謙遜，都讓我深感敬佩。

在我為《生活》操作這些選題的過程中，還曾分別向張隆溪教授、許紀霖教授、李天綱教授、胡曉明教授、沈弘教授、周秋光教授、黃德海教授、錢念孫先生、張人鳳先生、李述笑先生、許水蘭女士、林冠珍女士等前輩請教過相關問題，或者獲得過重要的幫助，同樣受益匪淺，在此一併致以誠摯的謝意。

還要感謝我的朋友們，賀林、戴振華、張利、吳比，他們都曾不厭其煩地為我提出過許多寶貴的建議，或是為我的書的出版煞費苦心。

去年夏天，我在西湖音樂節上第一次遇到張向東，我們坐在草地上喝啤酒，聽「重塑」那鬼魅般攝人魂魄的歌聲。張向東創辦的 3G 門戶網早已成為我們時代的風尚，他卻依然是個阿里巴巴式的「快樂的青年」，懷着騎車環遊世界的夢想。如果沒有他對新星出版社的那些「芝麻開門」般的慷慨推薦，我很難想像這本書最終會以何種形式誕生。

當然，也要感謝新星出版社副社長劉剛，他以同樣的慷慨給予我認可與鼓勵。

感謝雨川，針對這些書稿，她總是能一語中的，命中要害，以至於每次與她聊天，我幾乎都會誤了返回上海的飛機。

最後也是最重要的，感謝父母和親人。特別要感謝孫敏，她是這本書所有文章的第一位讀者。它們總是會遭到她不遺餘力的批評，我的獨特的語感或者過於跳躍的思維方式，是我們爭吵的焦點。為了這些文章，我們爭執不休又言歸於好，重歸於好又爭執不休。這本書正是這樣打磨成形。於我而言，這些往事始終擁有更為恒久的溫度。

二〇一一年八月二十日

參考文獻

葛劍雄、曹樹基、吳松弟著：《簡明中國移民史》，福建人民出版社，一九九三年。
曹樹基著：《中國移民史（第六卷）：清、民國時期》，福建人民出版社，一九九七年。
夏東元著：《洋務運動史》，華東師範大學出版社，二〇一〇年。
金沖及、胡繩武著：《辛亥革命史稿》，上海人民出版社，一九八〇年。
唐德剛著：《晚清七十年》，嶽麓書社，一九九九年。
陳志讓著：《軍紳政權——近代中國的軍閥時期》，廣西師範大學出版社，二〇〇八年。
張華騰著：《北洋集團崛起研究（1895—1911）》，中華書局，二〇〇九年。
許紀霖等著：《近代中國知識份子的公共交往（1895—1949）》，上海人民出版社，二〇〇八年。
陳明遠著：《文化人的經濟生活》，陝西人民出版社，二〇一〇年。
李長莉著：《中國人的生活方式：從傳統到近代》，四川人民出版社，二〇〇八年。
李孝悌編：《中國的城市生活》，新星出版社，二〇〇六年。
楊東平著：《城市季風——北京和上海的文化精神》，新星出版社，二〇〇六年。
何一民主編：《近代中國衰落城市研究》，四川出版集團巴蜀書社，二〇〇七年。
【美】施雅堅主編，葉光庭等譯，陳橋驛校：《中華帝國晚期的城市》，中華書局，二〇〇〇年。
【美】林達·約翰遜主編，成一農譯：《帝國晚期的江南城市》，上海人民出版社，二〇〇五年。
【美】C·E·布萊克著：《現代化的動力》，四川人民出版社，一九八八年。
【美】費正清著，傅光明譯：《觀察中國》，世界知識出版社，二〇〇八年。
【美】易勞逸著，王建朗、王賢知、賈維譯：《毀滅的種子：戰爭與革命中的國民黨中國（1937—1949）》，江蘇人民出版社，二〇〇九年。
【美】格里德爾著，單正平譯：《知識份子與現代中國：他們與國家關係的歷史敍述》，廣西師範大學出版社，二〇一〇年。
【日】佐藤慎一著，劉岳兵譯：《近代中國的知識份子與文明》，江蘇人民出版社，二〇〇八年。

安慶

曾國藩著：《曾國藩全集》，嶽麓書社，一九八七年。
趙烈文著：《能靜居士日記》，台灣學生書局，一九六四年。
容閎著：《西學東漸記》，湖南人民出版社，一九八一年。
懷寧縣地方志編纂委員會編：《懷寧縣志》，黃山書社，一九九六年。
安慶市地方志編纂委員會編：《安慶地區志》，黃山書社，一九九五年。
徐泰來著：《洋務運動新論》，湖南人民出版社，一九八六年。

龍盛運著：《湘軍史稿》，四川人民出版社，一九九〇年。
朱慶葆著：《傳統城市的近代命運——清末民初安慶城市近代化研究》，安徽教育出版社，二〇〇一年。
王生懷著：《民國時期安徽文化與社會研究（1912—1937）》，安徽人民出版社，二〇〇八年。
楊國強著：《義理與事功之間的徘徊：曾國藩、李鴻章及其時代》，三聯書店，二〇〇八年。
【美】史景遷著，朱慶葆、計秋楓、鄭安、蔣婕虹、李永剛等譯：《「天國之子」和他的世俗王朝——洪秀全與太平天國》，上海遠東出版社，二〇〇一年。

馬尾

魏源著：《魏源集》，中華書局，一九七六年。
福建省馬尾造船廠著：《馬尾造船》，一九八六年。
林慶元著：《福建船政局史稿》，福建人民出版社，一九九九年。
馬國防主編：《馬尾區志》，方志出版社，二〇〇二年。
陳道章著，福州市馬尾區政協文史資料委員會編：《馬尾文史資料：船政文化》，二〇〇三年。
福州市地方志編纂委員會編：《福州馬尾港圖志》，福建省地圖出版社，一九八四年。
沈岩著：《船政學堂》，科學出版社，二〇〇七年。
鄭劍順著：《甲申中法馬江戰役》，廈門大學出版社，一九九〇年。
唐耀華著：《清末船政大臣：沈葆楨》，上海大學出版社，二〇〇七年。
薩本仁著：《薩鎮冰傳》，海潮出版社，一九九四年。
【美】本傑明．史華茲著，葉鳳美譯：《尋求富強：嚴復與西方》，江蘇人民出版社，二〇一〇年。
【美】龐百騰著，陳俱譯：《沈葆楨評傳——中國現代化的嘗試》，上海古籍出版社，二〇〇〇年。

天津

李鴻章著：《李鴻章全集》，安徽教育出版社，二〇〇八年。
來新夏著：《北洋軍閥》，上海人民出版社，一九九三年。
楚雙志著：《變革中的危機——袁世凱集團與清末新政》，九州出版社，二〇〇八年。
周小娟編：《周學熙傳記資料彙編》，甘肅文化出版社，一九九七年。
劉海岩著：《空間與社會：近代天津城市的演變》，天津社會科學院出版社，二〇〇三年。
周俊旗著：《民國天津社會生活史》，天津社會科學院出版社，二〇〇四年。
羅澍偉編著：《引領近代文明：百年中國看天津》，天津人民出版社，二〇〇九年。
中國第一歷史檔案館：《清末教案》，中華書局，二〇〇〇年。
【英】雷穆森著，許逸凡、趙地譯：《天津租界史》，天津人民出版社，二〇〇九年。
【美】李約翰著，孫端芹、陳澤憲譯：《清帝遜位與列強》，中華書局，一九八二年。

香港

霍啟昌著：《香港與近代中國》，商務印書館（香港）公司，一九九二年。

馮邦彥著：《香港金融業百年》，東方出版社，二〇〇七年。

劉詩平著：《滙豐金融帝國：140年的中國故事》，中國方正出版社，二〇〇六年。

巫雲仙著：《滙豐銀行與中國金融研究》，中國政法大學出版社，二〇〇七年。

張海鵬、王廷元、唐力行、王世華編著：《明清徽商資料選編》，黃山書社，一九八五年。

張海鵬、王廷元主編：《徽商研究》，安徽人民出版社，一九九五年。

曹天生著：《重向新安問碧流：多重視角下的明清徽商研究》，經濟科學出版社，二〇一〇年。

張正明、張舒著：《晉商興衰史》，山西經濟出版社，二〇一〇年。

劉建生、劉鵬生、梁四寶、燕紅忠著：《晉商研究》，山西人民出版社，二〇〇二年。

董繼斌、景占魁、馮素梅、孫麗萍、孫晉浩、苑琳著：《晉商與中國近代金融》，山西經濟出版社，二〇〇二年。

【英】毛里斯·柯立斯著，李周英譯：《滙豐——香港上海銀行（滙豐銀行百年史）》，中華書局，一九七九年。

【英】弗蘭克·韋爾什著，王皖強、黃亞紅譯：《香港史》，中央編譯出版社，二〇〇七年。

【美】柯文著，雷頤、羅檢秋譯：《在傳統與現代性之間：王韜與晚清改革》，江蘇人民出版社，二〇〇三年。

澳門

中國第一歷史檔案館、澳門基金會、暨南大學古籍研究所編：《明清時期澳門問題檔案文獻彙編》，人民出版社，一九九九年。

黃鴻釗著：《澳門史綱要》，福建人民出版社，一九九一年。

費成康著：《澳門四百年》，上海人民出版社，一九八八年。

鄧開頌著：《澳門歷史（1840—1949）》，澳門歷史學會，一九九五年。

彭琪瑞著：《香港與澳門》，香港商務印書館，一九八六年。

【葡】徐薩斯著，黃鴻釗、李保平譯：《歷史上的澳門》，澳門基金會，二〇〇〇年。

【葡】施白蒂著，姚京明譯：《澳門編年史·十九世紀》，澳門基金會，一九九八年。

【葡】施白蒂著，金國平譯：《澳門編年史·二十世紀》，澳門基金會，一九九九年。

【澳】傑弗里·C·岡恩著，秦傳安譯：《澳門史1557—1999》，中央編譯出版社，二〇〇九年。

哈爾濱

哈爾濱市地方史研究所編：《地方史資料》，一九八〇年。

哈爾濱市政協文史資料研究委員會編：《哈爾濱文史資料》，一九八三年—一九八六年。

哈爾濱鐵路分局研究組編著：《中俄密約與中東鐵路》，中華書局，一九七九年。

曲偉、李述笑著：《猶太人在哈爾濱》，社會科學文獻出版社，二〇〇三年。
石方、劉爽、高凌著：《哈爾濱俄僑史》，黑龍江人民出版社，二〇〇三年。
劉爽著：《哈爾濱猶太僑民史》，方志出版社，二〇〇七年。
阿成著：《遠東背影——哈爾濱公館》，百花文藝出版社，二〇〇六年。
【以色列】西奧多（特迪）．考夫曼著：《我心中的哈爾濱猶太人》，黑龍江人民出版社，二〇〇七年。
馬文．托克耶、瑪麗．斯沃茨著，龔方震、張樂天、盧海生譯：《河豚魚計劃：第二次世界大戰期間日本人與猶太人的秘密交往史》，上海三聯書店，一九九二年。
【美】威塞爾著：《一個猶太人在今天》，作家出版社，一九九八年。
【美】安德魯．馬洛澤莫夫著：《俄國的遠東政策（1881—1904）》，商務印書館，一九七七年。

長沙

梁啟超著：《飲冰室合集》，中華書局，一九八九年。
吳其昌著：《梁啟超傳》，百花文藝出版社，二〇〇四年。
張朋園著：《梁啟超與清季革命》，吉林出版集團有限責任公司，二〇〇七年。
張朋園著：《梁啟超與民國政治》，吉林出版集團有限責任公司，二〇〇七年。
張朋園著：《湖南現代化的早期進展（1860—1916）》，嶽麓書社，二〇〇二年。
丁平一著：《譚嗣同與維新派師友》，湖南大學出版社，二〇〇四年。
周秋光著：《熊希齡傳》，百花文藝出版社，二〇〇六年。
饒懷民著：《長沙搶米風潮資料彙編》，嶽麓書社，二〇〇一年。
李玉著：《長沙的近代化啟動》，湖南教育出版社，二〇〇〇年。
彭先國著：《湖南近代秘密社會研究》，嶽麓書社，二〇〇一年。
王繼平著：《湘軍集團與晚清湖南》，中國社會科學出版社，二〇〇二年。
劉建強著：《湖南自治運動史論》，湘潭大學出版社，二〇〇八年。
許順富著：《湖南紳士與晚清政治變遷》，湖南人民出版社，二〇〇四年。

上海

張元濟著：《張元濟日記》上冊，商務印書館，一九八一年。
陸費逵著：《陸費逵教育論著選》，人民教育出版社，二〇〇〇年。
俞筱堯著：《陸費逵與中華書局》，中華書局，二〇〇二年。
中華書局編輯部編：《回憶中華書局》，中華書局，一九八七年。
中華書局編輯部編：《我與中華書局》，中華書局，二〇〇二年。
中華書局編輯部編：《中華書局九十周年紀念》，中華書局，二〇〇二年。
周其厚著：《中華書局與近代文化》，中華書局，二〇〇七年。
李天綱著：《南京路：東方全球主義的誕生》，上海人民出版社，二〇〇九年。
汪家熔著：《近代出版人的文化追求》，廣西教育出版社，二〇〇三年。
徐小群著：《民國時期的國家與社會——自由職業團體在上海的興起（1912 — 1937）》，新星出版社，二〇〇七年。

北京

徐珂著：《清稗類鈔》，中華書局，一九八六年。
李慕真著：《中國人口‧北京分冊》，中國財經出版社，一九八七年。
袁熹著：《北京城市發展史（近代卷）》，北京燕山出版社，二〇〇八年。
袁熹著：《近代北京的市民生活》，北京出版社，二〇〇〇年。
陳義風著，當代北京編輯部編：《當代北京公園史話》，當代中國出版社，二〇一〇年。
王煒、閆虹著：《老北京公園開放記》，學苑出版社，二〇〇八年。
【美】孔飛力著，謝亮生、楊品泉、謝思煒譯：《中華帝國晚期的叛亂及其敵人——1796—1864年的軍事化與社會結構》，中國社會科學出版社，二〇〇二年。

南通

張謇著，張謇研究中心、南通市圖書館編：《張謇全集》，江蘇古籍出版社，一九九四年。
章開沅著：《開拓者的足跡——張謇傳稿》，中華書局，一九八六年。
劉福祥編著：《智者的迷惘——晚清士大夫中西文化觀演變的縮影》，吉林文史出版社，一九九〇年。
吳良鏞等著：《張謇與南通「中國近代第一城」》，中國建築工業出版社，二〇〇六年。
嚴翅君著：《偉大的失敗的英雄：張謇與南通區域早期現代化研究》，社會科學文獻出版社，二〇〇六年。
陳永明著：《南通港史》，人民交通出版社，一九八九年。
常宗虎著：《南通現代化：1895—1938》，中國社會科學出版社，一九九八年。
虞曉波著：《比較與審視：「南通模式」與「無錫模式」研究》，安徽教育出版社，二〇〇一年。
鄭肇經著：《中國水利史》，商務印書館，一九三九年。

杭州

舒新城著：《西湖博覽會指南》，中華書局，一九二九年。
何崇傑著：《西湖博覽會紀念冊》，商務印書館，一九三〇年。
趙福蓮著：《1929年的西湖博覽會》，杭州出版社，二〇〇〇年。
馮俊著：《西湖博覽會》，杭州出版社，二〇〇四年。
王國平主編：《西湖文獻集成》，杭州出版社，二〇〇四年。
楊愷齡著：《民國張靜江先生人傑年譜》，台灣商務印書館，一九八一年。
潘榮琨、林牧夫著：《中華第一奇人：張靜江傳》，中國文聯出版社，二〇〇三年。
周峰主編：《杭州歷史叢編》，浙江人民出版社，一九九七年。
《西湖博覽會博物館藏資料》，杭州市西湖博覽會博物館館藏。

漢口

董修甲著：《市政研究論文集》，青年協會書局，一九二九年。
漢口特別市政府秘書處：《漢口特別市市政計劃概略》，一九二九年。
謝茜茂著：《漢口大水記：1931》，江漢印書館，一九三一年。
涂文學著：《城市早期現代化的黃金時代》，中國社會科學出版社，二〇〇九年。
涂文學著：《文化漢口》，武漢出版社，二〇〇六年。
周德鈞著：《漢口的租界：一項歷史社會學的考察》，天津教育出版社，二〇〇九年。
張實著：《蒼涼的背影：張之洞與中國鋼鐵工業》，商務印書館，二〇一〇年。
張海林著：《端方與清末新政》，南京大學出版社，二〇〇七年。
【美】羅威廉著，江溶、魯西奇譯：《漢口：一個中國城市的商業和社會（1796—1889）》，中國人民大學出版社，二〇〇五年。
【美】羅威廉著，魯西奇、羅杜芳譯：《漢口：一個中國城市的衝突和社區（1796—1895）》，中國人民大學出版社，二〇〇八年。

北碚

盧作孚著：《盧作孚文集》，北京大學出版社，一九九九年。
中國西部科學院農林研究所編：《中國西部科學院農林研究所二十二年度報告》，一九三四年（重慶市圖書館館藏）。
中國西部科學院編：《中國西部科學院概況》，一九三三年（重慶市圖書館館藏）。
常隆慶、羅正遠著，中國西部科學院地質研究所：《四川嘉陵三峽地質志（第1卷第2號）》，一九三三年（重慶市圖書館館藏）。
陳忙耕主編，重慶市北碚區教育委員會、重慶市北碚區教育志編纂委員會編：《北碚區教育志：1986—2003》（重慶市圖書館館藏）。
重慶市北碚區政協學習文史委員會編：《北碚文史資料》，一九八四年。
胡鳳亭著：《船王盧作孚》，解放軍出版社，一九九五年。
趙曉鈴著：《盧作孚的夢想與實踐》，四川人民出版社，二〇〇二年。
劉重來著：《盧作孚畫傳》，重慶出版社，二〇〇七年。
張守廣著：《盧作孚年譜》，江蘇古籍出版社，二〇〇二年。
【美】韋慕庭著，楊慎之譯：《孫中山：壯志未酬的愛國者》，新星出版社，二〇〇六年。

天水

甘肅省文史館編：《甘肅辛亥後四十年民政三變史料》，一九五九年（甘肅省圖書館館藏）。
曹子杰編：《國民軍督甘時期史料初稿》，甘肅省圖書館館藏。
謝智文編寫，魏振皆等編：《張廣建督甘史料》，甘肅省圖書館館藏。
中國人民政治協商會議天水委員會文史資料委員會編：《天水文史資料》，甘肅省圖書館館藏。
天水市政府編：《天水歷史沿革》，二〇〇九年（甘肅省圖書館館藏）。
北道區志編纂委員會：《天水縣志》，一九九五年（甘肅省圖書館館藏）。
曹進軒主編：《天水地區公路交通史（古近代道路交通、現代公路交通）》，一九九〇年（甘肅省圖書館館藏）。
文丹編著：《民國秦州商事》，中國文史出版社，二〇一〇年。
馬天彩著：《天水史話》，甘肅人民出版社，一九九二年。

南寧

政協廣西僮族自治區委員會文史資料研究委員會編：《廣西文史資料選輯》，一九七八年。

政協南寧市委員會編：《南寧風物志》，廣西人民出版社，二〇〇九年。
南寧市地方志編纂委員會編：《南寧市志·軍事志》，廣西人民出版社，一九九三年。
南寧市地方志編纂委員會辦公室編：《南寧開埠百年（1907—2007）》，廣西人民出版社，二〇〇七年。
南寧市社會科學院編，張波著：《街市風情：南寧街道文化尋蹤》，廣西科學技術出版社，二〇〇九年。
陸君田、蘇書選：《陸榮廷傳》，廣西民族出版社，一九八七年。
申曉雲著：《李宗仁與桂系》，江蘇古籍出版社，一九九七年。
李永銘著：《桂系三雄：李宗仁、黃紹竑與白崇禧》，崇文書局，二〇〇七年。
莫濟傑、【美】陳福霖主編：《新桂系史》第二卷，廣西人民出版社，一九九五年。

康定

劉文輝著：《走到人民陣營的歷史道路》，三聯書店，一九七九年。
劉世定著：《尋常往事：回憶祖父劉文輝》，新星出版社，二〇〇九年。
任乃強著：《西康圖經·境域篇》，新亞細亞學會出版，一九三三年。
任乃強著：《西康圖經·民俗篇》，新亞細亞學會出版，一九三四年。
任乃強著：《西康圖經·地文篇》，新亞細亞學會出版，一九三五年。
張敬熙：《三十年來之西康教育》，商務印書館，一九三九年。
四川省康定縣志編纂委員會編：《康定縣志》，四川辭書出版社，一九九五年。
馮有志編著，周光鈞校訂：《西康史拾遺》，甘孜藏族自治州政協文史資料委員會出版（內刊），一九九三年。
孫明經攝影，張鳴撰述：《1939年：走進西康》，山東畫報出版社，二〇〇三年。

城殤

晚清民國　十六城記

責任編輯　寧礎鋒
書籍設計　嚴惠珊

作　　者　張泉
出版發行　三聯書店（香港）有限公司
香港北角英皇道四百九十九號北角工業大廈二十樓
Joint Publishing (H.K.) Co., Ltd.
20/F., North Point Industrial Building,
499 King's Road, North Point, Hong Kong
發　　行　香港聯合書刊物流有限公司
香港新界大埔汀麗路三十六號三字樓
印　　刷　中華商務彩色印刷有限公司
香港新界大埔汀麗路三十六號十四字樓
版　　次　二〇一二年十一月香港第一版第一次印刷
規　　格　十六開（160×220mm）三八八面
國際書號　ISBN 978-962-04-3302-3